겸재 조태억 문학세계에 대한 접근의 일단

만약 당신이 꿈을 꿀 수 있다면, 그것을 이룰 수 있다.
언제나 기억하라. 이 모든 것들이 하나의 꿈으로부터 시작되었다는 것을

If you can dream, you can achieve it.
Always remember that all these things started with a dream

한국고전문학텍스트연구소 기획연구총서 4

겸재 조태억 문학세계에 대한 접근의 일단

윤재환 외 9인 지음
한국고전문학텍스트연구소

학자원

이 책은 단국대학교 교내연구소 연구 지원비의 지원에 의한 단국대학교 부설 한국고전문학텍스트연구소의 기획연구 결과물로 간행된 도서임.

기획연구총서 간행사

한국 고전문학 텍스트 연구소는 창조와 혁신이라는 인문학의 정신을 바탕으로 대중들의 관심에서 버려져 있는 우리 고전의 가치를 새롭게 밝혀, 현대를 살아가는 사람들에게 삶의 지표와 미래의 희망을 제시하기 위해 설립되었습니다.

현대 사회를 인문학의 종말기라고 할 만큼 우리 주변에서 고전에 대한 관심은 찾아보기 어렵고, 인문학에 대한 흥미는 점점 옅어져 가고 있습니다. 그러나 현대 사회에 팽배한 인문학에 대한 폄하나 고전에 대한 그릇된 인식은 그 연원이 오래되었습니다. 인류의 역사를 되돌아보면 고전이 그 자체로 가치와 의미를 인정받았던 시기를 찾기 어렵고, 인문학이 위기가 아니었던 시대가 없었습니다. 하지만, 만약 그와 같은 인식이 진실한 것이라면 우리 사회에서 고전과 인문학은 이미 자취를 감추었어야 하지만 사회가 첨예해지고 기술 문명이 발달할수록 고전과 인문학에 대한 대중들의 갈망은 커지기만 합니다. 이와 같은 모습은 고전과 인문학이 우리 사회에서 결코 소외될 수 없는 본질적이고 중차대한 것임을 보여주는 것입니다.

한국 고전문학 텍스트 연구소는 고전에 대한 왜곡된 인식과 인문학에 대한 그릇된 편견을 교정하는 마중물이 되고자 설립된 연구소입니다. 본 연구소에서는 인문학 고전을 다양한 사회의 변화에 부응할 수 있도록 새롭게 가공하여 현대인들에게 고전과 인문학의 가치를 일깨우고 흥미를 부여하고자 합니다. 이를 위해 본 연구소에서는 번역 가공과 개인 학술 연구, 연구소 기획 연구라는 세 방향에서 우리 고전과 인문학에 접근하고자 합니다.

이번에 간행하는 기획연구총서 제4권은 이와 같은 본 연구소의 운영 방침에 따라 발간되는 책입니다. 기획연구총서의 3권까지에서 다루었던 것과 같이 조선후기 소론 계열의 대표 문인 중 한 사람인 겸재 조태억을 대상으로 1년에 걸친 공동 연구와 기획 발표를 진행한 뒤 그 결과를 묶은 것입니다. 겸재 조태억은 당시 문단과 정계에서 높은 위상을 지니고 다양한 활동을 하였지만, 아직까지 그에 대해 그다지 알려져 있지 않아, 이 책을 통해 학계와 대중에게 조태억을 알리고 그에 대한 관심을 이끌고자 한 것입니다.

다양한 가치에 대한 고려를 바탕으로 한 연구 대상의 선정과 집단 연구를 통해 이루어지는 엄밀하고 정치한 연구 진행 과정은 개인 학술연구와는 또 다른 의미를 지닐 것입니다. 그런 만큼 이와 같은방법에 따라 산출된 연구 결과물로 이루어지는 기획연구총서는 인문학 관련 전문 연구자뿐만 아니라 일반 대중들에게도 우리 고전과 인문학의 가치와 의미를 알려 고전에 대한 왜곡된 인식과 인문학에 대한 그릇된 편견을 교정하는 일에 적지 않은 도움이 될 것이라 생각합니다.

이후로도 이와 같은 기획 연구 활동이 충실하게 이루어지기를 기대하며, 기획연구총서의 간행에 물심양면으로 도움을 주신 학자원 출판사의 김병환 사장님께 다시 한 번 깊은 감사의 마음을 전합니다.

2022년 12월

단국대학교 부설 한국 고전문학 텍스트 연구소장

책을 펴내면서

겸재謙齋 조태억趙泰億(1675~1728, 숙종1~영조4)은 조선후기 소론 계열의 대표적인 문신文臣 중 한 사람이다. 자는 대년大年, 호는 겸재謙齋·태록당胎祿堂이며, 본관은 양주楊州이고 시호는 문충文忠이다. 증조부는 조존성趙存性(1524~1628)이고, 조부는 형조 판서 조계원趙啓遠(1592~1670)이며, 부친은 이조참의 조가석趙嘉錫(1634~1681)이고, 모친은 윤이명尹以明(1629~1682)의 따님이다. 또 조태억은 소론의 대표 인물 중 한 사람이자 당시 문재文才로 명망이 높았던 최석정崔錫鼎(1646~1715)의 문인이다. 조태억은 소론 계열에 해당하나, 그의 집안 전체가 소론 계열이었던 것은 아니다. 그의 종제 중 한 사람인 조태구趙泰耉(1660~1723)는 우의정·영의정 등을 역임한 소론 계열의 문신이었으나, 판의금부사·좌의정 등을 역임한 또 다른 종제인 조태채趙泰采(1660~1722)는 노론 계열에 해당한다.

얼마 되지 않는 연구이기는 하지만 현재까지 이루어진 조태억에 관한 연구는 대부분이 문학 방면에서 이루어졌는데, 이 책에서도 문학을 중심으로 조태억에 대해 접근하고자 하는 것은 아직까지 그의 문학세계가 온전하게 밝혀졌다고 보기 어렵기 때문이다.

하지만 한국 고전문학 텍스트 연구소 기획 연구의 네 번째 대상으로 조태억을 선정한 것은 조태억이라는 한 인물의 가치만을 밝히기 위한 것이 아니라 조선 후기 소론 계열이라는 하나의 집단이 지닌 문학적 특성을 확인하기 위해서이다. 물론 앞서 언급한 것처럼 아직까지 조태억에 대한 문학 방면의 연구가 상당히 미진하고, 조태억의 문학 연구가 지닌 연구의 확장성이 크다는 것이 기본적인 이유가 되겠지만, 이와 같은 개별 연구의 가치보다 한국 고전문학 텍스트 연구소의 기획 연구가 그 자체로 명확한 의미를 가지고 또 학계에 일정한 기여를 하기 위해서는 단편 연구보다 하나의 주제에 대한 지속적인 공동 연구가 이루어져야 한다는 생각이 한국 고전문학 텍스트 연구소의 네 번째 대상으로 조태억을 선정하게 된 본질적인 이유가 될 것이다.

한국 고전문학 텍스트 연구소에서는 기획 연구를 통해 그간 학계의 중심에서 한 발 빗겨나 있었던 대상에 대한 집단 공동 연구를 진행해 보고자 하였다. 2015년 9월 문을 연 이후, 연구소의 활동이 우리 학계에 조금이라도 실질적인 기여를 하기 위해서는 연구소 나름의 체계적인 연속 연구가 이루어져야 하고, 연구의 대상은 다양한 이유에 의해 학계의 중심에서 빗겨난 인물이나 집단이 되어야 한다고 의견을 모았다. 이에 따라 선정한 집단이 조선 후기 소론 계열 문인 집단이고, 그 네 번째 인물이 조태억이다.

조태억에 대한 접근으로는 처음 이루어진 기획 연구이자 집단 연구인 이 연구는 남구만 · 최석정 · 최창대의 뒤를 이어 진행된 것으로, 1년여의 연구 기간 동안 다양한 논쟁을 통해 수많은 시선의 교정을 이끌었다. 네 번째 기획 연구였기에 어느 정도의 연구 경험이 갖추어졌지만 소략한 선행 연구와 부족한 지원은 연구를 진행하는 데 적지 않은 장애가 되었다.

특히 연구소의 지원이라고는 하나도 없는 상황에서 매달 이어진 소규모 발표회와 분기별로 진행된 연구 발표회, 그리고 학술 대회는 연구소 구성원들의 일방적인 희생 아래 이루어진 것이다. 하지만 이런 상황에서도 연구소 구성원들의 치열한 비판과 토론은 우리 스스로의 학문에 대한 열정을 확인하게 하는 계기가 되었으며, 개별 연구를 넘어선 집단 기획 연구의 필요성과 존재 이유를 다시 한 번 선명하게 각인시키는 것이었다. 하나의 대상에 대한 공동의 문제의식은 토론과 비판의 날을 예리하게 세우는 숫돌이 되었고, 지속적인 발표는 논지와 서술을 가다듬는 호흡이 되었다.

네 번째 이루어진 집단 기획 연구의 결과물로 간행하는 책이지만, 이 책에는 여전히 많은 아쉬움이 있다. 그동안 들였던 노력을 오롯이 수렴하지 못하고 있다는 점뿐만 아니라 그간 있어 왔던 문제가 아직까지 반복되고 있기 때문이다. 특히 여전히 기획 연구에 대한 인식이 완전하지 못하고, 방법론 역시 부족한 부분이 적지 않다. 하지만 이런 부분들은 앞으로 점점 더 개선되어 가리라 생각된다.

이 책은 조태억라는 인물을 대상으로 한 최초의 기획 공동 연구의 결과물이자, 지난 2019년 한 해 동안 우리 연구소의 구성원들이 들인 노력과 흘린 땀을 담고 있다. 그런 점에서 소략하고 부족하지만 이 책은 여러 면에서 적지 않은 의미를 지닌다.

이 책을 출간하면서 기획연구 총서 5권 손와損窩 최석항崔錫恒에 관한 책의 출간을 준비하고 있다. 기획연구총서로 이어 나오는 만큼 앞으로 간행되는 책은 조금씩 더 나은 책이 될 것이다. 그리고 그렇게 조금씩 또 하나씩 계속하다 보면 언젠가는 우리 스스로가 만족할 수 있는 책을 간행할 수 있지 않을까 생각한다. 다시 한 번 이 책을 출간하기까지 연구소 구성원들이 바쳤던 노력을 되돌아보면서, 이 책을 접하는 모든 분들에게 이 책이 소소하더라도 값있는 책이 되기를 기대한다. 이 책이 출간되기까지 최선을 다해준 연구소 구성원들과 학자원 출판사의 김병환 사장님께 감사의 마음을 전한다.

2022년 12월
죽전 연구실에서
저자들을 대표하여 쓰다

윤재환

차례

기획연구총서 간행사 • 5

책을 펴내면서 • 7

제1부

겸재謙齋 조태억趙泰億 논의論議의 전제前提

Ⅰ. 겸재謙齋 조태억趙泰億의 생애와 문집文集 검토檢討 • 15

Ⅱ. 겸재謙齋 조태억趙泰億 연구硏究의 현황現況과 전망展望 • 29

제2부

겸재謙齋 조태억趙泰億의 문장文章에 대한 단상

Ⅰ. 겸재謙齋 조태억趙泰億 문학론文學論 검토 시론試論 • 43

Ⅱ. 겸재謙齋 조태억趙泰億 시문집詩文集 서문序文의 서술敍述 기법技法 일고一考 • 69

Ⅲ. 망자를 위한 글쓰기의 장르 간 특성 연구 • 99

제3부

겸재謙齋 조태억趙泰億 시세계詩世界의 검토檢討

Ⅰ. 겸재謙齋 조태억趙泰億의 시세계 일고一考(Ⅰ) • 125

Ⅱ. 겸재謙齋 조태억趙泰億의 시세계 일고一考(Ⅱ) • 161

Ⅲ. 겸재謙齋 조태억趙泰億의 제석시除夕詩 연구 • 191

Ⅳ. 겸재謙齋 조태억趙泰億의 누정시樓亭詩 연구 • 225

Ⅴ. 겸재謙齋 조태억趙泰億의 연작連作 만시挽詩 연구 • 259

Ⅵ. 겸재謙齋 조태억趙泰億의 「전감군은前感君恩」과 「후감군은後感君恩」에 관한 일고찰 • 287

Ⅶ. 17세기 소론少論 계열 지식인들의 연구시聯句詩 고찰 • 313

참고문헌 • 341

저자소개 • 345

제1부

겸재謙齋 조태억趙泰億 논의論議의 전제前提

Ⅰ. 겸재謙齋 조태억趙泰億의 생애와 문집文集 검토檢討
Ⅱ. 겸재謙齋 조태억趙泰億 연구研究의 현황現況과 전망展望

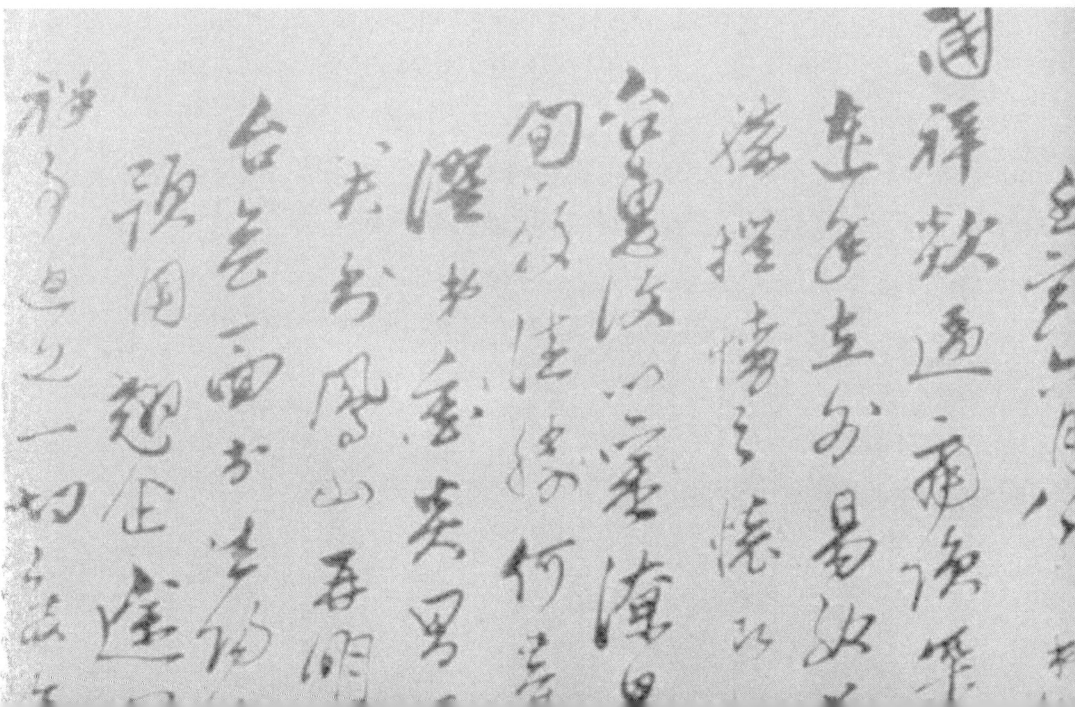

Ⅰ. 겸재 조태억의 생애와 문집 검토

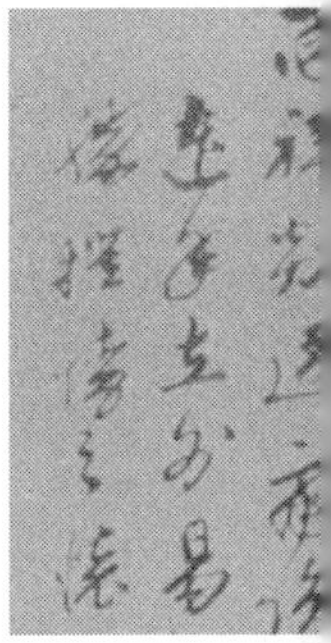

최수완

1. 겸재 조태억의 생애

조태억趙泰億은 1675년(숙종1)에 태어나 1728년(영조4)에 세상을 떠난 조선후기의 문신文臣이다. 본관은 양주楊州, 자는 대년大年, 호는 겸재謙齋·태록당胎祿堂이며, 시호는 문충文忠이다. 조존성趙存性(1524~1628)의 증손으로, 조부는 형조 판서 조계원趙啓遠(1592~1670)이고, 부친은 이조 참의 조가석趙嘉錫(1634~1681)이며, 모친은 윤이명尹以明(1629~1682)의 따님이다. 조태억은 소론의 중심인물이자 뛰어난 문재文才를 지녔던 최석정崔錫鼎(1646~1715)의 문인이다. 조태억의 당색은 소론 계열이었으나, 그의 집안은 소론과 노론 계열이 공존했다. 그의 종형제로 우의정, 영의정 등을 역임했던 조태구趙泰耉(1660~1723)는 소론 계열이었던 반면, 판의금부사, 좌의정 등을 역임했던 그의 또 다른 종형제 조태채趙泰采(1660~1722)는 노론 4대신으로 일컬어지는 인물이다. 그래서인지 그는 노론과 소론 계열이 대립하던 숙종~영조 시기에 소론 온건파의 입장을 견지하면서 노론과 소론 계열

의 갈등을 조정하기 위해 애썼다.[1]

조태억은 7세라는 어린 나이에 부친상을 당했음에도 학문에 정진하여 어렸을 적부터 시詩와 부賦를 지을 정도였는데 10세에는 〈추야호운秋夜呼韻〉을 지었으며, 15세에는 〈신루부蜃樓賦〉를 짓기도 하였다.[2] 이러한 뛰어난 문학적 재능을 바탕으로 조태억은 1693년(숙종19) 사마시에 합격하여 진사가 되었다. 1695년에는 자신의 둘째 아들인 조의빈趙儀彬(?~1695)이 세상을 떠나는 아픔을 겪게 되는데, 이 당시 아들을 잃은 슬픔을 담은 〈곡자哭子〉라는 작품을 남긴 것을 볼 수 있다. 1697년(숙종23)에는 성균관成均館 감과柑製에서 수석을 차지하여 전시직부殿試直赴되었고, 이후 1702년(숙종28)에는 전시殿試에 합격하여 검열에 올라 본격적인 관료 생활을 시작하게 된다.

조태억은 2년 뒤인 1704년에는 병조 좌랑, 문학 등 여러 관직을 역임한다. 하지만 곧 이동언李東彦(1662~1708) 한영휘韓永徽(1661~?), 김덕기金德基(1654~1719) 등의 죄를 논하다가 북평사北評事로 좌천된다.[3] 하지만 1706년(숙종32) 사서, 문학 등을 거쳐 부수찬, 부교리가 되며 중앙정계로 복귀하였다. 다음 해인 1707년(숙종33) 문신 정시文臣庭試 및 중시重試에 합격하였고, 1708년(숙종34)에는 이조 정랑을 거

---

1 이승용, 「謙齋 趙泰億의 「前感君恩」과 「後感君恩」에 관한 일고찰」, 『民族文化』 57, 한국고전번역원, 2021, 130면.

2 李德壽, 「議政府左議政趙公行狀」, 『西堂私載』 권12, "早孤, 能力學不怠, 十歲有詩曰, 月明人語在前村, 金淸城錫冑謂楊文公復生, 遂以名公且字之. 十五歲, 作蜃樓賦, 南壺谷龍翼爲誦於人, 由是名播一世."

3 李德壽, 「議政府左議政趙公行狀」, 『西堂私載』 권12, "論前持平李東彦, 韓永徽, 承旨金德基等悖倫貪婪之罪, 上並命拿覈. 乙酉, 除司諫院正言. 復論三人罪不可赦, 而獄官道臣, 專事掩護, 於是西銓出公爲北評事, 實擠之也."

쳐 우부승지를 지냈다.

1709년(숙종35) 조태억은 철원 부사가 되었다. 그 기회를 통해 그해 9월 금강산 유람을 하며 〈옥경담玉鏡潭〉, 〈백화암白華庵〉 등의 작품을 남겼는데 이 작품들을 통해 금강산 유람을 당시 조태억이 느낀 감회를 확인할 수 있다. 그해 12월 대사간이 되었다.

1710년(숙종36) 조태억은 대사성에 오르게 되는데 이는 그의 학문이 일찍부터 인정받았음을 의미한다. 또한 조태억은 도쿠가와 이에노부德川家宣의 강호막부江戶幕府 제6대 장군으로 취임한 것을 축하하기 위한 통신사 정사通信使正使에 차임되어 임수간任守幹(1665~1721), 이방언李邦彦(1675~1713)과 함께 일본으로 향한다.[4] 조태억은 약 한 달간 통신사 임무를 수행한 뒤 다시 조선으로 돌아왔는데 통신사 사행을 마치고 돌아온 뒤 조태억은 정치적으로 어려움을 겪게 된다. 조태억이 통신사로 일본에 있을 당시 범휘犯諱와 서식 문제로 조정에 국서를 고쳐달라 요청했기 때문이다.[5] 이는 숙종이 문제가 되는 글자와 서식을 고쳐 보냄으로써 일단락되었으나, 왕명을 욕되게 했다는 이유로 조태억에 대한 처벌이 이루어졌다. 이 일을 계기로 1712년 조태억은 관직이 삭탈되고 문외출송을 당하게 된다.[6] 문외출송을 당

4 任守幹, 「辛卯通信使座目」, 『東槎日記』 乾, "正使通政大夫戶曹參議知製敎趙泰億. 副使通訓大夫司僕寺正知製敎任○○. 從事官通訓大夫行兵曹正郎知製敎李邦彦."

5 『肅宗實錄』 권50, 숙종 37년 12월 30일.

6 『肅宗實錄』 권51, 숙종 38년 3월 27일, "上命除刑議處. 判義禁崔錫恒引嫌, 知義禁金宇杭·黃欽, 同義禁南致熏等議啓以爲. …… 上敎以徐判府事議, 正合予意, 竝命削奪官爵, 門外黜送." 조태억의 문외출송과 관련된 연구로는 박난아, 「겸재 조태억의 시세계 일고찰-문외출송 시기 시작을 중심으로」, 『한민족어문학』 97, 한민족어문학회, 2022, 참고.

한 조태억은 용산龍山에서 있다가 동호東湖의 미음당渼陰堂에 가서 지낸다.

1713년 조태억에 대한 사면이 이루어지고 조태억은 잠실蠶室의 학탄鶴灘에서 지내게 된다. 그리고 그해 12월에는 직첩이 환급되며 다시금 관직으로 나아갈 수 있게 된다. 그러나 1714년 자신의 스승이자 소론의 영수인 최석정이 세상을 떠나게 된다. 이에 조태억은 〈명곡선생만사明谷先生輓詞〉를 남기며 큰 안타까움과 상실감을 담아낸 것을 볼 수 있다.

조태억은 문외출송을 당하고 3년 뒤인 1715년 공조참의가 되어 정계로 복귀하였고, 1716년(숙종42)에는 이조 참의가 된다. 1717년 숙종이 세자에게 대리청정을 시키게 되는데 이때 조태억은 숙종의 결정에 반대하는 상소를 올렸다가 여주 목사驪州牧使로 좌천되기도 하였다.

이후 1719년(숙종45)에는 장례원 판결사가 되고, 이듬해 경종景宗이 즉위하자 조태억은 경상도 관찰사로 나갔다. 경상도 관찰사 시절 조태억은 정사와 민심을 다루는 데에 많은 관심을 기울인 한편, 선비들을 모아 문의를 강론하는 등 교육에도 힘썼다. 자신이 직접 문의文義를 강론하였으며, 공부의 진전에 따라 상벌賞罰을 시행하였다. 이러한 조태억의 경상도 관찰사 경험은 이듬해 영남의 인재를 쓰도록 요청하는 상소를 올리게 된 원인으로 작용하였다.[7]

경종景宗대에 이르러 노론과 소론의 대립은 본격화된다. 이때 경종

---

7 李德壽, 「議政府左議政趙公行狀」, 『西堂私載』 권12, "所至延訪人才, 問民疾苦. 立樂育齋於營下, 充以道內儒士, 親與講論文義, 課其所業而賞罰之. 多士立石齋傍, 以頌儒化. 疏請崇德象矣, 甄叙淹滯, 撫綏顚連, 無失嶺南人心."

은 세제世弟였던 연잉군延礽君에게 대리청정을 명하려 하였다. 이에 최석항 등이 경종의 결정에 반대를 표했다.[8] 소론 계열이었던 조태억 또한 경종에게 세제의 대리청정 철회를 청하였는데, 그는 선왕인 숙종이 대리청정을 명할 때 경종의 모습과 경종이 정사를 돌볼 수 있을 정도로 건강함 등을 근거로 들어 세제의 대리청정에 반대한다.[9] 경종은 결국 대리청정을 철회하며 이 과정에서 신임옥사가 일어나 노론이 실각하며 노론 사대신은 사사되고 소론이 정권을 잡게 된다.

1722년(경종2) 조태억은 대제학이 되었는데, 이를 통해 당대에 그의 문학적 역량이 인정받을 정도로 대단했음을 확인할 수 있다. 또한 당시 왕세제였던 연잉군의 왕세제 입학례를 행하고, 태학 박사로서 『소학小學』을 가르쳤다. 1723년에는 반조頒詔 청사淸使 액진명額眞明의 원접사가 되어 이듬해 5월과 6월 총 세 번에 걸쳐 의주義州에서 청나라 사신들을 접대하게 된다. 『겸재집謙齋集』 권16과 권17에는 조태억이 원접사로서 의주에서의 경험을 바탕으로 쓴 시 249수가 수록되어 있다.[10] 1724년(경종4) 조태억은 호조 판서에 올랐으며, 양관 대제학을 겸하며 다소 안정적인 관직 생활을 하였다.

---

8 『景宗實錄』 권5, 경종 1년 10월 10일.

9 『景宗實錄』 권5, 경종 1년 10월 11일, "去夜有非常之命, 重臣請對回天, 臣家在城外, 晩始得聞, 而雖是事過之後, 關係重大者, 臣忝在卿列, 不可不言. 乙酉年間, 先王有疾, 下傳禪之命, 殿下屢陳疏懇辭, 至於雪夜露立, 今聞東宮, 再接宮僚, 涕泣嗚咽. 此政殿下乙酉心事. 殿下何不念此乎? 先王自乙酉, 有付托殿下之意, 丁酉遂下聽政之命. 至于今日, 嗣無疆曆服, 春秋鼎盛, 此非倦勤之日, 而一朝因幺麿一小臣之言, 遽有意外之敎, 處分輕遽, 四方疑惑. 今雖收還, 此後願堅持聖心, 毋更爲如此率爾之擧, 思以安春宮之心, 答一國之望."

10 김효정, 「謙齋 趙泰億의 시세계 一考 : 의주 접반 시기를 중심으로」, 『한국민족문화』 80, 부산대학교 한국민족문화연구소, 2021, 74면.

그러나 1725년 경종의 뒤를 이어 노론 계열의 지지를 받았던 영조가 왕에 오르며 을사환국乙巳換局이 일어나 노론이 정권을 잡게 됨에 따라 소론은 실각하게 되었다. 이 영향을 조태억 또한 피할 수 없었고, 노론 계열 대신들은 조태억이 '문생門生'과 '국로國老'라는 말을 사용했다는 것을 핑계로 삼아 그의 파직을 요청한다.[11] 이로 인해 결국 조태억은 또 한 번 삭탈관직되고 문외출송을 명받게 된다.[12] 이 당시 노론은 신임사화辛壬士禍에 대한 복수의 차원에서 조태억을 역적으로 지목하여 맹렬히 공격하게 된다. 이러한 상황 속에서 조태억은 자신의 생명에 큰 위협을 느꼈고 이에 〈후감군은後感君恩〉 시 70수首를 창작하여 자신의 정치적 시련과 함께 자기 변론에 대한 소회를 담아 냈다.

1727년 정미환국丁未換局으로 소론이 다시 정권을 잡게 되었고, 이때 조태억은 좌의정을 제수받게 된다.[13] 이듬해에 조태억은 이인좌李麟佐의 난이 일어나자 국옥鞫獄을 담당하였으며, 그해 6월, 병으로 사직한 뒤 10월 3일 생을 마감하였다. 조태억이 세상을 떠난 뒤 영조는 '문충文忠'이라는 시호를 내렸다.

이후 1755년(영조31) 노론 중심의 정권이 들어서게 되면서 조태억

11 『英祖實錄』 권3, 영조 1년 1월 13일. "右議政趙泰億, 以浮悖之性, 有側媚之態, 滅絶倫常, 不齒人類, 擅弄重柄, 籠絡群奸 …(중략)… 定策國老, 門生天子之說, 絶悖無倫, 胡至此極? 門生, 國老, 卽唐朝閹宦輩, 擁立昏辟之事, 則此果何等時, 乃敢比擬於今日? 造意駭悖, 脅迫誣衊, 罔有紀極, 請罷職."

12 『英祖實錄』 권7, 영조 1년 7월 4일, "削黜李光佐, 趙泰億等. …… 至於前領府事及趙泰億事, 死者追奪, 而生者只罷其職, 則奚但輕重之懸殊? 亦非明好惡嚴處分之意, 竝施削黜之律."

13 『英祖實錄』 권12, 영조 3년 7월 1일, "特拜趙泰億爲左議政."

의 관작은 추탈되었다가 다시 직첩職牒을 환급還給 받고, 1776년(정조 즉위년)에 거듭 관작官爵이 추탈追奪되어 1907년(순종 1)이 될 때까지 복관復官되지 못했다. 이렇듯 정치적 혼란기를 살며 정국을 헤쳐나갔던 조태억은 죽어서도 정치적으로 어려움을 겪었던 것이다.

2. 겸재 조태억의 『겸재집謙齋集』

조태억의 문집인 『겸재집謙齋集』은 정식 간행이 이루어지지 못한 채 필사본으로만 남아있다. 이는 조태억의 사후에도 고종高宗대까지 관직의 추탈과 환급이 이루어진 데서 비롯된 것으로 보인다. 조태억은 노론 위주의 정국에서 상당한 시간 동안 역적 죄인으로 취급받았기에 문집 간행은 그의 문인이나 친족들에게 큰 정치적 부담으로 느껴졌을 것이다.

현재 남아있는 『겸재집』의 필사본은 필사연도가 불분명하지만 2본이 남아있다. 이들은 각각 규장각과 장서각에 보관되어 있다. 두 본간 내용상의 큰 차이는 없다. 다만 장서각장본은 총목차와 교정 사항이 반영되어 있다. 비록 정식 간행이 이루어지지는 않았으나, 문집에 실린 글 중 크게 산절된 것은 없는 듯하다.

『겸재집』은 모두 45권 20책으로 이루어져 있다. 문집의 서발 및 목차는 없으며, 생전에 간행을 위하여 조태억이 직접 문집을 정리해 둔 것으로 보이나 이후에 간행까지는 이르지 못한 듯하다. 『겸재집』에는 시詩, 부賦, 소차疏箚, 계사啓辭, 묘갈명墓碣銘, 시장諡狀, 제문祭文, 서序, 발跋 등 다양한 글들이 실려 있다. 권1~22까지는 부賦 3편, 사辭 1편을 제외하고는 시詩가 주를 이루고 있어 시의 분량이 상당함을 확인할 수 있다.

권2부터 수록된 시는 저작 시기순으로 배치되어 있다. 조태억이 소론 계열의 중심인물로 오랜 기간 관직생활을 했던 이유로 차운시次韻詩와 만시挽詩가 많다. 권2~4에는 1684년 조태억이 10세에 지었다는 〈추야호운秋夜呼韻〉을 비롯하여 1709년 철원 부사鐵原府使로 나가기 이전까지의 작품이 실려 있다. 1695년경에 지어진 〈곡자哭子〉는 10수 연작시인데, 조태억의 둘째 아들인 조의빈趙儀彬의 이른 죽음에 대한 슬픔과 그리움이 잘 드러난다.

권5에는 1709년 7월 철원 부사로 부임하여 같은 해 12월에 체직될 때까지의 작품이 실려 있다. 철원 부사가 된 기회로 금강산을 유람하며 지은 시가 상당수를 차지한다. 단발령斷髮嶺, 장안사長安寺, 백화암白華庵 등 금강산의 다양한 명소들을 방문하고 그에 대한 감회가 담긴 시들이 있어 그의 금강산 유람에 대한 소회를 살펴볼 수 있다.

권6~8에는 조태억이 1711년 통신사에 차임되어 일본에 사행을 갔다 다음 해 조선으로 돌아올 때까지의 작품들이 수록되어 있다. 〈종사향어승선일 차호곡운견시 주필추화從事向於乘船日 次壺谷韻見示 走筆追和〉에서는 일본 사행에 대한 조태억의 기대를 엿볼 수 있으며, 반면 〈차포은운次圃隱韻〉와 같은 작품에서는 임진왜란을 일으켰던 일본에 대한 조태억의 적개심을 엿볼 수 있다. 〈부사산가富士山歌〉는 일본의 명산인 부사산을 두고 지은 시이고, 〈강기岡崎〉는 번화한 일본의 풍경을 읊은 시이다. 그리고 〈명해설중 유인절화삽죽래정이걸시자 제증일절鳴海雪中 有人折花揷竹來呈而乞詩者 題贈一絶〉에서는 조태억의 일본에 대한 인식이 다소 우호적으로 변화하였음을 보여준다. 이러한 작품들을 통해 조태억의 일본에 대한 인식과 그 인식의 변화 양상을 확인할 수 있다.

권9~10은 조태억이 첫 번째 문외출송을 당하여 용산龍山에서 거주할 때 지은 작품들이다. 〈미호소동루우작渼湖小東樓雨作〉, 〈야좌구호夜坐口號〉, 〈추회이수秋懷二首 차권중운次卷中韻〉, 〈우차又次〉와 같은 작품들을 통해 그의 문외출송 당시 상황이나 정서에 대해 확인할 수 있다.

권11에는 조태억이 여유롭게 살아가는 흥취를 담은 작품들이 수록되어 있는데 〈한거우음閑居偶吟〉, 〈한거견흥閑居遣興〉, 〈탄상灘上〉과 같은 작품이 그것이다. 또한 이 권에는 조태억의 스승이자 소론의 영수였던 최석정에 대한 만시인 〈명곡선생만사明谷先生輓詞〉가 수록되어 있는데 총 12수의 연작시로 그만큼 조태억에게 최석정의 죽음이 커다란 의미였다는 것을 확인할 수 있다.

권12에는 조태억이 문외출송을 겪은 뒤 관직에 복귀하였던 때의 작품들이 수록되어 있다. 〈송조시중지임의흥현送曺時仲之任義興縣〉, 〈송최내한군서관동검사지행送崔內翰君叙關東檢史之行〉, 〈송안장군필지임당진送安丈君弼之任唐津〉 등의 작품들은 조태억이 관직생활을 하며 임지로 나가는 동료에게 지어준 작품들이다.

권13에는 「황려록黃驪錄」이 실려 있는데, 이는 1717년 가을 여주목사驪州牧使로 좌천되어 1718년 돌아올 때까지의 작품을 편차한 것이다. 〈만음漫吟〉, 〈제타루題舵樓〉, 〈제지정벽상題池亭壁上〉과 작품을 통해 당시 조태억이 느낀 자신의 처지에 대한 안타까움과 귀거래의 의지를 살필 수 있다. 권15에는 〈명곡선생유집 …… 제증이율明谷先生遺集 …… 題贈二律〉은 조태억의 스승인 최석정의 문집인 「명곡집明谷集」 간행의 공로를 칭송하는 내용을 담고 있다.

권16~17에는 1722~1723년까지 반송사伴送使 또는 접반사接伴使로서 의주義州를 다녀올 때 지은 시들을 다수 수록하고 있다.[14] 여기에는 모두 시 121제 249수가 수록되어 있으며, 업무차 방문했던 지역에 대한 감상과 당시 조선의 상황을 다룬 시들이 있다. 권16에 수록된 〈가산 대정강嘉山大定江〉이라는 시는 조태억이 경험한 가산嘉山과 대정강大定江의 풍경을 묘사하고, 이에 따른 감흥을 표현하고 있다. 권17에 수록된 〈용만영회龍灣詠懷 정이안사겸봉권부윤·이연위·오학사전시어천이독우사상요화呈李按使兼奉權府尹·李延慰·吳學士轉示魚川李督郵士常要和〉에는 청나라의 횡포에 대한 조태억의 비통한 심정이 담겨있고, 〈유월초일일장귀 지희용전운六月初一日將歸 志喜 用前韻〉은 청나라 사신의 반송 업무에 대한 어려움을 토로한 작품이다. 이뿐 아니라 그는 백성의 삶에 대해서도 많은 관심을 담은 시 작품들도 확인할 수 있다. 특히 잦은 접대로 고통받은 백성들의 모습과 그에 대한 자신의 감정을 〈조심早甚〉 등 여러 시에서 드러냈다.

권20~21에는 조태억이 두 번째 문외출송 당시의 작품들이 수록되어 있다. 〈부차유자운기사삼주復次遊字韻寄謝三洲〉, 〈이십탄二十灘〉, 〈소지차두율운小至次杜律韻〉 등의 작품에서 두 번째 문외출송 당시 조태억이 느꼈던 곤궁함과 우울함을 확인할 수 있다.

권22에는 〈전감군은前感君恩〉 20수와 〈후감군은後感君恩〉 70수가 수록되어 있다.[15] 〈전감군은〉의 경우 조태억의 과거에 급제하고 벼슬

14 권16~17에서 조태억이 반송사와 접반사 시기에 남긴 시의 개관은 김효정의 연구를 참고하여 서술하였다. 김효정, 「謙齋 趙泰億의 시세계 一考: 의주 접반 시기를 중심으로」, 『한국민족문화』 80, 부산대학교한국민족문화연구소, 2021.

15 〈전감군은〉과 〈후감군은〉에 대한 설명은 이승용(「謙齋 趙泰億의 「前感君恩」과 「後感君恩」에 관한 일고찰」, 『민족문화』 57, 2021)의 연구를 참고하여 서술하였다.

에 올랐을 때를 회상하며 창작한 작품들로 주로 지난날을 재구하며 군은君恩을 찬양하는 방식으로 이루어졌다. 반면 〈후감군은〉의 경우 1707년부터 1726년까지 조태억 자신이 겪었던 정치적 시련에 대한 내용으로 구성되어 있으며 자신의 변론과 소회에 대한 내용이 주를 이룬다. 조태억의 〈감군은〉은 시기에 따른 연보식 구성과 연작의 형식을 활용하여 단순히 임금의 은혜를 칭송하는 방식에서 벗어나 자신의 연보를 직접 구성하고 자신을 변론했다는 점에서 주목할 만한 작품이다.

권23~33에는 소차疏箚 250여 편이 수록되어 있다. 대교待教, 봉교奉教 등 벼슬을 사직하는 소차가 주를 이룬다. 대교待教의 경우 사양하는 소를 여섯 번 올리는 등 같은 관직을 여러 번 사양하는 소를 작성한 것도 있다. 권34는 계사啓辭 20편, 공함公緘 1편, 수의收議 16편을 싣고 있다. 계사에는 전 지평 이동언李東彦을 사판仕版에서 삭제하기를 요청하는 「청전지평이동언삭거사판계請前持平李東彦削去仕版啓」 등이 있다. 공함은 조태억이 북평사 시절에 작성한 「인이동언등사사함답因李東彦等査事緘答」이다. 수의에는 김동필金東弼을 부사副使에 차임하는 것에 대한 논의를 다룬 것, 서연書筵 출입할 때의 예절을 논의한 것 등이 있다. 이같은 작품의 배열은 조태억에게 관직생활은 그의 일생에 있어 중심이 되는 활동이었다는 것을 유추할 수 있게 해준다.

권35~36에는 묘갈명墓碣銘 5편, 묘지명墓誌銘 10편, 묘표墓表 6편, 행장行狀 1편이 실려 있다. 묘갈명은 자신의 숙부인 조사석趙師錫, 북관北關 의사議士 이희당李希唐 등에 대한 것이다. 묘지명은 홍문관 수찬 윤철尹哲의 처, 조인수趙仁壽의 처 등에 대해 작성한 것이다. 권36에는 아버지 조가석, 선비先妣 남원南原 윤씨尹氏 등에 대한 묘지명이 실려 있다. 묘표는 자신의 아버지인 조가석과 대사간 등을 역임한 이언경李彦經, 백일남白一男 등에 대해 작성한 것이다. 한 편인 행장은 심귀서沈龜瑞에 대한 행장이다.

권37~38에는 시장諡狀 8편이 실려 있다. 권37에는 남치근南致勤, 조상우趙相愚에 대한 시장 등 모두 4편이 실려 있으며, 권38에는 이세필李世弼, 박태보朴泰輔에 대한 시장 등 모두 4편이 실려 있다. 주로 소론 계열 주요 문인들에 대한 것들이다.

권39~40에는 제문祭文 68편, 고문告文 18편, 축문祝文 3편, 뇌문誄文 2편이 실려 있다. 제문은 「사직기곡제문社稷祈穀祭文」, 「기우제문祈雨祭文」 등과 윤지선尹趾善, 서문유徐文裕, 유상운柳尙運 등에 대한 치제문致祭文, 자신의 아들 조의빈과 임수간任守幹 등에 대한 제문 등이다. 고문告文은 「고방조한원군묘문告傍祖漢原君墓文」, 「고종조혜목공천묘문告從祖惠穆公遷墓文」 등 대체로 조상과 친척들의 묘소에 올린 것이다. 축문은 이세화李世華, 이세필, 최석정에 대한 것이다. 뇌문은 심제현沈齊賢과 그의 아들인 심옥沈鈺에 대한 것이다.

권41에는 서序 17편, 기記 1편이 실려 있다. 우선 가장 첫 번째에 보이는 「송명곡최선생부연서送明谷崔先生赴燕序」는 조태억의 스승인 최석정崔錫鼎이 1697년 주청사奏請使에 선발되어 청나라로 떠날 때 최석정에게 지어 올린 송서이고, 「송무주홍사군 만회 장서送茂朱洪使君 萬恢 丈序」까지하여 송서에는 이 두 편이 있다. 이밖에 「이충장공양세연시연서李忠壯公兩世延諡宴序」, 「백석시집서白石詩集序」, 임춘의 문집인 『서하집』을 중간한 뒤 그 책에 쓴 「임서하집중간서林西河集重刊序」, 「석희박부자시고서石希璞父子詩稿序」 「쌍백당집서雙栢堂集序」, 전평공全坪公 노주鷺洲 이곽李漷의 문집인 『노주집』에 쓴 「노주집서鷺洲集序」, 「계양수창첩서桂陽酬唱帖序」, 「학림옥로서鶴林玉露序」 등이 있다.[16] 이 작품들 가운데 「백석시집서白石詩集序」, 「노주집서鷺洲集序」, 「학림옥로서鶴林玉露序」의 경우 조태억의 문학에 대한 인식을 엿볼 수 있는 글이라는 점에서 의미가 있다. 한 편의 기는 귀후서歸厚署의 중수기重修記이다.

권42에는 발跋 6편이, 권43에는 제후題後 8편이 실려 있다. 발은 『언서서주연의諺書西周演義』, 최석정의 문집인 『명곡집明谷集』에 대한 것 등이다. 제후는 『수세보원권壽世保元卷』에 대한 것, 『충현록忠賢錄』에 대한 것 등이 있다. 권44에는 잠箴 1편, 명銘 3편, 찬贊 3편이 실려 있다. 잠 1편은 1702년 작성한 「불괴우옥루잠不愧于屋漏箴」이고, 명 3편은 「좌우명座隅銘」, 「연명硯銘」, 「명재서첩명明齋書帖銘」이다. 「연명」은 일본인 택이녕宅以寧의 벼루에 써준 것이고, 「명재서첩명」은 정만양鄭萬陽의 가문이 보관하고 있던 서첩에 쓴 것이다. 찬은 일본 국왕이 쓴 '매월梅月' 자字, 동곽東郭 이현李礥의 화상畫像 등에 대한 찬이 있다.

마지막 권45에는 불윤비답不允批答 2편, 교서敎書 6편, 책문冊文 2편, 교문敎文 3편, 전장箋狀 13편, 상량문上樑文 4편, 모연문募緣文 1편이 실려 있다. 불윤비답은 좌의정 서종태徐宗泰와 좌의정 이유李濡에게 내린 것이다. 교서는 충청도 관찰사 이선부李善溥, 강화 유수江華留守 박권朴權 등에게 내린 것이다. 책문은 혜순왕대비惠順王大妃에게 존호를 올리는 옥책문玉冊文과 경종景宗에게 시호諡號를 올린 시책문諡冊文이다. 세 편의 교문은 각각 왕세제 입학, 왕대비의 병환 후

16 이 부분은 윤재환(「謙齋 趙泰億 詩文集 序文의 敍述 技法 一考」, 『한국문학과 예술』 36, 사단법인 한국문학과예술연구소, 2020, 155~157면.)의 연구를 참고하여 서술하였다.

회복, 영조가 즉위할 때 내린 교문이다. 전箋은 동지冬至와 정조 때 올린 것, 경기 감사京圻監司 시절 왕세제 책봉을 축하하는 글 등이 있으며, 장狀은 철원 부사鐵原府司로 부임하며 관찰사에게 올린 것, 여주 목사驪州牧使로 관찰사에게 올린 것 등이 있다. 상량문은 주로 서원에 대한 것인데, 청주의 송천서원松泉書院에 대한 것 등이 있다. 모연문은 동림사東林寺를 영건營建할 때 시주를 권한 글이다.

이상에서 볼 수 있듯 조태억은 3,600여 수의 시詩와 함께 다양한 형식의 문장을 다수 남겼음을 확인할 수 있다. 조태억의 문학작품에 관한 연구는 비교적 최근부터 활발히 이루어지고 있는데, 다음 장인 '겸재 조태억 연구의 현황과 전망'에서 상세히 서술하겠다.

Ⅱ. 겸재 조태억의 연구의 현황과 전망

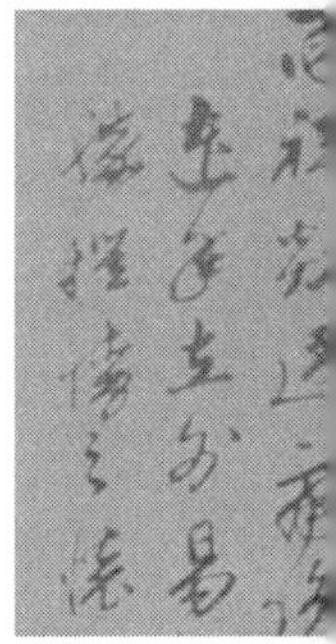

최수완

1. 겸재 조태억 연구 현황

조태억에 대한 연구는 신묘통신사 활동을 중심으로 시작되었다. 구지현[17]은 1711년 신묘통신사 일행과 아라이 하쿠세키의 필담인 『좌간필담坐間筆談』과 『강관필담江關必談』에 초점을 맞춰 연구를 진행하였다. 그는 조태억 일행은 일본의 정세를 탐색하고, 또 다른 침략을 막고자 하는 데 집중한 반면, 하쿠세키는 문文의 측면에서 발전한 일본의 모습을 보여주고자 하는 데에 집중했다고 보았다. 또한 피휘避諱 문제에 있어 조선 측의 수용과 하쿠세키가 임진왜란 이후 일본에 대한 조선의 의중을 파악하는 등의 결과를 이루어내 결국 서로의 목표를 달성하였다고 보았다. 이 연구는 조태억의 당시 일본 사행에 대해서 확인할 수 있다는 점에서 의의를 지니지만 문학 작품에

17 구지현, 「1711년 신묘통신사와 아라이 하루세키[新井白石]의 필담을 통한 상호 소통」, 『열상고전연구』 28, 열상고전연구회, 2008.

대한 본격적인 논의는 아니라는 점에서 아쉬움이 남는다.

이후 조영심[18]은 조태억의 사행문학에 대해 연구하였다. 그는 조태억이 통신사 활동을 통해 일본에 대한 인식이 변화하였음에 초점을 두었다. 일본으로 향하기 전 조태억은 일본을 유람의 장소로 인식하였으며, 일본에 대한 적개심을 가지고 있었다. 그러나 통신사로서 일본을 다녀온 이후에는 일본의 장점을 드러내고 일본에 대해 포용적인 모습을 보인다. 이를 통해 조영심은 조태억의 일본에 대한 인식이 당대 다른 사대부들의 인식과는 다소 차이가 있다고 보았다. 이 연구 역시 조태억이 일본 사행을 통해 어떠한 인식의 변화를 갖게 되었는지 알 수 있게 해준다는 점에서 의미를 지닌다. 하지만 일본 사행이라는 특정 시기에 주목했기 때문에 조태억의 문학 세계 전반을 이해하기는 어렵다는 점이 있다.

이미진[19]은 조태억의 연구시聯句詩에 대한 연구를 진행하였다. 이 연구에서는 창작시기 및 배경, 참여 인원 등을 기준으로 조태억의 연구시를 분석하였다. 먼저 창작 시기에 따라 시를 나열하고, 시의 창작배경과 함께 시기에 해당하는 시들을 구체적으로 살펴보았다. 또한, 참여 인원에 따른 시의 양상을 구체적으로 살펴보았다. 이에 따라 조태억의 연구시는 시홍이 일어나면 그 자리에서 시를 창작하는 즉흥적인 성격이 강하며, 그의 연구시 창작은 인간관계를 형성하는 하나의 수단으로 기능한 것으로 파악하였다. 나아가 연구시 창작이

---

18 조영심, 「趙泰億의 使行文學 연구 : 對日觀을 중심으로」, 연세대학교 석사학위 논문, 2014.

19 이미진, 「聯句詩의 창작 방식과 배경 고찰 - 謙齋 趙泰億의 사례를 중심으로 -」, 『동양고전연구』 74, 동양고전학회, 2019.

사회적 행위로서 가치를 지닌다는 점을 언급하였다. 이렇듯 이 연구는 조태억의 실제 연구시 작품들을 확인하고 이를 통해 창작 과정과 방식을 확인했다는 점에서 의의를 지니지만 조태억의 연구시가 지닌 문예적 가치를 파악하기에는 어려운 지점이 있다.

한편 조태억뿐만 아니라 그가 속했던 소론 계열 문인들의 연구시 특징을 살펴본 연구도 있다. 김묘정[20]은 조태억의 연구시를 17세기 소론 계열 인물들인 오도일吳道一(1645~1703), 최석정崔錫鼎(1646~1715)의 연구시와 함께 살펴보았다. 이 연구를 통해 조태억을 비롯한 소론 계열의 지식인들이 창작한 연구시의 특징을 크게 세 가지로 정리하였다. 먼저 소론 계열 지식인들인 오도일, 최석정, 조태억은 모임에서 시적 흥취를 공유하는 수단으로써 연구시를 활용하였으며, 또한 송별의 상황에서도 연구시로 그 감정을 표현했을 정도로 연구시 창작을 자주 하였다. 마지막으로 연행과 같은 공적인 상황에서도 장편 연구시를 창작하는 등의 특징을 보였다. 하지만 연구시의 기능적 측면에 집중되어 있어 문학적 측면에 대한 분석은 다소 부족한 감이 있다.

연구시 외에도, 조태억의 시에 대한 연구는 다양한 주제별로 나뉘어 진행되었다. 먼저, 유진희[21]는 조태억의 만시挽詩를 살펴보았는데 특히 10수 이상의 연작 만시에 초점을 맞추었다. 정서의 일원화, 감정의 수미상관 구조, 사적 기억의 활용이라는 세 가지 측면으로 조태

---

20 김묘정, 「17세기 少論계열 지식인들의 聯句詩 고찰 - 吳道一 · 崔錫鼎 · 趙泰億의 시적 교류 양상을 중심으로」, 『石當論叢』 78, 동아대학교 석당학술원, 2020.

21 유진희, 「謙齋 趙泰億의 連作 挽詩 硏究」, 『어문론총』 85, 한국문학언어학회, 2020.

억의 만시를 분석하였다. 정서의 일원화가 나타난 시는 대상에 대한 애도의 감정을 더욱 강화하고, 수미상관 구조는 망자에 대한 안타까움과 그리움 등의 감정을 더욱 부각시킨다고 보았으며, 사적 기억의 활용은 망자와 조태억의 관계를 더욱 가까이 느껴지게 하여 안타까움과 슬픔의 감정을 강화시킨다고 보았다. 이 연구는 조태억의 만시를 개관하고 그 가운데 10수 이상의 연작 만시에 집중하여 그 양상을 확인했다는 점에서 의미를 지니지만 다소 범범한 분석 방식과 함께 조태억이 10수 이상의 연작 만시를 창작하게 된 계기에 대한 해명이 이루어지지 못했다는 점에서 아쉬움을 남긴다.

이승용[22]은 〈전감군은前感君恩〉, 〈후감군은後感君恩〉의 양상을 살피고, 이 두 작품이 다른 감군은感君恩 계열 작품들과는 어떤 차이를 갖는지 고찰하였다. 먼저 〈전감군은前感君恩〉은 조태억의 기억을 성균관 유생 시절부터 나열하고, 그때 자신이 받은 군은君恩을 시간순으로 표현해내고 있다고 보았다. 반면 〈후감군은後感君恩〉은 군은에 대한 찬양보다 자신이 경험한 정치적 시련과 이에 대한 변론을 담고 있다고 보아 같은 감군은 계열이라도 표현하는 내용은 다름을 밝혔다. 이 연구는 감군은 작품들을 통해 당시 정국政局의 현실과 그 속에서 조태억이 견지했던 현실인식과 그의 삶을 면밀하게 조명해 볼 수 있다는 점에서 의미를 지닌다. 하지만 정치적이고 기능적 측면에 치우쳐 문학적 측면에 대한 접근이 부족한 감이 있다.

유명석[23]은 조태억의 누정시樓亭詩에 대한 연구를 진행하였다. 이

22 이승용, 「謙齋 趙泰億의 「前感君恩」과 「後感君恩」에 관한 일고찰」, 『民族文化』 57, 한국고전번역원, 2021.

23 유명석, 「謙齋 趙泰億의 樓亭詩 硏究」, 『동악어문학』 85, 동악어문학회,

연구는 조태억의 누정시를 개관하고 표현과 창작 기법을 중심으로 경물 묘사와 상념 해소, 정적靜的인 분위기를 활용한 여유의 고조高調, 연구시 창작을 통한 정감의 공유 세 부분으로 나누어 시를 살폈다. 이러한 분석을 통해 조태억은 누정시에 정경을 핍진하게 담아내며 자신의 상념을 해소하고, 풍경뿐 아니라 시의 담긴 분위기를 통해서도 자신이 느낀 흥취와 여유로움을 드러낸다고 보았다. 또한 누정에서 연구시를 창작하며 함께 시를 창작한 인물들과 누정에서의 정감을 공유한 것으로 분석하였다. 이 연구는 조태억의 누정시를 살펴 누정시의 전통 속에서 살펴보고자 하였고, 실제 작품들을 확인했다는 점에서 일정 부분 의미를 지닌다. 하지만 조태억의 누정시를 연구해야 하는 당위성이 다소 부족하며 실제 분석도 여타의 누정시 연구와 큰 차이를 보이지 않는다는 점에서 아쉬움이 남는다.

이황진[24]은 조태억의 제석시에 대해 살펴보았다. 이 연구에서는 제석시를 시기에 따라 신묘통신사 이전과 이후로 구분하고, 두 시기 간의 차이점을 비교하였다. 또한 제석시와 당시 조태억의 삶을 연관 지어 그의 제석시가 지닌 특징을 정리하였다. 이를 통해 통신사 이전 조태억의 제석시는 사적인 감정을 분명하게 드러내고, 형의 죽음에 대한 애석함을 드러내고 있다고 보았다. 반면, 통신사 이후의 제석시에서는 나이 들어가는 자신의 모습에 대한 탄식과 평온한 삶에 대한 바람 등을 중심으로 한 경우가 많다고 분석하였다. 이 연구는 제석시를 통해 조태억의 삶에 대한 성찰과 태도를 밝혀냈다는 점에서 의미

2021.

24 이황진, 「겸재 조태억의 제석시(除夕詩) 연구」, 『열상고전연구』 76, 열상고전연구회, 2022.

를 지닌다. 하지만 조태억 제석시만의 특징이 보편적인 양상과 선명하게 구분이 되지는 않는다는 아쉬움이 있다.

주제별로 나누어 살펴본 연구 외에, 조태억의 특정 시기 작품에 초점을 맞춰 진행한 연구도 있다. 김효정[25]은 조태억이 1722년 6월부터 1723년 6월까지 의주를 다녀오며 창작한 시를 중심으로 연구하였다. 그리하여 이때의 시들은 승유勝遊의 흥취, 가뭄과 지나친 사신 접대로 인한 백성들의 고통과 그에 대한 조태억의 안타까운 심정, 약소국으로서 청나라의 요구에 맞춰주어야 했던 당시 조선의 상황과 그에 대한 조태억의 심정을 드러내고 있다고 보았다. 이 연구는 조태억의 일생 가운데 특정 시기에 집중하여 당시 창작한 작품을 살폈다는 점에서 적지 않은 의의가 있다. 하지만 이러한 까닭에 조태억 시문학 세계의 전모를 보여주지 못하였고 형상화 양상을 정밀하게 다루지 않았다는 점에서 일정한 한계를 지닌다.

박난아[26]는 조태억이 경험한 두 번의 문외출송門外黜送의 의미를 파악하고, 이어 당시 창작한 시작품에 주목했다. 조태억은 1712년과 1725년 두 차례에 걸쳐 문외출송을 당하였는데, 첫 번째 문외출송 시기에 창작한 시들은 고난 속에서도 자신의 상황을 긍정적으로 바라보고자 하는 마음을 담아내고 있음을 특징으로 보았다. 두 번째 문외출송 시기에 창작한 시들에서는 우울, 근심, 번민 등의 감정을 담아내고 있어 앞서 문외출송 당시 창작한 시작품들과 차이가 있음을 밝혔

25 김효정, 「謙齋 趙泰億의 시세계 一考: 의주 접반 시기를 중심으로」, 『한국민족문화』 80, 부산대학교 한국민족문화연구소, 2021.

26 박난아, 「謙齋 趙泰億의 시세계 일고찰 - 門外黜送 時期 詩作을 중심으로 -」, 『한민족어문학』 97, 한민족어문학회, 2022.

다. 그리고 이러한 차이가 발생한 이유로 두 문외출송 사이에 경험한 정치적 시련을 들었다. 이 연구는 조태억에게 문외출송이 지닌 의미를 밝히고, 당시 창작한 시작품들간의 거리를 분석했다는 점에서 의의를 지닌다. 하지만 문외출송 시기에 한정되었다는 점과 조태억의 문외출송 시기 시작품들과 일반적인 유배시와의 차이가 선명하지 않다는 한계가 있다.

조태억의 시작품 이외에 문장文章에 대한 연구도 이루어졌다. 윤재환[27]은 조태억이 지은 서문序文 전체를 개괄하고 그 가운데 3편의 글을 중심으로 연구를 진행하였다. 「노주집서鷺洲集序」와 「석희박부자시고서石希璞父子詩稿序」는 편장법을 활용해 각 단락 간의 유기적이고 치밀한 연결을 보여주고, 「백석시집서白石詩集序」는 단락 간 유기적인 연결을 중심으로 한 앞의 두 서문과 달리 순차적인 서술이 이루어지고 있음을 파악하였다. 이를 통해 조태억이 문장의 구조에 깊이 이해를 하여 치밀하게 문장을 조직했음을 밝히면서 동시에 그가 문장의 창작에 상당한 능력을 지니고 있었음을 밝혔다. 이렇듯 이 연구는 조태억의 문학적 역량과 그런 그가 창작한 서문이 지닌 문학적 가치를 밝혀냈다는 점에서 가치를 지닌다. 하지만 조태억이 남긴 17편의 서문 가운데 3편만을 다루었다는 점에서 양적으로 아쉬움이 남는다.

권진옥[28]은 만시와 제문, 묘도문자墓道文字 등 조태억이 동일한 망

27 윤재환, 「謙齋 趙泰億 詩文集 序文의 敍述 技法 一考」, 『한국문학과 예술』 36, 한국문학과 예술연구소, 2020.

28 권진옥, 「망자를 위한 글쓰기의 장르 간 특성 연구 - 謙齋 趙泰億을 중심으로」, 『Journal of Korean Culture』 55, 한국어문학국제학술포럼, 2021.

자에 대해 작성한 2개 이상의 작품들을 대비하여 살펴보았다. 그리고 그 차이점을 두 가지로 구분하였다. 먼저, 정서의 표현 측면에서 만시의 경우 장르적 특성 등이 반영되어 망자에 대한 감정이 간접적으로 드러난다고 파악하였다. 반면, 시에 비해 양적으로 제약이 적은 문장으로 지어진 제문의 경우 망자에 대한 감정이 더욱 구체적으로 서술되었다고 파악하였다. 더 나아가 애도의 대상이 되는 인물의 형상화 방식에 있어서도 장르 간 차이가 있음을 밝혔다. 만시의 경우 망자가 어떤 인물인지와 그에 대한 애도의 감정을 담담하게 표현하였음을 파악하였다. 반면, 묘도문자에서는 망자가 생전에 어떤 인물이었는지를 더욱 상세히 기술하였다고 보았다. 이러한 점을 통해, 동일한 망자에 대한 글이라도 장르에 따라 감정의 표현과 대상을 설명하는 방식에 있어 차이가 있음을 분석하였다. 이 연구는 망자를 위한 다양한 글쓰기 형태를 살피고 서술 방식을 분석했다는 점에서 의미를 지닌다. 그러나 기본적으로 시는 정서의 표출 측면, 문장은 논리적 서술을 각각의 특징으로 한다는 점에서 다소 보편적인 양상인 듯한 인상을 준다.

또, 윤재환[29]은 조태억의 문학론을 정리하였다. 조태억이 직접 언급한 문학론은 거의 부재함에도 불구하고 이 연구에서는 조태억의 문학에 대한 타인들의 평가와 타인의 문학에 대한 조태억의 평가 간에 공통된 부분을 중심으로 그의 문학론을 규명하고자 하였다. 이를 통해 조태억이 진실한 감정의 표현을 중시하고 질박하고 순수한 시문의 창작을 지향하였다는 것을 밝혔다. 이 연구는 제한된 자료 속에

29 윤재환, 「겸재 조태억 문학론 검토 試論」, 『大東漢文學』 71, 대동한문학회, 2022.

서 조태억의 문학론을 확인한 최초의 연구라는 점에서 의의를 갖는다. 다만 문학관과 실제 작품간의 거리가 함께 다루어지지 못한 점에서 아쉬움이 남는다.

2. 겸재 조태억 연구의 전망과 과제

조태억에 대한 연구는 비교적 최근인 2020년부터 본격적으로 시작되었다. 현재까지 조태억의 문학에 대한 연구는 시와 산문에 걸쳐 다양하게 진행되었다. 그러나 『겸재집』에 실린 작품의 양으로 미루어 볼 때, 조태억의 문학에 대한 논의는 여전히 시작 단계에 있다고 볼 수 있다.

조태억은 10세라는 어린 나이부터 시문詩文을 창작하여 칭찬을 들을 정도로 문학적 역량을 지닌 인물이었다. 그는 자신의 문학적 능력을 바탕으로 대제학을 역임하였으며, 혼란한 정국 속에서 좌의정에 오르기까지 하였다. 조태억의 관직이 이처럼 현달할 수 있었던 데에는 그의 타고난 문학적 역량이 바탕에 있었기 때문이라고 할 수 있다. 그런 그는 자신의 문재를 발휘해 많은 양의 시문학 작품을 창작하고 손수 정리하여 세상에 남겼다. 이러한 점을 고려해 봤을 때, 조태억이라는 인물을 분명하고 또 확실하게 이해하기 위해서는 그가 남긴 문학작품에 대한 이해가 반드시 선행되어야 할 것이다.

지금까지 이루어진 연구 성과들은 조태억이 남긴 작품들을 장르별, 주제별로 살펴보고 그 의의를 파악하였다는 점에서 적잖은 가치가 있다. 시에서는 소론 계열 문인들의 특징이라 할 수 있는 연구시를 비롯해 만시, 감군은 계열의 시, 제석시, 누정시 등 다양한 주제의 시가 연구되었으며, 문장文章 관련 연구는 한시 관련 연구에 비해 양적으로 부족한 감이 있으나 조태억이 일본 사행에서 나누었던 필담, 문집의 서문序文을 비롯해 묘도문자와 시작품을 연결 지어 살펴보는 등 다양한 시도가 있어 왔다. 더욱이 조태억의 문학론에 대한 연구는 앞으로 조태억의 문학 작품을 어떻게 바라볼 것인가에 대한 하나의 지표로 작용할 수 있다는 점에서 중요한 성과이다. 이러한 연구들은 조태억의 문학에 대한 이해를 넓히고 차후 이루어질 관련 연구에 대한 초석이 된다는 점에서 중요하다.

『겸재집』은 45권 20책 분량이다. 여기에 수록된 작품들을 문체별로 정리해보자면, 시 3,674 수, 소차疏箚 250여 편, 계사啓辭 20편, 공함公緘 1편, 수의收議 16편, 묘갈명墓碣銘 5편, 묘지명墓誌銘 10편, 묘표墓表 6편, 행장行狀 1편, 시장諡狀 8편, 제문祭文 68편, 고문古文 18편, 축문祝文 3편, 뇌문誄文 2편, 서序 17편, 기記 1편, 발跋 6편, 제후題後 8편, 잠箴 1편, 명銘 3편, 찬贊 3편, 불윤비답不允批答 2편, 교서敎書 6편, 책문冊文 2편, 교문敎文 3편, 전장箋狀 13편, 상량문上梁文 4편, 모연문募緣文 1편이다.

기본적으로 『겸재집』에 수록된 작품들은 시와 문을 아울러 양이 방대할뿐만 아니라 문文의 경우에는 다양한 장르가 수록되어 있음을 확인할 수 있다. 이를 통해 앞으로 여러 관점에서 조태억의 문학에 대한 논의가 활발히 또 충분히 진행될 수 있을 거라는 가능성을 엿볼 수 있게 해준다. 그동안 시에 대한 연구는 특정 주제를 중심으로 진행되었다. 물론 앞으로도 여러 주제를 통해 조태억의 한시를 살필 수 있을 것이며, 혹은 조태억의 삶과 시세계를 결부시키는 연구, 문학론과 실제 작품 간의 거리를 확인하는 연구, 그의 의식 세계를 확인하는 연구 등 다양한 방면에서의 연구가 가능할 것이다. 또한 문장의 경우 『겸재집』에서 상당한 양을 차지하고 있는 장르 중 하나로 소차를 지목할 수 있는데, 앞으로 그의 소차에 대해서도 많은 논의가 이루어질 수 있을 것이다. 이밖에 묘지명, 제문과 같은 묘도문자에 대한 연구나 여타 문장들에 대한 연구도 기대할 수 있는 부분이다.

조태억은 17세기 중반부터 18세기 초반의 혼란한 정국 속에서도 그다지 큰 부침을 겪지 않은 관직 생활을 하며 소론의 영수로 활약했던 인물이다. 앞으로 조태억에 대한 연구가 활발히 이루어지게 된다면 작게는 조태억이라는 인물과 그의 문학작품에 대해 심도있는 이해를 할 수 있을 것이며, 넓게는 조선 후기의 문학사와 정치사를 이해하는 데에 큰 도움이 될 것이라고 여겨진다. 이를 위해서는 조태억의 문학에 대한 폭넓은 고찰은 필수적이며 앞으로 조태억의 문학에 대한 많은 논의가 이루어지기를 기대한다.

제2부

겸재謙齋 조태억趙泰億의 문장文章에 대한 단상

Ⅰ. 겸재謙齋 조태억趙泰億 문학론文學論 검토 시론試論
Ⅱ. 겸재謙齋 조태억趙泰億 시문집詩文集 서문序文의 서술敍述 기법技法 일고一考
Ⅲ. 망자를 위한 글쓰기의 장르 간 특성 연구

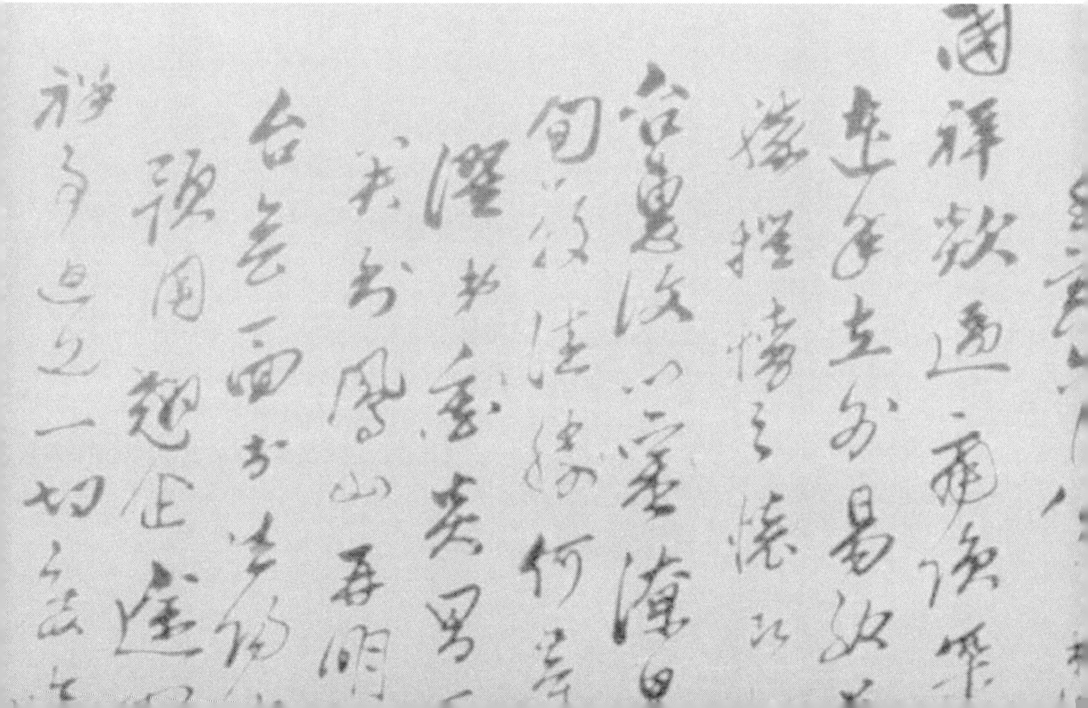

Ⅰ. 겸재 조태억 문학론 검토 시론

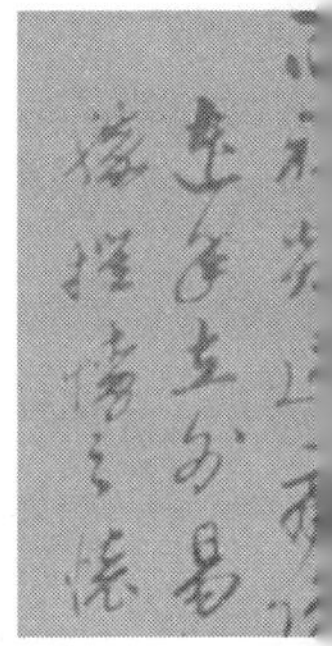

윤재환

1. 서론

겸재謙齋 조태억趙泰億(1675년, 숙종 1~1728년, 영조 4)은 노론과 소론의 정치적 대립이 치열했던 18세기 초반, 소론 계열의 중심에 서서 당대 정국을 주도했던 인물이다. 그는 명곡明谷 최석정崔錫鼎(1646~1715)의 문인으로, 약천藥泉 남구만南九萬(1629~1711)과 명곡 최석정을 거쳐 자신에게 이어진 소론 계열 학맥의 중심에 있으면서 소론 계열의 문한文翰을 이었고 또 문형文衡을 맡았을 정도로 문학적 역량을 인정받았다. 하지만 그는 생전 그가 누렸던 이와 같은 명성에도 불구하고 운명 이후 지금까지 연구자들에게 크게 주목받지 못하고 있는데, 이런 상황은 그에 대한 정치적 평가와 상당한 관계가 있다고 생각된다.

조태억은 1721년(경종 1) 소론 계열의 조태구·최석항·이광좌 등과 함께 연잉군延礽君(영조)의 왕세제 책봉과 대리청정을 반대하여 철회하도록 청했으며, 김일경金一鏡 등의 상소와 목호룡睦虎龍의 고변으로 일어난 신임사화辛壬士禍 이후에는 권력의 중심에서 정국을 주도했다. 하지만 영조 즉위 이후 소론 계열이 정치적으로 실세하면서 그는 수차례 삭탈관직 되었고, 신임환국의 책임을 묻게 되었을 때는 노론 4대신과 대립하며 이들을 죽음에 몰아넣었던 소론 5대신의 한 사람으로 지목되었다. 그래서 그는 운명 이후 1755년(영조 31)과 1776년(정조 즉위년)에 거듭 관작官爵이 추탈追奪되어 1907년(순종 1)이 될 때까지 복관復官되지 못했다.[1]

그러나 조태억의 가계를 살펴보면 그의 종형제인 조태채趙泰采(1660~1722)가 노론 4대신의 한 사람이었고, 처족妻族이 노론 계열이었을 정도로 그의 가계에는 노론과 소론 계열이 공존했다. 그래서 그는 노론과 소론 계열이 대립하던 숙종에서 영조 시기에 소론 온건파의 입장을 견지하면서 노론과 소론 계열의 갈등을 조정하기 위해 애썼다.[2] 하지만 이런 노력에도 불구하고 조태억은 노론 계열에 의해 신임환국의 원흉으로 지목되어 끝내 비판과 부정의 골을 벗어나지 못했다. 이와 같은 평가는 조태억이 당대 뛰어난 문학적 명망을 지녔고, 45권 20책의 방대한 문집 속에 2,329제 3,674수의 시와 부賦 3편, 사辭 1편을 포함하여[3] 소차疏箚, 계사啓辭 등의 공적인 글에서부터 서

1 윤재환, 「謙齋 趙泰億 詩文集 序文의 敍述 技法 一考」, 『한국문학과 예술』 36, 사단법인 한국문학과예술연구소, 2020, 151면.

2 이승용, 「謙齋 趙泰億의 「前感君恩」과 「後感君恩」에 관한 일고찰」, 『民族文化』 57, 한국고전번역원, 2021, 130면.

3 조태억의 시문학 작품 수에 대해 한국고전번역원의 『겸재집』 해제에서는 "賦 3편, 辭 1편, 詩 2430여 題"라고 했고, 유진희는 「謙齋 趙泰億의 連作挽詩 硏究(『어문론총』 85, 한국문학언어학회, 2020.)」의 112~113 면에서 2,329제 3,666수라고 했으며, 김효정은 「謙齋 趙泰億의 시세계 一考 : 의주접반 시기를 중심으로(『한국민족문화』 80, 부산대학교 한국민족문화연구소,

序, 기記, 발跋 등의 사적인 글에 이르기까지 다양한 유형의 작품을 남겼음에도 불구하고 그를 정치적인 관점에서 우선 바라보게 한다.

최근 들어 학계에서 일부 문인에 편중된 연구 경향에 대한 반성과 함께 소론 계열 문인에 대한 관심으로 조태억의 문학에 관한 연구들이 발표된 것은[4] 몹시 반갑고 또 다행한 일이지만, 아직까지 조태억

2021.)」의 76면에서 권1에 賦 2수가 있다고 했는데, 권1에는 부 3편과 辭 1편이 있다. 또 김효정은 같은 면의 각주 11번에서는 유진희의 통계가 권22에 있는 〈前感君恩〉 20수와 〈後感君恩〉 70수를 잘못 계산한 것이라고 하면서 시가 모두 3,673수라고 했다. 그런데 필자가 직접 살펴본 결과 〈後感君恩〉의 마지막에 追賦 1수가 더 있어 〈後感君恩〉은 모두 71수이다. 따라서 조태억의 시는 모두 2,329제 3,674수가 된다.

4 필자가 확인하기로 현재까지 조태억에 관한 본격적인 연구는 문학 방면에서만 이루어졌는데, 문학 관련 연구도 여기에서 거론한 것이 전부이다. 이 연구를 살펴보면 2편을 제외하고는 모두 2020년 이후에 발표된 것임을 알 수 있다. 이를 발표 시기순으로 정리하면 다음과 같다. 조영심, 「趙泰億의 使行文學 연구 : 對日觀을 중심으로」, 연세대학교 석사학위 논문, 2014 ; 이미진, 「聯句詩의 창작 방식과 배경 고찰 - 謙齋 趙泰億의 사례를 중심으로」, 『東洋古典研究』 74, 동양고전학회, 2019 ; 김묘정, 「17세기 少論계열 지식인들의 聯句詩 고찰 - 吳道一 · 崔錫鼎 · 趙泰億의 시적 교류 양상을 중심으로」, 『石堂論叢』 78, 동아대학교 석당학술원, 2020 ; 유진희, 「謙齋 趙泰億의 連作挽詩 研究」, 『어문론총』 85, 한국문학언어학회, 2020 ; 윤재환, 「謙齋 趙泰億 詩文集 序文의 敍述 技法 一考」, 『한국문학과 예술』 36, 사단법인 한국문학과예술연구소, 2020 ; 권진옥, 「망자를 위한 글쓰기의 장르 간 특성 연구 - 謙齋 趙泰億을 중심으로」, 『Journal of Korean Culture』 55, 한국어문학국제학술포럼, 2021 ; 김효정, 「謙齋 趙泰億의 시세계 一考 : 의주 접반 시기를 중심으로」, 『한국민족문화』 80, 부산대학교 한국민족문화연구소, 2021 ; 유명석, 「謙齋 趙泰億의 樓亭詩 研究」, 『동악어문학』 85, 동악어문학회, 2021 ; 이승용, 「謙齋 趙泰億의 「前感君恩」과 「後感君恩」에 관한 일고찰」, 『民族文化』 57, 한국고전번역원, 2021 ; 이황진, 「겸재 조태억의 除夕詩 연구」, 『열상고전연구』 76, 열상고전연구회, 2022.

의 문학세계 전반에 대한 종합적인 연구는 이루어지지 못하고 있다. 특히 그의 문학론에 관한 연구가 수행되지 못하고 있는데, 다른 문제와 달리 이 문제는 자료의 한계 때문이라고 생각된다.

전근대 시기의 문인들 대부분이 문학을 본질적인 것으로 여기지 않았고, 그런 만큼 자신의 문학론을 명시적으로 밝히지 않았다. 이런 현상은 그 문인이 얼마나 많은 작품을 남겼는지 또 어느 정도로 문학을 즐기고 주목하였으며 성과를 이루었는지와 관계없는 보편적인 현상이었다. 조태억 역시 당대 대부분의 문인과 같이 자신의 문학론을 명시적으로 밝히지 않았다. 따라서 그의 문학론에 관한 연구를 진행하기에는 살펴보거나 근거할 자료를 찾기 어렵다. 그런 점에서 조태억의 문학론에 관한 연구가 진행되지 못한 것은 당연해 보이기도 한다. 하지만 조태억은 관료이자 정치가일 뿐만 아니라 54세를 살면서 3,674수의 시를 남긴 시인이자 공·사적으로 수많은 작품을 남긴 문인이기도 하다. 특히 그의 문집 권1의 권수제卷首題 아래에 조태억편趙泰億編이라고 기록된 것으로 볼 때 그의 문집은 자편自編된 것으로 보인다. 그렇다면 그가 비록 자신의 문학론을 명시하여 밝히지 않았다고 하더라도 자신이 창작한 작품에 스스로 적지 않은 의미를 부여하였고, 그런 만큼 그의 글 속에는 그의 문학론을 유추할 수 있는 조각들이 남아 있을 것이라고 생각된다. 이 글은 이와 같은 생각에 따라 기획된 것이다.

이 글은 몇 가지 점에 대한 반성과 필요에 의해 시도된 시험적인 글이다. 이 글의 서술은 전근대 시기의 문인들 대부분이 자신의 문학론을 밝히지 않았기 때문에 문학론을 일부라도 남긴 문인이라면 그의 문학적 역량이나 성취에 상관없이 그 글만으로 연구자들의 주목받는 상황에 대한 반성에서 시작되었다. 물론 전근대 시기 대부분의 문인들이 자신의 문학론을 밝히지 않았다는 점에서 문학론에 관한 글을 남겼다는 것은 그 사람의 문학 인식이 시대를 넘어서는 것일 수 있다는 점에서 그런 문인에 주목하는 것은 당연하다. 그러나 어떤 문인이 명시적으로 자신의 문학론을 밝히지 않았다고 하더라도 다양한 주변 자료를 통해 그의 문학 인식을 유추하는 것이 불가능하지만은 않을 것이라 생각되고, 또 그런 문인의 문학 인식이 의미를 가지지 못하는 것이라고 단정할 수도 없다고 생각된다. 이와 함께 조태억과 같이 문학으로 한 시대에 명성을 누렸고 수많은 작품을 남겼으며 자신의 문집을 스스로 정리했던 문인에 대해 체계적이고 종합적으로 접근하기 위해서는 부족한 자료를 통해서라도 그의 문학론이나 문학 인식에 대한 검토가 이루어질 필요가 있다고 생각된다.

이 글은 이와 같은 생각에 따라 기획된 것이지만, 전제한 자료의 한계를 극복하기는 쉽지 않다. 따라서 이 글은 그 의도가 어떠한 것이든 시론試論의 성격을 지닐 수밖에 없다. 이런 한계를 조금이라도 극복하기 위해 이 글에서는 문집과 주변 자료를 통해 먼저 조태억의 문학적 역량에 대한 주변의 평가를 종합하고 이어 조태억이 당대의 문인과 작품에 대해 논의한 내용을 살펴 그의 문학 인식을 유추해 보도록 한다. 하지만 앞서 말한 것처럼 이 글은 분명 일정한 한계를 지닐 것이고, 결론 역시 유보적일 수밖에 없을 것이다. 그러나 이 글을 통해 조태억 문학론의 편린, 문학 인식의 조각이라도 찾게 된다면 그 의의 역시 작다고 할 수 없을 것이다. 또 이 글은 앞으로 문학론을 명시하지 않은 전근대 시기 문인의 문학론이나 문학 인식을 찾아가는 방법을 구축하는 시도의 하나로도 의미를 지닐 수 있을 것이다.

2. 조태억의 문학에 대한 주변의 평가

조태억에 관한 글들을 살펴보면 그에 대한 평가가 대부분 정치적인 부분에서 이루어졌고, 그 평가도 그다지 긍정적이지 않음을 알 수 있다. 이런 현상은 현재 전하는 그에 대한 평가가 대부분 정치적인 목적에 의한 것이었기 때문이라고 생각되는데, 『조선왕조실록』의 기록을 살펴보면 이를 구체적으로 확인할 수 있다. 『조선왕조실록』 속 조태억에 관한 기록은 『숙종실록』에서부터 『철종실록』까지 나오는데, 이 중 조태억이 생존했던 시기의 기록은 숙종 23년(1697) 1월 20일 그가 성균관成均館의 감제柑製에서 수석을 하여 전시殿試에 직부直赴하게 된 것에서부터 영조 4년(1728) 10월 4일의 졸기까지이다. 이 기록 중에서 조태억에 대해 긍정적으로 기록한 글은 대체로 『숙종실록』의 보궐정오補闕正誤와 『경종실록』에 나오고, 『숙종실록』과 『경종수정실록』, 『영조실록』에는 부정적이거나 비판적인 내용이 대부분이다. 이렇게 된 것은 해당 실록의 편찬 주체의 정치적 성향 때문이라고 보이는데, 소론 계열에서 편찬을 주도한 『숙종실록』 보궐정오나 『경종실록』의 내용과 노론 계열에서 편찬을 주도한 『숙종실록』, 『경종수정실록』, 『영조실록』을 비교해보면 조태억에 대한 평가가 선명하게 갈리는 것을 알 수 있다. 특히 그의 졸기는 "조태억이 죽었다(趙泰億卒)"는 4글자와 영조의 비망기만 수록하고 그에 대한 다른 어떤 언급이나 평가도 덧붙이지 않았다.

조태억은 당대 소론 계열의 정치적 구심점이었던 최석정의 제자로 최창대崔昌大, 이광좌李光佐, 이하곤李夏坤, 윤순尹淳, 이덕수李德壽 등과 교유했는데, 대체로 소론 계열이 교유 인물의 중심을 이루지만 김창협金昌協의 문인인 이하곤과 같이 노론 계열의 인물들과도 상당한 친교를 지녔다. 하지만 정계에 몸담은 시간이 지속될수록 그의 교유는 소론 계열에 치우칠 수밖에 없었고, 그런 만큼 노론 계열의 조태억에 대한 평가는 점점 더 가혹해졌다. 따라서 조태억에 대한 당대와 후대의 평가를 살펴보기 위해서는 평가 주체의 정치적 성향이 어떤 것이었는지에 대한 고려가 필요하다.

그런데 현재 확인할 수 있는 조태억의 문학에 관한 평가는 그의 주변에 있는 소론 계열의 교유 인물에게서 나온 것이 전부이다. 공적으로든 사적으로든 그의 문학에 대한 평가가 그다지 보이지 않고, 얼마 되지 않는 평가도 그의 주변 인물이 언급한 것이 전부라는 점에서 현재 전하는 그의 문학에 대한 평가를 있는 그대로 믿어주기는 어렵다. 따라서 그 평가에 일부 과장된 면이 있다고 보는 것은 타당하다. 하지만 그렇다고 해서 그 평가를 실상과 완전히 어긋난 것이라고 단정하기도 어렵다. 그런 점에서 이 장에서는 우선 조태억의 문학에 대한 당대와 후대의 평가를 살펴 그의 문학 인식과 경향의 얼개를 엮어보도록 한다.

조태억의 문학에 관한 평가로 가장 먼저 살펴볼 것은 조태억의 아들 조갑빈趙甲彬의 부탁을 받고 이덕수와 윤순이 쓴 조태억의 행장과 묘지명에 기록된 조태억의 유년에 관한 내용이다. 두 글에 기록된 내용이 별다른 차이가 없는 것으로 볼 때 이 부분은 전해오는 이야기를 옮긴 것이거나 행장과 묘지명을 작성하기 위한 초고가 있어 이를 보고 쓴 것이 아닐까 생각된다. 하지만 전해오는 이야기를 옮긴 것이거나 별도의 기록을 본 것이라고 하더라도 이 기록에는 조태억에 대한 세간의 평가와 인식이 담긴 것이라고 볼 수 있어 유년기 조태억의 문학적 자질에 대해 유추할 수 있게 한다. 또 유년기의 문학적 자질에 대한 후대의 평가가 대체로 장성한 이후의 문학적 성취와 연계된다는 것을 생각해보면 조태억의 유년기에 대한 긍정적 평가는 장성한 이후 조태억의 문학적 성취가 당대 사람들에게 상당한 정도로 인정되었음을 의미한다고 볼 수도 있다.

이덕수의 행장과 윤순의 묘지명에 나오는 내용을 정리하면 "조태억이 10살 때 '달 밝은 밤 말소리만 앞마을서 들려오고'라는 구절을 지었는데, 청성 김석주가 이 시를 보고 양억楊億이 환생했다고 하면서 조태억을 그렇게 부르고 양억의 자로 조태억의 자를 삼았으며, 15살 때 〈신루부蜃樓賦〉를 지으니 호곡 남용익이 외워 남들에게 전해서 문원에 전해지고 한 시대에 이름을 떨쳤다."는 것이다.[5] 이덕수와 윤순의 글에서 다른 점은 양억의 성씨가 양楊과 양揚으로 달리 표기되었다는 것뿐이다. 윤순의 기록에는 양억의 이름으로 조태억의 자를 삼았다고 했는데, 조태억의 자인 대년大年은 양억의 이름이 아니라 양억의 자이다. 여기서 거론된 양억은 송나라 초기의 문인으로 시문을 화려하게 지어 서곤체西崑體의 대표적인 작가로 알려졌는데, 서곤체는 당唐나라 말기의 시인 이상은李商隱의 시풍을 모방하여 화려한 수사와 대구, 전고典故 등을 중시하는 시 창작 경향이다.

이덕수와 윤순의 기록을 보면 조태억이 어려서부터 시문에 뛰어났는데, 유년기 그의 시는 만당이나 송나라 초기의 서곤체와 같이 화려

5 인용한 글은 이덕수와 윤순의 기록을 합해 정리한 것이다. 이를 이덕수와 윤순이 기록한 것에 따라 나누어 살펴보면 다음과 같다. 李德壽, 「議政府左議政趙公行狀」, 『西堂私載』 권12, "十歲有詩曰, 月明人語在前村, 金淸城錫胄謂楊文公復生, 遂以名公且字之, 十五歲, 作蜃樓賦, 南壺谷龍翼爲誦於人, 由是名播一世."; 尹淳, 「左議政文忠趙公墓誌銘」, 『白下集』 권7, "十歲, 有詩曰, 月明人語在前村, 金淸城錫胄謂揚文公復生, 取其名, 與字錫之, 十五, 作蜃樓賦, 文苑傳誦."

하고 감상적인 경향이었다고 추정할 수 있다. 이덕수와 윤순의 글에서 거론된 작품은 시 1수와 부 1편인데, 이 중 〈신루부蜃樓賦〉는 현재 전하지 않는다. 그러나 시는 조태억의 문집 2권에 〈추야호운秋夜呼韻〉이라는 제목으로 전하는데, 10살 때 지었다는 주가 첨부되어있으며, 시의 두 번째 구절이 위에서 인용한 글에 나온다. 시를 잠깐 살펴보면 아래와 같다.

먼 숲 안개 끼고 날은 벌써 저무는데	遠樹烟横日已昏
달 밝은 밤 말소리만 앞마을서 들려오고	月明人語在前村
텅 빈 뜰엔 지는 잎만 쓸쓸하게 떨어져	閑庭落葉蕭蕭下
홀로 문을 닫고서 새 시 크게 읊조리네.	高詠新詩獨掩門

이 시가 문집에 수록되어 있으며 10살 때 지었다는 주가 있는 것으로 보아 이덕수와 윤순의 기록은 일부 과장이나 확대가 있다고 하더라도 사실과 완전히 다른 것이라고 보기는 어렵다. 그런데 이 시를 보면 10세의 소년이 지었다고 보기 어려울 정도로 노련한 기교와 섬세한 정서가 느껴진다. 원근와 명암, 숨 막히는 고요와 고요를 깨트리는 말소리, 텅 빈 공간의 정태와 지는 잎의 동적인 모습이 대비를 이루면서 다시 전체적으로 느껴지는 적막한 분위기와 그 분위기 속에 큰 소리로 시를 읊조리는 작중 화자의 정서는 10세 소년의 시에서 보기 어려운 것이다. 이 시를 본다면 조태억에 대한 김석주의 평가는 충분히 인정할만하다. 다음으로 살펴볼 것은 이덕수가 쓴 조태억의 행장에 나오는 내용이다.

> 책 보기를 즐겨 죽을 때까지 그치지 않았으니, 운명하기 하루 전에도 한 권의 책을 다 읽었다. 패관잡서는 보지 않았는데, "보아야 이익이

없을 뿐만 아니라 시간만 버리는 것이다."라고 했다. 문장을 지을 때는 이치가 통하는지만 염두에 두어 붓 가는 대로 시원스레 써 내려갔는데, 마치 생각을 하지 않고 쓴듯하였으나 명백하고 넉넉하였으며 절로 법식에 맞았고, 章箚는 더욱 적절하고 긴밀하였다. 늘 말하기를 "근세에 시를 짓는 사람들은 오로지 새로움과 기교만을 숭상하니, 말세의 기상을 볼 수 있다. 이런 수준을 벗어날 수 있다면 괜찮다."라고 하였다. 부제학 최창대는 공의 시를 평하여 "시적 재능과 시상이 민첩하고도 탁 트였으며, 시어가 원만하고 오묘하여 지은 모든 시가 물 흐르듯 자연스러워 한 군데도 틈이 있거나 기운 흔적이 없다. 옛날에 계곡 장유가 석주 권필의 시를 칭송하여 情境이 편안하고 律呂가 조화를 이뤘다고 했는데, 나는 조태억의 시가 그렇다고 생각한다."라고 하였다."[6]

조태억의 행장에서 이덕수는 위와 같이 조태억에 대해 언급했는데, 여기에는 이덕수의 이야기뿐만 아니라 조태억이 직접 한 말과 조태억의 시에 대한 최창대의 평가까지 합해 있다. 인용한 부분은 세 가지로 정리가 가능한데 첫째는 조태억이 독서를 몹시 즐겼지만 패관잡서는 시간만 버리는 아무런 이익이 없는 것으로 여겨 보지 않았다는 것이다. 이 말은 조태억이 재미를 위한 독서를 하지 않았다는 것

6 李德壽, 「議政府左議政趙公行狀」, 『西堂私載』 권12, "喜觀書, 終身不廢, 前沒一日, 猶閱盡一卷, 稗官雜書, 不曾披見曰, 見旣無益, 徒費光陰. 爲文唯取理達, 信筆沛然, 若不經意, 明白贍畼, 自中程度, 章箚尤剴切. 每謂近世爲詩者, 專尙尖巧, 足以觀衰末氣象, 能免是, 斯亦可矣. 崔副學昌大評公詩以爲才思敏暢, 詞致圓妙, 千篇滔滔, 無一罅縫. 昔谿谷稱石洲, 情境妥適, 律呂諧協, 吾於某亦云."인용한 부분 중 최창대의 언급은 그가 조태억에게 보낸 편지에도 글자만 일부 바뀐 채 똑같이 나온다. 崔錫鼎, 「與趙大年」, 『明谷集』 권11, "才思敏暢, 詞致圓妙, 千篇無一罅縫. 谿谷之序石洲, 稱其情境妥適, 律呂諧協, 吾於盛作亦云, 而滔滔寫出, 又見其難窮也."

으로, 바꾸어 말하면 그의 독서는 도덕과 수양 혹은 학문이나 현실적 효용과 같이 실질적인 목적을 위한 것이었다는 의미로 해석할 수 있다. 둘째는 조태억이 이치를 중심으로 순식간에 문장을 지었지만, 그 글이 분명하고 폭이 넓었으며 격식에 맞았다는 것이다. 이 말은 조태억이 내용을 위주로 순식간에 글을 지었고 작법이나 수식에 신경 쓰지 않았지만, 그의 글은 자연스럽게 내용이 갖추어졌고 작법에 맞았다는 것이다. 특히 소장과 차자와 같은 공적인 글은 더욱 긴밀하고 적절했다고 했는데, 이런 평가는 조태억이 일필휘지의 속문速文에 능했고, 작법이나 수식 같은 외적인 부분보다 내용을 중심으로 글을 지었지만, 그의 글은 내용과 수식, 작법이 모두 적절하게 어울렸으며, 특히 공적인 글에 뛰어났다는 것이다.

셋째는 시에 관한 것으로 이 부분에서 조태억의 문학 인식을 일부 엿볼 수 있다. 조태억은 근래의 시가 말세의 기풍인 새로움과 기교만을 숭상한다고 비판했는데, 그의 시를 살펴보면 시적 재능과 시상, 시어가 모두 적절하고 원만하여 자연스러웠고, 그래서 권필의 시처럼 작자의 정서가 편안하게 드러나고 리듬이 조화를 이루었다는 것이다. 이 말은 조태억이 시의 창작에서 새로움이나 기교보다 감정의 자연스러운 표현을 추구했으며, 그의 시는 시상과 시어가 조화를 이루어 억지로 꾸민 듯한 흔적 없이 자연스럽고 편안했으며 리듬감을 가졌다는 것이다. 이렇게 보면 조태억은 시와 문장의 창작에서 형식이나 기교를 부정하고 자연스러움을 추구했는데 시에서는 작자의 정서에, 문장에서는 글의 내용에 주목했다고 볼 수 있다.

> 문장을 지을 때 거침없이 써 내려가 마치 생각하지 않고 쓰는 것 같았지만 사리가 넉넉했다. 시에 더욱 뛰어나 흥을 느낄 때마다 입으로

읊조리고 비바람 치듯 붓을 놀려 도도하게 천 편을 지었으나 음조가 맑고 원만하였으며 정경이 편안하고 적절하니 석주 권필과 같다는 평가를 받을 만하다.[7]

인용한 글은 윤순이 쓴 조태억 묘지명의 일부이다. 이 글에서 윤순은 이덕수의 행장과 비슷한 내용으로 조태억을 평가했는데, 평가의 기본 골격이 이덕수의 행장에 나온 내용과 같기 때문에 전체를 다시 살펴볼 필요는 없지만, 행장에서 언급하지 않은 부분이 있어 주목을 요한다. 그것은 "시에 더욱 뛰어나 흥을 느낄 때마다 입으로 읊조리고 비바람 치듯 붓을 놀려 도도하게 천 편을 지었으나"라고 한 것이다. 이 말은 조태억이 문장보다 시에 능했으며, 그의 시는 흥이 일어날 때마다 지어지는 일상적이고 자연스러운 것이었으며, 그래서 그는 수식이나 작법에 구애받지 않고 거침없이 여러 편의 시를 지었다는 것이다.

이렇게 보면 조태억은 작법이나 수식과 같은 기교나 형식보다 작자의 감정과 글의 내용을 위주로 시문을 창작하였으나 그의 시문은 자연스럽고 원만하며 표현과 구도가 모두 적절하다는 평가를 받았음을 알 수 있다. 또 그는 시문을 일필휘지로 거침없이 지었는데 문장보다 시에 더 능했다는 평가를 받았으며, 그의 시는 시상과 시어의 구상과 활용이 막힘없이 자연스러웠다는 것도 알 수 있다. 특히 그는 새로움을 추구하여 기교에 가득한 시를 부정했는데, 이는 기교가 더해질수록 시의 자연스러움이 사라진다는 인식에 기인한 것이 아닐까

7 尹淳, 「左議政文忠趙公墓誌銘」, 『白下集』 권7, "爲文章, 沛然若不經意, 辭理贍暢. 尤長於詩, 每遇興口占, 筆落如風雨, 千篇滔滔, 音調淸圓, 情境妥適, 可與權石洲同評."

추정된다. 하지만 이 장의 서두에서 이미 언급한 것처럼 조태억의 시문에 대한 이런 평가들이 모두 그의 주변 인물들에 의해 지어진 행장과 묘지명에 기록된 것이어서 객관성을 온전히 보장받기 어렵고, 또 행장과 묘지명의 내용이 대체로 일치한다는 점에서 행장과 묘지명의 작성을 위한 초고가 있어 이를 참고로 행장과 묘지명을 작성했을 수 있다는 점에서 일정한 한계를 지닐 수밖에 없다.

3. 문인과 작품에 대한 조태억의 논의

이 장에서는 앞 장을 이어 조태억이 다른 문인과 작품에 대한 내린 평가를 살펴보고 이를 통해 그의 문학 인식을 추정해보도록 한다. 조태억의 문집에는 2,329제 3,674수의 시와 부 3편, 사 1편 그리고 다양한 형식의 수많은 산문 작품이 수록되어 있는데,[8] 이 중에서 문학에 관해 언급한 글은 대부분 그의 문집 권41부터 권43까지에 수록된 서序, 기記, 발跋과 제후題後에 나온다. 그러나 이 글 중에서도 조태억이 문인과 작품을 평가하여 그의 문학론이나 문학 인식을 추정하는 데 도움이 될 수 있는 글은 얼마 되지 않는데, 여기에 해당하는 글을

8 윤재환, 「謙齋 趙泰億 詩文集 序文의 敍述 技法 一考」, 『한국문학과 예술』 36, 사단법인 한국문학과예술연구소, 2020, 154면. 이 글에서 윤재환은 조태억의 문장에 대해 "疏箚 250여 편, 啓辭 20편, 公緘 1편, 收議 16편, 묘갈명 5편, 묘지명 10편, 묘표 6편, 행장 1편, 諡狀 8편, 제문 68편, 告文 18편, 축문 3편, 誄文 2편, 서 17편, 기 1편, 발 6편, 題後 8편, 잠 1편, 명 3편, 찬 3편, 不允批答 2편, 敎書 6편, 冊文 2편, 敎文 3편, 箋狀 13편, 상량문 4편, 募緣文 1편이 있다."고 했다.

수록 순서에 따라 정리하면 권41 서序의 「백석시집서白石詩集序」와 「노주집서鷺洲集序」, 「학림옥로서鶴林玉露序」, 권42 발跋의 「명곡집발明谷集跋」 정도이다. 따라서 이 장에서는 이 4편의 글에서 논의를 위해 필요한 부분만을 추려서 살펴보도록 한다.

> ① 그의 시는 화려하고 고우면서도 실체가 꽉 차 있고, 풍격이 높으면서도 지취가 우아하며, 호방하고 굳세면서도 거칠거나 투박한 데로 흐르지 않고, 곱고 아름다우면서도 자잘한 기교에 빠지지 않아 盛唐 시인들의 語調를 향해 달려가니 곧 天機가 사람에게 드러나는 것은 땅이 치우치거나 태어나는 시기가 늦은 것에 국한되지 않는다는 것을 알겠다. 그 사람의 시를 보고 그 사람을 생각할 수 있었고 또 그의 나라에서 文을 숭상하여 일어난 교화가 이만큼 성대하다는 것을 볼 수 있었다.[9]
>
> 「白石詩集序」

> ② 왕실의 친족들은 자질이 대체로 영민하고 빼어나서 진실로 보통 사람들과는 현격히 차이가 있지만, 그 중에서 어찌 특출한 재주를 가진 사람이 적고 영원히 썩지 않을 성대한 일(시문의 창작)에 있어서는 능숙한 자가 극히 드무니, 이것은 무슨 이유 때문에 그런 것인가. 대개 고귀한 지위에 있는 사람은 교만하고 사치스런 마음이 쉽게 생기고 안락한 가문의 사람은 늘 방탕해질까 걱정하니, 진실로 고요하고 담박한 데에 마음을 두고 분란한 습성을 없애버린 사람이 아니라면, 그 누가 문장을 연마하고 서책을 공부하여 문단에서 이름을 드러낼 수 있겠는가. …… 공은 고귀한 신분으로 자처하지 않고 가난한 선비처럼 담박하

9 趙泰億, 「白石詩集序」, 『謙齋集』 권41, "其詩華絢而實茂, 格高而趣雅, 豪健而不流於麤硬, 婉麗而不泥於纖巧, 駸駸有盛唐人口氣, 乃知天機之發於人者, 不以地之偏生之晚而有所局之也. 觀其詩, 卽其人可想, 而亦以見其國崇文之化於斯爲盛也.

였으니, 평소에 문을 닫고 병을 다스리면서 외물에 대한 마음을 끊어 버리고서 오직 주변에 책을 두고 밤낮으로 그것들을 읊조리고 외웠다. 저술할 때에는 곧 고심하여 깊이 생각하고 갈고 닦기를 마치 金玉을 다듬듯 하여, 한 글자라도 온당하지 않으면 먹고 자는 것도 잊어버려 반드시 만족한 후에야 내었다. 그러므로 詩가 맑고 놀라워 욀 만한 것이 많았고, 文도 곱고 성대하여 작자의 뜻에 부합하는 것이 많았다. 아름다운 산수를 더욱 좋아하여, 항상 봄가을 좋은 날에 말 한 마리를 타고 나가서 天磨山과 金剛山에 오르고 관동의 여러 승경지를 두루 돌아다녔다. 그의 고상한 정취와 초연한 자취는 혼탁한 세상의 먼지 속에서 초탈하여 세속의 평범한 사람들이 바랄 수 있는 것이 아니었으니 그의 시가 강산의 도움을 받은 것도 많았다. 아! 세상 사람들을 보면 문사에 능숙한 자는 혹 경박하고 부화한 데로 빠지고, 유람을 즐기는 자는 방탕한 데로 빠지는 경우가 많다. 그런데 공이 보존한 것은 文采와 風流에만 있지 않았으니, 집에 있으면서 자신을 단속하여 한결같이 품행과 道義를 우선하였다. 그러므로 그가 지은 시문은 모두 孝悌에서 나왔다.[10]

「鷺洲集序」

---

10 趙泰億, 「鷺洲集序」, 『謙齋集』 권41, "天家近屬質, 稟類多神秀, 固與常人迥殊, 其間豈少高世之才, 至於不朽盛事, 能之者絶鮮, 斯曷故焉. 盖高貴之地, 易生驕侈, 佚樂之家, 恒患荒嬉, 苟非棲心恬漠刮習棼華者, 其孰能治觚墨業緗素, 以標名於藝文之林哉. …… 顧公不以豪貴自居, 澹然如寒士, 平居杜門養痾, 屛絶外慕, 惟左右啚書, 日夕吟誦其中. 凡有述作, 輒刻意湛思, 鎔鍊琢磨, 若攻金玉, 一字不安, 便忘寢食, 必滿意而後出之. 故詩多淸警可誦, 文亦婉䁱, 多合作者之旨. 尤喜佳山水, 每以春秋勝日, 一騎馳出, 登天磨陟金剛, 遍歷乎關東諸勝區. 其高情逸躅, 超脫濁世塵垢, 非俗叀凡倫所可企仰, 而其詩之得於江山助者亦多矣. 噫. 觀世之人, 工詞藻者, 或傷於輕浮, 喜游覽者, 多失於流蕩. 而乃公所存, 不專在文采風流, 居家飭躬, 一以行誼爲先. 故其所爲詩文, 皆從孝悌中出."

③ 이제 궁핍하고 곤궁한 모임을 가지고 적막한 물가에 처하게 되었으니 울적한 심사, 답답한 마음, 근심과 번민, 사무치는 감정으로 노래하고 눈물 흘릴 만한 것들을 모두 시에 드러내니 쏟아내면 쏟아낼수록 더욱 새롭고 계속 이어져 끝없이 나오니 그런 뒤에야 기운과 맛이 화평하고 성률이 조화를 이루는 것을 잘 알겠다. 그려내는 것은 친절하고 편안했으며 펼쳐낸 정서는 자세하고도 간절하여 기이하거나 기교에 가득한 말이 없어도 단련하고 완전하며 무성한 아름다움이 있으니 힘을 쓴 것이 깊지 않아도 뜻을 구사한 것이 정밀하고 지극한 것이 어찌 이러한 경지에 이르렀는가.[11]

「鶴林玉露序」

④ 밤이면 눈을 감고 (글을) 외워서 몇 권을 다 외우기도 하셨으니 쌓은 것이 이미 두터웠다. 그러므로 드러내어 문사를 지은 것이 모두 화평하고 전아하며 넓고 넉넉하면서도 치밀하였다. 소재를 선택하고 고사를 운용한 것이 經史를 넘나들어 辭理가 모두 지극하고 꾸민 것과 실상이 부합하여 각각의 형식이 다 갖추어졌으니 우뚝한 대가라 할만하다. 선생과 같은 분은 참으로 경세의 문장이라 할만하니, 『周易』「大傳」에서 "크게 소유하는 것을 대업이라고 한다."고 한 것과 가깝다.[12]

「明谷集跋」

11 趙泰億, 「鶴林玉露序」, 『謙齋集』 권41, "今也值隱約之會, 處寂寞之濱, 凡幽悁堙鬱憂懣感慨, 可歌而可涕者, 一發之詩, 愈出而愈新, 愈多而愈不窮, 然後益知其氣味平和, 聲律諧協. 寫傾則襯切而安適, 抒情則委曲而懇摯, 無奇衺尖巧之語, 有團練完咼之美, 非着力至深, 用意精到者, 何以及此哉."

12 趙泰億, 「明谷集跋」, 『謙齋集』 권42, "夜則閉睫吟誦, 或竟數卷, 其所積也既厚. 故發而爲文詞, 皆和平而典麗, 弘贍而縝密, 取材使事, 出入經史, 辭理俱到, 華實相副, 各體咸備, 蔚爲大家. 若先生眞可謂經世之文章, 而易大傳所謂富有之謂大業者近之矣." 이 글은 『明谷集』에 서문으로 수록되어 있지만 『謙齋集』에는 발문으로 수록되었다.

위에서 인용한 ①은 조태억이 1711년 신묘통신사행의 정사로 약 10개월 동안 일본 사행을 다녀왔는데, 그 기간 중 일본인 백석白石 원여源與(1657~1725)의 『백석시집』을 보고 써 준 서문의 일부분이다. 따라서 이 글은 원여의 시에 대한 조태억의 평가인데, 조태억은 원여의 시에 대해 "화려하고 고우면서도 실체가 꽉 차 있고, 풍격이 높으면서도 지취가 우아하며, 호방하고 굳세면서도 거칠거나 투박한 데로 흐르지 않고, 곱고 아름다우면서도 자잘한 기교에 빠지지 않아 성당盛唐 시인들의 어조語調를 향해 달려가니"라고 평가했다. 이 평가에 따르면 조태억은 원여의 시가 실체가 꽉 차 있는 시, 지취가 우아한 시, 거칠거나 투박하지 않은 시, 자잘한 기교에 빠지지 않은 시이면서 성당을 닮은 시라고 보아 높게 보았음을 알 수 있다. 또 여기에 더해 그는 그러면서도 화려하고 고우며 풍격이 높고 호방하며 굳세고 고우며 아름답다고 했다.

이 평가로 볼 때 조태억은 성당의 시를 최상의 시로 보았으며, 형식이나 수사라는 외적이고 표면적인 부분보다 본질적인 부분인 시의 내용과 시에 담긴 작자의 정서에 우선 주목하고 있음을 알 수 있다. 물론 이 평가는 그가 일본 사행 기간 중 일본인의 시집에 서문으로 써 준 것이라는 점에서 외교적 고려에 의한 평가일 수 있다. 그러나 그럼에도 불구하고 이 글에서 이 평가에 주목하는 것은 조태억이 비록 외교적 고려에 의해 실상을 넘어서는 평가를 했다고 하더라도 그가 높게 평가한 부분을 통해 평소 그가 시에서 주목한 지점을 확인할 수 있다고 생각해서이다.

인용한 ②는 조태억이 전평공 노주 이곽(1659~1698)의 문집인 『노주집』의 서문으로 써 준 글이다. 이 글에는 주목해야 할 부분이 몇 군데 있는데 첫 번째는 시문의 창작과 자질이나 지위의 관계이다. 이 글에서 조태억은 종친이 고귀한 신분으로 뛰어난 자질을 가지고 있지만 시문에 능한 사람이 드물다고 하고 그 이유로 교만하고 사치스런 마음이 쉽게 생기고 늘 방탕해질까 걱정하기 때문이라고 했다. 그렇기 때문에 그는 고귀하고 부유한 사람 중에서 고요하고 담박한 데에 마음을 두고 분란한 습성을 없애버린 사람이 아니라면 문장을 연마하거나 서책을 공부하지 않는다고 했는데, 이 말은 아무리 지위가 높고 자질이 뛰어나더라도 마음의 수양과 창작 연습, 그리고 학문의 도움 없이는 뛰어난 시문을 창작할 수 없다는 뜻이다. 그런데 이 말을 되새겨보면 지위가 낮고 자질이 부족하더라도 마음을 수양하고 창작을 연습하며 학문을 쌓으면 뛰어난 시문을 창작할 수 있다는 의미로 해석할 수 있다.

다음은 학문과 시문의 창작을 위한 작자의 태도이다. 이 글에서 조태억은 이곽이 "외물에 대한 마음을 끊고 오직 주변에 책을 두고 밤낮으로 읊조리고 외웠으며, 저술할 때는 고심하여 깊이 생각하고 갈고 닦기를 마치 금옥金玉을 다듬듯 하여, 한 글자라도 온당하지 않으면 먹고 자는 것도 잊어버려 반드시 만족한 후에야 내었다."고 한 뒤에, 그렇기 때문에 이곽의 시문은 "맑고 놀라워 욀 만한 것이 많았고, 곱고 성대하여 작자의 뜻에 부합하는 것이 많았다."고 했다. 이 말은 학문과 시문의 창작을 위해 작자는 전일한 마음으로 전심해야 함을 의미한다. 외물에 구애되거나 단 한 글자라도 전심전력하지 않으면 학문의 성취를 이룰 수 없고 뛰어난 시문을 창작할 수 없다는 말인데, 이 말을 앞서 살펴본 말과 합해보면 전일한 마음으로 학문에 전심하여 일정한 성취를 이루고, 단 한 글자에도 전심전력하여 시문을 창작하는 연습이 계속될 때 뛰어난 시문을 창작할 수 있다는 말이 된다.

마지막은 시문의 창작을 위한 유람에 관한 것이다. 조태억은 방탕하지 않은 고상한 정취와 초연한 자취로 세상을 초탈한 유람을 할 때 그 유람이 시문의 창작을 도울 수 있다고 보았다. 이 말은 유람이 시문의 창작을 위한 중요한 수련 방법이기는 하지만 그 유람이 세속의 방탕하고 경박한 놀이가 될 때 유람은 시문의 창작에 아무런 도움이 되지 않는다는 것이다.

그런데 이렇게 본다면 조태억이 이곽의 시문을 높게 본 것은 앞서 살펴본 원여의 시문에 대한 평가와 달리 이곽의 시문 자체의 성취보다 그의 창작 태도와 자세라는 문학 외적 요소에 의한 것이 된다. 이런 평가는 이곽의 삶과 행동 때문에 이곽이 훌륭한 시문을 지을 수 있었다는 것이다. 그렇다면 이 말은 조태억이 삶의 행위 양태와 의식을 문학의 위에 두었다는 것으로, 조태억이 인품과 덕성을 문학의 근본으로 삼는 도덕적 문학관[13]을 지녔다고 할 수 있다.[14] 이는 인용한 마지막 부분에서 조태억이 이곽의 시문에 대해 "공이 보존한 것은 문채文采와 풍류風流에만 있지 않았으니, 집에 있으면서 자신을 단속하여 한결같이 품행과 도의道義를 우선하였다. 그러므로 그가 지은 시문은 모두 효제孝悌에서 나왔다."고 한 것에서도 알 수 있다.

인용한 ③은 조태억이 1725년 7월 파직되어 학탄鶴灘에서 지낼 때 정림靜林의 별장에 있던 친구 신의집申義集(1678~미상)과 수창酬唱한 시를 모은 『학림옥로鶴林玉露』의 서문이다. 앞서 살펴본 글이 모두 다

13 이 글에서 언급한 도덕적 문학관은 문학과 도의 상관성을 말하는 "文以載道"나 "文以貫道"와 본질적인 부분에서는 같지만 개념이나 범주가 더 넓은 용어로 사용된 것이다. 여기서 사용한 도덕은 道 자체와 함께 인간의 일반적인 윤리(ethics)와 도덕(morality)을 모두 포함하는 개념으로 사용된 것이다.

14 윤재환, 「謙齋 趙泰億 詩文集 序文의 敍述 技法 一考」, 『한국문학과 예술』 36, 사단법인 한국문학과예술연구소, 2020, 164~166면.

른 사람의 시문집에 서문으로 써준 글이었던 것과 달리 이 글은 조태억이 자신의 시를 모은 시집의 서문으로 쓴 글이라는 점에서 조금 다른 점이 있다. 이 글에서 조태억은 자신이 곤궁하고 적막한 상황에 처해 울적하고 우울한 심사를 모두 시에 담아내게 되었는데, 이런 시를 지으면 지을수록 기미가 화평하고 성률이 조화를 이루어 시에 담아낸 것이 친절하고 편안했으며 정서가 자세하고 간절하여 기이하고 기교에 가득한 시어를 사용하지 않아도 뛰어난 시를 쓸 수 있게 되었다고 했다.

인용한 조태억의 이야기를 통해 확인할 수 있는 것을 살펴보면 첫째는 뛰어난 시를 짓기 위해 가장 중요한 것은 시적 기교나 수사가 아니라 작자의 진실한 감정이라는 것이고, 둘째는 기운과 맛이 화평하고 성률이 조화를 이룬 시, 담긴 것이 친절하고 편안하며 작자의 정서가 자세하고 간절한 시가 뛰어난 시라는 것이고, 셋째는 반드시 많은 힘을 써야 뛰어난 시를 지을 수 있는 것은 아니라는 것이다. 이 말을 종합해보면 작자의 진실한 감정이 담기게 되면 시는 자연스럽게 기운과 맛이 화평하고 성률이 조화를 이루며 시에 담긴 것이 친절하고 편안하며 작자의 정서가 자세하고 간절하게 드러나 많은 힘을 쓰지 않아도 뛰어나게 된다는 것이다. 그렇기 때문에 좋은 시를 쓰기 위해 기이하거나 기교에 가득한 시어를 사용하려고 애쓸 필요가 없다는 것이다. 이런 언급은 앞서 살펴본 것과 같이 시의 창작에서 조태억이 가장 주목한 것은 시에 담긴 작자 정서의 진실성이라는 것이다.

인용한 ④는 조태억이 그의 스승 최석정의 문집에 발문으로 쓴 것인데, 조태억의 문집에는 발문으로 수록되어 있지만, 최석정의 문집에는 서문으로 수록되어 있다. 그런데 일반적으로 서문이 문집의 제일 앞에 있는 것과 달리 국립중앙도서관본 『명곡집』에는 이 글이 서문으로 되어 있기는 하지만 권34 뒤 가장 마지막에 수록되어 있다. 또 조태억의 문집에 발문으로 수록된 글에는 『명곡집』의 서문과 달리 "신축년 단오일 문인 통정대부 수 경상도관찰사 겸 병마수군절도사 순찰사 대구도호부사 조태억 삼가 쓰다."[15]라는 작성자에 관한 기록이 없다. 그런 점으로 볼 때 이 글은 애초 발문으로 작성했으나 최석정의 문집을 간행하면서 보완하여 서문으로 옮겨 실리게 된 것이 아닌가 추정된다.

이 글이 자신의 스승을 대상으로 한 글이라는 점에서 이 글에서 볼 수 있는 조태억의 평가를 객관적이거나 공정한 것이라고 하기는 쉽지 않다. 따라서 이 글에서 확인되는 최석정의 문학적 성취를 그대로 믿기는 어렵지만, 앞서 원여의 시집 서문을 살펴보면서도 언급했던 것처럼 조태억이 비록 최석정의 문학적 성취를 실상 이상으로 평가했다고 하더라도 그가 높게 평가한 부분은 평소 조태억이 시문의 창작과 평가에서 주목했던 부분이라고 볼 수 있다는 점에서 인용해 보았다.

이 글에서 조태억은 최석정에 대해 "쌓은 것이 두터웠기 때문에 시문을 지은 것이 모두 화평하고 전아하며 넓고 넉넉하면서도 치밀했고, 소재를 선택하고 고사를 운용한 것이 경사經史를 넘나들어 사리辭理가 모두 지극하고 꾸민 것과 실상이 부합하여 각각의 형식이 다 갖추어졌으니 대가라 할만하다."라고 평가했는데, 이 평가를 시문 일반에 대한 언급으로 바꾸어 본다면 이 말은 작자의 내면에 온축된

15 趙泰億, 「明谷集序」, 『明谷集』, "辛丑端陽, 門人通政大夫守慶尙道觀察使兼兵馬水軍節度使巡察使大丘都護府使, 趙泰億謹書."

것이 시문에 드러날 때 뛰어난 시문이 되는데, 뛰어난 시문은 화평하고 전아하며 넓고 넉넉하며 치밀한 것이고, 또 사리가 지극하고 수식과 실상이 부합하는 것이라는 말이 된다.

이제 지금까지 살펴본 내용을 종합하여 정리해보면 조태억은 기본적으로 인품과 덕성을 문학의 근본으로 보아 삶의 행위 양태와 의식을 문학의 위에 두는 도덕적 문학관을 지녔으며, 시문에 드러난 작자 정서의 진실성을 무엇보다 중시했다고 할 수 있다. 또 그렇기 때문에 그는 형식적이고 수사적인 면보다 시문의 내용과 시문에 담긴 작자의 정서에 주목했고, 시문의 창작을 위한 학습과 훈련을 강조하여 작자의 내면에 쌓인 것이 자연스럽게 드러날 때 뛰어난 시문이 된다고 여겼디고 할 수 있다. 특히 그는 성당의 시를 최상의 시로 보았는데, 그가 뛰어나다고 여겼던 시는 실체가 꽉 차 있고 지취가 우아하며 거칠거나 투박하지 않고 자잘한 기교에 빠지지 않으며, 기운과 맛이 화평하고 성률이 조화를 이루며 시에 담긴 것이 친절 · 편안하고 작자의 정서가 자세하고 간절하며, 화평하고 전아하며 넓고 넉넉하며 치밀하고 사리가 지극하며 수식과 실상이 부합하는 시였다고 보인다. 그런데 이런 시는 작자의 진실한 감정과 내면에 온축된 것이 드러난 자연스러운 결과이기 때문에 조태억은 이런 시를 짓기 위해 많은 힘을 쓰거나 기이하거나 기교에 가득한 시어를 사용하려고 애쓸 필요 없다고 여겼다고 할 수 있다.

하지만 앞 장에서 이미 밝힌 것과 같이 이런 언급은 조태억이 다른 작가와 작품에 대해 내린 평가를 바탕으로 한 추론에 불과하다. 따라서 이런 언급을 그대로 조태억의 문학론으로 확정하기에는 적지 않은 무리가 따른다. 그런 점에서 이 언급 역시 추정의 한계를 완전히 벗어나기 어렵다.

4. 결론

이 글의 서론에서 이미 밝힌 것처럼 현재 전하는 자료를 통해 조태억의 문학론을 확인하고 확정하기는 쉽지 않다. 그것은 당시 대부분의 문인이 그랬던 것처럼 조태억 역시 자신의 문학론을 명시적으로 밝히지 않았기 때문이다. 따라서 그의 문학론에 대한 어떤 주장도 유보적인 것으로 추정에 불과할 수밖에 없다. 그런 점에서 지금까지 이 글에서 언급한 그의 문학론이나 문학 인식 역시 불완전한 것이고 다양한 지점에서 한계를 가진다. 그러나 그와 같은 불완전함과 한계에도 불구하고 지금까지 살펴본 조태억의 문학에 관한 다양한 언급들은 일정한 지점에서 분명한 접점을 보인다. 특히 조태억의 문학에 대한 평가와 조태억이 행한 문인과 작품에 대한 평가에서 확인되는 접점은 그의 문학론이 그 접점에서 멀리 벗어나지 않는 어느 지점에 있는 것이 아닐까 하는 생각을 하게 한다.

조태억의 문학에 대한 평가는 그가 수식이나 기교보다 작자의 감정과 글의 내용을 위주로 시문을 창작했으며, 그 시문은 자연스럽고 원만하며 표현과 구도가 모두 적절했고, 시의 창작에서는 시상과 시어의 구상과 활용이 자연스럽고 능숙했으며, 새로움을 추구하는 기교에 가득한 시를 부정했다는 것인데, 이런 평가는 조태억이 다른 문인과 작품에 대해 내린 평가와 상당한 접점을 보여준다. 조태억은 문인과 작품에 대한 평가에서 시문에 드러난 작자 정서의 진실성을 무엇보다 중시했으며, 그렇기 때문에 형식적이고 수사적인 면보다 시문의 내용과 시문에 담긴 작자의 정서에 주목했고, 시문의 창작을 위한 학습과 훈련을 강조하여 작자의 내면에 쌓인 것이 자연스럽게 드러날 때 뛰어난 시문이 된다고 여겼다. 따라서 그는 많은 힘을 쓰거나 기이하거나 기교에 가득한 시어를 사용하려고 애쓸 필요가 없다고 여겼다.

조태억의 문학에 대한 평가와 다른 문인과 작품에 대해 조태억이 내린 평가의 접점은 크게 두 가지로 정리할 수 있는데 가장 먼저 들 수 있는 것이 그가 수식이나 기교보다 작자의 감정과 글의 내용을 중심으로 시문을 창작하고 평가했다는 것이다. 따라서 그는 감정과 내용의 진실성을 시문의 창작과 비평에서 가장 중요한 요소로 보았다고 할 수 있다. 둘째는 인위적이고 기교에 가득한 수식이나 용어의 사용을 부정하고 자연스러움을 추구했다는 것이다. 그런 점에서 그는 질박하고 순수한 시문의 창작을 지향하여 기이하고 새로움을 추구하는 문학 경향을 부정했다고 할 수 있다.

이 두 가지 이외에도 조태억에 대한 평가와 조태억이 남긴 글을 통해 그의 문학론이나 문학 인식에 관한 단서를 찾아낼 수 있지만, 여기에 대해서는 앞의 두 장에서 이미 언급하였기에 재론하지 않는다. 그런데 조태억의 문학론을 이 글에서 밝힌 것과 같이 정리하면 그의 문학론은 그 당대까지의 보편적인 문학론에서 그다지 벗어나지 않는다. 인품과 덕성을 문학의 근본으로 보는 도덕적 문학관이나 시문의 창작을 위한 학습과 훈련의 강조, 수양을 통해 내면에 쌓인 것이 자연스럽게 드러날 때 뛰어난 시문이 된다는 의식, 시문의 내용과 시문에 드러난 작자 정서의 진실성에 대한 주목, 새로움을 추구하기 위한 기이한 또는 기교에 가득한 시어의 부정은 조태억 당대 또 더 나아가 그의 선대 문인들이 지녔던 일반적인 문학 인식이었다.

그렇다면 이 글에서 살펴본 조태억의 문학론은 조태억의 문학론이라기보다 당대의 보편적인 문학론이 되고, 조태억은 그와 같은 보편적인 문학론을 최대한 수용하여 작품을 창작하고 비평한 인물이 된다. 고민은 여기에서 다시 시작된다. 만약 그렇다면 이 글에서 살펴본 조태억의 문학론을 그의 문학론으로 규정할 수 있을까, 또 조태억이 문학론에 관한 글을 남기지 않은 것은 그 문학론이 남다르거나 특별할 것이 없어서 그런 것은 아닐까, 그리고 그렇다면 조태억의 문학론은 어떤 의미를 지닌 것일까 하는 여러 가지 의문들이 계속된다.

현재 상황에서 이 의문점을 명확하게 해결할 수 있는 방법은 없어 보인다. 따라서 그의 문학론에 대한 고민은 앞으로도 한동안 지속될 수밖에 없다. 그렇지만 만약 그의 문학론이 그 당대의 보편적인 문학 인식과 같은 궤에 있고, 그가 그러한 문학론에 따라 작품을 창작하고 평가한 것은 아닐까 하는 의문 때문에 그의 문학론에 대한 관심을 버린다면 이것은 옳은 태도라고 할 수 없다. 그것은 한 시대의 보편적 인식과 같은 인식을 지녔고, 또 그 인식에 가장 부합하는 작품을 창작했다고 해서 그 사람의 인식과 그가 창작한 작품의 가치를 폄하하는 것이 정당할 수 없기 때문이다. 설령 조태억이 당대의 보편적인 문학론을 수용하고 그에 따라 문학 작품을 창작하고 평가했다고 하더라도 그의 문학 작품이 문학적으로 뛰어난 성취를 지녔다면 그 작품은 그 성취에 따라 평가되어야 한다. 그리고 조태억이 그렇게 뛰어난 성취를 지닌 작품을 창작했으면서도 당대의 보편적인 문학론을 수용한 이유는 무엇인지, 또 그의 문학 작품과 문학론 사이에는 어떤 관계가 있는지를 보다 적극적으로 규명해야 조태억의 문학세계 전체가 온전히 규명될 수 있다. 그런 점에서 아직 조태억의 문학론이 어떤 것이라고 확정하지도 못한 상황에서 몇 가지 의문과 선입견 때문에 그의 문학론에 대한 또 문학적 성취에 대한 접근을 거둔다면 이는 결코 올바른 태도가 될 수 없다.

하지만 현재 상황에서 조태억의 문학론은 조태억 당대의 보편적인 문학론과 같은 궤에 있는 것이었다고 추정할 수밖에 없고, 다른 자료가 발굴되지 않는 한 조태억의 문학론에 대한 탐색은 이 추정에서 더이상 진전되기 어려워 보인다. 이런 상황에서 조태억의 문학론을 확인·평가하고 그 문학론에 의미를 부여할 수 있는 가장 적절한 방법은 조태억이 창작한 작품에 대한 직접적인 검토일 수밖에 없다. 따라서 이제 조태억과 그의 문학세계를 둘러싼 다양한 의문을 풀기 위해서라도 그가 창작한 작품들을 직접 마주할 수밖에 없다. 이 문제를 해결하기 위해서는 필자의 더 많은 노력과 함께 조태억에 대해 또 조선후기 소론 계열 문인들과 그 당대 문학론을 남기지 않은 수많은 문인들에 대해 관심 가진 많은 연구자들의 노력과 도움이 필요하리라 생각된다.

II. 겸재 조태억 시문집 서문의 서술 기법 일고

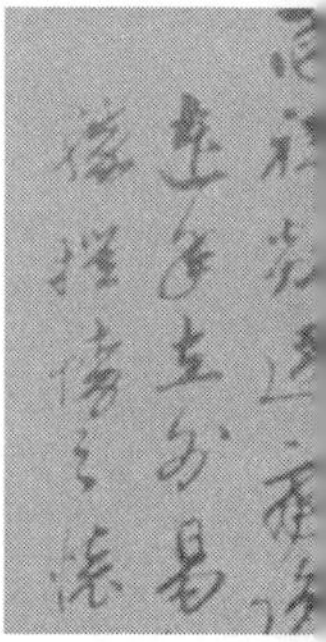

윤재환

1. 서론

겸재謙齋 조태억趙泰億(1675년, 숙종 1~1728년, 영조 4)은 조선 후기 소론 계열을 대표하는 인물의 한 사람이지만 그에 대한 연구는 아직까지 그다지 이루어지지 않았다.[16] 54세를 살면서 좌·우의정이라는 고위 관직을 거쳤고 45권 20책의 방대한 문집을 남겼지만, 그에 대한 연구는 일본 통신사 시기의 이력에 주목한 것들이 대부분이다.[17] 그

16 현재까지 조태억을 중심에 둔 연구는 조영심의 「趙泰億의 使行文學 연구 : 對日觀을 중심으로(연세대학교 석사학위 논문, 2014.)」와 이미진의 「聯句詩의 창작 방식과 배경 고찰 - 謙齋 趙泰億의 사례를 중심으로(『東洋古典硏究』 74, 동양고전학회, 2019.), 유진희의 「謙齋 趙泰億의 連作 挽詩 硏究(『어문론총』 85, 한국문학언어학회, 2020.)」 세 편이 확인될 뿐이다.

17 앞서 언급한 것처럼 조태억을 논의의 중심에 둔 연구는 문학 방면에서 나온 세 편이 전부이고, 나머지 연구는 辛卯通信使行을 다루면서 조태억을 언급하거나 이 외의 다른 내용을 다루면서 조태억을 간단하게 언급한 것이 대부분인데, 이런 연구도 그다지 보이지 않는다.

렇지만 조태억은 남구만과 최석정을 이어 소론 계열 학맥의 중심에 서 있으면서 정국을 주도했던 인물이었고, 문형文衡을 맡을 정도로 당대 문학적 역량을 인정받았던 인물이다.

지금까지 알려진 조태억의 생애와 남아 전하는 문집의 양으로 볼 때 그간 조태억에 대한 연구자의 관심 부족은 조태억이라는 인물 자체의 문제가 아니라 그를 둘러싼 다양한 외부 요인에 기인한 것이라고 생각된다. 특히 그의 이력에서 찾아볼 수 있는 복잡한 정치적 상황이 그에 대한 접근까지도 정치적인 요인을 중심에 두게 만든 것이 아닌가 추정되지만, 그가 주도했던 소론 계열이 끝내 정치적으로 실세했었다는 당대의 정치 현실이 현재까지 그를 정치 · 시대사 분야뿐만 아니라 문학 방면에서도 그를 논의의 중심으로 불러오지 못한 기본적인 이유가 아닐까 생각된다.

실제로 그는 1721년(경종1년) 소론 계열의 조태구 · 최석항 · 이광좌 등과 함께 연잉군延礽君(영조)의 왕세제 책봉과 대리청정을 반대하여 철회하도록 청하였으며, 김일경金一鏡 등의 상소와 목호룡睦虎龍의 고변으로 일어난 신임사화辛壬士禍 이후 권력의 중심에서 정국을 주도했다. 하지만 이 일로 인해 조태억은 영조 즉위 이후 수차례 삭탈관직되었으며, 노론 계열이 정국을 장악한 뒤 신임사화의 책임을 묻게 되었을 때 노론 4대신(김창집 · 이건명 · 이이명 · 조태채)과 대립하며 이들을 죽음에 몰아넣었던 소론 계열의 원흉 소론 5대신(유봉휘 · 이광좌 · 조태구 · 조태억 · 최석항) 중 한 사람으로 지목되어 지속적인 정치적 곤경을 겪었다. 조태억은 운명 이후인 1755년(영조 31)과 1776년(정조 즉위년)에 거듭 관작官爵이 추탈追奪되어 1907년(순종 1)이 될 때까지 복관復官되지 못했다. 조태억의 이와 같은 이력이 현재까지 그에 대한 연구자의 관심을 가로막는 가장 큰 이유라고 생각된다.

하지만 조태억의 생애가 정치적 혼란으로 점철되어 있고 그가 정국의 중심에서 활동한 정치적 인물이었다고 하더라도 조태억은 조선 중·후기 우리나라의 문단을 설명하기 위해 반드시 살펴보아야 할 인물이다. 특히 그가 남구만에서 시작하여 최석정을 거쳐 그 자신의 대에까지 이어졌던 소론 계열 학맥의 중심에 놓여 있었다는 사실과 불과 10세와 15세에 지은 시와 부로 당시 문단의 거목들에게 인정받아 세상에 이름을 떨쳤다는[18] 문학적 역량에 관한 기록들은 그의 문학에 대한 연구의 필요성을 역설하는 것이다.

그러나 이와 같은 연구의 필요성에도 불구하고 영조대에 일어난 무신난戊申亂 이후 시작된 소론 계열의 정치적 몰락은 이미 운명한 조태억만 힘겹게 만든 것이 아니라 그에 대한 연구자들의 접근까지도 어렵게 만든다. 『조선왕조실록』과 『승정원일기』에 그의 생을 정리한 졸기가 나오지 않고, 문집에도 서문과 발문이 없어 그에 대한 입체적인 접근에는 적지 않은 제약이 있다. 하지만 이런 어려움에도 불구하고 조태억이 운명한 이후 10년 정도가 지난 뒤 그의 아들 조갑빈趙甲彬의 부탁을 받고 이덕수李德壽가 지은 행장과 윤순尹淳이 지은 묘지명이 남아있어 그의 생애와 이력을 재구하는 데 적지 않은 도움이 된다.

이 행장과 묘지명 모두 조태억의 문학적 능력에 대해 언급하였는데, 묘지명에서는 "문장을 지을 때 거침없이 써 내려가 마치 생각하지 않고 쓰는 것 같았지만 사리가 넉넉하였다. 시에 더욱 뛰어나 홍

18 李德壽, 「議政府左議政趙公行狀」, 『西堂私載』 권12, "十歲有詩曰, 月明人語在前村, 金淸城錫胄謂楊文公復生, 遂以名公且字之. 十五歲, 作蜃樓賦, 南壺谷龍翼爲誦於人, 由是名播一世."

을 느낄 때마다 입으로 읊조리고 비바람 치듯 붓을 놀려 도도하게 천 편을 지었으나 음조가 맑고 원만하였으며 정경이 편안하고 적절하여 석주 권필과 같다는 평가를 받았다."[19]고 했고, 행장에서는 "책 보기를 즐겨 죽을 때까지 그치지 않았으니, 운명하기 하루 전에도 한 권의 책을 다 읽었다. 패관잡서는 일찍이 보지 않았는데, '보아야 이익이 없을 뿐만 아니라 시간만 버리는 것이다.'라고 했다. 문장을 지을 때는 이치가 통하는지만 염두에 두어 붓 가는 대로 시원스레 써 내려갔는데, 마치 생각을 하지 않고 쓴듯하였으나 명백하고 넉넉하였으며 절로 법식에 맞았고, 장차章箚는 더욱 적절하고 긴밀하였다. 늘 말하기를 '근세에 시를 짓는 사람들은 오로지 첨신함과 기교만을 숭상하니, 말세의 기상을 볼 수 있다. 이런 수준을 벗어날 수 있다면 괜찮다.'라고 하였다. 부제학 최창대는 공의 시를 평하여 '시재와 시상이 민첩하고도 툭 트였으며, 시어가 원만하고 오묘하여 모든 시작詩作이 물 흐르듯 자연스러워 한 군데도 틈이 있거나 기운 흔적이 없다. 옛날에 계곡 장유가 석주 권필의 시를 칭송하여 정경情境이 편안하고 율려律呂가 조화를 이룬다고 하였는데, 나도 조태억의 시를 그렇게 생각한다.'라고 하였다."[20]고 했는데, 이 내용이 행장과 묘지명

19 尹淳, 「左議政文忠趙公墓誌銘」, 『白下集』 권7, "爲文章, 沛然若不經意, 辭理贍鬯. 尤長於詩, 每遇興口占, 筆落如風雨, 千篇滔滔, 音調淸圓, 情境妥適, 可與權石洲同評."

20 李德壽, 「議政府左議政趙公行狀」, 『西堂私載』 권12, "喜觀書, 終身不廢, 前沒一日, 猶閱盡一卷, 稗官雜書, 不曾披見曰, 見旣無益, 徒費光陰. 爲文唯取理達, 信筆沛然, 若不經意, 明白贍鬯, 自中程度, 章箚尤剴切. 每謂近世爲詩者, 專尙尖巧, 足以觀衰末氣象, 能免是, 斯亦可矣. 崔副學昌大評公詩以爲才思敏暢, 詞致圓妙, 千篇滔滔, 無一罅縫. 昔谿谷稱石洲, 情境妥適, 律呂諧協, 吾於某亦云."

에 기록된 것이어서 내용의 객관성을 완전히 보장하기는 어렵지만, 두 사람이 모두 이와 같이 언급했다는 점에서 볼 때 조태억의 문학적 역량이 상당했을 것이라고 짐작할 수 있다.

이 글은 아직까지 학계에서 언급되지 않은 조태억의 글 중에서도 서문을 대상으로 한다. 이 글에서 조태억의 서문을 논의의 대상으로 삼은 것은 서문이라는 형식의 글이 지닌 자유로움에 기인한다. 서문은 논설 · 서사 · 의론 · 서정을 겸하는 글로, 규정된 형식을 따르기보다 작자의 창의적인 사고를 무형식의 틀 속에서 자유롭게 서술하는 글이다.[21] 따라서 서문의 검토는 작자가 지니고 있는 기본적인 의식의 확인과 함께 작자의 문학적 역량을 가장 쉽게 엿볼 수 있는 방법이 된다. 그런 점에서 이 글에서는 서문을 통해 조태억의 문학적 역량에 접근해 보고자 한다. 이 글이 조태억과 조선 후기 소론 계열 문인, 그리고 그들의 문학에 관심 가진 연구자들에게 조금이라도 도움이 되기를 기대한다.

2. 겸재 조태억의 서문 개관

겸재 조태억의 문집은 서문과 발문이 없는 45권 20책으로 이루어져 있다. 이 중 권1에서 22까지가 부 3편 · 사 1편 · 시 2,430여 편이고, 23권부터 33권까지가 소차疏箚 250여 편, 34권이 계사啓辭 20편 · 공함公緘 1편 · 수의收議 16편이다. 35권에서 36권이 묘갈명 5편 · 묘

21 심경호, 「퇴계의 서발문」, 『퇴계학과 유교문화 』 25, 경북대학교 퇴계학연구소, 1997, 58면.

지명 10편 · 묘표 6편 · 행장 1편이고, 37권에서 38권이 시장諡狀 8편, 39권에서 40권이 제문 68편 · 고문告文 18편 · 축문 3편 · 뇌문誄文 2편이고, 41권이 서 17편 · 기 1편, 42권에서 43권이 발 6편 · 후제題後 8편, 44권이 잠 1편 · 명 3편 · 찬 3편, 45권이 불윤비답不允批答 2편 · 교서教書 6편 · 책문冊文 2편 · 교문教文 3편 · 전장箋狀 13편 · 상량문 4편 · 모연문募緣文 1편이다.[22] 이와 같은 문집의 구성과 수록된 시문의 양으로 볼 때 조태억은 한평생 관직에 있으면서 환해宦海의 풍파를 몸으로 견뎌온 인물이었지만 시문의 창작에도 적지 않게 노력했던 인물이라고 할 수 있다. 그것은 그의 문집에 수록된 글 중 가장 많은 양을 차지하는 것이 소차 등의 정치적인 목적과 내용을 담고 있는 글이지만, 서발이나 기 · 제 등 의론이나 논설, 서사나 서정을 중심으로 하는 글 역시 적지 않고 또 시 · 부와 사가 2,400편 이상 수록되어 있기 때문이다.

문집에 수록되어 있는 글 중에서 이 글에서 다룰 것은 41권에 수록되어 있는 17편의 서문序文이다. 서문은 한대漢代에 시작된 문체로 서序 또는 서敍라고도 한다. 서문은 흔히 서발류序跋類와 증서류贈序類로 구분되는데, 서발류가 시문의 서문으로 시문의 평가에 중점을 둔 글이라면 증서류는 당송唐宋 이후에 서발류를 기초로 하여 형성된, 송별에서 증언贈言하는 글을 말한다. 그런 점에서 서발류와 증서류는 서문으로 통칭되기는 하지만 기본적인 성격에서 차이를 보인다.[23] 증서류에는 송서送序 이외에도 수서壽序나 명서名序, 자서字序 등이 있는

22 朴憲淳, 「謙齋集 解題」, 한국고전종합DB(https://db.itkc.or.kr), 한국고전번역원, 2000.

23 陳必祥 저 · 沈慶昊 역, 『한문문체론』, 이회, 1995, 222~242면.

데, 증서류가 당대唐代에 시작된 것으로 자기 생각을 써서 남에게 보여주는 글이라는 점에서 송서는 그 중에서도 이별의 아쉬움을 표현한 것을 말한다. 수서는 상대방의 장수長壽를 축하하는 글이고, 명서와 자서는 이름이나 자가 지어진 배경을 쓴 글인데 대체로 교훈적인 내용을 담고 있다. 이 외에도 표서表序와 모임의 서문 등이 있는데 표서는 역사서의 연표에 붙인 서문을 말한다.

서발류는 대부분 서문의 대상이 되는 글의 작자를 소개하고 시문을 평론하는 글이어서 서사 · 의론 · 서정을 겸하는 경우가 많고, 어떤 때는 한 편 속에 여러 가지 수법을 겸하기도 한다. 그런데 증서류 역시 공식적이거나 의례적인 글이 아니라 작자가 상대방을 위해 써주는 사적인 글이므로 자유로운 서술을 통해 글의 내용을 글을 쓰는 당시의 상황에 맞추게 된다. 따라서 증서류 역시 의론 · 서사 · 서정 등의 다양한 방법을 이용하기 때문에 표현 수법이 상당히 자유롭다. 그런 점에서 서발류와 증서류가 비록 본질적인 부분에서는 차이를 지닌다고 하더라도 작자 의식이나 표현 수법에서는 공통된 부분 역시 상당하다.

조태억의 문집에 수록되어 있는 17편의 서문은 서발류와 증서류의 구분 없이 배열되어 있다. 이를 간단하게 살펴보면 우선 제일 먼저 나오는 「송명곡최선생부연서送明谷崔先生赴燕序」는 1697년 최석정崔錫鼎이 주청사奏請使에 선발되어 청나라로 떠날 때 최석정에게 지어 올린 송서이고, 두 번째는 「송무주홍사군 만회 장서送茂朱洪使君 萬恢丈序」로 정명공주貞明公主의 아들 홍만회가 무주부사로 부임할 때 지어준 송서이다. 송서는 이 두 편이 전부이다. 세 번째는 「이충장공양세연시연서李忠壯公兩世延諡宴序」로 정축년의 호란에서 순절한 정사공신靖社功臣 한천군韓川君 한의배韓義培와 이괄의 난에 순절한 한원군韓

原君 한목韓穆의 아들 한흥군韓興君 한여발韓汝發에게 같은 날 각각 충장忠壯과 정익貞翼이라는 시호를 내리자 이에 따라 베푼 잔치에서 써 준 시연연延諡宴의 하서賀序이고, 네 번째는 「백석시집서白石詩集序」로 일본인 백석白石 원여源與의 시집에 써 준 서문이다. 다섯 번째는 「남서기성중중용지감첩서南書記聖重仲容志感帖序」로 조태억이 일본 통신사로 가게 되었을 때 서기로 함께 갔던 호곡 남용익의 둘째 아들 중용仲容 남성중南聖中이 일본에서 쓴 시문을 모은 『지감첩志感帖』의 서문이다.

여섯 번째는 「임서하집중간서林西河集重刊序」로 임춘의 문집인 『서하집』을 중간한 뒤 그 책에 쓴 서문이고, 일곱 번째는 「장성부연시도서長城府延諡圖序」로 1708년(숙종 34) 12월 장성부사로 나간 외삼촌이 조부 윤계尹棨의 시호를 충간忠簡으로 받은 뒤 연 잔치의 풍경을 그린 그림에 쓴 서문이다. 여덟 번째는 「석희박부자시고서石希璞父子詩稿序」로 석희박石希璞과 그의 아들 석만재石萬載가 지은 시를 모은 『남천두촌고南川豆村稿』의 서문이고, 아홉 번째는 「낙육재절목서樂育齋節目序」로 1720년(숙종 46) 경상도 관찰사로 나간 조태억이 1517년 경상도 관찰사로 나가 학문을 권면했던 모재 김안국의 예에 따라 낙육재樂育齋를 설치하고 절목을 만든 뒤 쓴 절목의 서문이다. 열 번째는 「쌍백당집서雙栢堂集序」로 충숙공忠肅公 쌍백당雙栢堂 이세화李世華의 문집인 『쌍백당집』의 서문이다.

열한 번째는 「순안현서재서順安縣書齋序」로 순안부사로 나가 학교를 일으켜 부민들을 교육한 친구 조사앙趙士昂이 만든 서재를 두고 쓴 서문이고, 열두 번째는 「도당육장원계병서都堂六壯元稧屛序」로 자신을 포함하여 도당의 여섯 장원이 만든 6장원 계병稧屛의 서문이며, 열세 번째는 「노주집서鷺洲集序」로 전평공全坪公 노주鷺洲 이곽李漷의 문집인 『노주집』의 서문이다. 열네 번째는 「계양수창첩서桂陽酬唱帖序」로 1704년(숙종 30) 겨울 조태억이 권숙량權叔良·이자시李子始·정순년鄭舜年과 함께 4일 동안 부평富平을 유람하며 쓴 시에 선형先兄 시강공侍講公의 평비評批와 친구 최효백崔孝伯의 시를 덧붙인 원고를 만들고는 잃어버렸는데 1724년(경종 4) 봄에 상서 이국언李國彦이 그 원고를 돌려주어 다시 만든 시첩에 붙인 서문이고, 열다섯 번째는 「학림옥로서鶴林玉露序」로 1725년(영조 1)에 파직되어 학탄鶴灘에서 지낼 때 정림靜林 별장에 있던 친구 신의집申義集과 수창한 시를 모아 나대경羅大經이 편찬한 『학림옥로』의 서문이다. 열여섯 번째는 「행주은씨족보서幸州殷氏族譜序」로 조태억이 파직되어 치악산 아래에 안치되어 있을 때 쓴 『행주은씨족보』의 서문이고, 마지막 열일곱 번째는 「증김시추서贈金時秋序」로 조태억이 파직되어 곤궁에 처했을 때에도 자신을 위해 정성을 다해준 겸도傔徒 김시추金時秋를 위해 써 준 서문이다. 이를 간략하게 표로 정리하면 다음과 같다.

[표 1] 겸재 조태억 서문 일람표

연번	제목	형식	대상	비고
1	送明谷崔先生赴燕序	贈序類(送序)	崔錫鼎	
2	送茂朱洪使君 萬恢 丈序	贈序類(送序)	洪萬恢	
3	李忠壯公兩世延諡宴序	贈序類(宴序)	韓義培·韓汝發의 諡宴	
4	白石詩集序	序跋類(文集序)	白石 源與의 문집	
5	南書記聖重仲容志感帖序	序跋類(文集序)	南聖重의 시첩	
6	林西河集重刊序	序跋類(文集序)	林椿의 문집	
7	長城府延諡圖序	序跋類(圖序)	尹棨의 諡宴圖	
8	石希璞父子詩稿序	序跋類(文集序)	石希璞·石萬載의 문집	
9	樂育齋節目序	序跋類(節目序)	樂育齋의 節目	
10	雙栢堂集序	序跋類(文集序)	李世華의 문집	

11	順安縣書齋序	序跋類(齋序)	順安縣의 書齋	
12	都堂六壯元稧屛序	序跋類(稧屛序)	都堂 六壯元의 稧屛	
13	鷺洲集序	序跋類(文集序)	李澥의 문집	
14	桂陽酬唱帖序	序跋類(帖序)	趙泰億 · 權叔良 · 李子始 · 鄭舜年 · 先兄 侍講公 · 崔孝伯의 시첩	
15	鶴林玉露序	序跋類(文集序)	趙泰億 · 申義集의 시집	
16	幸州殷氏族譜序	序跋類(族譜序)	幸州殷氏族譜	
17	贈金時秋序	贈序類(贈言)	傔徒 金時秋	

이렇게 조태억의 서문 17편을 살펴보면 증서류가 4편이고 나머지는 모두 서발류임을 알 수 있다. 또 증서류 중에서는 2편이 송서, 나머지 2편 중 1편이 연회의 서문이고 1편은 증언贈言이라는 증서류 서술의 기본 목적과 일치하는 글이다. 서발류는 모두 13편인데, 이 중 족보와 시첩을 포함한 시문집의 서문이 9편이고 그림과 절목 · 서재 · 계병의 서문이 각각 1편이다. 그런 점에서 조태억의 서문은 서발류 특히 시문집의 서문을 중심으로 한다고 할 수 있다. 따라서 이 글에서는 조태억의 서문 중 가장 많은 양을 차지하고 있는 시문집의 서문을 검토의 대상으로 하여 조태억의 의식과 서문의 서술 기법을 살펴보도록 한다.

3. 조태억 서문의 서술 기법

조태억의 서문 17편 중 시문집의 서문은 모두 9편이지만, 이 중 「남서기성중중용지감첩서」와 「계양수창첩서」는 시첩의 서문이고 「행주은씨족보서」는 『행주은씨족보』의 서문이라는 점에서 성격이 조금 다르다. 따라서 이 3편을 제외한 6편의 서문을 온전한 시문집의 서문이라고 볼 수 있지만, 「학림옥로서」는 조태억이 자신과 친구 신의집이 수창한 시를 모아 나대경이 편찬한 자신의 시집인 『학림옥로』에 붙인 서문이고, 「임서하집중간서」는 임춘의 문집인 『서하집』을 중간한 뒤 그 책에 쓴 서문이라는 점에서 나머지 4편의 서문과는 또 성격상 조금의 차이점이 있다. 따라서 이 글에서는 조태억과 동시대의 인물이 저작한 시문집에 붙인 서문 4편 중에서 「백석시집서」와 「석희박부자시고서」 그리고 「노주집서」 3편을 대상으로 논의를 전개하도록 한다.

이 글에서 논의의 대상으로 삼은 3편의 서문은 모두 시문집의 서문으로 서문의 대상이 되는 문집의 간행 경위나 가치를 밝히는 글이다. 이런 유형의 글들은 경우에 따라 문집의 저자에 대한 술회나 작자의 문학론을 함께 펼치는 경우도 있으며, 의론 · 서정 · 서사를 뒤섞어 쓰기도 한다.[24] 그런데 조태억의 서문은 논설이나 서정보다 서사와 의론을 중심에 둔다. 논의를 위해 조금 길지만 조태억의 서문이 지니는 특징적인 모습을 가장 잘 보여주는 「노주집서」의 전문을 인용해 보도록 한다.

> ① 옛날의 종친 귀족 중에 문장으로 이름난 사람은 역사에 많이 보이지 않는다. 漢나라 때는 劉安이 있었고 魏나라 때는 曺子建이 있었으며 唐나라 때는 韓王 元嘉가 있었으니 위아래 수천 년 동안 단지 두세 사람이 있을 뿐인데, 韓王의 저술은 많이 전하지 않는다. 우리나라의 뛰어난 종친들 중에서 詩로 이름난 사람은 風月亭 · 醒狂子 등 몇 사람에 불과하니, 어찌 적막함이 이 지경에 이르렀는가. 왕실의 친족들은

24 권진옥, 「택당 이식의 서발류 · 증서류 산문 일고」, 『한자한문연구』 5, 고려대학교 한자한문연구소, 2009, 226면.

자질이 대체로 영민하고 빼어나서 진실로 보통 사람들과는 현격히 차이가 있지만, 그 중에서 어찌 특출한 재주를 가진 사람이 적고 영원히 썩지 않을 성대한 일에 있어서는 능숙한 자가 극히 드무니, 이것은 무슨 이유 때문에 그런 것인가. 대개 고귀한 지위에 있는 사람은 교만하고 사치스런 마음이 쉽게 생기고 안락한 가문의 사람은 늘 방탕해질까 걱정하니, 진실로 고요하고 담박한 데에 마음을 두고 분란한 습성을 없애 버린 사람이 아니라면, 그 누가 문장을 연마하고 서책을 공부하여 문단에서 이름을 드러낼 수 있겠는가.

② 내가 근래에 살펴보니 鷺洲 全坪公子가 바로 그런 사람이다. 공은 宣祖의 증손으로 부자 형제가 모두 당대에 현달하여 고관대작들이 찬란하게 문을 가득 메웠으니, 사람들이 福祿과 영화를 누린 사람을 이야기할 때 곧 공의 집안을 먼저 꼽았다. 그러나 공은 고귀한 신분으로 자처하지 않고 가난한 선비처럼 담박하였으니, 평소에 문을 닫고 병을 다스리면서 외물에 대한 마음을 끊어 버리고서 오직 주변에 책을 두고 밤낮으로 그것들을 읊조리고 외웠다. 저술할 때에는 곧 고심하여 깊이 생각하고 갈고 닦기를 마치 金玉을 다듬듯 하여, 한 글자라도 온당하지 않으면 먹고 자는 것도 잊어버려 반드시 만족한 후에야 내었다. 그러므로 詩가 맑고 놀라워 욀 만한 것이 많았고, 文도 곱고 성대하여 작자의 뜻에 부합하는 것이 많았다. 아름다운 산수를 더욱 좋아하여, 항상 봄가을 좋은 날에 말 한 마리를 타고 나가서 天磨山과 金剛山에 오르고 관동의 여러 승경지를 두루 돌아다녔다. 그의 고상한 정취와 초연한 자취는 혼탁한 세상의 먼지 속에서 초탈하여 세속의 평범한 사람들이 바랄 수 있는 것이 아니었으니 그의 시가 강산의 도움을 받은 것도 많았다.

③ 아! 세상 사람들을 보면 문사에 능숙한 자는 혹 경박하고 부화한 데로 빠지고, 유람을 즐기는 자는 방탕한 데로 빠지는 경우가 많다. 그런데 공이 보존한 것은 文采와 風流에만 있지 않았으니, 집에 있으면서 자신을 단속하여 한결같이 품행과 道義를 우선하였다. 그러므로 그

가 지은 시문은 모두 孝悌에서 나왔다. 어버이의 덕을 기린 두 편의 행장을 살펴보면 撰次가 명백히 갖추어졌고, 遷墓할 때의 祭文은 애도하는 마음이 절실하였으며, 燕行갈 때 잠시 이별하며 쓴 시는 그리워하는 마음이 매우 깊어 情이 글에 드러났다. 「三刀說」에 이르러서는 평온한 마음을 확충하여 先祖의 훌륭함을 힘써 추모하고자 한 것이 효성이 깊은 자가 아니라면 할 수 없는 것이었다. 두 동생이 같은 날 加資된 것은 사람들이 모두 기뻐하는 것인데 시를 지어 경계하고 謹愼하라고 권면했으니, 『周易』 鳴謙의 뜻을 깊이 깨달은 것이다. 기사년에 쓴 疏에 이르러서는 이보다 더 훌륭하니, 강직한 말과 곧은 기운이 늠름하여 다른 사람들의 머리카락이 곤두서게 하였다. 비록 금지 명령 때문에 상소를 올리지 못했지만, 비분강개하고 충성을 바치는 정성은 후세에 이야기되기에 충분하였으니, 그의 문장은 더욱 귀중히 여길 만한 것이다. 아! 공과 같은 사람은 公族에 모범이 되고 우리나라를 빛낼 수 있어서, 河間과 東平에게 아름다움을 짝짓더라도 부끄러움이 없을 것이니, 어찌 淮南과 鄴下의 무리가 문사를 숭상했던 것과 그 경중을 논할 수 있겠는가.

④ 공의 사위 使君 申義集이 長城府에서 공의 문집을 간행하고 나서 나에게 서문을 요청하였는데, 보잘 것 없는 말이 어찌 이 문집을 가치 있게 할 수 있겠는가. 다만 공의 고모가 나의 사촌 형수가 되기 때문에 어렸을 때 형수의 집에서 공을 배알할 수 있었는데, 공이 풍모가 단정하고 고결했으며 담소를 나눌 때 온화하고 조용했던 것이 아직도 기억나 지금까지도 잊을 수 없다. 근래에 申使君의 어린 딸이 또 나의 막내며느리가 되었으니, 이는 공의 외손이다. 지금 사군이 나에게 굳이 글을 요청하는 것은 世交가 있는 집안이라 평소에 공의 문장과 행실을 잘 안다고 여겨서이니, 또 어찌 감히 문장에 능하지 못하다고 해서 사양하겠는가. 이에 서문을 쓴다.

공의 휘는 漵이요, 자는 伯魯다. 永平의 白鷺洲가 공의 先塋에 가까웠는데, 공이 일찍이 그곳의 水石이 청신하고 기이한 것을 몹시 좋아하

여 自號로 삼았다.[25]

앞 장에서 간단하게 언급한 것처럼 「노주집서」는 전평공 노주 이곽(1659~1698)의 문집인 『노주집』의 서문이다. 이곽은 자는 백로伯

25 趙泰億, 「鷺洲集序」, 『謙齋集』 권41, “古之宗戚貴游以文雅著稱者, 史不多見. 在漢有劉安, 魏有曺子建, 唐有韓王元嘉, 上下數千載, 止得二三人, 而韓王著述無多傳. 國朝宗英以詩鳴者, 不過風月亭醒狂子若干家, 何寥寥至此哉. 天家近屬質, 稟類多神秀, 固與常人逈殊, 其間豈少高世之才, 至於不朽盛事, 能之者絶鮮, 斯曷故焉. 盖高貴之地, 易生驕侈, 佚樂之家, 恒患荒嬉, 苟非棲心恬漠刮習棼華者, 其孰能治觚墨業緗素, 以標名於藝文之林哉. 以余觀於近世, 惟鷺洲全坪公子斯其人哉. 公以穆陵曾孫, 父子兄弟俱顯隆當世, 金貂紫緋, 爛其盈門, 人之稱福履榮華者, 輒先數公家. 顧公不以豪貴自居, 澹然如寒士, 平居杜門養痾, 屛絶外慕, 惟左右啚書, 日夕吟誦其中. 凡有述作, 輒刻意湛思, 鎔鍊琢磨, 若攻金玉, 一字不安, 便忘寢食, 必滿意而後出之. 故詩多淸警可誦, 文亦婉閪, 多合作者之旨. 尤喜佳山水, 每以春秋勝日, 一騎馳出, 登天磨陟金剛, 遍歷乎關東諸勝區. 其高情逸躅, 超脫濁世塵垢, 非俗輩凡倫所可企仰, 而其詩之得於江山助者亦多矣. 噫. 觀世之人, 工詞藻者, 或傷於輕浮, 喜游覽者, 多失於流蕩. 而乃公所存, 不專在文采風流, 居家飭躬, 一以行誼爲先. 故其所爲詩文, 皆從孝悌中出. 觀其紀德二狀, 撰次明備, 遷葬祭文, 哀慕切至, 燕行少別, 懷戀篤深, 情見乎辭. 至三刀說, 則其欲擴充油然之心, 勉追先美者, 非深於孝, 不能也. 兩弟同日陞資, 衆所交慶, 而作詩戒懼, 勖以謹愼, 深得大易鳴謙之義. 至於己巳一疏, 有大焉, 危言直氣, 凜凜乎令人髮竪. 雖以禁令不果上, 而其慷慨忠愛之誠, 足以有辭於後世, 其文益可貴重. 嗚呼. 若公者, 可以矜式公族, 有光屛翰, 匹美於河間東平而無愧矣, 豈可與淮南鄴下之徒尙文辭者, 議其軒輊哉. 公之女婿申使君義集, 旣刊公集於長城府, 問序於余, 不腆之辭, 奚足爲斯集重. 第惟公之姑母, 爲我從嫂. 故少日獲拜公於嫂之宅, 尙記公風儀端潔, 言笑雍容, 至今不能忘也. 近者, 申使君少女, 又爲余季子婦, 寔公之外孫也. 今使君之必徵文于余者, 謂通家有素習知公文行, 則又何敢以不文辭. 是爲之序. 公諱漷, 字伯魯, 永平之白鷺洲, 近公先塋, 公嘗愛其水石淸奇, 用以自号云.”

魯, 호가 노주로 낭원군朗原君 이간李偘의 아들인데 나중에 낭선군朗善君 이오李俁에게 입양되었다. 선조宣祖의 증손으로 전평부정全坪副正에 봉해졌는데, 1679년 삼조어필三朝御筆에 관한 상소를 올린 공으로 전평군에 봉해졌으며 문명文名이 높았는데, 작은 방에 사락당四樂堂이라는 편액을 걸어 놓고 학문과 풍류를 즐겼으며 평생 가난한 삶을 살았다. 이제 「노주집서」를 구체적으로 살펴보도록 한다.

「노주집서」를 내용에 따라 구분해보면 크게 4단락으로 나눌 수 있다. 첫 단락은 ①로 서론에 해당한다. 이 단락에서 조태억은 중국과 우리나라의 고금古今을 통틀어 종친으로 문장에 이름난 사람을 찾기 어렵다고 했다. 조태억은 종친으로 문장에 이름난 사람은 중국의 경우 한漢나라 고조高祖의 손자로 문예에 능하여 무제武帝의 사랑을 받았고 많은 문사를 식객으로 맞았으며 『회남자』를 편찬한 유안劉安(B.C.179~B.C.122.)과 위魏나라 무제武帝의 아들이자 문제文帝의 아우로 건안칠자建安七子와 사귀어 당대 문학의 중심을 이루었으며 오언시를 서정시로서 완성시켰다고 평가받는 조식曹植(192~232), 당唐나라 고조高祖의 아들로 어려서부터 학문을 좋아하여 책을 모은 것이 만권에 이르렀던 한왕韓王 이원가李元嘉(618~688) 세 사람만을 들었고, 우리나라의 경우 세조의 손자로 월산대군月山大君에 봉해진 풍월정風月亭 이정李婷(1454~1489)과 효령대군孝寧大君의 증손인 성광자醒狂子 이심원李深源(1454~1504) 두 사람만을 거론하였다.

조태억은 종친이 대부분 영민하고 빼어난 자질을 지녀 보통 사람들보다 월등하지만 이들이 고귀한 지위와 안락한 가문에 있어서 교만하고 사치하는 마음이 쉽게 생기고 방탕해질 걱정이 있기 때문에 문장과 서책을 멀리하여 문단에서 이름을 날리기 어렵다고 했다. 이런 평가는 종친이 문장에 능하기 위해서는 고요하고 담박한 데에 마음을 두고 분란한 습성을 없애야 하는데 대부분의 종친이 그렇게 하지 못했다는 말이다. 서론인 첫 번째 단락이 글 전체 논지의 전제가 된다는 점으로 볼 때 이 단락에서 언급한 조태억의 주장은 이어질 내용이 이곽은 고귀한 지위와 안락한 가문에 있으면서도 교만하거나 사치하는 마음이 없으며 방탕하지 않은 사람이라는 이곽의 인품에 대한 설명일 것이라고 추정할 수 있다. 또 이와 같은 전제는 이곽의 문장에 대한 평가가 문장 자체보다 인물의 도덕성이라는 문학 외적 요소에 의해 이루어질 것임을 암시하는 것이기도 하다.

두 번째 단락인 ②는 본론의 첫 번째 단락에 해당한다. ②에서 조태억은 ①의 상황을 극복한 인물로 이곽을 언급했다. 이 단락에서 조태억은 이곽의 인품과 문장에 대해 언급했는데, 앞부분이 인품에 관한 것이고 뒷부분이 문장에 관한 것이다. 이 단락의 앞부분에서 조태억은 이곽이 한 시대의 복록과 영화를 누린 가문의 일원이었지만 가난한 선비처럼 담박했으며 외물에 대한 마음을 끊고 책에만 골몰한 사람이라고 했다. 그리고 저술할 때에도 금옥金玉을 가다듬듯 고심하여 한 글자라도 쉽게 쓰지 않아 시가 맑고 놀라우며 문이 곱고 성대하여 욀 만한 것이나 작자의 뜻에 부합하는 것이 많았다고 했다. 또 이곽이 고상한 정취와 초연한 자취를 지녀 아름다운 경치를 좋아했기 때문에 그의 시문은 강산의 도움을 받아 이루어진 것이 많다고도 했다.

조태억의 이와 같은 평가는 이곽이 가난한 선비처럼 담박하지 않았거나 외물에 대한 마음을 끊지 않았다면 맑고 놀라운 시나 곱고 성대한 문을 지을 수 없었을 것이라는 말이다. 결국 이곽의 시문에 대한 조태억의 평가는 그의 삶과 행동이 도덕적이었기 때문에 훌륭한 시문을 지을 수 있었다는 것으로, 도덕을 문학의 위에 두고 문학과 도덕을 일체화한 것이다.

세 번째 단락인 ③은 본론의 두 번째 단락이 된다. 이 단락에서 조태억은 ②를 이어 이곽이 문사에 능숙하지만 경박하거나 부화한 데 빠지지 않았고, 유람을 즐기지만 방탕한 데 빠지지 않았다고 했다. 그리고 이곽이 그럴 수 있었던 이유로 문채文采와 풍류風流에만 주력하지 않았다는 것을 들었다. 조태억은 이곽이 품행과 도의를 우선하였기 때문에 시문이 모두 효제에서 나왔다고 했는데, 이곽이 지은 어버이의 덕을 기린 두 편의 행장과 제문, 연행가며 쓴 시, 이곽의 집안에 3대를 이어 효자가 나게 한 세 개의 칼에 대해 설명한 「삼도설三刀說」과 두 동생이 가자加資된 것을 축하하며 쓴 시를 예로 들었다. 이어 이 단락의 마지막에서 조태억은 이곽이 한漢나라 경종景宗의 아들인 하간헌왕河間獻王 유덕劉德이나 한漢나라 명제明帝의 동생인 동평왕東平王 유창劉蒼에게 부끄럽지 않고 ①에서 언급했던 회남왕 유안과 업하의 조식보다 뛰어나다고 했다.

③의 내용은 바로 앞의 ②를 이은 것이면서 동시에 ①과도 이어진다. 이와 같은 구조를 지니게 된 것은 ③이 "문사에 능숙한 자는 혹 경박하고 부화한 데로 빠지고, 유람을 즐기는 자는 방탕한 데로 빠지는 경우가 많다."는 언급으로 시작했기 때문에 "영민하고 빼어난 자질을 지닌 종친이 고귀한 지위와 안락한 가문에 있어서 교만하고 사치하는 마음이 쉽게 생기고 방탕해질 걱정이 있어 문장과 서책을 멀리한다."고 한 ①과 내용상 연결되면서 동시에 ③ 전체가 ②의 내용을 부연·심화하는 내용으로 이루어져 있기 때문이다. ③에서 조태억은 이곽의 문장이 품행과 도의를 바탕으로 했기 때문에 문채와 풍류에만 주력한 문사들의 글과 다르다는 것을 강조하기 위해 이곽이 지은 시문을 직접 예로 들어 설명했는데, 그렇기 때문에 ③은 자연스

럽게 ②를 부연하고 심화하는 내용이 된다.

이렇게 본다면 ③은 ②와 이어지지만 ①과도 직접 이어지는 이중 구조를 지니기 때문에 이 글에서 ②나 ③ 중 하나는 삭제되어도 문제 없다고 볼 수 있다. 그것은 ②가 없어도 ①과 ③이 직접 연결된다는 점과 ③이 ②의 부연과 심화라고 볼 수 있다는 점에서 그렇다. 그런데 ②는 이곽의 인품에 관해 언급한 전반부와 문장에 관해 언급한 후반부로 나누어져 전반부는 ①과 이어지고 후반부는 ③과 이어진다. 그렇다면 ②를 둘로 나누어 각각 ①과 ③에 합할 수 있지만, ②의 전반부는 ①을 부정하여 이곽의 인품을 강조하고, 후반부는 이곽의 문장을 개략적으로 설명하여 ③을 유도한다. 따라서 ②를 통해 이곽이라는 인물의 가치가 선명해지기 때문에 이 글에서 ②를 빼버릴 수 없다. ③의 경우 ②의 부연과 심화의 역할을 하면서도 ①의 내용을 직접 강조하는 두 기능을 동시에 수행한다. 즉 ③이 앞의 ①과 ② 모두와 이어지면서 이 두 단락을 직접 강조하고 또 심화하는 기능을 한다. 따라서 이 세 단락 모두 필수적인 기능을 하여 어느 것 하나라도 빠지면 글의 논리가 약화될 수밖에 없다. 조태억이 이와 같은 결구結構의 편장법篇章法을[26] 사용하였다는 것은 그가 문장의 구조에 깊은 이해를 가져 치밀하게 문장을 조직하였음을 의미한다. 그런 점에서 조태억이 문장의 창작에 상당한 능력을 지니고 있었다고 할 수 있다.

26 結構는 書畫나 詩文 등에서 각 부분이나 단락을 안배하고 배열하는 방법을 말한다. 따라서 '結構의 篇章法'은 단락의 배치를 통해 한 편의 글을 완성하는 방법으로, 글자가 모여 구가 되고 다시 구가 모여 장구가 되며 장구가 모여 한 편의 글을 완성한다는 의미인 '篇章子句法'과는 구별되는 개념이다.

마지막 단락인 ④는 서발류 문장의 관례적인 단락으로, 서문을 부탁받고 써 주게 된 상황에 대해 언급한 것이다. 그런데 조태억은 이 부분의 마지막에서 다시 "공의 휘는 곽이요, 자는 백로다. 영평의 백로주가 공의 선영에 가까웠는데, 공이 일찍이 그곳의 수석이 청신하고 기이한 것을 몹시 좋아하여 자호로 삼았다."는 내용을 첨가하여 이곽이 자호自號한 이유를 밝히면서 다시 그의 인품을 강조했다. 관례적인 단락을 서술하여 내용상의 휴지기를 둔 뒤 다시 한 번 이곽의 인품을 강조하는 수법을 사용한 것이다.

「노주집서」를 보면 조태억이 문장의 창작에 상당히 능하여 한 편의 글을 구성하는 단락간의 관계를 치밀하게 조직했다는 생각을 하게 된다. 그것은 단락들이 각각 서로 이어지는 상호 연계를 통해 글의 내용을 강조하는 유기적 구성으로 이루어져 있기 때문이다. 또 이와 같은 편장법篇章法과 함께 조태억이 인품과 덕성을 문장의 근본으로 삼는 도덕적 문학관을 지녔다는 것도 확인할 수 있는데, 이런 도덕적 문학관을 가장 잘 보여주는 글이 「석희박부자시고서」이다. 길지 않은 글이기에 전문을 인용해 본다.

> ① 『南川豆村稿』는 石希璞과 그 아들 萬載가 지은 시집이다. 明谷선생께서 이미 서문을 지으셔서 권장하고 드러내셨으니 오랫동안 길이 전해질 것은 의심의 여지가 없는 것이다. 비록 그러나 나중에 그 시를 읽을 사람들이 반드시 그 사람을 다 알지는 못할 것이다. 내가 그러므로 보고 들은 것을 대략 기록하여 두 사람을 드러내고자 하는 것은 信義와 志尙이 요즘 사람들과 다른 것이 있어서이지 그들이 시에 능하다는 것을 귀하게 여겨서 그런 것일 뿐만이 아니다.
>
> ② 希璞은 일찍이 竹堂公 申濡를 따라 놀았는데 신공이 言事로 인해 서쪽 변방으로 유배가게 되었다. 그 땅이 황량한 변방으로 험악하고

멀어서 친족들도 따라갈 수 없었는데 希璞 홀로 몸을 빼서 따라가 수천 리의 험난함을 무릅썼으나 어려워하는 기색이 없었으며 공이 내지로 유배지를 옮긴 뒤에 함께 돌아왔으니, 비록 衛靑의 任安과 惠州의 卓契順이라고 하더라도 그 義가 어찌 여기에 더할 것이 있겠는가. 遲川 · 白軒 두 상공께서 만나보시고 몹시 좋아하셨으니 이 또한 그 시만을 아껴서 그런 것이 아니다. 萬載이 일찍이 나에게 배웠는데 그 사람됨이 맑고 소탈하여 韻致가 있었으니 비록 누추한 시골 마을에 섞여 살더라도 그 뜻은 세력과 이익의 길을 좋아하지 않았고 입으로는 비루하고 속된 말을 하지 않았다. 평소 거처가 담박하여 즐기거나 좋아하는 것이 없었고, 기뻐하는 것도 술과 시뿐이었다. 봄가을로 여유가 있을 때마다 지은 시를 소매에 넣어 나에게 와서 질정하였는데, 나도 시를 읊고 평가하는 것을 좋아하였다. 그런데 우러르고 굽어보는 잠깐 사이에 이 일이 벌써 옛일이 되어버렸다.

③ 아! 요즘 세상에서 낮은 자리에 거하면서도 뜻이 우뚝한 것이 이 사람 같은 이가 있는가. 劉希慶 · 白大鵬과 같은 무리들에서부터 庶流 · 小胥들이 詩社를 맺고 詩를 공부하여 風月香徒라는 명칭을 얻기에 이르렀으나 石氏 부자 같이 대대로 시로 이름나 家業처럼 업으로 전한 사람은 전혀 없었던 처음 있는 일인데 하물며 그 높은 뜻과 우아한 아취는 진실로 세속의 사대부들은 미칠 수 없는 것이니 이 시고를 보는 사람들이 그 사람의 문벌이 미미하다고 소홀히 할 수 있겠는가. 萬載의 두 아들 之嶦과 之屹이 힘을 다해 장인을 모아 오랫동안 전할 방법을 도모하니 또한 훌륭한 자식이라고 할 만 하다.[27]

---

27 趙泰億, 「石希璞父子詩稿序」, 『謙齋集』 권41, "南川豆村稿者, 石希璞及其子萬載所著詩也. 明谷先生旣爲弁卷之文, 以獎飾之, 其傳諸久遠也無疑矣. 雖然, 後之讀其詩者, 未必盡知其人. 余故略書所聞覩以彰兩人者, 信義志尙有異乎今之人, 不特其能詩之爲可貴也. 盖希璞早從竹堂申公濡遊, 申公言事謫西塞. 地荒絶險遠, 親懿莫能從, 獨希璞挺身隨往, 冒險數千里而不色難, 及公量

「석희박부자시고서」는 조태억이 남천南川 석희박石希璞과 그의 아들 두촌豆村 석만재石萬載가 지은 시를 모은 『남천두촌고南川豆村稿』에 쓴 서문이다. 석희박과 석만재 부자에 관해서는 유재건劉在建(1793~1880)의 『이향견문록異鄕見聞錄』에도 시에 능했다고 나와 있다. 「석희박부자시고서」는 길지 않은 글로 전체를 세 단락으로 나눌 수 있는데, 시고의 서문이면서도 시에 관한 평가를 찾기 어렵다. 글의 내용으로 볼 때 시고에 대한 글이라기보다 인품에 관한 글이라고 볼 수 있을 정도이다.

글의 첫 단락인 ①은 서문의 서술 이유에 대해 밝힌 것이다. 최석정이 이미 서문을 쓴 석희박 부자의 시고에 조태억이 또다시 서문을 쓴 이유를 조태억은 "나중에 그 시를 읽을 사람들이 반드시 그 사람을 다 알지는 못할 것"이기 때문이라고 했다. 이 말은 석희박 부자가 시에 능했던 것은 분명하지만, 이들이 시에 능하기만 했을 뿐이라면 조태억이 다시 서문을 쓰지 않았다는 것이다. 조태억은 "신의와 지상志尙이 요즘 사람들과 다른 것이 있어서이지 그들이 시에 능하다는 것을 귀하게 여겨서 그런 것일 뿐만이 아니다."라고도 했는데, 이런 언급은 그가 문예적으로 잘 갖추어진 시문보다 작자의 인품과 덕성

移內地而後, 偕返焉, 雖衛家之任安, 惠州之卓契順, 其義何以加此. 遲川白軒兩相公視遇甚款, 盖亦不但愛其詩而已. 萬載嘗習於余, 其爲人淸疎有韻致, 雖混迹乎閭井, 而志不屑勢利之途, 口不道鄙俗之辭. 平居, 泊然無嗜好, 所喜者, 唯酒與詩耳. 每春秋暇日, 袖其所爲詩, 來質於余, 余亦樂爲之吟繹而評隲焉. 俯仰之間, 此事已成陳迹矣. 噫. 今之世居卑而志亢, 有如斯人者哉. 盖自劉希慶白大鵬之徒, 以庶流小胥, 結社攻詩, 至有風月香徒之號, 而如石氏父子之世以詩名, 若弓箕之傳業者, 則盖絶無而始有之, 况其高義雅趣, 實有流俗士大夫所不可及者, 則觀是稿者, 其可以人地之微而忽之哉. 萬載二子之嶦之屹, 竭力鳩工, 謀所以壽厥傳, 亦可謂能子也已."

이 조화를 이룬 시문에 더 큰 가치를 부여하고 있음을 보여준다.

두 번째 단락인 ②는 석희박과 그 아들 석만재의 행적에 관한 것으로 「노주집서」의 ②, ③단락에 해당하는 것이다. 이 단락에서 조태억은 석희박에 대해서는 죽당竹堂 신유申濡(1610~1665)와의 일화를 중심으로, 석만재에 대해서는 평소의 행적을 중심으로 서술하였다. 이런 차이는 석만재의 경우 자신의 문하생이어서 그의 평소 행동을 지켜볼 수 있었지만, 1675년 태어났던 조태억보다 앞 시기를 살았던 석희박의 경우 조태억이 그에 대한 이야기를 전해 들을 수밖에 없어서였다고 생각된다. 조태억이 인용한 석희박의 일화는 1657년 신유가 대사간으로 있으면서 종실 낭선군朗善君의 종이 일으킨 분쟁에 대신臺臣만 처벌받는 것은 부당하다는 상소를 올렸다가 강계江界에 유배되었을 때 석희박이 신유를 따라 함께 강계로 갔었던 일을 말한다. 이런 석희박을 조태억은 한漢나라 대장군 위청衛青의 사인舍人 임안任安과 당唐나라 정혜사定慧寺 수흠守欽의 문도門徒 탁계순卓契順에 비교하여 뒤지지 않는다고 했으며, 자신뿐만 아니라 지천 최명길과 백헌 이경석 역시 석희박의 행동을 높이 평가했다고 했다.

석만재에 대해서는 사람됨이 맑고 소탈하여 운치가 있었으며 세력과 이익을 좋아하지 않았고 비루하고 속된 말을 하지 않아 술과 시를 즐길 뿐이라고 했다. 구체적인 일화로 묘사한 석희박에 비해 볼 때 석만재에 대한 평가는 상당히 피상적이다. 그러나 글 전체로 볼 때 조태억은 석희박보다 석만재와 더 가까웠던 것으로 보이는데, 석희박에 대해서는 일화를 통해 구체적으로, 석만재에 대해서는 피상적으로 간결하게 언급한 것은 당시 사람들이 석만재에 대해 이미 잘 알고 있었기 때문이 아닐까 추정된다.

그런데 이 단락의 어디에도 이들의 문학적 역량이나 시가 이룬 성취에 대한 언급이 보이지 않는다. 시보다는 오히려 이들의 도덕적인 삶에 글의 초점이 맞춰져 있다고 보이는데, ①에서 조태억이 "보고 들은 것을 대략 기록하여 두 사람을 드러내고자 하는 것은 신의와 지상이 요즘 사람들과 다른 것이 있어서이지 그들이 시에 능하다는 것을 귀하게 여겨서 그런 것일 뿐만이 아니다."라고 한 것으로 보면 시문집의 서문임에도 불구하고 조태억은 애초 이 글의 서술 목적을 이들 부자의 도덕적인 삶의 제시에 두었다고 생각된다.

마지막 단락인 ③은 석희박 부자가 대를 이어 시를 가업으로 삼아 성취를 이루었다는 것과 석만재의 아들 지은之巚과 지흘之屹이 선대천양先代闡揚과 영세유전永世流傳의 의지를 지니고 있음을 밝힌 두 부분으로 이루어졌다. 일반적으로 서문의 마지막 단락은 문집의 간행 경위와 서문 창작의 정황을 언급하는 관례적인 부분인데, 이 글에서는 이와 같은 내용이 ①에서 간단하지만 이미 언급되어 있다. 그런 점에서 이 단락의 전반부인 석희박 부자가 대를 이어 시를 가업으로 삼아 성취를 이루었다는 내용을 ①로 옮기고, ① 전체를 ③의 전반부에 두어도 글의 구조나 내용에 별다른 문제가 없어 보인다. 즉 ①과 ③은 상호 교체가 가능한 단락으로 단락의 배열 순서로 볼 때 서론과 결론에 해당하지만, 내용상으로는 오히려 본론에 해당하는 것이라고 볼 수 있다. 내용 면에서 ①과 ③을 ②가 부연하여 예시하고 있다는 점에서 이 글은 ①과 ③에 논지를 두고 ②를 통해 ①과 ③을 부연·예시하는 양괄식 구성으로 이루어졌다고 할 수 있다. 「노주집서」에서 볼 수 있었던 문장의 치밀한 조직을 통한 단락 간의 유기적 구성이라는 결구結構의 편장법篇章法을 여기서도 볼 수 있다.

인품과 덕성을 문장의 근본으로 보았던 조태억의 도덕적 문학관은 그가 직접 만나지 못한 외국 문인의 문집에 써준 서문에서도 볼 수 있다. 조태억은 1711년 신묘통신사행辛卯通信使行의 정사正使로 약 10개월 동안 일본 사행을 다녀왔는데, 그 기간 중 일본인 백석白石 원여源與(1657~1725)의 『백석시집』에 서문을 써 주었다. 역시 길지 않은 글이어서 전문을 인용해 본다.

> ① 모든 나라의 동쪽에 자리 잡은 나라가 우리 조선인데, 우리 조선의 동쪽에 또 일본 지역이 있다. 그 나라는 진실로 외지고도 멀어 중국과 국경을 접하지 않고 언어도 통하지 않으니 중화의 문명을 마음으로 사모하여 風騷의 끊어진 소리를 힘써 좇는 것과 같은 일은 높은 재주와 원대한 식견이 몹시 뛰어나 따라올 자가 없는 사람이 아니라면 어떻게 할 수 있겠는가.
>
> ② 내가 대마도에 들어온 이후로 順庵木公의 門下에 형식과 내용이 잘 어울러진 문학하는 선비가 많다는 이야기를 들었는데 白石 源公은 그 가운데서도 특히 이름난 사람이니 진실로 이미 흠모하였다. 어느 날 처음으로 그의 시고 1권을 얻어 반복해서 읊고 궁구하니 그의 학문이 넓고 재주가 넉넉하여 마치 많은 보물을 감추어두어 끄집어낼수록 더욱 기이해 南金과 東箭이 홀로 그 아름다움을 뽐낼 수 없게 하였으니 窮海絶國이라고 말하지 못하게 하는 것 같아 이에 이 작자의 풍모를 알 수 있었다. 마음속으로 논해보면 그의 시는 화려하고 고우면서도 실체가 꽉 차 있고 풍격이 높으면서도 지취가 우아하며 호방하고 굳세면서도 거칠거나 투박한 데로 흐르지 않고 곱고 아름다우면서도 자잘한 기교에 빠지지 않아 盛唐 시인들의 語調를 향해 달려가니 곧 天機가 사람에게 드러나는 것은 땅이 치우치거나 태어나는 시기가 늦은 것에 국한되지 않는다는 것을 알겠다.
>
> ③ 그 사람의 시를 보고 그 사람을 생각할 수 있었고 또 그의 나라에서 文을 숭상하여 일어난 교화가 이만큼 성대하다는 것을 볼 수 있었다. 하물며 요즘 공이 날마다 공부하는 경연의 자리에 참여하여 보태고

도움 되는 일이 넓고 크다는 이야기를 들었으니 진실로 治象을 아름답게 꾸밀 수 있을 것이다. 한번 변하여 道에 이른다면 어찌 공의 나라 한 곳의 榮華가 될 뿐이겠는가. 우리 이웃 나라도 번성해질 것이고 또 앞으로 함께 빛나게 될 것이다.

④ 옛날 庾子山이 다른 나라에 사신으로 가서 溫子昇의 고요하고 쓸쓸한 비석 하나를 얻어 함께 이야기를 나눌 만하다고 했는데 지금 내가 공을 얻은 것을 자산과 견주어보면 이미 너무 과한 것이 아니겠는가. 나의 부족하고 미천한 식견을 돌이켜보면 진실로 감히 스스로를 〈三都賦〉의 서문을 지은 玄晏에 견주지 못하지만 조만간 武城에 들어가 공과 한 번 만나 잔을 기울이는 즐거움을 누리며 縞帶와 紵衣를 주고받는 인연을 맺을 것이니 어찌 나의 사모하는 진실함을 말하는 한 마디가 없을 수 있겠는가. 우선 이렇게 써서 폐백을 삼는다.[28]

이 글의 제목 옆에 "일본인 원여이니, 자는 군미요, 호는 백석이며 무양사람이다. 금리목정간의 문하에서 수학하였다고 한다[日本人源

28 趙泰億, 「白石詩集序」, 『謙齋集』 권41, "國於萬國之東者爲我鮮, 而我鮮之東, 又有日域焉. 其國誠僻而遠矣, 與中國壤地不相接, 語言不相通, 若其心慕乎華夏之文明, 力追乎風騷之絶響, 非有高才遠識特達而不羣者, 烏可能哉. 自余入馬州來, 聞順庵木公門下, 彬彬多文學士, 而白石源公, 尤有名焉, 固已傾嚮之矣. 日始得其詩藁一卷, 反覆吟繹, 其學也博, 其才也富, 如多藏之賈, 其出愈奇, 使南金東箭, 不得獨擅其美, 不道窮海絶國, 乃見此作者之風也. 窃嘗論之, 其詩華絢而實茂, 格高而趣雅, 豪健而不流於麤硬, 婉麗而不泥於纖巧, 駸駸有盛唐人口氣, 乃知天機之發於人者, 不以地之偏生之晩而有所局之也. 觀其詩, 卽其人可想, 而亦以見其國崇文之化於斯爲盛也. 况聞公方日侍講幄, 裨益弘多, 誠能賁餙治象. 一變至道, 則豈惟公一國之華. 繄我隣邦, 亦將與有光矣. 昔庾子山奉使異國, 得溫子昇寂寥一碑, 而謂可與共語, 則今余之得乎公者, 視子山不已奢乎. 顧余寡陋甚, 誠不敢自附於三都之玄晏, 而早晩入武城, 當與公一接傾盖之歡, 以講縞紵之契, 安得無一言以道我慕用之誠哉. 姑書此, 以爲贄焉."

與, 字君美, 号白石, 武陽人. 受學於錦里木貞幹之門云.].”고 되어 있다. 이 글은 전체 네 단락으로 나눌 수 있는데, 첫 번째 단락인 ①은 서론으로 일본의 지리적 특성과 함께 일본에서 중화中華의 문명을 익히기 어려운 이유에 대해 서술했다. 특히 조태억은 일본이 중국과 국경을 접하지 않고 언어가 통하지 않기 때문에 중화의 문명을 배우는 것은 높은 재주와 원대한 식견이 몹시 뛰어나 따라올 자가 없는 사람이라야 가능하다고 했는데, 「노주집서」에서도 보았던 것처럼 이런 표현은 서문의 대상이 되는 문집의 작자가 이와 같은 능력을 갖추었다는 것을 강조하는 반어적인 표현법이다.

두 번째 단락인 ②는 원여의 문학적 역량에 대한 설명이다. 그런데 앞서 살펴본 서문들과 달리 여기에서는 원여의 문학적 역량에 대해 상당한 분량을 할애하여 서술했다. "화려하고 고우면서도 실체가 꽉 차 있고, 풍격이 높으면서도 지취가 우아하며, 호방하고 굳세면서도 거칠거나 투박한 데로 흐르지 않고, 곱고 아름다우면서도 자잘한 기교에 빠지지 않아"라는 시에 대한 평가는 이전의 서문에서는 볼 수 없는 것이다. 특히 원여의 시에 대해 "성당 시인들의 어조를 향해 달려가니"와 "천기가 사람에게 드러나는 것은 땅이나 시기에 국한되지 않는다."는 언급은 원여의 시에 대한 극찬이라고 볼 수 있다. 이 단락에서 조태억이 원여의 시에 대해 이렇게 언급한 것은 그가 일본인 원여에 대해 자세히 알지 못했기 때문에 그에 대한 평가를 오로지 시집에 수록된 시로만 할 수밖에 없었고, 또 그의 시를 평가할 때 가능하다면 호의적으로 평가하는 것이 외교에 도움이 될 것이라는 현실적인 판단에 따른 것이라고 생각된다.

이런 추정은 ②에서 원여에 대해 "학문이 넓고 재주가 넉넉하여 마치 많은 보물을 감추어두어 끄집어낼수록 더욱 기이"하다고 평가했으면서 ③에서 다시 원여에게 학문을 권면하고 있다는 점에서도 생각해볼 수 있는 것이다. ③에서 조태억은 원여가 요즈음 날마다 공부하는 경연의 자리에 참여하여 보태고 도움 되는 일이 넓고 크다는 이야기를 들었다고 했다. 이어서 조태억은 원여가 이렇게 계속 공부한다면 치상治象을 아름답게 꾸미고 도에 이를 수 있을 것이며 그렇게 된다면 일본뿐만 아니라 이웃 나라에도 도움이 될 것이라고 했다. 이 내용을 앞의 단락과 이어보면 원여의 시가 뛰어난 경지에 이르렀지만, 보다 높은 경지에 나아가기 위해서는 날마다 공부하여 도에 이르러야 한다는 학문의 권면이 된다.

마지막 단락인 ④는 원여를 만나고자 하는 조태억의 마음을 담은 것이다. 이 단락에서 조태억은 원여와 자신의 만남이 자신에게는 남북조 시대의 문인인 유신庾信이 북방에서 온자승溫子升이 지은 한산사비韓山寺碑를 만났던 것보다 나은 일이지만 자신이 지어주는 서문이 진晉나라 황보밀皇甫謐이 쓴 좌사左思의 〈삼도부三都賦〉 서문보다 못해 부끄럽다고 하고 이어 오吳나라 계찰季札이 정鄭나라 자산子産과 호대縞帶와 저의紵衣를 주고받았던 것처럼 유대를 맺고 싶다고 했다. 이런 결말은 서문의 마지막 단락이 보여주는 상투적 표현과 다른 것인데, 이와 같은 차이 역시 『백석시집』의 작자가 일본인 원여였기 때문이라고 생각된다.

이렇게 보면 조태억의 「백석시집서」는 인품과 덕성을 문장의 근본으로 여기는 도덕적 문학관을 바탕으로 하고 있다는 점에서는 앞서 살펴본 서문과 같지만 단락간의 상호 유기적 구성을 추구했던 조태억 서문의 일반적인 서술 기법과는 적지 않은 차이를 보인다. 앞서 살펴본 서문과 「백석시집서」의 차이점은 우선 단락간의 상호 유기적 관계가 해체되어 서론부터 결론까지 단선적으로 전개되는 순차적 서술 기법을 사용했다는 것이다. 두 번째는 도덕적인 행위와 삶을 바탕으로 작자의 문학을 평가하지 않고 작자의 문학적 역량에 대한 피상적이고 관념적인 언급으로 문학적 역량을 평가했다는 것이다. 세 번째는 마지막 단락의 의례적이고 상투적인 내용 대신 만나고자 하는 기대를 서술하며 마무리했다는 것이다. 이와 같은 차이점은 조태억과 원여의 관계에 의한 것이라 생각되는데, 이런 차이점으로 볼 때 조태억의 서문은 상투적이거나 관습적인 창작의 결과물이 아니라 대상에 대한 이해를 바탕으로 치밀한 작가 의식 아래 조직된 뛰어난 문학적 창작물이라고 할 수 있다.

4. 결론

서문은 논설 · 서사 · 의론 · 서정을 겸하는 글로, 규정된 형식을 따르기보다 작자의 창의적인 사고를 무형식의 틀 속에서 자유롭게 서술하는 글이다. 그 중에서도 서발류 서문은 대부분 서문의 대상이 되는 글의 작자를 소개하고 시문을 평론하는 글이어서 서사 · 의론 · 서정을 겸하는 경우가 많고, 어떤 때는 한 편 속에 여러 가지 수법을 겸하기도 한다. 이런 양상은 상대방을 위해 써주는 사적인 글인 증서류 서문도 마찬가지이다. 증서류 서문 역시 공식적이거나 의례적인 글이 아니므로 자유롭게 서술하여 글의 내용을 글을 쓰는 당시의 상황에 맞추기 때문에 의론 · 서사 · 서정 등의 다양한 방법을 이용한다.

조태억의 경우 모두 17편의 서문을 문집 속에 남겼는데, 증서류 서문이 4편이고 서발류 서문이 13편이다. 증서류 서문은 다시 송서 2편, 연회의 서문 1편, 증서 1편이며, 서발류 서문은 그림 · 절목 · 서재 · 계병의 서문이 각각 1편이고, 시첩의 서문이 2편, 족보의 서문이 1편, 시문집의 서문이 6편이다. 그런 점에서 조태억의 서문은 서발류 특히 시문집의 서문을 중심으로 한다.

조태억의 시문집 서문을 살펴보면 논설 · 서사 · 의론 · 서정의 4가지 유형 중에서 논설이나 서정보다 서사와 의론을 위주로 한다. 이와 같은 특성은 그가 인품과 덕성을 문장의 근본으로 여기는 도덕적 문학관을 지녀 인품과 덕성을 통해 문학을 논했기 때문이라고 생각된다. 하지만 이와 같은 전통적인 문학관을 지니고 있었음에도 불구하고 그의 「노주집서」와 「석희박부자시고서」를 보면 조태억이 서문의 서술을 위해 단락간의 관계를 치밀하게 조직하여 서문의 각 단락들이 상호 유기적으로 연결되는 결구의 편장법을 사용했다는 것을 알 수 있다. 이런 문장 서술 기법을 사용했다는 것은 조태억이 문장의 구조에 깊은 이해를 가져 치밀하게 문장을 조직했음을 의미하면서 동시에 그가 문장의 창작에 상당한 능력을 지니고 있었음을 보여준다.

이와 함께 조태억의 「백석시집서」는 그가 지녔던 인품과 덕성을 문장의 근본으로 여기는 도덕적 문학관을 보여주지만 단락간의 상호 유기적 관계가 해체되어 서론부터 결론까지 단선적으로 전개되는 순차적 서술 기법을 보여준다. 이런 차이점은 조태억과 문집의 작자와의 관계에 의한 것이라고 생각되는데, 이런 점으로 볼 때 조태억의 문집 서문은 상투적이거나 관습적인 창작의 결과물이 아니라 대상에 대한 이해를 바탕으로 치밀한 작가 의식 아래 이루어진 뛰어난 문학적 창작물이라고 할 수 있다.

Ⅲ. 망자를 위한 글쓰기의 장르 간 특성 연구
– 겸재 조태억을 중심으로 –

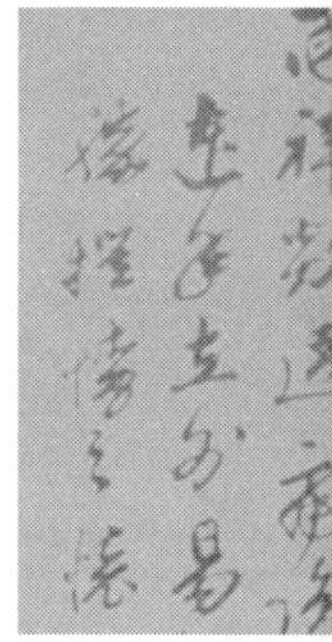

권진옥

1. 서론

본 논문은 전통 시대 망자亡者를 위한 다양한 글쓰기를 대상으로, 각 장르 간의 특성을 고찰한 글이다.

주지하다시피 전통 시대에는 망자를 애도하고 추억하기 위해 다양한 장르의 문학 작품을 창작하였는데, 이것들을 대별大別하면 운문韻文과 산문散文 그리고 그 혼합 장르의 글쓰기이다. 만시挽詩가 운문의 대표적 양식이라면, 비지류碑誌類 즉 묘표墓表, 묘갈墓碣, 묘지墓誌, 신도비神道碑 등이 산문의 대표적 양식이다. 또한 이 산문 장르에는 전기傳記, 유사遺事, 행장行狀, 시장諡狀 등의 전장류傳狀類도 포함된다. 한편 운문과 산문이 혼합된 장르에는 애사哀辭, 뇌사誄辭, 제문祭文 등의 애제류哀祭類, 명銘이 부기된 비지류 등이 포함된다. 이를 통해 오늘날과는 달리 전통 시대에는 망자를 애도하고 추억하기 위해 다양한 장르의 글쓰기 방식이 활용되었음을 확인할 수 있다.

그런데 여기서 환기할 만한 점은, 한 명의 망자를 위해 글을 짓는 작자는 하나의 장르에 국한하여 망자를 애도하거나 추억하는 것이 아니라 다양한 장르의 문학 작품을 창작하기도 했다는 점이다. 한 명의 망자를 애도하기 위해 만시는 기본이고 애제류, 비지류, 전장류 등의 여타 장르를 활용한 사실은 전통 시대 수많은 문인지식인들의 문헌을 통해 쉽게 확인할 수 있다. 또한 이러한 창작 행위는 자의가 아닌 타의에 의해서도 이루어지는데, 군주를 대신하여 짓는 치제문致祭文이나 남의 부탁에 의해 짓는 대필작代筆作, 생전에 인연이 없는 망자인데도 그 집안의 청탁에 의해 짓는 경우가 이에 해당한다. 이처럼 망자가 된 인물을 애도하고 추억하는 글쓰기는 하나의 장르에 국한되지 않았으며, 이로 인해 각 장르의 문예미에 따라 작자가 망자를 애도하는 깊이와 추억하는 방식은 다양하게 드러났다.

본 논문은 바로 이 점에 주목하여, 동일한 망자를 위해 동일한 작가가 창작한 여러 장르의 문학 작품들을 비교하고 분석함으로써 각 장르 간의 특성을 규명하고, 나아가 이러한 특성이 어떠한 문학적 효과를 만들며 또한 작가의 문학적 역량이 어떻게 표출되는지를 설명하고자 한다.

위와 같은 연구 주제와 방법론에 기초하여 필자가 주목한 작가는 겸재謙齋 조태억趙泰億(1675~1728)이다. 그는 조선 후기 남구만南九萬(1629~1711) - 최석정崔錫鼎(1646~1715) - 조태억으로 이어지는 소론少論의 계보를 잇는 중심인물로서,[29] 최창대崔昌大(1669~1720), 이광좌李光佐(1674~1740), 이하곤李夏坤(1677~1724), 윤순尹淳(1680~1741), 이덕수李德壽(1673~1744)[30] 등과 교유하며 조선 후기 정치사와 학술

29 李德壽, 「議政府左議政趙公行狀」, 『西堂私載』 권12, "公陳箚辭文衡曰, 臣師文貞公崔錫鼎, 臣師之師文忠公南九萬, 並以文衡入相, 終皆辭避."

사에서 중요한 역할을 하였다. 또한 문학적 역량에 대해서도 당대의 평가들을 살펴보면 시문詩文에 각각 장처長處가 뚜렷하였음을 확인할 수 있다. 예컨대 이덕수와 윤순의 평가는 아래와 같다.

> 문장은 오직 이치가 통하는 것을 위주로 하여 붓 가는 대로 시원하게 지었는데, 글을 짓는 것을 염두에 두지 않은 듯하였으나 명백하고 풍부하였으며 절로 법도에 맞았으니 疏章과 箚子는 더욱 적실하고 간절하였다. 항상 말하기를 "근세에 시를 짓는 자들은 오로지 참신과 기교를 숭상하여 말세의 기상을 볼 수 있으니, 이를 벗어난다면 또한 괜찮겠다."라고 하였다. 부제학 崔昌大가 공의 시에 대해 평가하기를 "才思가 민첩하고 통창하며 詞致가 원만하고 오묘하여 수많은 작품들이 흠잡을 데가 하나도 없다. 옛날 谿谷(장유)이 石洲(권필)의 시를 칭찬하면서 情境이 알맞고 律呂가 조화롭다고 하였는데, 나 또한 공에 대해서 똑같이 말하겠다."라고 하였다. 典章과 官制, 氏族과 派流, 山川과 道里에 대해서 모두 해박하고 통달하였다. 특히 國朝의 故事에 대해 상세하게 알아 조정에서 사례를 인용하거나 증명할 경우가 생기면 반드시 공에게 자문하였다. 저술한 시문 20권과 『文衡故事』 2권이 집에 보관되어 있다.[31]

30 조태억의 行狀을 李德壽가 지었고,(『西堂私載』 권12, 「議政府左議政趙公行狀」), 墓誌銘을 尹淳이 지었다.(『白下集』 권7, 「左議政文忠趙公墓誌銘」)

31 李德壽, 「議政府左議政趙公行狀」, 『西堂私載』 권12, "爲文唯取理達, 信筆沛然, 若不經意, 明白贍鬯, 自中程度, 章箚尤剴切. 每謂近世爲詩者, 專尙尖巧, 足以觀衰末氣象, 能免是, 斯亦可矣. 崔副學昌大評公詩以爲才思敏暢, 詞致圓妙, 千篇滔滔, 無一罅縫. 昔谿谷稱石洲, 情境妥適, 律呂諧協, 吾於某亦云. 凡於典章官制, 氏族派流, 山川道里, 無不淹該貫通. 尤詳於國朝故事, 朝有引例證據者, 必咨於公. 所著詩文二十卷, 文衡故事二卷, 藏于家."

문장은 시원하게 써 내려가 글 짓는 것을 염두에 두지 않은 듯하였으나 명백하고 풍부하였다. 특히 시를 잘 지어 홍취를 만날 때마다 입으로 읊조리거나 風雨처럼 빠르게 완성하였다. 수많은 작품들이 音調가 맑고 원만하며 情境이 알맞아 權石洲(권필)와 똑같은 평가를 받을 만하였다. 故事에 해박하여 國朝의 典章, 官制, 氏族에 대해서 모두 통달하였는데, 조정에서 의심나거나 사례가 필요한 경우가 생기면 모두 공에게 자문하였다. 저술한 시문 20권과 『文衡故事』 2권이 있다.[32]

시의 장처로 꼽은 점은 시상詩想의 민첩함과 통창함, 시어詩語의 원만함과 오묘함이었으며, 문장의 장처로 꼽은 점은 명백함과 풍부함, 그리고 법도에 적합함이었다. 게다가 이덕수와 윤순은 공히 조태억 시의 경지를 권필權韠(1569~1612)의 수준에 견주어 정경情境과 율려律呂의 훌륭함을 고평하였다.[33] 이러한 문학적 평가 외에도 그의

32 尹淳, 「左議政文忠趙公墓誌銘」, 『白下集』 권7, "爲文章, 沛然若不經意, 辭理贍暢. 尤長於詩, 每遇興口占, 筆落如風雨, 千篇滔滔, 音調淸圓, 情境妥適, 可與權石洲同評. 習於典故, 國朝程章官制氏族, 靡不淹通, 朝有疑例, 咸咨於公. 所著詩文二十卷, 文衡故事二卷."

33 이덕수도 언급했지만, 조태억의 시에 대한 이덕수와 윤순의 평가는 崔昌大의 평가를 참고하였음을 알 수 있다. 崔昌大, 「與趙大年」, 『昆侖集』 권11, "才思가 민첩하고 통창하며 詞致가 원만하고 오묘하여 수많은 작품들이 흠잡을 데가 하나도 없다. 谿谷이 石洲의 시에 대해 서문을 작성하면서 情境이 알맞고 律呂가 조화롭다고 하였는데, 나 또한 공의 훌륭한 시에 대해서 똑같이 말하겠다. 그리고 거침없이 써 내려가는 필치도 그 끝을 가늠할 수 없이 엄연히 절로 일가를 이루었으니, 나는 근세의 많은 선배들이 공에게 한 걸음 양보하고자 하여 이제는 이 일로 인해 袁宏을 추대하지 않을 수 없었던 고사처럼 공을 인정하리라 생각한다. 字句 사이의 흠결을 꼼꼼하게 따지려고 해도 지적할 만한 점이 하나도 없으니 어찌 이 정도일 수 있는가. 만약 백척간두에서 한 걸음 나아가고자 한다면, 蘇軾과 黃庭堅, 陳師道와 陳與義가 지은

전장典章 제도에 대한 박학다식함을 거론하고 있는데, 이는 양관 대제학兩館大提學을 역임한 사실로 알 수 있다. 현전하진 않지만 『문형고사文衡故事』라는 책을 저술할 만큼 그는 각종 문물과 제도에 해박하였다.

위와 같은 조태억의 문학적 성과와 학문적 성취에 대한 연구는 현재까지 구체적으로 구명되지 못하고 있는 실정이다. 1711년(숙종37) 신묘辛卯 통신사의 정사正使로서 일본을 방문하여 남긴 필담집[『좌간필어坐間筆語』, 『강관필담江關筆談』]에 대한 연구가 학계에 처음으로 제출된 이후로,[34] 꾸준하게 그의 일본 사행과 관련된 연구가 진행되었다.[35] 최근에는 문학 방면에서 연구가 진척되었는데, 한시에서는 그의 만시挽詩와 연구시聯句詩에 집중되어 있다.[36] 한편 한문 산문에

시를 취하여 깊이 완미하고 힘써 배운다면 품격을 한 단계 올릴 수 있을 것이다.(才思敏暢, 詞致圓妙, 千篇無一罅縫. 谿谷之序石洲, 稱其情境妥適, 律呂諧協, 吾於盛作亦云. 而滔滔寫出, 又見其難窮也, 儼然自成一家, 吾恐近時前輩數公, 殆欲讓出一頭地, 當今不得不以此事推袁也. 至於句字間瑕纇, 雖欲刺論, 其於無可指點, 何哉? 欲於百尺竿進一步, 則取蘇黃兩陳, 深玩而力效之, 或爲長一格價之道耶!)"

34 구지현, 「1711년 신묘통신사와 아라이 하쿠세키[新井白石]의 필담을 통한 상호소통」, 『열상고전연구』 28, 열상고전연구회, 2008.

35 조영심, 「趙泰億의 使行文學 연구 - 對日觀을 중심으로 -」, 연세대학교 석사학위 논문, 2014 ; 조영심, 「필담창화집 『홍려필담(鴻臚筆談)』에 대하여 - 위작과 그 의의를 중심으로 -」, 『열상고전연구』 49, 열상고전연구회, 2016.

36 이미진, 「聯句詩의 창작 방식과 배경 고찰 - 謙齋 趙泰億의 사례를 중심으로 -」, 『동양고전연구』 74, 동양고전학회, 2019 ; 유진희, 「謙齋 趙泰億의 連作 挽詩 연구」, 『어문론총』 85, 한국문학언어학회, 2020 ; 김묘정, 「17세기 少論계열 지식인들의 聯句詩 고찰 - 吳道一 · 崔錫鼎 · 趙泰億의 시적 교류 양상을 중심으로 -」, 『석당논총』 78, 동아대학교 석당학술원, 2020. 최근에는 感君恩 주제의 시에 주목한 연구도 제출된 바 있다. 이승용, 「謙齋

서는 그의 서문序文에 대한 연구가 제출되었다.[37]

본 논문은 조태억 문학 연구의 일환으로 망자를 위한 글쓰기 장르를 고찰하되, 동일한 망자를 위해 창작한 2개 이상의 장르에 한정하여 살펴보고자 한다. 이는 문학 일반론의 측면에서 전통 시대 한 명의 작가가 동일한 목적으로 창작한 다양한 장르의 작품들 사이의 특성을 규명하는 계기가 될 뿐만 아니라 작가론의 측면에서 조태억의 문학적 특질을 밝히는 단초가 될 것이다.

2. 동일한 망자를 위해 지은 작품의 장르별 목록

조태억은 정치적 배경과 문학적 역량을 토대로 자신과 직간접적인 관계를 지닌 망자를 위해 상당히 많은 문학 작품들을 창작하였는데, 장르별로 작품 수를 살펴보면 만시가 227편(227제 437수), 애제류가 65편, 전장류가 9편, 비지류가 21편이다.[38] 이 가운데 동일한 망자를 위해 지은 장르별 작품들을 목록으로 제시하면 아래와 같다. 배열 순

趙泰億의 「前感君恩」과 「後感君恩」에 관한 일고찰」, 『민족문화』 57, 한국고전번역원, 2021.

37 윤재환, 「겸재(謙齋) 조태억(趙泰億) 시문집(詩文集) 서문(序文)의 서술(敍述) 기법(技法) 일고(一考)」, 『한국문학과 예술』 36, 숭실대학교 한국문학과예술연구소, 2020.

38 만시는 『謙齋集』 권2의 「挽鄕隣老丈」부터 권21의 「南營將輓」까지 총 227편이고, 애제류는 권39의 「卒知中樞權說致祭文」부터 권40의 「沈進士誄」까지 총 65편이고, 전장류는 권36의 「外舅承政院注書沈公行狀」부터 권37의 「宗室海原君諡狀」까지 총 9편이고, 비지류는 권35의 「叔父議政府左議政忠憲公府君墓碣銘」부터 권36의 「翊衛司司禦尹公墓表」까지 총 21편이다.

서는 조태억과의 관계를 기준으로 친족, 스승, 벗, 동류 등으로 안배하였다.

연번	망자	본관	자	호	작품	비고
1	趙錫周 (1641~1716)	白川	維新	白野	만시 : 「趙掌令挽」(권2) 묘갈명 : 「司憲府掌令趙公墓碣銘」(권35)	趙泰億 부친의 同榜
2	趙嘉錫 (1634~1681)	楊州	汝吉	苔村	묘지명 : 「先考贈領議政行吏曹參議府君墓誌銘」(권36) 묘표 : 「先考贈領議政行吏曹參議墓表」(권36)	趙泰億의 부친
3	趙相愚 (1640~1718)	豐壤	子直	東岡	만시 : 「趙右相輓」(권14, 7首) 시장 : 「議政府右議政趙公諡狀」(권37)	諡號는 孝憲 李景奭, 宋浚吉의 문인
4	徐文裕 (1651~1707)	達城	季容	晩山	만시 : 「徐判書輓」(권4) 치제문 : 「卒禮曹判書徐文裕致祭文」(권39)	
5	尹趾完 (1635~1718)	坡平	叔麟	東山	치제문 : 「卒領中樞府事尹趾完致祭文」(권39) 제문 : 「祭尹領府事文」(권40)	諡號는 忠正
6	李基夏 (1646~1718)	韓山	夏卿		만시 : 「李判書輓」(권14) 치제문 : 「卒韓城君李基夏致祭文」(권39)	諡號는 貞僖 封號는 韓城君
7	姜浚溥 (1668~1697)	晉州	元亮		만시 : 「姜正字元亮挽」(권2) 제문 : 「祭姜元亮文」(권39)	趙泰億의 벗
8	崔錫鼎 (1646~1715)	全州	汝和	明谷	만시 : 「明谷先生輓詞」(권11, 12首) 제문 : 「祭明谷崔先生文」(권40) 제문 : 「代鎭川儒生祭明谷崔先生文」(권40, 代筆)	趙泰億의 스승
9	宋正明 (1670~1718)	礪山	子和	止窩	만시 : 「宋留守子和輓」(권14, 18首) 제문 : 「祭宋留守子和文」(권40)	
10	林象德 (1683~1719)	羅州	彝好	老村	만시 : 「林教理彝好輓」(권15, 16首) 제문 : 「祭林校理彝好文」(권40)	趙泰億의 벗 尹拯의 문인
11	李濟 (1654~1714)	全州	景仁		만시 : 「李參判挽」(권10, 20首) 제문 : 「祭李參判遷葬時文」(권40)	朴世堂의 문인
12	任守幹 (1665~1721)	豐川	用譽	遯窩	만시 : 「任承旨用譽輓」(권16) 제문 : 「祭任承旨用譽文」(권40)	趙泰億의 벗

위의 목록을 살펴보면, 동일한 망자를 위해 지은 작품들은 만시-제문, 만시-시장, 만시-묘갈명, 제문-치제문, 묘지명-묘표 등의 형태로 한 묶음을 이루고 있으며, 가장 많은 사례는 만시-제문 형태

이다. 특히 만시-제문 형태의 경우에 만시를 연작시連作詩로 창작한 것이 절반을 넘는다는 것을 알 수 있다.[39] 조상우趙相愚(1640~1718), 최석정崔錫鼎(1646~1715), 이제李濟(1654~1714), 송정명宋正明(1670~1718), 임상덕林象德(1683~1719) 등을 위해 지은 만시가 이에 해당하는데, 이제는 7언절구 20수, 송정명은 7언절구 18수, 임상덕은 7언절구 16수의 연작시로 창작하였다. 이처럼 10수가 넘는 장편의 연작시를 창작한 경향은 독특한 경우라 할 수 있다.

이어지는 3장과 4장에서는 각각 만시와 제문, 만시와 묘도문자를 대비하여 정서와 표현의 측면과 인물 형상화 측면에서 살펴보고자 한다.

3. 정서와 표현의 측면

전통 시대에는 일반적으로 망자를 위해 글을 지을 때 제문과 만시, 행장과 묘도문자의 순서로 시기적인 공백을 두고 작성하였다. 제문과 만시의 경우는 망자가 세상을 떠난 시기와 거의 일치하게 작성하고,[40] 행장과 묘도문자의 경우는 시기적으로 한참 뒤떨어져 작성하였다. 또한 제문은 부고訃告를 받자마자 작성한 뒤 빈소殯所에 가서 곡하며 직접 읽는 것이 일반적이라면, 만시는 부고를 받고 추후에 별도

39 『謙齋集』에 수록된 한시 작품은 총 2,329제 3,674수인데, 이 가운데 만시는 227제 437수로 전체 한시 가운데 12% 분량이다. 또한 연작시로 창작한 만시는 전체 만시 가운데 25% 분량을 차지하고 있다. 유진희, 앞의 글, 115-116면.

40 특수한 상황으로 인해 '追'를 부기하여 뒤늦게 짓는 경우도 있다.

로 작성하여 그 집안에 건네주기도 하였다. 게다가 동일한 망자를 대상으로 제문과 만시, 행장과 묘도문자를 다수 작성하는 경우도 있었다. 그렇다면 한 명의 작가가 이렇게 동일한 망자를 대상으로 다양한 장르의 글을 창작하는 경우에, 장르적 속성이나 운문과 산문에 기인하는 문예미와는 별도로 정서와 표현의 측면, 인물의 형상화 등에서 각기 다른 양상을 보인다.

이를 논증하기 위해 우선 제문과 만시의 경우를 살펴보고자 한다. 동일한 대상을 두고 제문과 만시를 작성할 때에는 정서와 표현의 측면에서 차이점이 나타나는데, 시기적으로 먼저 작성하는 제문의 경우는 망자를 애도하는 정서를 여과 없이 직접적이고 구체적으로 표현하는 반면에, 이미 창작한 제문을 염두에 두고 또한 시기적으로 뒤늦게 작성하는 만시는 애도의 정서를 수렴하여 함축적으로 표현한다. 조태억은 자신과 예닐곱의 나이 차이가 있는 강준부姜浚溥(1668~1697)를 위해 제문과 만시를 지었다. 강준부가 30세의 나이로 요절한 1697년(숙종23)에 조태억은 23세의 젊은 나이였다. 제문의 전편은 아래와 같다.

> [1] 元亮이 정말 죽은 것인가. 죽어서 다신 일어날 수 없는 것인가. 그의 성정은 지극히 효성스럽고 그의 바탕은 고결하며 곤궁하게 살면서도 일삼는 바가 없었고 벼슬살이에 대해서도 즐거워하지 않았으니, 하늘이 원량에게 준 것이 모두 인색하지 않은 것이다. 젊은 나이에 문과에 급제하기를 턱수염 뽑는 듯하였을 뿐만 아니었고 큰 벼슬길에 올라 만 리도 갈 만하였으니, 하늘이 원량에게 준 것이 통하고 막힘이 없었다. 그리하여 뛰어난 재능을 드러내고 온축한 바를 발휘하여 한미한 집안을 일으키고 선친이 받지 못한 복을 누릴 줄 생각하였는데, 어찌하여 상을 치르다 몸을 상하고 굶주림과 추위로 고생하여 집안을 일으

키지 못하고 복을 누리지 못할 뿐만 아니라 따라서 막히고 요절하였는가. 어찌하여 하늘이 후하게 주면서 박하게 베풀었는가. 어찌하여 벼슬길은 열어주면서 수명은 재촉하였는가. 하늘을 믿지 못하겠고, 이치도 헤아릴 수 없구나.

2 아! 세상에 누군들 벗이 없겠는가마는 마음이 맞는 벗은 드물고, 마음이 맞으면서 오랫동안 교분을 쌓는 일은 더욱 쉽게 얻을 수 없다. 내가 원량과 사귄 이후로 십년 동안 한 번도 서로 거스른 적이 없었으니, 나에게 잘못이 있으면 그대가 반드시 의리로 일깨워 충고하였으며, 나에게 의심나는 점이 있으면 그대가 반드시 밝게 변석해 주었다. 늘 고인의 책을 읽고 고인의 일을 실천하는 것으로 계속하여 권면해 주니, 참으로 이른바 신실하고 박식한 벗이라 할 수 있다. 이 때문에 나는 속으로 기뻐하고 밖으로 감복하였다. 아, 하늘이여. 어찌 이리도 빨리 그를 데려갔는가.

3 아! 예전에 내가 호서에서 시묘살이 할 때 원량 또한 산골짜기를 떠돌아다녔고, 내가 서울로 돌아왔을 때 원량 또한 부친의 묘소에서 상을 치르느라 이리저리 떨어져 각기 남쪽과 북쪽에서 지냈다. 이때 이후로 마침내 다신 얼굴을 볼 수가 없었다. 그러나 이때의 이별은 그 기간을 따진다면 하루를 넘지 않았고 그 거리를 따진다면 두어 번 쉬어 갈 만한 거리에 불과하였으니, 참으로 나의 근심이 되기엔 부족하였지만 그래도 몹시 그리워하고 깊이 생각하여 수일 동안 울적해지기까지 하였다. 西山의 午橋에서 노닐던 시간을 다시 이어갈 수 없었으니, 슬퍼하고 거듭 탄식하며 사무친 그리움을 풀 수가 없었다. 더구나 하루아침에 삶과 죽임이 대번에 판가름 나서 산 자와 죽은 자가 영원히 이별하여 널에다 거두고 무덤에서 전송하여 남은 내 생애 동안 다신 볼 수가 없으니, 어찌 가슴을 부여잡고 마음이 찢어져 길이 부르짖으며 영원히 애통해 하지 않을 수 있겠는가.

4 아! 나는 지금도 계유년(1693, 숙종19)의 가을을 기억하고 있다. 원량이 성곽 남쪽의 셋집으로 나를 보러 왔는데 한두 명의 벗들과 함께

촛불을 밝히고 즐겁게 농담을 나누며 각기 자신의 근력을 비교하였다. 내가 말하기를 "우리 몇 사람은 모두 병에 잘 걸리고 쇠약한데, 유독 원량만큼은 평소 건강하여 질병이 없으니 필시 죽은 우리를 위해 곡할 사람은 원량이 될 것이다."라고 하니, 원량이 웃으며 말하기를 "장수는 내가 사양할 바가 아니지만 그대들을 위해 곡하는 것을 어찌 즐거워하겠는가."라고 하였다. 그러자 마침내 모두 박장대소하였다. 그런데 십 년도 지나지 않아 원량이 죽어서 우리가 그를 위해 곡할 줄 생각이나 했겠는가. 사람의 일이 이처럼 헤아리기 어렵구나. 한 번 통곡하고 길이 이별하니 눈물이 가슴에 가득하구나. 영령이여, 지각이 있거든 부디 강림할지어다.[41]

41 趙泰億, 「祭姜元亮文」, 『謙齋集』 권39, "[1] 元亮其果死耶? 其死而不可復作耶? 其性至孝, 其姿介特, 窮居而有所不爲, 仕宦而不以爲樂, 則天之賦元亮者, 儘不嗇矣. 青春決科, 不啻髭摘, 發軔亨衢, 萬里可適, 則天之與元亮者, 有通而無塞矣. 謂將揚英揭華, 發積吐蓄, 振舊家之不振, 食先府之不食, 夫何憂哀以毒之, 飢寒以迫之, 不惟不振不振食不食而已, 從以遏閼而夭椓之? 胡天賦之厚而施之薄? 胡進塗之闢而壽之促耶? 天不可諶, 理不可測. [2] 嗚呼! 世孰無朋而會心者罕有, 會心耐久, 尤不易得. 自余之得元亮, 閱十年而莫之逆也, 我有失則子必義喩而忠告之, 我有疑則子必明剖而析之. 每以讀古人書, 行古人事, 纚纚勉勗, 眞所謂直諒多聞之友, 此吾所以內悅而外服者也. 嗟嗟天乎! 胡奪之速? [3] 嗚呼! 曩余之客湖堧也, 元亮亦流滯峽曲, 及余返洛, 元亮又守制於墓側, 轉輾睽阻, 各在南北. 自玆以迬, 遂不復源源見面目矣. 然是別也, 論其久則未嘗踰旮, 語其遠則不過數息, 誠不足爲吾憾也. 猶且思之苦而念之深, 或至數日作惡, 而西峯午橋之遊, 不可得以復續, 則未嘗不惘悵而累欷, 耿結而不釋也. 況一朝幽明遽判, 存沒永隔, 戢之於一木, 送之於窀穸, 終吾之生不可復覿, 則安得不拊膺而摧心, 長號而永畫也哉? [4] 嗚呼! 余尙記癸酉之秋, 元亮訪余于郭南之僦屋, 仍與一二親友, 秉燭懽謔, 各較筋力. 余曰, 吾儕數人, 皆善病儜弱, 獨元亮素彊無疾病, 其必哭吾, 屬乎元亮. 笑曰, 壽則吾不辭, 但哭君輩奚樂. 遂相與拍手大噱, 豈意不十年而元亮死, 使吾儕來哭之耶? 人之事若是乎難度也. 一慟長訣, 有淚盈臆, 靈如不昧, 庶幾來假."

총 4단락으로 구성되어 있다. [1] 단락은 훌륭한 재능을 타고난 강준부가 풍성한 복을 누리지 못하고 요절한 사실을 애통해 하며 하늘을 하염없이 원망하는 정서로 일관하고 있다. [2] 단락 역시 하늘에 대한 원망의 정서를 이어가고 있는데, 여기서는 조태억 자신의 입장에서 평생의 벗인 강준부를 하늘이 일찍 데려간 데에 울분을 표출하고 있다. [3] 단락과 [4] 단락은 강준부와의 몇 가지 일화를 극적인 장치로 활용하여 그에 대한 그리움과 슬픔을 드러내고 있다. 이와 같은 정서를 전편에 걸쳐서 직접적이고 구체적으로 표현하고 있으니, 몇 가지만 거론하면 "원량元亮이 정말 죽은 것인가. 죽어서 다신 일어날 수 없는 것인가.[元亮其果死耶? 其死而不可復作耶?]", "어찌하여 하늘이 후하게 수면서 박하게 베풀었는가. 어찌하여 벼슬길은 열어주면서 수명은 재촉하였는가. 하늘을 믿지 못하겠고, 이치도 헤아릴 수 없구나.[胡天賦之厚而施之薄? 胡進塗之闢而壽之促耶? 天不可諶, 理不可測.]", "아, 하늘이여. 어찌 이리도 빨리 그를 데려갔는가.[嗟嗟天乎! 胡奪之速?]", "어찌 가슴을 부여잡고 마음이 찢어져 길이 부르짖으며 영원히 애통해 하지 않을 수 있겠는가[安得不拊膺而摧心, 長號而永畫也哉?]", "십 년도 지나지 않아 원량이 죽어서 우리가 그를 위해 곡할 줄 생각이나 했겠는가.[豈意不十年而元亮死, 使吾儕來哭之耶?]" 등과 같은 것들이 있다. 강준부의 죽음을 끝내 믿고 싶지 않았기에 도입부에서 이미 조태억의 제문은 원망과 울분, 그리움과 슬픔으로 점철되어 있다. 하늘을 탓하고 이치를 의심하기만 할 뿐 으레 보일 법한 망자에 대한 위로의 말은 한마디도 없다. 젊은 나이에 벗과 영결한 조태억의 감정을 고려하면 이러한 정서와 표현은 공감이 된다. 그렇다면 그리 멀지 않은 시기에 작성했을 것이라 짐작되는 만시의 경우는 어떠한지 살펴보자.

예전 내가 성인이 되었을 적에　昔我初結髮
元亮이라는 벗을 얻었네　求友得元亮
원량은 내가 경외하였으니　元亮吾所畏
행실이 맑고 뜻은 강직하였네　行潔而志亢
굽신거리지 않고 우뚝이 서서　特立不倚阿
속인의 행태 부끄러워하였네　恥爲俗子樣
문장은 가업을 계승하여　文章述家業
그 글이 크게 펼쳐졌네　厥辭乃大放
漢魏의 시를 힘써 배워　力學漢魏語
시가 종종 기발하고 장엄하였네　往往有奇壯
한 번에 대과에 급제하여　一擧闡大科
대궐에서 날아오르길 기다렸네　霄漢佇騰颺
이듬해 부친의 상을 당해　明年遘巨創
여러 해 상중의 몸이었네　累然持衰杖
근심과 슬픔에 날로 몸이 상하고　憂哀日侵蝕
굶주림과 추위에 온갖 어려움 겪었네　飢寒又萬狀
쇠약한 몸으로 상복을 벗자마자　羸形纔釋衰
병에 걸려 갑자기 세상을 떠났네　一疾奄屬纊
높은 하늘 아래 귀신이 악행 행하니　天高鬼神惡
어찌 원망이 없으리오　安得無怨怏
장수해야 하거늘 되레 요절하고　宜壽反夭閼
통할 듯하였으나 이내 막혀 버렸네　若通旋壅障
더구나 그대의 선친께서는　况君先大夫
훌륭한 재능을 끝내 펼치지 못하였네　才大卒不暢
종신토록 고생하며 낙척하였으니　終身苦落拓
벼슬살이 어찌 이리도 처량하였던가　宦業一何凉
그대는 응당 그 보답을 받아　君宜食其報
하늘이 후하게 복 내릴 줄 생각했네　謂天將厚餉

어찌 알았으랴, 수년 사이에	那知數年間
부자가 모두 세상을 떠날 줄을	喬梓俱凋喪
선한 이 복을 받는 이치도 어그러져	福善理亦爽
그대의 삶이 서글펐네	行路爲悽愴
나는 몹시 애달파하니	顧余偏痛惜
옛날을 노래하며 눈물을 흘리네	詠昔淚汪汪
그대는 서툴고 우활한 나를 용납하고	君容我疎迂
나는 신실한 그대에게 심복하였네	我悅君眞諒
거슬림 없이 서로 어울리고	相得莫之逆
구속됨 없이 자유롭게 종유하였네	追隨恣跌踼
청명한 가을 명곡사에서	淸秋明谷社
눈 오는 달 아래 한미산에서	雪月寒眉嶂
봄에는 午橋의 꽃들 감상하고	春賞午橋花
밤에는 남쪽 마을에서 술잔 기울였네	夜酌南村釀
중년에 서로 헤어져	中年成契闊
아득한 산천에서 떨어져 지냈네	杳杳山川曠
이별의 슬픔 날마다 쌓이고	離懷日以積
자나 깨나 서글픈 마음뿐이었네	寤寐長怊悵
병든 그대가 서울로 돌아왔을 때	當君病還洛
나 또한 병에 걸렸었네	我亦方抱恙
성의 서쪽 지척의 거리에서	城西咫尺地
바라만 볼 뿐 왕래하지 못했네	相望不相訪
끝내 직접 영결하지 못하였으니	終然失一訣
이를 생각하면 슬픔만 더해지네	念之增悲悵
외로운 배 靈柩를 싣고 가니	孤舟載旅櫬
銘旌이 봄 물결에 나부끼네	片旐隨春浪
「薤露曲」으로 슬퍼하고	哀哀薤露曲
「蒿里歌」로 장송하네	送送蒿里葬

세상에 홀로 남아　獨立人間世
둘러본들 좋은 일 하나 없네　俯仰無佳況
만시를 지어 슬픈 마음 쏟아내니　題詩寫哀臆
목이 메어 읊조리지 못하겠네　凄咽不成唱[42]

만시는 다양한 시체詩體로 작성하는데, 위의 시는 총 60구로 구성된 오언고시의 형태이다. 앞서 언급했던 것처럼 조태억은 7언절구의 연작시 형태로 만시를 지은 경우가 많은데, 강준부를 위해서는 고시의 형식을 차용하여 한시이지만 서사적인 측면을 강조하였다. 먼저 도입부가 앞의 제문과는 달리 감정적이지 않고 차분한 정서로 시작하고 있다. 강준부와 벗으로서 교유한 시기부터 그의 죽음에 이르는 서사를 빨리 전개하고, 이에 대한 원망의 정서를 "높은 하늘 아래 귀신이 악행 저지르니, 어찌 원망이 없으리오.[天高鬼神惡, 安得無怨怏.]"라는 시구로 수렴하고 있다. 이어서 불우한 삶과 요절한 사실에 대한 슬픔의 정서를 "나는 몹시 애달파하니, 옛날을 노래하며 눈물을 흘리네.[顧余偏痛惜, 詠昔淚汪汪.]"라는 시구로 수렴하고 있다. 또한 만남과 이별을 거치면서 사무치는 그리움의 정서를 "이별의 슬픔 날마다 쌓이고, 자나 깨나 서글픈 마음뿐이었네.[離懷日以積, 寤寐長怊悵.]"라는 시구로 수렴하고 있다. 마지막 부분도 명정銘旌을 나부끼며 영구靈柩를 싣고 가는 배를 회화처럼 담박하게 묘사하거나 해로薤露와 호리蒿里처럼 함축적인 표현을 사용하여 애도의 정서를 에둘러 나타내고 있다.

조태억은 자신의 스승인 최석정崔錫鼎을 위하여 「제명곡최선생문

42 趙泰億, 〈姜正字元亮挽〉, 『謙齋集』 권2.

祭明谷崔先生文」과 「명곡선생만사明谷先生輓詞」(총 12수)를 창작하였는데,[43] 아래에 인용한 작품들은 차례대로 제문의 일부분과 만시의 첫 번째 작품으로 공히 최석정을 애도하는 마음이 직접적으로 드러난 것들이다.

> 하루 저녁에 세상을 떠나 하늘의 별이 될 줄 누가 알았으랴. 나라의 불행이요 하늘이 실제로 돕지 않았네. 임금께서는 놀라면서 그 재능을 다 쓰지 못한 점을 안타까워하여 애통한 감정을 조서에 간절히 남기고 장례에 쓸 題湊(널 주위에 두르는 나무)를 후하게 내리셨네. 世道는 날로 어긋나고 선비들의 지향은 차츰 어그러지니, 누가 능히 부지하여 엎어지지 않도록 하겠는가. 마치 집의 들보가 제거되어 바람에 흔들리고 비가 새는 꼴이네.[44]

노선생께서 갑자기 세상 떠나니	西老纔傾逝
유림은 귀의할 곳을 잃었네	儒林失所歸
선생은 또 불행하니	先生又不幸
사후의 일 어디에 의지하려나	後死欲何依
한 시대에 사문들 모두 사라지고	一代斯文盡
온 조정에 원로들 드물어졌네	通朝宿德稀
민가의 조문하는 슬픔 어찌하랴	奚論民巷吊
곡하며 흘린 내 눈물 옷 적시네	辰哭亦沾衣[45]

43 鎭川의 儒生을 대신하여 지은 「代鎭川儒生祭明谷崔先生文」(『謙齋集』 권40)도 있다.

44 趙泰億, 「祭明谷崔先生文」, 『謙齋集』 권40, "誰謂一夕, 去爲列宿? 國其無幸, 天實不祐. 重宸震愕, 恨用靡究, 悼切絲綸, 恩侈題湊. 世道日汚, 士趍漸謬, 孰能維持, 以不傾踣? 如屋去棟, 風簸雨漏."

45 趙泰億, 〈明谷先生輓詞 其一〉, 『謙齋集』 권11.

첫 번째 제문에서는 갑작스레 세상을 떠난 최석정에 대한 자신의 황망한 심정을 국가의 불행과 하늘의 잘못으로 표현하고, 아울러 최석정을 잃은 숙종肅宗의 슬픔을 조서詔書와 제주題湊라는 구체적인 사물로 표현하고 있다. 끝으로 세도世道를 부지하고 선비들의 본보기가 될 만한 인물의 부재로 인한 상황을 들보가 없는 집이 비바람에 훼손되는 것에 비유하고 있다. 한편 두 번째 만시에서는 애도의 정서를 구체적 혹은 비유적으로 표현하지 않고, 조정과 유림儒林의 슬픔이라는 측면에서 함축적으로 드러내고 자신과 일반인들이 곡하고 눈물을 흘리는 장면을 그리고 있다. 이렇듯 최석정이라는 한 인물에 대한 애도의 정서를 제문에서는 구체적이면서 비유를 통해 핍진하게 표현하는 것에 비해서 만시에서는 함축적인 언사와 내용을 통해 에둘러 드러내고 담박하게 묘사하고 있음을 확인할 수 있다. 한편 제문과 만시에서 보이는 조태억의 정서와 표현은 제문과 만시라는 장르에서 기인하는 일반적인 속성이라고 볼 수 있다. 그러나 여기서 주목할 점은 동일한 망자를 대상으로 한 제문과 만시에서 드러나는 작자의 정서와 표현은 단순히 장르적 속성을 넘어서 이해할 만한 부분이 있다는 것이다. 동일한 망자를 위해 다양한 장르를 활용할 때에 작자는 장르적 속성과 함께 각각의 장르에서 정서와 표현을 나름대로 안배하거나 직조하여 창작하기 때문에, 망자에 대한 작자의 사유와 정서를 제대로 이해하기 위해서는 다양하게 창작된 작품들을 한데 모아서 종합적이고 입체적으로 살펴보아야 하는 것이다.

4. 인물 형상의 측면

제문과 만시 같은 작품은 작자 개인적인 차원에서의 정서와 뜻이 드러난다면, 묘도문자와 같은 비지류는 공기公器의 차원에서 망자를 객관적으로 형상화한다. 아래에서 살펴볼 두 작품은 조태억의 부친인 조가석趙嘉錫(1634~1681)과 동방同榜이었던 조석주趙錫周(1641~1716)을 위해 쓴 만시와 묘갈명이다.

선친의 同榜 중에 누가 남았으랴	先人同榜復誰存
공이 지금 세상을 떠나 통곡하네	痛哭公今又九原
젊은 날 재능과 명성 문단에서 높았고	少日才名高藝苑
중년에는 대각에서 벼슬살이했네	中年宦業在臺垣
개성에서 조섭은 커녕 몸만 피로하였고	分司養病身仍倦
고향에서 한가히 지내 장수하고 존귀했네	故里投閑壽更尊
마음대로 오가니 무슨 유감이 있으리오	適去適來那有憾
남은 경사 후손들에게 물려주리라	且留餘慶屬兒孫[46]

7언율시의 짧은 편폭 안에 망자의 생애를 집약적으로 서술하면서 슬픔보다는 위로의 정서를 표출하고 있다. 수련首聯에서는 선친과의 교분을 드러내어 슬픔의 정서를 배가하였고, 함련頷聯에서는 젊은 시절 화려한 명성과 중년의 벼슬살이를 서술하였으며, 경련頸聯에서는 늘그막에 고향에서의 한적한 생활을 묘사하였다. 마지막 미련尾聯에서는 생전에 누렸던 복이 후손들에게 이어질 것을 예측하여 망자를 위로하였다. 부친보다 훨씬 장수하고 평탄하게 벼슬살이하였으며, 만

46 趙泰億, 〈趙掌令輓〉, 『謙齋集』 권12.

년에는 고향에 머물며 한가로운 생활을 영위했던 망자를 떠나보내면서, 작자인 조태억은 영결이라는 직감적인 슬픔보다는 그의 생애를 반추하며 위로의 정서가 기저에 깔려 있었을 것이다. 다만 위의 만시에서는 이와 같은 정서와 뜻은 간취할 수 있지만, 인물의 형상화 측면에서는 망자의 진면목[47]을 확인하기 쉽지 않다. 외려 조태억의 정서와 뜻을 통해 간접적이고 추상적으로 망자의 인물됨을 형상화할 뿐이다. 주지하다시피 망자를 제3자로 하여금 각인시키는 것은 망자를 둘러싼 역사적 사실이나 화려한 이력이 아니라 남들과 다른 독특하고 핵심적인 면모에 달려 있고, 그 관건은 망자를 핍진하게 형상화하는 작자의 문학적 역량이라 할 수 있다. 이러한 특징은 전장류나 비지류 장르의 작품들에서 두드러지는데, 조석주을 위해 지은 조태억의 묘갈명에서도 확인할 수 있다. 이 작품은 편폭이 길기 때문에 단락별 핵심 내용을 정리하면 아래와 같다.

47 망자의 진면목은 비지류 산문에서 보이는 묘주의 진면목 측면에서 이해할 수 있다. 비지류 산문에서의 묘주의 진면목이라는 것은 묘주 자신이 평생에 걸쳐 지향했던 정신세계라 할 수 있다. 李勉伯은 「碑誌說」(『岱淵遺藁』 권2)에서 "옛사람은 만나볼 수 없다. 그러나 내가 책을 읽다가 때때로 그 사람을 만나게 된다. 그를 만나게 되는 것은 결코 법도나 준칙 사이에서가 아니라, 그의 폐부와 심장이 간혹 한 가지 사건이나 한 마디 말속에 유연히 드러날 때이다. 비록 평범하여 아주 빼어나고 기특한 일이라고 하기에는 부족해도 그 사람의 뜻이 깃들어 있는 점을 넉넉히 볼 수 있다. 그러면 천년 뒤에라도 황홀하게 얼굴을 마주 대하고 직접 이야기를 나누는 듯하다.(古人不可見也, 然吾嘗讀書, 而有時乎得其爲人. 所以得之者, 固不在於檢柙尺度之間也, 其肺肝心曲, 或悠然呈露於一事片言之中. 雖若尋常不足爲殊絶奇特者, 亦足以見其志尙之所寄, 怳乎覿面接談於千載下.)"라고 한 언급이 이를 잘 설명해준다. 권진옥, 「雲養 金允植의 碑誌類 산문 연구」, 『동양고전연구』 84, 동양고전학회, 2021, 52쪽, 각주 21번 참조.

1 망자에 대한 간략한 소개와 묘갈명의 청탁 과정
2 가계 및 출생에 대한 기록과 문과 급제 이후 관력 서술
3 만년의 삶과 죽음, 그리고 장례에 대한 기록
4 성품, 행실, 문학, 학문, 치적 등의 종합적 서술
5 부인 및 자손에 대한 기술
6 명문(銘文)

비지류 중에서도 편폭이나 내용에서 엄격한 법도를 요구하는 신도비神道碑를 제외하면, 나머지 묘표, 묘갈, 묘지 등의 묘도문자는 위와 같은 내용으로 단락을 구성하는 것이 전형이다. 명문銘文이 없는 경우도 흔하지만 이 작품은 명문까지 갖추고 있다. 일반적으로 가장家狀이나 행장行狀과 같은 전장류를 바탕으로 작성하는 묘도문자의 경우 2에서 5까지의 내용은 다른 작가가 작성하더라도 대동소이하다. 그렇지만 1의 도입부와 6의 명문은 작가에 따라 서술하는 방식과 내용이 다를 뿐만 아니라 이 부분을 통하여 망자의 독특하고 핵심적인 면모를 드러내려고 한다. 위 작품의 도입부는 아래와 같다.

> 나의 선친과 사마시 同榜 가운데 사헌부 장령 趙錫周 공이 계시니 자는 維新으로 문학과 행실로 이름이 드러났다. 그런데 평생을 고요함을 지켜 관직은 크게 현달하지 못하였다. 만년에 開城府經歷을 지냈는데, 나의 종형이 당시에 개성부 유수로 있으면서 항상 청렴하고 담박한 공을 공경할 만하다고 칭찬하였다. 그러다가 내가 여주 목사가 되었다. 여주는 공이 살던 곳으로 공이 이미 세상을 떠났지만 고을의 선비들이 변함없이 공의 행실을 칭송하여 나는 더욱 심복하게 되었다.[48]

48 趙泰億, 「司憲府掌令趙公墓碣銘」, 『謙齋集』 권35, "吾先子司馬同年有司憲府掌令趙公諱錫周, 字維新, 以文行著名, 顧一生守靜, 官不大顯. 晚爲開城府

조태억이 파악한 조석주의 진면목은 바로 청렴함[廉白]과 담박함[恬靜]이다. 크게 현달하지 못하였지만, 평생 고요함을 지키면서 청렴하고 담박한 삶의 태도를 고수했기 때문에 순탄한 벼슬살이, 만년의 한적한 생활, 심지어 자신의 장수와 후손들의 번창함까지 이룰 수 있었다고 조태억은 파악하고 있다. [2]에서 [4]까지의 자세한 행적과 크고 작은 사건들의 나열은 모두 조석주의 청렴하고 담박한 삶을 확인시켜 주는 보조적 자료로 기능하고 있는데, 도입부의 인물 형상화가 전편에 걸쳐 진행되고 있음을 보여 준다. 한편 [6]의 명문은 일반적으로 [1]에서 [5]까지 앞에서 구체적으로 서술했던 다양한 행적과 기록을 종합적으로 수렴하는 부분이다.

옛날에 효성과 청렴으로 등용하였는데	古者取人以孝廉
공의 행실은 두 가지 미덕을 겸하였네	觀公之行二美兼
부모를 지극히 섬기고 자신은 엄히 단속했네	事親篤至律躬嚴
지위가 낮은들 편안하고 담박함과 무슨 상관이랴	位庳何病安沖恬
하늘이 겸손함에 복을 내려 장수하고 아들 많았네	壽而多男天福謙
추중한 나라의 은전을 우러러 바라보니	國有褒貤聳觀瞻
나의 명은 감춰진 덕을 드러내기에 부끄럼이 없네	我銘無愧發幽潛[49]

명문 역시 청렴과 겸손을 조석주의 진면목으로 파악하고 있음은 물론이거니와 이 외에도 효성이 추가되어 있다. 비록 도입부에서는 효성을 제시하지 않았지만 [4] 단락에서 이에 대한 서술이 도드라져

經歷, 吾從兄時爲府留守, 每言公廉白恬靜可敬. 及余牧驪州, 驪, 公所居也, 公旣歿而州人士誦公行誼不衰, 余益心悅之."

49 趙泰億, 〈趙掌令輓〉, 『謙齋集』 권12.

있다. 예컨대 “연로한 몸으로 거상居喪하기를 몹시 삼가서 3년 동안 입을 벌려 웃지 않았다. 여막에 있을 때 도둑을 만났는데 칼날을 무릅쓰고 가슴을 치며 슬프고 간절하게 궤연几筵에 가까이 오지 못하도록 타이르니 도둑이 차마 범하지 못하였다.”[50]라는 일화를 비롯하여 부모님이 살아 계실 때 지극한 효성으로 섬기거나 이러한 효성을 미루어 집안의 어른과 먼 조상을 위해 물심양면으로 힘쓰는 모습들을 구체적으로 형상화하고 있다.

이렇듯 조태억은 조석주을 대상으로 각각 만시와 묘갈명을 작성하면서 만시를 통해 망자에 대한 정서와 뜻을 응축하고 담담하게 드러내어 간접적이고 추상적으로 망자의 인물됨을 형상화하고 있으며, 묘갈명을 통해 망자의 진면목이 효과적으로 각인될 수 있도록 객관적이고 구체적으로 인물을 형상화하고 있는 것이다.

5. 결론

지금까지 겸재 조태억이 망자를 위해 지은 다양한 글쓰기를 대상으로 각 장르 간의 특성을 고찰하였다. 주지하다시피 전통 시대에는 망자를 애도하고 추억하기 위해 다양한 장르의 문학 작품을 창작하였는데, 주목할 점은 한 명의 망자를 위해 글을 짓는 작자는 하나의 장르에 국한하여 망자를 애도하거나 추억하는 것이 아니라 다양한 장르의 문학 작품을 창작하기도 했다는 점이다.

50 趙泰億, 「司憲府掌令趙公墓碣銘」, 『謙齋集』 권35, “既老居喪甚謹, 三年不啓齒, 其居廬遇賊, 冒鋒刃, 扣心哀懇, 戒毋近几筵, 賊不忍犯.”

이 논문은 조태억 문학 연구의 일환으로 망자를 위한 글쓰기 장르를 고찰하되, 동일한 망자를 위해 창작한 2개 이상의 장르에 한정하여 살펴보았다. 이는 문학 일반론의 측면에서 전통 시대 한 명의 작가가 동일한 목적으로 창작한 다양한 장르의 작품들 사이의 특성을 규명하는 계기가 될 뿐만 아니라 작가론의 측면에서 조태억의 문학적 특질을 밝히는 단초가 될 것이다. 조태억은 정치적 배경과 문학적 역량을 토대로 자신과 직간접적인 관계를 지닌 망자를 위해 상당히 많은 문학 작품들을 창작하였는데, 이러한 점은 이 논문의 연구 주제와 방법론을 논증하기 위해 조태억을 선정한 동인動因이기도 하다. 조태억이 동일한 망자를 위해 지은 작품들은 만시 - 제문, 만시 - 시장, 만시 - 묘갈명, 제문 - 치제문, 묘지명 - 묘표 등의 형태로 한 묶음을 이루고 있으며, 가장 많은 사례는 만시 - 제문 형태이다. 특히 만시 - 제문 형태의 경우에 만시를 연작시로 창작한 것이 절반을 넘었다.

3장과 4장에서는 각각 만시와 제문, 만시와 묘도문자를 대비하여 정서와 표현의 측면과 인물 형상화 측면에서 살펴보았다. 3장에서는 정서와 표현의 측면에서 강준부를 대상으로 한 만시와 제문을 비교하였는데, 만시에서는 회화처럼 담박하게 묘사하거나 함축적인 표현을 사용하여 애도의 정서를 에둘러 드러내는 것에 비해서 제문에서는 애도의 정서를 전편에 걸쳐서 직접적이고 구체적으로 표현하였다. 조태억은 7언절구의 연작시 형태로 만시를 지은 경우가 많은데, 강준부를 위해 지은 만시는 총 60구의 오언고시로 창작한 점이 주목할 만하다. 또한 조태억의 스승인 최석정을 대상으로 한 만시와 제문에서도 함축적인 언사와 내용을 통해 에둘러 드러내고 담박하게 묘사하고 있는 만시에 비해서 제문은 구체적이면서 비유를 통해 핍진하게 표현하였다. 특히 조태억은 최석정을 위해 1편의 만시와 2편의 제문을 창작하였고, 2편의 제문 가운데 1편은 진천鎭川의 유생을 대신하여 지은 제문이다.

4장에서는 인물의 형상화 측면에서 조석주을 대상으로 한 만시와 묘갈명을 살펴보았다. 만시에서는 망자에 대한 정서와 뜻을 응축하고 담담하게 드러내어 간접적이고 추상적으로 망자의 인물됨을 형상화하고 있으며, 묘갈명에서는 망자의 진면목이 효과적으로 각인될 수 있도록 객관적이고 구체적으로 인물을 형상화하고 있다. 이를 통해 만시와 묘도문자에서의 인물 형상화를 비교할 수 있다.

한편 조태억이 망자를 위해 지은 다양한 작품들 가운데에는 새로운 형식과 기법을 시도한 작품들이 다수 발견된다. 예컨대 장인을 위해 진晉나라 반악潘岳의 「회구부懷舊賦」에 차운하여 지은 제문인 「차반악회구부운제외구심당후공문次潘岳懷舊賦韻祭外舅沈堂后公文」(『謙齋集』 권1), 그리고 외조부를 위해 전편을 3언구로 작성한 「외왕고영산현감윤공묘지명外王考靈山縣監尹公墓誌銘」(『謙齋集』 권35)이 그것이다. 앞서 언급한 것처럼 조태억은 망자를 위해 다양한 장르의 작품들을 다수 창작하였는데, 이 논문에서 동일한 망자를 위해 창작한 2개 이상의 장르에 한정하여 고찰한 것과는 별도로 정격과 변격을 활용한 망자를 위한 조태억의 글쓰기 측면 또한 연구 주제로 적합하다고 생각된다.

제3부

겸재謙齋 조태억趙泰億 시세계詩世界의 검토檢討

Ⅰ. 겸재謙齋 조태억趙泰億의 시세계 일고一考(Ⅰ)
Ⅱ. 겸재謙齋 조태억趙泰億의 시세계 일고一考(Ⅱ)
Ⅲ. 겸재謙齋 조태억趙泰億의 제석시除夕詩 연구
Ⅳ. 겸재謙齋 조태억趙泰億의 누정시樓亭詩 연구
Ⅴ. 겸재謙齋 조태억趙泰億의 연작連作 만시挽詩 연구
Ⅵ. 겸재謙齋 조태억趙泰億의 「전감군은前感君恩」과 「후감군은後感君恩」에 관한 일고찰
Ⅶ. 17세기 소론少論 계열 지식인들의 연구시聯句詩 고찰

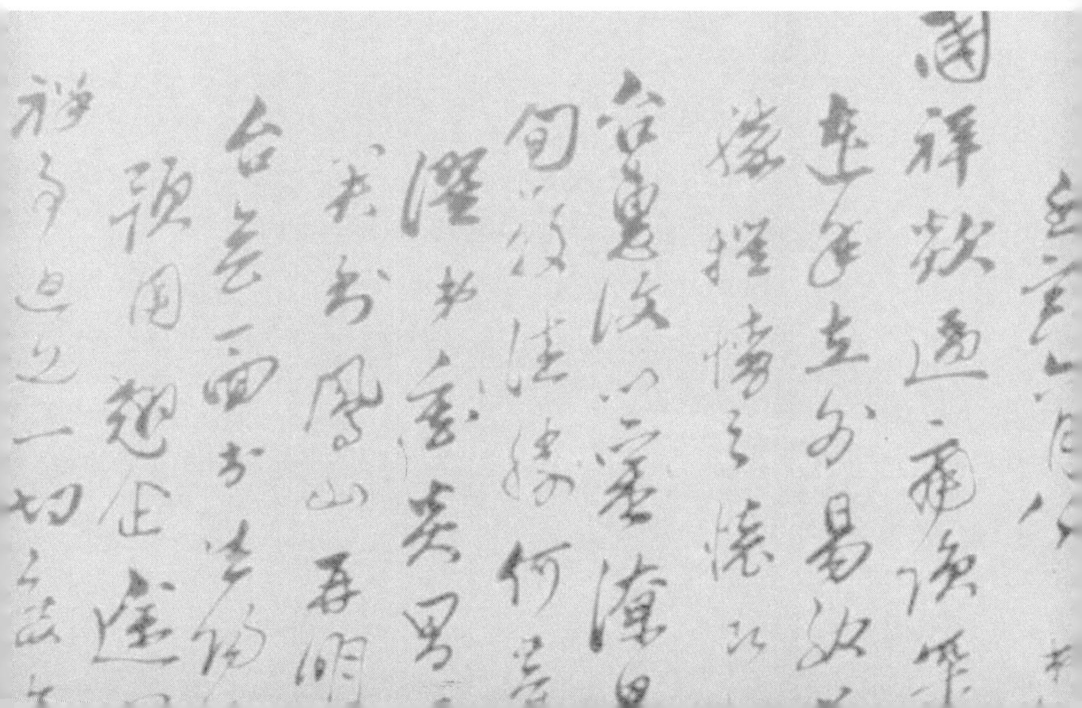

Ⅰ. 겸재 조태억의 시세계 일고(Ⅰ)

– 의주 접반 시기를 중심으로 –

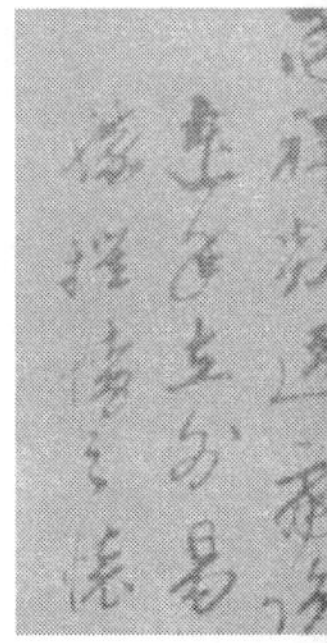

김효정

1. 서론

이 글은 1722년~1723년 사이 반송사伴送使와 원접사遠接使의 임무를 수행하기 위해 세 차례 의주를 방문하였던 겸재謙齋 조태억趙泰億(1675~1728)의 의주 접반 시기 창작한 시를 살피고 그 양상을 고찰하기 위해 이루어진 글이다.[1] 조태억(1675~1728)은 자가 대년大年, 호는 겸재謙齋, 본관은 양주楊州로 1702년(숙종 28) 28세에 출사하여 1728년

1 본고에서 논의하고 있는 '의주 접반 시기'는 1722년 6월 반송사로 임명된 직후부터 1723년 3월 원접사와 6월 반송사로 임명되어 접반 업무 수행을 위해 3차례 의주를 오가던 시기를 의미한다. 이 시기 지은 시들은 중국 사신들과 함께 할 때 짓거나 이들을 대상으로 한 시가 아니라 의주를 오가는 도중, 혹은 중국 사신들을 기다리며 의주에 머물 때 창작한 것이다. 조태억은 의주를 오가며 249수의 시를 지었는데, 1722년 6월 반송사 시기에 창작한 시는 『謙齋集』 권16에 수록되어 있으며 1723년 원접사와 반송사 시기에 창작한 시는 『謙齋集』 권17에 수록되어 있다.

(영조 4) 54세로 운명하기까지 평생을 관직에 있었던 소론 계열의 관료 문인이다. 조태억은 명곡明谷 최석정崔錫鼎(1646~1715)의 문인으로 약천藥泉 남구만南九萬(1629~1711)과 최석정의 뒤를 이어 문형文衡을 지내며[2] 소론 계열의 문명文名을 이은 인물이다. 조태억은 출사 이후 검열·정언 등을 거쳐 대제학과 병조 판서·좌의정을 역임하였고, 철원부사·여주목사·경상도관찰사·경기도관찰사 등의 지방관을 역임하였다. 또한 1711년(숙종 37)에는 통신정사通信正使로 일본을 다녀오기도 하였다.

조태억이 관직에 있던 18세기 전반은 남인 계열과 노론·소론 간의 정쟁이 끊이지 않았던 때였다. 이 때문에 조태억은 26년간 관직에 있으면서 정치적 부침을 겪었고, 운명한 이후에도 관작의 추탈과 환급이 반복될 정도로 정치적 곤란을 겪었다. 1712년(숙종 38) 통신정사의 임무를 마치고 일본에서 돌아오자 정사로서의 임무를 소홀히 하고 나라의 체통을 손상시켰다는 이유로 삭출되었고,[3] 1717년(숙종 43)에는 숙종이 세자의 대리청정을 명하자 이를 반대하는 연명 상소를 올렸다가[4] 여주 목사驪州牧使로 좌천되기도 하였다. 또한 조태억은

2 李德壽, 「議政府左議政趙公行狀」, 『西堂私載』 권12, "公陳箚辭文衡曰, 臣師文貞公崔錫鼎, 臣師之師文忠公南九萬, 並以文衡入相, 終皆辭避."

3 당시 일본이 건넨 국서에 中宗의 諱인 '懌'가 발견되자 조선의 사행단은 이를 수정할 것을 요구하였으나 일본의 집정관이었던 新井白石은 조선의 국서에도 일본의 關伯이었던 德川家光의 휘인 '光'자를 사용했다며 반격하였다. 이에 양측은 서로 국서를 고쳐 교환하는 것으로 사건을 마무리했다.(조영심, 앞의 논문, 7면) 그러나 이 사건을 노론 계열인 徐宗泰(1652~1719)·李頤命(1658~1722)·金昌集(1648~1722) 등이 나라의 체통이 손상되는 모욕적인 사건으로 쟁론화하여 결국 조태억은 관작을 삭탈당하고 東湖로 내쳐졌다.(『肅宗實錄』 숙종 38년 3월 27일(경술), 3번째 기사)

1721년(경종 1) 경종이 세제인 연잉군延礽君(훗날 영조)에게 대리청정을 명하였을 때 소론 계열인 최석항崔錫恒(1654~1724) · 이광좌李光佐(1674~1740) · 조태구趙泰耉(1660~1723) 등과 함께 명을 철회할 것을 강력하게 요청하였는데 이 일로 인해 영조가 즉위한 이후 정권을 장악한 노론 계열에 의해 신임사화辛壬士禍[5]을 일으킨 주범으로 지목되어 사후인 1755년(영조 31)과 1776년(정조 즉위년)에 관작이 거듭 추탈되었다가 1907년(순종 1)에야 겨우 관작을 회복하였다.

조태억은 어려서부터 시와 부를 지어 식암息庵 김석주金錫胄(1634~1683)와 호곡壺谷 남용익南龍翼(1626~1692)에게 뛰어난 시재詩才를 칭찬받았고,[6] 문형을 지낼 정도로 당대 문명文名으로 이름이 높았다. 조태억의 시문에 대한 평가는 그의 「묘지명」[7]과 「행장」[8], 그리고 최석

4 『肅宗實錄』 숙종 43년, 8월 2일(계미), 2번째 기사.

5 신임사화는 경종이 왕세제인 연잉군에게 대리청정을 명하자 이에 찬성하는 노론 계열과 반대하는 소론 계열의 치열한 정쟁 끝에 노론 계열의 핵심 세력이었던 노론 4대신 金昌集 · 李健命 · 李頤命 · 趙泰采가 사사되고 수많은 노론 계열 관리들이 파직되거나 삭직되었던 사건이다. 조태억은 영조의 즉위로 정권을 장악한 노론 계열에 의해 柳鳳輝(1659~1727) · 李光佐(1674~1740) · 趙泰耉(1660~1723) · 崔錫恒(1654~1724) 등과 함께 신임사화를 일으킨 소론 5대신 중의 한 명으로 지목되어 정치적 고초를 겪었다.

6 李德壽, 「議政府左議政趙公行狀」, 『西堂私載』 권12, "十歲有詩曰, 月明人語在前村, 金淸城錫胄謂楊文公復生, 遂以名公且字之. 十五歲, 作蜃樓賦, 南壺谷龍翼爲誦於人, 由是名播一世."

7 尹淳, 「左議政文忠趙公墓誌銘」, 『白下集』 권7, "爲文章, 沛然若不經意, 辭理贍暢. 尤長於詩, 每遇興口占, 筆落如風雨, 千篇滔滔, 音調淸圓, 情境妥適, 可與權石洲同評."

8 李德壽, 「議政府左議政趙公行狀」, 『西堂私載』 권12, "爲文唯取理達, 信筆沛然, 若不經意, 明白贍暢, 自中程度, 章箚尤剴切. 每謂近世爲詩者, 專尙尖巧, 足以觀衰末氣象, 能免是, 斯亦可矣."

정이 보낸 편지[9] 등을 통해 살펴볼 수 있다. 이 글들을 통해 조태억이 시문을 지을 때 생각의 막힘이 없이 일필휘지로 작품을 지었으며, 특히 시에 더욱 뛰어나 시상과 시어의 구상과 활용에 막힘이 없이 물 흐르듯 자연스럽고 능숙하게 구사하여 석주石洲 권필權韠(1569~1612)에 비견될 정도였음을 알 수 있다. 조태억은 근래 시 짓는 사람들이 첨신과 기교만을 숭상하는 풍조를 개탄하면서 이를 면할 수 있다면 괜찮다고 하였는데[10] 이는 조태억이 시를 지음에 조탁과 기교를 가하는 것을 좋아하지 않고 성정에 기반한 자연스러운 시를 추구했음을 짐작할 수 있다.

조태억의 문집 『겸재집謙齋集』은 45권 20책으로 구성되어 있으며, 이중 권1에는 부賦 2수와 권2~권22에 2,329제 3,673수의 시가 수록되어 있다.[11] 『겸재집』은 조태억의 사후 그의 아들인 조갑빈趙甲彬(1704~?)이 간행을 준비하였으나 조태억 사후 이어진 지속적인 정치적 탄압으로 인해 끝내 간행되지 못하고 필사본으로 남아 전하고 있다.

9 崔錫鼎, 「與趙大年」, 『明谷集』 권11, "而才思敏暢, 詞致圓妙, 千篇無一罅縫. 谿谷之序石洲, 稱其情境妥適, 律呂諧協, 吾於盛作亦云, 而滔滔寫出, 又見其難窮也."

10 李德壽, 「議政府左議政趙公行狀」, 『西堂私載』 권12, "每謂近世爲詩者, 專尙尖巧, 足以觀衰末氣象, 能免是, 斯亦可矣."

11 『겸재집』에 수록된 시의 형식과 시체 등에 대해서는 유진희의 「謙齋 趙泰億의 連作 挽詩 硏究」, 『어문론총』 85, 한국문학언어학회, 2020, 113면에 자세하게 소개되어 있다. 이 논문에서는 『겸재집』에 수록된 총 시수를 3,666수로 소개하고, 권22의 시수를 2제 83수로 파악하였다. 그러나 권22에는 〈前感君恩〉 20수와 〈後感君恩〉 70수 총 90수가 수록되어 있어 오류가 있다. 누락된 7수를 추가하면 『겸재집』에 수록된 총 시수는 3,673수가 된다.

『겸재집』에는 상당한 양의 시문이 남아있음에도 불구하고 현재까지 이에 대한 연구는 7편에 불과하다. 조태억에 대한 연구는 조태억이 일본 통신 정사通信正使로 참여했던 1711년 신묘통신사행辛卯通信使行에 관한 연구를 시작[12]으로 당시 창작한 사행문학을 바탕으로 대일관對日觀을 살펴본 연구[13]가 진행된 이후 답보상태에 있다가 최근 들어 조태억의 연구시聯句詩를 살핀 연구[14], 만시挽詩에 관한 연구[15], 『겸재집』에 수록된 시문집의 서문과 서술 기법에 관한 연구[16], 그리고 조태억의 시 〈전감군은前感君恩〉과 〈후감군은後感君恩〉에 대한 비교 연구[17] 등이 진행되었다.

최근 들어 조태억의 시문에 대한 연구가 활기를 띠면서 그의 문학세계에 대한 실체가 하나씩 밝혀지고 있는 점은 매우 고무적인 일이라고 할 수 있다. 하지만 3,600여 수가 넘는 조태억의 시와 당대 시에

---

12 구지현, 「1711년 신묘통신사와 아라이 하쿠세키[新井白石]의 필담을 통한 상호 소통」, 『열상고전연구』 28, 열상고전연구회, 2008.

13 조영심, 「趙泰億의 使行文學 연구 : 對日觀을 중심으로」, 연세대학교 석사학위 논문, 2014.

14 이미진, 「聯句詩의 창작 방식과 배경 고찰 - 謙齋 趙泰億의 사례를 중심으로」, 『東洋古典硏究』 74, 동양고전학회, 2019. ; 김묘정, 「17세기 소론(少論)계열 지식인들의 연구시(聯句詩) 고찰 - 오도일(吳道一)·최석정(崔錫鼎)조태억을 중심으로」, 『석당논총』 78, 동아대학교 석당학술원, 2020.

15 유진희, 「謙齋 趙泰億의 連作 挽詩 硏究」, 『어문론총』 85, 한국문학언어학회, 2020.

16 윤재환, 「겸재(謙齋) 조태억(趙泰億) 시문집(詩文集) 서문(序文)의 서술(敍述) 기법(技法) 일고(一考)」, 『한국문학과예술』 36, 숭실대학교 한국문학과예술연구소, 2020.

17 이승용, 「謙齋 趙泰億의 「前感君恩」과 「後感君恩」에 관한 일고찰」, 『민족문화』 57, 한국고전번역원, 2021.

더욱 뛰어났다는 평가를 받았던 조태억의 문학적 위상을 고려한다면 조태억의 시문학 연구는 여전히 시작점에 머물러 있다고 할 수 있다. 따라서 조태억의 시문학에 대한 보다 폭넓고 지속적인 연구가 필요한 실정이다.

이에 본 고에서는 1722년 6월~1723년 6월 사이 청나라 사신의 반송사伴送使와 원접사遠接使로 선발되어 세 차례 의주를 오가면서 지은 221제 249수의 시를 살펴 조태억 시세계의 일부를 고찰해보고자 한다. 본 고에서 의주 접반 시기 창작 시에 주목한 것은 1년이라는 짧은 기간 동안 수차례 의주를 방문하면서 적지 않은 시를 남겼다는 점과 「용만승유첩발龍灣勝遊帖跋」[18]에 언급된 의주 접반 당시의 상황과 심경 등이 시를 통해 구체적으로 구현된 양상을 확인함으로써 조태억의 문학적 역량과 시세계의 일단을 살필 수 있을 것으로 생각되기 때문이다. 이와 같은 작업은 아직까지 전모가 파악되지 않은 조태억의 시문학 세계의 편폭을 넓히고 그 실체를 밝히는 데 일조할 수 있을 것으로 생각된다.

2. 의주 접반의 경위와 시세계 개관

평안북도 압록강 가에 위치한 의주는 용만龍彎으로 불렸으며 예로부터 중국과 가까운 지리적 이점 때문에 중국의 문물이 가장 먼저 들어오는 문화와 교역의 창구이자 외교의 거점으로 중요한 곳이었다. 조태억은 어려서부터 의주가 변새의 큰 관방이고 통군정이 의주

18 趙泰億, 「龍灣勝遊帖跋」, 『謙齋集』 권42.

제일의 명승지라고 들었으므로 통군정 보기를 오래도록 소원하였다.[19] 이와 같은 의주 기행에 대한 소망은 「용만승유첩발」에 잘 나타나 있다.

1723년 4월 중국 사신단을 맞이하기 위해 조태억이 일찍 의주에 도착하자 당시 평안도 관찰사인 이진검李眞儉(1671~1727)은 조태억과 함께 의주 일대를 유람하고, 이를 기념하기 위해 화공에게 유람의 장면을 그림으로 그리도록 하여 「용만승유첩龍灣勝遊帖」[20]을 제작하였다. 그리고 조태억에게 기문을 써 줄 것을 부탁하였는데 이것이 「용만승유첩기龍灣勝遊帖記」이다.[21] 「용만승유첩기」는 『겸재집』에 「용만승유첩발」로 수록되어 있는데 여기에는 어려서부터 의주와 통군정 유람을 소원했던 마음과 반송사와 접반사의 임무를 맡아 의주를 방문하게 된 계기, 그리고 1722년과 1723년에 걸쳐 이루어진 청나라 사신을 접대 업무를 수행하며 느낀 심경 등이 담겨 있다.

조태억은 1722년 6월~1723년 6월 사이 세 차례 의주를 다녀오며 총 221제 249수의 시를 지었는데 이를 각 시기 별로 살펴보면 다음의 표와 같다.

---

19 趙泰億, 「龍灣勝遊帖跋」, 「跋」, 『謙齋集』 권42, "余自幼聞龍灣府, 爲邊上一大關防, 而統軍亭又爲龍灣之第一名勝, 固已願見久矣."

20 「龍灣勝遊帖」은 10장으로 구성된 시화첩으로 통군정 연회에 참석한 사람의 명단과 〈統軍亭雅會圖〉·〈鴨綠江遊覽圖〉·〈觀妓馳馬圖〉 등 3첩의 그림, 그리고 조태억과 魚川察訪 李時恒(1672~1736)의 시 6수, 조태억이 쓴 「龍灣勝遊帖記」로 구성되어 있다. 「용만승유첩」은 현재 국립중앙박물관에 소장되어 있다. 그러나 국립중앙박물관 홈페이지에는 謙齋 鄭敾의 「龍灣小遊帖」으로 소개하고 있어 오류가 있다.

21 趙泰億, 「龍灣勝遊帖跋」, 「跋」, 『謙齋集』 권42, "巡察公又與余兩歲同行, 尤是奇遇, 謂不可以無識, 命畫工圖繪其事 要余識其後, 余故不辭而爲之記."

[표 1] 『겸재집謙齋集』 수록 의주 접반 시기 창작 시 현황

차수	접반 시기	수행 목적	시수	수록 권수
1차	1722년 6월 4일~6월 29일	伴送使	80제 88수	권16
2차	1723년 3월 30일~4월 27일	遠接使	71제 79수	권17
3차	1723년 5월 9일~6월 15일 전후[22]	伴送使	70제 82수	권17

[표 1]을 살펴보면 1722년 1차 반송사 시기에 지은 시가 80제 88수, 1723년 3월 2차 원접사 시기에 지은 시가 71제 79수, 1723년 5월 3차 반송사 시기에 지은 시가 70제 82수로 나타난다. 대개 동일한 장소를 반복적으로 방문할 경우 그 횟수가 더할 때마다 중복성으로 인해 작시作詩의 동기가 약해질 수 있다. 하지만 조태억의 경우 동일한 장소를 여러 차례 지나며 창작한 시들이 다양한 형식과 내용으로 표출되고 있을 뿐만 아니라 그 분량도 각 시기마다 비슷한 양상을 보인다. 이는 조태억이 평소에 시작詩作을 즐겼고, 시를 일상의 일을 기록하는 하나의 방편으로 여겼음을 짐작할 수 있다. 이와 같은 점은 1711년 통신정사로 일본을 다녀오면서 당시의 여정과 사행을 통해 느낀 여러 가지 생각들을 263제 347수의 시로 표출하고, 이를 「동사록東槎錄」으로 따로 엮은 것에서도 확인할 수 있다. 대개 통신사행을 다녀온 사신들이 보고서류의 일기나 견문록을 남기는 것과 달리 통신사행의 기록을 한시만으로 남긴 점은 조태억이 시작詩作에 능숙하며 이에 대한 자부심이 있었음을 보여준다고 할 수 있다.[23]

22 이때 조태억이 반송 업무를 마치고 입경한 날짜는 기록으로 남아있지 않아 정확하게 확인하기 어렵다. 그러나 귀경길에 황주에서 마지막으로 지은 시 〈黃州題贈鐵山營吏趙萬廈〉가 6월 9일에 쓴 것으로 확인되고, 연행록의 기록들을 참고하면 황주에서 한양까지 대략 5일~7일 정도 소요되었던 것으로 파악되므로 대략 6월 15일을 전후하여 한양으로 돌아왔을 것으로 추측된다.

조태억의 1차 의주행은 1722년(경종 2) 6월 4일~29일 사이에 이루어졌다. 5월 27일 청나라 사신 아극돈阿克敦과 부사 불륜佛倫이 왕세제王世弟 책봉冊封의 칙서를 가지고 들어오자[24] 이에 조정에서는 당시 경기도 관찰사였던 조태억을 반송사로 임명하고 자헌대부의 품계를 더하였다.[25] 조태억은 이때의 감격을 시 〈자기영초배반송사自圻營超拜伴送使 납절사조納節辭朝 몽사랍약호초단목蒙賜臘藥胡椒丹木 구호지감口號志感〉[26]을 통해 남겼다.

5월 27일에 입경한 청나라 사신단은 약 일주일가량 머물다가 6월 4일 한양을 출발하였고, 조태억은 사신단을 반송하기 위해 함께 의주까지 동행하였다. 당시는 숙종의 국상이 채 끝나지 않은 시기였으므로 반송 업무 이외에 연회나 유람을 마음껏 즐기기 어려운 상황이었다. 조태억은 의주에 이틀밖에 머물지 못하고 반송의 업무를 마치자마자 귀로에 올랐다.[27] 비록 제대로 된 유람을 하지 못했지만 평소 가보고 싶었던 의주 유람에 대한 기대와 흥취는 이때 창작한 시 곳곳

---

23 조영심, 「趙泰億의 使行文學 연구 : 對日觀을 중심으로」, 연세대학교 대학원 석사학위 논문, 2014, 10면.

24 『景宗實錄』 경종 2년 5월 27일(신해) 1번째 기사, "淸人遣使, 冊王世弟, 上與世弟, 出迎淸使于慕華館. 還至仁政殿, 設金字闕位南向, 上北向, 淸使阿克敦及其副佛倫捧勅."

25 『景宗實錄』 경종 2년 5월 28일(임자) 2번째 기사, "趙泰億爲伴送使, 加資憲階, 柳重茂爲謝恩副使."

26 趙泰億, 〈自圻營超拜伴送使 納節辭朝 蒙賜臘藥胡椒丹木 口號志感〉, 『謙齋集』 권16, "纔納藩符又奉綸, 關河千里戒征輪. 再遷驟躐卿班貴, 三錫兼蒙御府珍. 新渥日隆思隕首, 宿痾雖痼敢便身. 圻州候吏爭驚歎, 昨是旬宣今儐臣."

27 趙泰億, 「龍灣勝遊帖跋」, 「跋」, 『謙齋集』 권42, "至壬寅夏, 余膺伴送北使之命, 到是府, 信宿而歸, 時則國哀未畢, 不敢爲宴遊之事, 止得一登亭眺望而已."

에 남아있다. 의주를 오가며 마주한 명승들과 낯선 장소들은 조태억의 마음을 들뜨게 했고 작시作詩의 계기로 작용한 것이다.

2차 의주행은 다음 해인 1723년(경종 3) 3월 30일 청나라 사신을 맞이하는 원접사로 임명되면서 이루어졌다.[28] 조태억은 한양을 떠나기 전 송별연에서 이때의 심정을 시 〈차금중제공연구송별운次禁中諸公聯句送別韻〉[29]을 통해 남겼다. 이 시에는 3월 30일에 출발하여 4월 8일에 용만에 도착하였고, 8일을 머물다 14일에 청나라 사신을 환송하고 15일에 귀로에 올라 27일 입경했다는 주석이 병기[30]되어 있어 당시의 일정이 28일 소요되었음을 알 수 있다.

청나라 사신단보다 일찍 의주에 도착한 조태억은 평안도 관찰사 중약仲約 이진검李眞儉(1671~1727)·연위사延慰使 사범士範 이홍모李弘模(1675~?)·문예관問禮官 문보文甫 오명신吳命新(1682~?)·의주 부윤義州府尹 화보和甫 권익순權益淳(1671~?)·어천 찰방魚川察訪 사상士常 이시항李時恒(1672~1736) 등과 함께 회포를 풀었다. 이들은 모두 소론 계열 관료들로 조태억과와 친분이 있었다.[31] 조태억은 이때의 감회를

28 『景宗實錄』 경종 3년 3월 30일(기유) 1번째 기사. "頒詔淸使額眞明等牌文出來, 義州府尹馳啓, 以趙泰億爲遠接使."

29 趙泰億, 〈次禁中諸公聯句送別韻〉, 『謙齋集』 권17, "前年六月作玆行, 三月今年又戒程. 疾病纏身心轉倦, 駈馳抵老鬢全明. 淸流翠壁金川館, 嫩柳殘花浿水營. 賴有兩西方伯在, 杯樽隨處笑相迎."

30 趙泰億, 〈癸卯三月三十日曉 勅使常保·明全 以康熙頒謚事 出來 牌文至 余以工判 差遠接使 卽日發行〉 『謙齋集』 권17, "四月初七日, 抵龍灣, 留八日, 十四日, 迎勅, 十五日, 復路, 二十七日, 入京, 凡二十有八日."

31 이진검은 소론 계열의 핵심관료인 李匡師의 부친이고, 오명신은 소론 계열로 영의정을 지낸 吳命恒(1673~1728)의 동생이다. 권익순은 『경종실록』에 신임사화 때 소론 계열에 서서 노론 4대신을 탄핵할 것을 주청한 기록이

「용만승유첩기」로 남겼는데 여기에는 유람의 홍취와 동료들과 회포를 푸는 흥겨움도 있지만 오랑캐 사신단을 맞이해야 하는 창연하고 울적한 심경도 함께 담겨 있다. 조태억은 청나라 사신단이 오면 누린내가 가득하고 오랑캐를 접하는 것 같다고 토로하고 예전 명나라 사신의 무리를 다시 볼 수 없어 빈접의 일이 영화롭지 않다고 탄식하였다.[32] 또한 청나라 사신의 잦은 방문과 이들의 과도한 공물 요구와 방자함으로 인해 백성들이 부담해야 하는 부역의 과중함과 이들의 고생을 안타까워하며 나라가 나라답지 못한 지금의 현실을 관료들이 스스로 꾸짖어야 함을 강조하였다.[33] 이때 지은 〈용만영회龍灣詠懷 정이안사겸봉권부윤 · 이연위 · 오학사전시어천이독우사상요화呈李按使兼奉權府尹 · 李延慰 · 吳學士轉示魚川李督郵士常要和〉[34]는 100구에 이르는 장편 오언고시로 1구~52구에 걸쳐 청나라 사신들의 횡포를 구체적으로 서술하고 이에 아무런 대항을 하지 못하고 지켜볼 수박에 없었던 조태억의 비통한 마음을 상세하게 묘사하고 있다.

있어 소론 계열 관료임을 알 수 있다. 이시항은 평안도 雲山 출신으로 조태억을 비롯한 이진검, 李眞洙(1684~1732), 趙文命(1680~1732) 등 소론 계열 인사들과 주로 교유하였다.

32 趙泰億, 「龍灣勝遊帖跋」, 「跋」, 『謙齋集』 권42, "每使价之至也, 腥羶之滿目, 鱗介之與接, 顧崔朱姜之倫, 今不可復覩, 則文苑儐接之事, 匪榮祗自辱耳, 撫念今古, 安得不寤寐傷歎也."

33 趙泰億, 「龍灣勝遊帖跋」, 「跋」, 『謙齋集』 권42, "矧今燕都多事, 使客接踵, 國儲竭於需索, 民力盡於候支, 溪壑之慾益肆, 金繒之役無已. 雖非有師旅飢饉, 國且不能國矣. 然則吾輩今日之責, 政在於念臣辱之恥, 思急病之義, 交相勉戒, 無或荒嬉, 以思自强之啚而已. 奚暇以酒食讌飮, 譆譆然相樂爲哉."

34 趙泰億, 「龍灣詠懷 呈 李按使 兼奉權府尹 · 李延慰 · 吳學士 轉示魚川李督郵士常 要和」, 『謙齋集』 권17.

당시 해서海西와 관서關西 지역은 연이은 가뭄으로 백성들이 고통을 겪고 있었다. 조태억은 의주를 오가는 길에 가뭄과 잦은 사신 접대로 고통받는 백성들의 모습들을 직접 목도하고 이들에 대한 연민의 마음을 시로 표출하였다. 4월 27일 입경한 조태억은 경종과 청대請對하는 자리에서 가뭄과 잦은 사신 대접으로 어려움을 겪고 있는 양서兩西지역의 사정을 고하면서 관서지역의 세미稅米 중 절반은 가을에 바치게 하고, 이미 거두어들인 세미들은 고을에 나누어주어 칙사를 대접하는 데 쓰도록 해달라고 청하기도 하였다.[35]

조태억과 함께 입경한 청나라 사신들은 강희제의 칙서를 갖고 왔는데 그 위세가 매우 등등하였고, 횡포가 심하였다. 특히 부사副使인 액진명額眞明은 성품과 행동이 괴팍스럽고 탐욕이 끝이 없어 요구하는 물품이 매우 많았고 갖은 횡포를 부렸다.[36] 이와 같은 상황에서 이들의 반송 업무를 맡게 된 조태억의 마음은 매우 무거웠을 것이다.

3차 의주행은 앞서 입국한 청나라 사신의 반송사로 임명되면서 이루어졌다. 1723년 5월 9일 한양을 출발한 세 번째 의주행은 삼복三伏

---

35 『景宗實錄』 경종 3년, 4월 27일(병자), 2번째 기사, "遠接使趙泰億請對, 陳兩西累經勑行, 各邑難支之狀, 請關西稅米半在民間者, 使之待秋收捧, 其已捧者, 劃給其邑, 使之支勑, 上許之."

36 청나라 사신 액진명의 횡포는 『경종실록』에도 기록되어 있다. 액진명이 공물을 지나치게 요구하자 역관인 李世萬(1675~?)이 전례를 들어 거절하자 이에 크게 노한 액진명은 이세만을 잡아다가 곤장을 치고, 으르렁대기를 그치지 않았으며, 선물로 받은 물품을 銀으로 바꾸어 달라고 청하고 손수 저울질을 할 정도로 횡포를 부렸다.(『景宗實錄』 경종 3년 5월 9일(기유) 1번째 기사, "淸使發京城, 副勑額眞明性行乖戾, 貪慾無厭, 書示別求, 物種甚多. 譯官李世萬據例塞之, 乃大怒, 使家丁, 拿世萬決棍, 咆哮不已. 凡所贈遺, 輒請折銀, 而手自秤稱云.")

의 무더위와 귀로歸路의 장마로 인해 평소보다 일정이 지체된 힘겨운 여정이었다. 조태억은 의주에서 청나라 사신을 환송한 뒤 6월 1일이 되서야 겨우 귀로에 오를 수 있었다. 1, 2차 의주행의 왕복 일정은 각각 24일, 27일~28일 정도였는데 3차 의주행은 의주에 도착하는 데만 22일가량 소요되었다. 조태억은 청나라 사신이 떠나고 귀로에 오르게 되자 이때의 기쁜 마음을 〈유월초일일장귀 지희용전운六月初一日將歸 志喜 用前韻〉 8수 연작시로 남겼는데 이 시를 통해 당시 청나라 사신의 반송 업무가 그 어느 때보다 힘겨웠음을 짐작할 수 있다.

이 시기에 지은 시들은 1, 2차 접반 시기보다 접반의 고단함과 향수, 그리고 청나라 사신들의 횡포와 이에 대해 아무런 대항도 하지 못하는 약소국 신하의 비분悲憤과 배청의식排清意識이 매우 짙게 나타난다. 이와 같은 창작 양상은 연이은 접반 업무에 따른 피로감 때문일 수도 있지만 오랑캐 나라인 청나라 사신의 빈접賓接이 영광스럽지 않다는 조태억의 내면의식이 강하게 작용한 결과라고 여겨진다. 의주까지의 여정 곳곳에 남아있는 명나라 사신들의 흔적을 더듬으며 옛 영화를 반추하는 조태억의 행동은 이를 뒷받침한다.

세 차례에 걸친 조태억의 의주 접반 업무 수행은 원접사와 반송사라는 공무 수행과 함께 승유勝遊라는 개인적인 바람이 동시에 실현된 여정이라고 할 수 있다. 조태억은 한양에서 의주까지 청나라 연행 경로를 따라 이동하였는데[37] 이중 송도, 황주, 평양, 안주, 정주, 의주

---

37 의주 접반 시기 창작한 시를 토대로 이동 경로를 살펴보면 서울→고양→파주→장단→송도→금천→평산→총수→서흥→검수→봉산→황주→중화→평양→순안→숙천→안주→가산→박천→정주→곽산→선천→철산→용천→의주로 나타나는데 이는 당시 연행경로와 일치한다.

등은 지방행정의 중심지이자 명승지들이 많아 사행단들이 며칠씩 체류하는 경우가 많았다.[38] 조태억은 이 경로에 있는 주요 도시뿐만 아니라 크고 작은 역관들을 지날 때마다 다양한 형식과 내용의 시를 창작하였다.

의주 접반 시기에 창작된 221제 249수의 시를 먼저 형식별로 분류해 보면 칠언율시가 118수로 전체 시수의 약 47%를 차지한다. 다음으로 오언율시가 58수로 전체 시수의 약 23%, 칠언절구는 51수로 전체 시수의 약 20%를 차지한다. 이와 같은 분포는 조태억이 칠언율시를 선호했음을 보여주는데 이는 『겸재집』에 수록된 전체 시수 중 칠언율시가 절반가량 차지하는 양상과 일치한다.[39] 칠언율시의 선호는 우리나라 문인들의 일반적인 창작 경향으로 조태억이 당시 문단의 경향을 충실히 따르고 있음을 알 수 있다. 또한 칠언율시는 까다로운 형식적 완결성을 요구하는 시 형식으로 칠언율시의 창작이 많다는 것은 조태억이 시작詩作에 능숙했음을 보여준다.

또한 오언배율, 칠언배율, 오언고시 형식의 장편 시는 17수가 창작되었는데 이 중 15수가 세 번째로 의주에 나갔던 시기에 집중적으로 창작된 특징을 보인다. 길어진 시구詩句는 그만큼 하고 싶은 말이 많았음을 반증한다고 할 수 있다. 이와 같은 양상은 청나라 사신의 횡포에 제대로 대응하지 못하고 속만 끓이는 억울하고 분한 심정을 시로 표출할 수밖에 없는 안타까움을 대변하는 것이라고 여겨진다.

---

38 김종진, 「연행록과 연행가사에 나타난 관서도시 비교의 양상」, 『한민족문화연구』 40, 한민족문화학회, 2012, 125면.

39 『겸재집』에 수록된 3,673수의 시를 형식별로 분류해 보면 칠언율시 1,789수, 칠언절구 881수, 오언율시 601수로 나타난다.

다음으로 의주 접반 시기에 창작한 시를 시제별로 살펴보면 동료들과 함께 하는 자리에서 창작한 차운시次韻詩 · 연구시聯句詩 · 즉흥시卽興詩가 많은 특징을 보인다. 조태억은 의주로 가는 도중 혹은 의주에 이르러 황해도관찰사, 평안도 관찰사 등의 지방 방백과 접반 업무를 수행한 연위사, 문예관 등 동료들과 친분을 다지며 다량의 차운시를 창작하였다. 전체 249수의 시 중 차운시는 87수로 이는 전체 시수의 약 35%를 차지한다. 조태억과 함께 시를 수창한 이들은 대개 소론 계열 관료였다. 특히 평안도관찰사 이진검은 매우 절친한 사이로 조태억이 이진검의 시에 차운한 시는 24수에 이른다. 또한 동료들과 함께 지은 연구시도 8수에 이른다.[40] 조태억은 의주 접반 시기 이외에도 상당히 많은 양의 연구시를 창작하고 있어 벗이나 동료들과의 자리에서 시작詩作을 즐겼음을 알 수 있다.[41] 또한 홍취가 물오른 현장에서 즉흥적으로 지은 즉흥시도 12수에 이른다.[42]

이처럼 100여 수가 넘는 시가 벗이나 동료들과 함께 하는 자리에서

---

40 〈臨別與海伯聯句〉·〈浿江舟中與西伯聯句〉, 『謙齋集』 권16. ; 〈與李按使·吳學士·灣尹權和甫 聯句 慰李延慰士範 病不赴會〉·〈與李督郵聯句〉·〈嘉山郡壓淸亭 逢進賀三使臣 口占書贈〉 2수 중 2번째 수·〈中和府 與延慰金僉樞益卿·孟山倅金泗源 李督郵士常 聯句〉·〈暎水樓臨別 與李巡使久叔·李通判汝楫·金延慰益卿 聯句〉·〈將以伴送使 又西下 叔良·士珍·明仲·伯修·聖集·汝思·子直·汝儒來訪餞別 柳晦之 追至 仍與聯句〉·〈西郊臨別與尙輔·子始·士珍 聯句〉, 『謙齋集」 권17.

41 『겸재집』에는 총 139편의 연구시가 수록되어 있는데 대개의 문집에서 이처럼 다량의 연구시가 수록된 경우는 드물다. 이미진, 앞의 논문, 250쪽.

42 〈自圻營超拜伴送使 納節辭朝 蒙賜臘藥胡椒丹木 口號志感〉·〈高陽郡口號〉·〈大興寺大乘堂 口占〉, 『謙齋集』 권16. ; 〈統軍亭口號〉·〈嘉山郡壓淸亭 逢進賀三使臣 口占書贈〉·〈月波樓口占 示海伯〉·〈安陵口占 示角里〉·〈練光亭滯雨 待巡使 次韻口占〉, 『謙齋集』 권17.

창작되었다는 점은 조태억이 시를 통해 서로의 정서를 교감하고 감정을 공유함으로써 유대감을 강화하였을 뿐만 아니라 시 짓기를 즐기는 시인이었음을 보여준다.

3. 의주 접반 시기 시의 양상

이 장에서는 조태억이 원접사와 반송사의 업무를 수행하면서 창작한 시의 양상을 살펴보고자 한다. 조태억은 세 차례의 의주 접반 업무 수행을 통해 명승지를 직접 눈으로 보며 승유勝遊의 홍취를 만끽하기도 하였고, 가뭄과 사신 접대의 부역, 세금에 허덕이는 양서兩西 지역 백성들의 피폐한 삶을 목도하고 이들을 향한 안타까운 마음을 드러내기도 하였다. 또한 청나라 사신의 횡포를 사실적으로 묘사하고, 이에 대한 적극적인 대책을 세우지 못하는 약소국 조선의 현실과 신하의 비분悲憤을 토로하기도 하였다.

조태억은 조탁을 가하지 않은 평이한 시어를 사용하여 실경實景을 사실적으로 묘사하고, 현실을 핍진하게 그려냄으로써 백성과 시절을 걱정하는 진심을 보여주었다. 이는 기교와 조탁을 배격하는 조태억의 시관詩觀을 그대로 보여준다고 할 수 있다.

1) 승유遊覽의 기대감과 흥취興趣의 발현

반송사의 임무를 띠고 의주로 가게 된 조태억은 의주로 가는 노정에 있는 명소들을 유람하게 된 기대감과 승유勝遊를 통해 발현되는 홍취를 시를 짓는 시흥詩興으로 표출하였는데 이와 같은 양상은 1722년

6월에 수행한 1차 반송사 시기와 1723년 2차 원접사 시기에 많이 나타난다. 이 시기의 시에는 처음으로 의주를 가게 된 설렘과 기대감, 그리고 접반 업무를 수행한 동료들이나 벗과 함께하는 자리에서 회포를 풀고 시를 주고받으며 흥취를 나누는 모습들이 자주 포착된다.

하늘을 찌를 듯한 험한 고개 마부를 다그쳐 지나니	峻嶺參天叱馭過
온 숲 개인 뒤 저물녘 시원해지네	千林霽後晩凉多
산을 돌아 황주가 가까워오니 되려 기쁘고	山回却喜黃州近
성 위의 높은 누대 바로 월파루구나	城上高樓是月波[43]

이 시는 〈시해백示海伯〉으로 1722년 1차 반송사 시기 의주에 가는 도중 황주에 이르러 지은 시이다. 해백海伯은 황해도관찰사를 뜻하는데 당시 황해도관찰사는 구숙久叔 이진망李眞望(1672~1737)이었다. 이진망은 백헌白軒 이경석李景奭(1595~1671)의 증손으로 조태억과 친분이 두터웠다. 조태억은 황해도 지역을 지나며 이진망과 함께하는 자리에서 이진망의 시에 차운하거나 시를 지어 보내는 등 다량의 시를 창작하였다. 조태억은 황주 가까이에 이르자 이 시를 지었는데 여기에는 접반의 업무를 완수하기 위해 험한 길도 마다하지 않겠다는 각오와 월파루가 보이자 이를 반가워하는 설레임이 담겨있다. 월파루는 황주 동쪽 덕월산 바위 절벽 위에 세워진 누각으로 수많은 사신들이 이곳을 오가며 시문을 남긴 명승지이다.

'질어叱馭'는 마부를 다그쳐 말을 빨리 몬다는 뜻으로 나라에 보답하기 위해 험한 길도 마다하지 않고 나가는 것을 의미한다.[44] 조태억

43 趙泰億, 〈示海伯〉, 『謙齋集』 권16.

44 叱馭는 한나라의 王尊이 邛郲山을 넘으면서 마부에게 "王陽은 효자라서 자

은 황주로 오면서 동선령洞仙嶺을 넘었는데 '준령참천峻嶺參天'은 동선령의 험한 산세를 뜻한다. 높은 고개를 넘고 산을 돌아오는 길이 힘겨웠어도 황주가 가까워질수록 도리어 기쁘고 힘이 나는 것은 월파루를 보게 된다는 기대감 때문일 것이다. 저 멀리 성 위에 보이는 누대가 월파루임을 짐작하고 기뻐하는 조태억의 설레임이 전해진다.

조태억은 그 어느 곳보다 통군정에 대한 기대가 컸었는데 다음의 시는 이를 잘 보여준다.

생양에서의 한 번 만남 기이한 인연이었는데	生陽一會儘奇緣
서로 마주하니 마치 꿈을 꾸는 것 같네	相對渾如夢寐然
고개 너머 바람서리 불던 작년에 헤어졌는데	嶺外風霜前歲別
관서로 가는 거마가 이번 행차에도 이어졌네	關西車馬此行聯
그때 한더위의 길 전부 잊은 듯하고	全忘道路當隆暑
여기 궁벽한 변방의 용만 두려워하지 않았지	不怕灣州是絶邊
학산이 예전에 지났던 즐거움을 이었으니	好續鶴山前度樂
밝은 달 뜬 통군정 잔치에서 취해보리	統軍明月醉華筵[45]

이 시는 〈순안차서백이중약운順安次西伯李仲約韻 겸시구만윤이계통명언兼示舊灣尹李季通明彦〉으로 1722년 1차 반송사로 의주를 가는 도중 순안順安에 묵으면서 평안도관찰사 이진검의 시에 차운하여 의주부윤이었던 이명언李明彦(1674~?)에게 보여준 시이다. 이 시는 조태억과 이명언 사이에 있었던 경험을 바탕으로 창작되었다는 점에서

기 몸을 아꼈지만, 나는 충신이니 말을 빨리 몰아라."라고 한 고사에서 나온 말이다. 『漢書』「王尊傳」

45 趙泰億, 〈順安 次西伯李仲約韻 兼示舊灣尹李季通 明彦〉, 『謙齋集』 권16.

사실성을 높이고 있다.

이진검은 소론 계열의 핵심관료인 이광사李匡師(1705~1777)의 부친으로 조태억과 친분이 매우 두터웠다. 이진검은 당시 평안도 관찰사로 재임하고 있었는데 조태억의 의주행에 동행하며 여러 가지 편의를 제공하였다. 이명언은 1721년(경종 1) 의주 부윤으로 재임하다가 1722년(경종 2) 4월 부제학에 임명되었는데 아직 조정으로 돌아가지 못한 상황에서 조태억을 만나기 위해 순안에 온 것으로 보인다. 조태억은 평안도 순안에 머물면서 이명언을 만나 회포를 풀었다. 수련을 통해 두 사람은 예전에 생양관에서 만난 적이 있으며 늘 그리워했음을 알 수 있다. 함련과 경련은 두 사람이 생양관에서 만난 이유와 당시 심경를 보여준다. 지난해는 이명언의 의주 부윤 전송으로 생양관에서 만났고, 올해는 조태억 자신의 의주 접반으로 순안에서 다시 만나게 된 일을 서술하면서 작년 이명언이 먼 변방으로 부임하면서도 상심하지 않았던 기개를 회고하였다.

학산鶴山은 이조李肇(1666~1726)로 자는 자시子始, 호는 학산鶴山이다. 이조는 평안도관찰사를 역임하고 1720년(숙종 46) 고부사告訃使의 부사副使로 청나라를 다녀온 후 이조 판서로 재임하고 있었다. 조태억과 이조는 사돈지간으로 조태억의 아들 조지빈趙趾彬(1691~1730)이 이조의 사위이다. 조태억은 의주로 가면서 이조의 시에 차운하거나 시를 보내기도 했다.[46] 조태억은 의주로 나서기 전 이조를 만나 예전 평안도관찰사 시절과 연행길에 관련된 이야기를 들었을 것이다. 조태억은 이조가 순안에 머물렀고, 통군정에서 즐거운 시간을 보냈음을

46 趙泰億, 〈途中 走次李尙書子始寄示韻〉·〈肅川次西伯韻 仍寄鶴山〉·〈龍川聽流堂 次鶴山韻〉, 『謙齋集』 권16.

떠올리며 자신도 곧 통군정에 이르러 즐거운 시간을 보낼 것이라는 한껏 들뜬 기대감을 보여주고 있다.

조태억은 유람에서 오는 홍취를 시를 짓는 시흥詩興으로 풀어내는 모습을 자주 보여주었는데 다음의 시에서 이와 같은 면모를 살펴볼 수 있다.

사신의 행차 서쪽으로 오니 깃발들이 둘러싸고　冠盖西來擁旆幢
동시에 사절들이 또 쌍을 이루네　同時使節又成雙
산봉우리 구름 끼어 가평군이 희미하고　雲巒隱約嘉平郡
숲에 안개 끼어 대정강이 아득하네　霧樹蒼茫大定江
경계는 하늘이 만든 해자임을 곧 알겠고　標界卽知大作塹
배다리는 돌로 만든 징검다리보다 훨씬 뛰어나네　浮梁更勝石爲矼
서생이 변방으로 나오니 마음 되려 장대해져　書生出塞心還壯
가는 곳마다 장대같은 붓으로 시를 짓네　到處題詩筆似杠[47]

其二

붉은 깃발의 작은 부대 성 서쪽에서 나오고　紅旗小隊出城西
화려한 배의 가인이 저물녘에 다시 이끄니　彩舫佳人晚更携
바다로 나가는 긴 물결은 변함이 없는데　赴海長流依舊在
조천 갔던 흔적 지금은 희미하네　朝天往迹至今迷
노랫소리 갑자기 바뀌니 오랑캐 구름도 머무르고　歌喉乍囀胡雲住
무희의 소매 천천히 돌더니 변새의 해가 저무네　舞袖徐回塞日低
통군정에서 거듭 읊조림 참으로 다행인 것은　重詠統軍眞自幸
일생에 한 번 올라 시 짓기 어려워서라네　一生難得一登題[48]

47 趙泰億, 〈嘉山 大定江〉, 『謙齋集』 권16.
48 趙泰億, 〈統軍亭 口號〉 2수, 『謙齋集』 권17.

위의 시는 〈가산嘉山 대정강大定江〉과 〈통군정구호統軍亭口號〉 2수 중 두 번째 시로 1722년 1차 반송사 시기와 1723년 2차 원접사 시기에 지은 시이다. 이 시들은 눈앞에 보인 실경實景을 평이한 시어로 사실적으로 그리고 있어 첨신과 기교를 배격한 조태억의 작시作詩 방향을 잘 보여준다.

첫 번째 시는 평안도 가산 대정강의 승경勝景을 보며 오르는 흥취를 그리고 있다. 가산은 박천博川, 정주定州와 인접한 지역으로 가산과 박천 사이에 대정강大定江이 흘렀다. 대정강은 박천강博川江, 대령강大寧江으로도 불렸는데 당시 청나라와의 무역이 활발하게 이루어지던 곳이다.

수련과 함련은 사신단 행차의 광경과 당시 조태억의 눈에 보인 가산군과 대정강 주변의 풍경을 묘사하고 있다. '관개冠蓋'는 말 네 필이 끄는 고관들의 수레로 여기서는 사신단의 행차를 의미한다. 깃발을 든 병사들이 호위하는 사신단의 화려한 행차를 포착하여 묘사하고 있다. 함련은 구름과 안개가 끼어 희미하게 보이는 가산과 대정강의 모습을 그리고 있는데 이를 통해 당시의 날씨가 흐렸음을 짐작할 수 있다.

대정강에는 배다리인 부교浮橋가 설치되어 있는데[49] 경련은 이를

49 임진왜란 당시 요동 부총병 조승훈이 군사 5천 명을 이끌고 강을 건너 선봉장이 되자 임금이 유성룡을 접반사로 보내 맞이하게 하고, 선사포 검사인 장우성이 대정강에 부교를 설치하였고, 노강 검사 민계중이 청천강에 부교를 설치하였다는 기록이 있다.(「선조조 고사본말」, 『燃藜室記述』 권16, "七月遼東副摠兵祖承訓率兵五千渡江來援以史儒爲先鋒, 上遣接伴使柳成龍迎于中江出治沿途軍食, 宣沙浦僉使張佑成造大定江浮橋, 老江僉使閔繼仲造淸川江浮橋.")

묘사한 것이다. 미련에서 조태억은 자신을 글밖에 모르는 서생에 견주며 지금의 유람이 견문을 넓히고 장대한 마음을 갖게 하는 일임을 말하고, 대정강을 비롯한 곳곳에서 마주하는 새로운 풍광을 볼 때마다 오르는 홍취는 장대 같은 붓으로 시를 써야 할 만큼 크고 장쾌함을 유감없이 드러내었다.

두 번째 시는 통군정에서 벌어졌던 연회의 장면과 홍겨운 감회를 그리고 있다. 조태억은 의주를 방문할 때마다 통군정에 올랐는데 1722년 1차 반송사 시기는 숙종의 3년 상이 채 끝나지 않았고, 의주에 이틀밖에 머물지 못했으므로 통군정에 올라 느긋하게 홍취를 즐길 여유가 없었다. 제대로 된 통군정 유람은 두 번째로 의주를 방문한 1723년 4월에 이루어졌다. 조태억은 의주에 도착해 초파일의 관등觀燈을 구경하고, 다음날 통군정에 올라 연회를 즐기고, 압록강에서 선유船遊를 즐겼다. 그리고 관기들의 공연을 구경하며 홍겨운 시간을 보냈는데 수련과 경련은 당시 연회의 장면을 묘사한 것이다. 의주는 국경 지역이었으므로 예로부터 무武를 숭상하는 기풍이 강했다. 조태억은 연회 도중 융복을 입은 기녀들이 말을 타고 달리며 깃발을 뽑는 일종의 군무軍舞를 관람하였는데 이는 다른 곳에서는 볼 수 없는 광경이었다. 조태억은 이 광경이 매우 신기하고 홍미로웠던지 그 모습을 자세하게 시로 남겼다.[50]

미련에서 조태억은 통군정이 먼 변방에 있어 일생에 한 번 오르기 어려운 곳인데 작년에 이어 다시 통군정에 올라 시를 읊조릴 수 있는 것은 매우 다행스러운 일이라며 한껏 오른 홍취를 시를 지어 즐기는

50 趙泰億, 〈觀妓〉, 『謙齋集』 권17, "約束戎裝換舞衣, 花驄騎出疾如飛. 長郊顧眄偏豪快, 手拔紅旗得得歸."

모습을 보여주고 있다.

2) 백성을 향한 애민愛民과 무력함의 자책自責

조태억이 의주에서 접반 업무를 수행하던 1722년~1723년은 연이은 가뭄으로 기근이 심했다. 특히 연행길에 있는 황해도와 평안도 양서兩西 지역은 연이은 흉년과 계속되는 사신들의 접대로 인해 백성들의 삶이 더욱 곤궁하였다. 조태억은 여러 차례 의주를 오가면서 가뭄과 사신 접대에 시달리는 관아와 백성들이 피폐한 모습들을 직접 목도하고 이들을 향한 연민의 마음을 자주 드러내었고, 백성들을 도울 대책을 제대로 세우지 못하는 조정과 자신의 무력함을 자책하기도 하였다. 이러한 양상은 세 차례의 의주 접반 시기 전반에 걸쳐 나타난다.

전에는 가뭄이 심하더니	向者恒陽甚
이내 홍수로 흉년들고	仍之極備凶
김매기 뒤에 다시 가뭄 들어	又逢鋤後旱
산골짜기의 농사조차 망쳐서	將失峽中農
조세 준비하기 어려운 줄 아는데	租稅知難辦
제수용 곡식을 어찌 쉽게 제공하리	粢盛豈易供
백성들의 근심과 나라의 계책	民憂與國計
온갖 걱정이 정말 가슴에 맺히네	百慮正填胸[51]

이 시는 〈한심旱甚〉으로 1722년 1차 반송사로 의주를 다녀오는 길

51 趙泰億, 〈旱甚〉, 『謙齋集』 권16.

에 검수관을 지나며 지은 시이다. 이 시는 가뭄과 홍수가 반복되는 이상기온 때문에 농사를 망친 정황과 흉년에도 세금과 나라에 필요한 재물을 제공해야 하는 백성들의 부담을 걱정하는 조태억의 마음을 잘 보여준다.

수련과 함련은 가뭄과 홍수가 번갈아 발생하면서 극심한 흉년이 들어 산골짜기의 밭농사마저 망친 현실을 서술하고 있다. '극비極備'는 기상 상태가 고르지 못해 장마 · 가뭄 · 혹서 · 혹한 · 태풍 등이 일어나는 것을 말하는데, 여기서는 홍수를 뜻한다. 가뭄이 들었다가 이내 홍수가 들고, 다시 가뭄이 드는 이상 기후는 거친 날씨에도 비교적 잘 자라는 잡곡 농사마저 망칠 정도로 당시 가뭄이 매우 심각했음을 말해준다.

경련의 '자성粢盛'은 나라의 제사에 사용하는 곡식을 말한다. 흉년으로 인해 조세를 내기도 버거운데 제사용 곡식을 따로 제공해야 하는 이중 부담은 백성들에게 큰 고통일 수밖에 없다. 미련은 이와 같은 백성들의 처지와 백성들의 어려움을 해결할 대책을 세우지 못하는 조정을 진심으로 걱정하는 조태억의 마음을 잘 보여준다.

사십 줄에 정주성에 세 번이나 이르니	四旬三到定州城
늘그막에 이 행차 누구의 뜻인가	誰意衰年有此行
잠시 역로에서 말에게 물을 먹이고	驛路片時方歠馬
오월의 산루에서 잠시 꾀꼬리 소리 듣네	山樓五月乍聞鸎
술잔 들어도 시대를 걱정하는 마음 어찌 늦추겠는가	杯觴詎緩憂時念
징과 나팔 부는 출새곡 소리에 새삼 놀라네	鐃吹偏驚出塞聲
서쪽 땅 가뭄과 메뚜기 떼 지금 되려 심해지는데	西土旱蝗今轉甚
조정의 대책 무엇으로 백성들을 구제할까	廟謨何以濟蒼生[52]

이 시는 〈정주定州 송백당松栢堂〉으로 1723년 3차 반송사 시기에 지은 시이다. 이 시는 사행 업무에 바쁜 모습과 가뭄·메뚜기 떼의 극성으로 기근을 겪고 있는 서북지역 백성들을 걱정하며 이들을 위한 대책을 제대로 세우지 못하고 있는 조정의 무력함을 그리고 있다. 조태억이 반송사와 원접사가 되어 의주를 오가던 때의 나이는 47세~48세였다. 사십 대 후반의 적지 않은 나이에 먼 북쪽 지역인 정주까지 연이어 세 번씩이나 오가는 일은 쉽지 않은 일일 것이다. 접반 업무의 수행이 바쁘고 고됐음은 말에게 물을 먹일 때나 잠시 쉴 수 있고, 산루에서 꾀꼬리 소리를 듣고서야 봄이 다 갔음을 깨닫는 것에서 짐작할 수 있다.

조태억은 바로 한 달 전 청나라 사신을 맞이하기 위해 원접사로 정주를 지나며 당시의 가뭄 상황을 목도하였다. 하지만 시간이 지날수록 오히려 가뭄은 더 심해지고 여기에 메뚜기 떼까지 극성을 부려 정주를 비롯한 서북지역의 피해는 더 커져만 가는 상황이었다. 굶주림에 시달리는 백성들을 구할 방법이나 대책을 세우지 못하는 조정을 책망하는 조태억의 탄식과 자책이 가득하게 전해진다.

아침에 용천을 출발하여	朝日發龍泉
정오에 검수에 이르렀는데	亭午到劍水
황폐한 마을은 백 가구가 못되고	荒村不百家
시골의 여관 다 무너진 게 몇 번인가	野館幾盡毁
쓸쓸한 세 고을의 현령이	蕭條三邑宰
수백 리를 나와서 기다리고	出候數百里

52 趙泰億, 〈定州 松栢堂〉, 『謙齋集』 권17.

관민이 힘을 모두 다하지만　　官民力俱盡
무엇으로 사신에게 제공하겠는가　　何以供行李
생선 비린내 쉽게 썩으니　　魚腥易爛敗
반찬은 닭고기와 돼지고기뿐이네　　盤饌只雞豕
옆 사람은 너무 조촐하다 의아해하지만　　傍人訝太簡
나는 도리어 사치를 싫어하네　　而我反嫌侈
나라의 비축미는 벌써 다 떨어졌는데　　公儲既云竭
오랑캐 탐하면 또 없을텐데　　虜求又無已
돌아보니 넉넉한 나라의 대책 부족한데　　顧乏裕國策
놀고먹으니 부끄러움 실로 깊네　　實深素餐恥
우리 임금님 오랜 가뭄을 근심하여　　吾王悶亢旱
반찬을 줄이신 지도 오래되었는데　　貶膳亦久矣
차마 어찌 자주 배를 채우겠는가　　忍將口腹累
식자들은 비루함을 달게 여겨야 하리　　甘爲識者鄙[53]

이 시는 〈검수劍水〉로 1723년 3차 반송사 시기에 지은 오언20구의 고시이다. 이 시는 검수의 형편과 사신 접대로 고단한 백성들의 삶을 핍진하게 묘사하고, 이를 바라보는 조태억의 탄식과 각오를 자세히 그리고 있다. 검수는 황해도 봉산과 서흥 사이에 있는 역으로 검수역劍水驛, 검수참劍水站 등으로 불렸는데 1488년(성종 19) 조선에 왔던 명나라 사신 동월董越은 이곳을 지나며 시를 남기기도 하였다.[54]

당시 사신이 지나는 길목에 있던 고을들은 사신 접대에 필요한 경비와 물품을 부역으로 제공해야 했는데 이는 백성들에게 매우 큰 부

53 趙泰億, 〈劍水〉, 『謙齋集』 권17.

54 董越, 「黃海道」, 『新增東國輿地勝覽』 권14, “平原彌一望, 惟見鳳山州. 屈鐵松枝古, 連雲麥隴稠. 橋横芳草渡, 人倚夕陽樓. 不有詩篇在, 眞成夢裏遊.”

담이자 고통이었다. 검수 역시 의주로 가는 길목에 있었으므로 이 지역의 백성들은 사신 접대에 필요한 경비를 부담해야만 했다. 조태억은 1722년 반송사로 의주에 다녀오면서 칠언율시 〈검수관劍水館〉을 지었는데 이 시에도 황량하고 쇠락한 검수의 풍경과 사신 접대에 허덕이는 마을의 형편을 묘사하였다.[55] 그러나 다음 해인 1723년 검수를 다시 지나며 지은 이 시에는 작년보다 형편이 더 어려워진 검수의 형편과 이를 바라보는 안타까운 심정을 상세히 묘사하고 있다.

1구~10구는 황량하고 쇠락한 검수의 형편과 사신 접대를 위해 정성을 다하려는 고을 현령과 백성들의 모습을 보여준다. 백 가구도 채 되지 않은 황폐한 마을의 정경과 낡고 초라한 관아의 모습은 경제적으로 넉넉하지 못한 마을의 형편을 그대로 보여준다. 고을의 현령은 사신을 맞이하기 위해 수백 리 밖까지 마중 나오고 백성들 역시 정성을 다해보지만 사신 접대에 필요한 물품을 제대로 공급하지 못하는 궁핍한 고을의 형편은 8구에서 '하이공행리何以供行李'로 반문하는 것으로 역설하고 있다.

11구~20구는 나라의 재정이 고갈되었는데도 청나라 사신의 공물 요구가 계속되는 상황과 이를 해결하지 못하는 조정과 자신의 무능함을 탄식하는 조태억의 울적한 심정을 보여준다. 조태억은 오랜 가뭄으로 인한 백성들의 고통을 헤아리고자 반찬의 가지 수를 줄이는 임금의 노력을 상기시키면서 하는 일 없이 배만 채우고 있는 자신에 대한 질책과 함께 식자들에게 지금 겪고 있는 비루한 처지를 불평하지 말고 달게 여겨야 함을 강조하고 있다.

55 趙泰億, 〈劍水舘〉, 『謙齋集』 권16, "未到龍泉縣, 先過劍水村. 荒凉弊舘宇, 冷落小饔飧. 迎送何時了, 供支逐日煩. 猶堪慰飢渴, 一笑且呼樽."

3) 약소국 신하의 비애悲哀와 배청의식排淸意識의 표출

조태억은 연이어 접반 업무를 수행하며 청나라 사신들의 횡포를 더욱 실감하고 이를 시를 통해 적나라하게 고발하였다. 여기에는 청나라 사신의 횡포에 분개하면서도 아무런 대책을 마련하지 못하는 약소국 조선의 현실과 관리로서 청나라 사신의 방자함을 보고도 아무런 말도 하지 못하는 비분悲憤이 짙게 나타난다. 또한 의주로 가는 여정 곳곳에 남아있는 옛 명나라 사신들의 자취를 보면서 옛 영화를 반추하고 현재 청나라 사신을 빈접하는 자신의 처지는 영화롭지 못하다고 토로하고 있어 조태억의 배청의식排淸意識을 살펴볼 수 있다.

이와 같은 양상은 1723년 5월에 수행한 3차 반송사 시기에 두드러지게 나타난다. 이 시기에는 오언배율과 오언고시의 창작이 많아지면서 시구詩句가 길어지고 접반의 괴로움을 토로하는 경우가 많이 나타난다. 이는 당시 입국했던 청나라 사신의 횡포가 유난히 심했으므로 이들을 빈접하는 일이 그 어느 때보다 괴로웠음을 짐작할 수 있다.

지난해 사신의 명을 받아	去歲銜綸命
치달려 이곳에 도착했었는데	驅馳到此邦
누가 알았으리 지금 빗속의 나그네 되어	誰知今雨客
다시 고진강에 이르게 될 줄을	又到古津江
약소국이라 사신에게 바칠 예물 걱정하고	弱國憂皮幣
오랜 여정 깃발 행차에 지쳤네	長途厭旆幢
수고한 자들의 일을 노래하고 싶어도	欲歌勞者事
곡조를 이루지 못해 슬프게 탄식하네	悲惋不成腔[56]

이 시는 〈고진강古津江〉으로 1723년 3차 반송사 시기 의주에서 청나라 사신을 반송한 후 귀경하며 지은 시이다. 이 시는 작년에 이어 반송사의 업무를 맡아 고진강에 다시 이르러 탄식하는 약소국 신하의 비애를 잘 보여준다. 고진강은 의주 동남쪽에 있는 강이다. 당시 귀로는 장마로 인해 여정이 지체되었는데 함련의 '우객雨客'은 조태억을 가리키는 것으로 울적하고 처연한 현재의 처지를 묘사한 것이다. 경련과 미련은 청나라 사신 접대의 어려움과 수행 업무를 마치고도 이를 기뻐하지 못하는 서글픔을 묘사하고 있다. 경련의 '피폐皮幣'는 소국小國이 대국大國에게 바치는 가죽이나 비단 같은 예물을 말하는데 여기서는 청나라 사신에게 바치는 예물을 뜻한다.[57] 병자호란 이후 청나라 사신단은 조선에 자주 입경했는데 이때마다 필요한 접대 경비와 막대한 양의 공물 준비는 조선에게 매우 큰 부담이었으며, 이는 고스란히 백성들의 조세 부담으로 전가되었다. 여기에 청나라 사신의 지나친 탐욕과 횡포는 고통을 가중시켰다.

마지막 구의 '비완悲惋'은 조태억의 현재 심정을 가장 잘 보여주는 시어이다. 청나라 사신의 지나친 공물 요구에 시달리며 이를 거절하지 못하고 속을 태워야만 했던 약소국 신하의 비애를 '슬픈 탄식'으로 대변한 것이다. 대개 입경했던 청나라 사신단이 무사히 의주를 건너가면 반송 업무를 맡았던 사신단은 그동안 긴장하며 수행했던 반송 업무의 중압감에서 벗어나 서로의 노고를 치하하게 된다. 하지만 조

56 趙泰億, 〈古津江〉, 『謙齋集』 권17.

57 피폐는 『맹자』 「양혜왕 하」에 "옛날에 태왕이 빈 땅에 거주하실 때 적인이 침략하자 그들을 가죽과 비단[皮幣]으로 섬겨도 화를 면하지 못하였다[昔者大王居邠 狄人侵之 事之以皮幣 不得免焉]."라고 한 데서 온 말이다.

태억은 업무를 마친 홀가분함을 누리지 못하고 오히려 서글프게 탄식하는 것으로 시상을 마무리하고 있다. 이는 지금까지 겪은 청나라 사신들의 횡포와 청나라에 바칠 공물 마련에 백성들이 겪었던 고통이 앞으로도 지속적으로 반복될 것이 예견되기 때문이다.

사신의 행차 금릉에 이르니	華旆戾金陵
붉은 누대 푸른 하늘을 누르는 듯하고	朱樓壓空碧
시내는 흰 비단을 늘어뜨린 것 같고	川光拖素練
바위는 푸른 절벽에 차례로 서 있네	石色排翠壁
우거진 숲이 처마 밑 기둥에그늘지고	喬林蔭簷楹
시원한 바람이 궤석에 일어	爽籟生几席
뜨거운 열기 식혀주니	於焉濯盛熱
귀한 손님이 즐기기 충분하네	足以娛佳客
허국과 위시량이 예전에 와 노닐며	許魏昔來遊
문장과 글씨 뛰어난 자취 남아있고	筆翰留勝迹
청렴한 명성이 우리나라에 진동해	淸名動海邦
백 대에 걸쳐 청렴한 절개를 기렸는데	百代頌氷檗
신선의 뗏목 뒤쫓아 따르기 어려워	仙槎邈難追
옛 물건 조각난 돌만 남아있네	舊物餘片石
내가 뒤늦게 태어났으니	吾人生苦晩
모든 일이 지금 옛 모습이 아니구나	萬事今非昔
오랑캐와 함께 동행하니	羯狗與同行
봉황과 기린을 어찌 다시 보겠는가	鳳麟那復覿
비풍시를 서글프게 읊조리니	悲吟匪風詩
북받친 서러움에 눈물 가슴에 가득차네	慷慨淚盈臆[58]

58 趙泰億, 〈迴瀾石〉, 『謙齋集』 권17.

이 시는 〈회란석廻瀾石〉으로 1723년 3차 반송사 시기에 지은 시이다. 회란석은 황해도 금천의 오조천吾助川[59] 가에 서 있는 비석으로 여기에는 1567년(명종 22) 명나라 사신으로 조선에 왔던 허국許國과 위시량魏時亮의 시와 허국이 쓴 '회란석廻瀾石'이라는 글자가 새겨져 있다. 오조천 가에는 깎아지른 듯한 절벽이 병풍처럼 늘어서 있어 '영수병映水屛'이라 불렸는데, 허국이 이 영수병을 보고 '회란석'이라고 이름 지었다는 기록이 남아 있다.[60]

조태억은 옛 명나라 사신의 흔적이 남아있는 회란석을 보며 청나라 사신을 접반하고 있는 현재의 서글픈 심정을 토로하고 있다. 1구~8구는 회란석 주변의 경관을 묘사한 것으로 '주루朱樓'·'공벽空碧'·'소련素練'·'취벽翠壁' 등 색채를 나타내는 시어를 활용하여 회란석 주변의 아름다운 경관을 입체적으로 그려내고 있다.

9구~14구는 회란석에 새겨진 허국과 위시량의 시문을 보고 이들을 뛰어난 문장과 글씨를 칭양하며 자신이 늦게 태어난 탓에 남겨진 유물밖에 볼 수 없음을 한탄하는 심경을 보여주고 있다. '빙벽氷檗'은 맑은 얼음물을 마시고 쓰디쓴 소태나무를 씹는다는 뜻으로 절개를 지키며 청렴하게 사는 것을 의미한다. 명나라 사신들의 청렴한 절개는 청나라 사신의 탐욕스러운 욕심과 대비되어 명나라에 대한 존모尊慕의 마음을 더욱 크게 하고 있다.

---

59 오조천은 황해도 예성강의 지류로 황해도 金川 서쪽 30리에 있는 개천이다. 聖居山에서 발원하여 猪灘으로 흘러 들어간다.

60 허국의 문집 『許文穆集』 권6에 수록된 시 〈廻瀾石〉의 서문에 "오조천 가에 병풍처럼 생긴 돌이 있어서 오조천의 동쪽을 가로막고 있는데, 예전에는 이 돌의 이름이 없었다. 이에 내가 그 돌을 명명하여 '회란석'이라 했다[吾助川上有石如屛橫障川東古未有名余標之曰廻瀾石]"라는 기록이 있다.

17구~18구는 조태억의 대청인식對淸認識을 보여준다. '갈구羯狗'는 오랑캐를 의미하는 것으로 현재 동행하고 있는 청나라 사신을 비유한 것이고, '봉린鳳麟'는 봉황과 기린으로 명나라 사신을 비유한 것이다. 병자호란 이후 거의 100년에 가까운 세월이 흘렀음에도 여전히 청나라는 오랑캐의 나라로 인식하고 있음을 보여준다. 명나라를 향한 존모의 마음은 '비풍시匪風詩'를 서글프게 읊조리는 것으로 형상화되어 나타난다. '비풍시'는 『시경』 「회풍」의 〈비풍〉 시를 가리킨다. 〈비풍〉은 주나라가 쇠약해지자 이를 슬퍼하며 회檜나라 시인이 지은 시이다. 회나라는 주나라를 본국으로 여겼기 때문에 주나라가 쇠약해지고 어려워지면 회나라도 명맥을 유지하기 어려워진다. 이를 알면서도 주나라를 돕지 못하는 회나라의 현실은 그저 안타까울 뿐이다. 존모하던 명나라가 망해버리고 오랑캐 나라로 업신여기던 청나라에 사대할 수밖에 없는 약소국 조선과 자신의 처지가 그저 부끄럽고 서럽기만 할 뿐이다.

아침에 동양관에서 가마 출발해	朝發東陽駕
오후에 총수관에 머무르니	午投葱秀飯
푸른 절벽은 책상 앞에 서 있고	蒼屛案前立
옥류는 바위 사이에서 뿜어내네	玉溜巖間噴
가는 길에 잠시 기쁜 얼굴로	征途乍怡顔
시 읊으며 구경하니 근심 풀기 족하네	吟眺足解悶
중국 사신의 발자취 이미 없고	皇華跡已非
지사의 한은 사라졌지만	志士能無恨
운강의 시어는 오묘하고	雲岡詞語妙
난우의 글씨는 강건하네	蘭堣筆勢健
그때의 원접사 영화로웠고	當時儐使榮

유자들 함께 소원하던 바였는데　　儒者同所願
내가 늦게 태어났으니 어찌하나　　如何我生晚
이처럼 중국이 어지러운 것을　　值此華夏溷
위엄있는 태도의 성대함 볼 수 없고　　不覩威儀盛
앉은 채로 세금 징수에 시달리네　　坐被徵求困
오랑캐 풍속 본래 이익을 탐하는데　　胡風固貪黷
이 나그네 가장 고루하고 둔해　　此客最頑鈍
오랑캐 말로 호통치고 방자하게 굴어도　　侏離恣叫喝
말을 못하고 속으로만 화를 끓이네　　泯默懷憤懣
덧없는 영화 다만 절로 욕될 뿐이니　　浮榮只自辱
홀로 고생해도 감히 원망하지 않고　　獨賢非敢怨
돌아가서 공무를 감당하고　　歸歟幹公事
호연하게 물러나길 결심하리　　浩然決退遯[61]

이 시는 〈총수산葱秀山〉으로 1723년 3차 반송사 시기 의주로 가는 도중 총수산에 머물며 지은 시이다. 조태억은 앞선 두 번의 접반 업무 수행 도중 총수산을 지나며 2편의 칠언율시를 지었다.[62] 그러나 세 번째 총수산을 지나며 지은 시는 이전과 달리 24구의 장편율시에 괴로운 심정을 토로하고 있다. 이 시에는 청나라 사신의 횡포와 이에 대항하지 못하는 무력한 자신을 책망하는 모습과 이곳에 방문했던 명나라 사신들이 남긴 흔적을 보며 이들을 그리워하는 모습이 두드러지게 나타난다. 이와 같은 모습은 이번에 반송하는 청나라 사신 액진명이 유난히 탐욕스럽고 방자하여 큰 괴로움을 주었던 것이 명나라

61 趙泰億, 〈葱秀山〉, 『謙齋集』 권17.
62 〈葱秀站〉, 『謙齋集』 권16. ; 〈到葱秀山〉, 『謙齋集』 권17.

라를 그리워하는 마음을 증폭시키는 기폭제로 작용한 것이 아닌가 한다.

총수산은 황해도 평산에 있는 산으로 경치가 매우 아름다워 우리나라 문인뿐만 아니라 동월董越 · 왕창王敞 · 당고唐皐 등 중국의 사신들도 이곳을 지나며 시문을 지은 명소이다. 1구~6구는 총수산의 아름다운 풍경을 감상하며 잠시 휴식을 취하는 모습을 그리고 있다. 동양東陽은 황해도 평산에 있는 역관이다. 7구~14구는 예전 총수산에 들러 시문을 남겼던 명나라 사신들을 회상하며 이때의 원접사는 영화로웠는데 지금 청나라 사신을 반송하는 자신의 처지는 영화롭지 못함을 자조하고 있는 모습을 그리고 있다. '운강雲岡'은 1537년(중종 32) 사신으로 왔던 공용경龔用卿(1500~1563)을 가리키고, '난우蘭堣'는 1606년(선조 3) 사신으로 왔던 주지번朱之蕃(1546~1624)을 가리킨다. 총수산에는 공용경이 지은 「취병산기翠屛山記」를 새긴 취병산비翠屛山碑와 주지번이 총수산 암벽에 새긴 '옥류천玉溜泉'이라는 글씨가 남아있는데 9구~10구는 이를 묘사한 것이다. 과거 명나라 사신 접대를 영화롭게 여기는 조태억의 의식을 보여준다.

15구~20구는 청나라 사신들의 탐욕과 횡포를 고발하고, 이를 침묵하고 속만 끓일 수밖에 없는 조태억의 심정을 묘사한 것이다. 19구의 '주리侏離'는 소수 민족의 언어를 가리키는데, 오랑캐의 말을 뜻한다. 여기서는 청나라의 언어를 빗대어 표현한 것으로 조태억이 청나라를 여전히 오랑캐로 여기고 있음을 보여준다.

21구~24구에서 조태억은 지금의 접반 업무는 덧없으며 오히려 욕된 일이지만 신하로서 맡은 임무이므로 이를 감당하고 원망하지 않겠다는 각오와 함께 접반의 일을 마치고 돌아가면 욕된 일에서 벗어나 은거하고 싶다는 소망을 드러내었다.

4. 결론

조태억은 26년간 관직에 있으면서 문형과 좌의정을 역임한 소론 계열의 핵심관료 문인으로 어린 시절부터 당대 문인들로부터 시재를 인정받았으며, 시에 뛰어나다는 평가를 받았던 인물이다. 현전하는 3,600여 수가 넘는 조태억의 시는 그가 시작詩作을 즐기는 시인이었음을 보여주는 것이라고 할 수 있다.

조태억은 1722년(경종 2) 6월~1723년(경종 3) 6월 사이 청나라 사신의 반송사와 원접사로 임용되어 세 차례 의주를 다녀오면서 221제 249수의 시를 창작하였는데 여기에는 다양한 감정들이 담겨 있어 조태억 시세계의 일면을 살펴볼 수 있다.

의주 접반 시기에 창작한 시의 형식적인 면을 살펴보면 칠언율시가 약 47% 가량을 차지하는데 이는 『겸재집』에 수록된 전체 시수의 분포와도 일치하고 있어 조태억이 칠언율시를 선호했음을 보여준다. 이와 같은 양상은 조태억이 칠언율시를 선호하는 당시 문단의 일반적인 창작 경향을 충실히 따르고 있으며, 형식적 완결성을 요구하는 칠언율시를 자유자재로 구사할 수 있는 시적 역량을 충분히 갖추었음을 의미한다. 또한 동료들과 함께 하는 자리에서 창작한 차운시·연구시·즉흥시 등이 절반가량을 차지하고 있어 조태억이 시를 통해 서로의 정서를 교감하고 감정을 공유함으로써 유대감을 강화하고 시짓기를 즐기는 시인이었음을 확인할 수 있었다.

조태억은 의주 접반 업무를 수행하는 도중 마주한 명승지를 직접 눈으로 보며 승유勝遊의 흥취를 즐기기도 하였고, 가뭄과 사신 접대의 부역에 허덕이는 백성들의 피폐한 삶을 핍진하게 그려내고, 이들을 향한 안타까운 마음과 이들의 고통을 해결해 주지 못하는 조정과 자신의 처지를 자책하기도 하였다. 또한 청나라 사신의 횡포를 고발하면서 이에 대한 적극적인 대책을 세우지 못하는 약소국 조선의 현실과 신하의 비분悲憤을 토로하였다.

이와 같은 양상들은 현실에 기반을 둔 사실성을 바탕으로 창작되었다는 공통점을 보인다. 조태억은 실제로 눈에 보이는 실경實景들을 평이한 시어와 감각적인 이미지를 활용하여 충실히 재연함으로써 자신이 느끼는 흥취를 고스란히 독자에게 전달하고자 하였다. 또한 당시 조선이 겪고 있는 어려운 현실을 그대로 시 속에 담아내었다. 연이은 가뭄과 사신 접대, 세금에 시달리는 양서兩西지역 백성들의 고통을 핍진하게 그려내었고, 청나라 사신들의 횡포와 이에 대항하지 못하고 속으로 비분을 삼켜야 했던 모습을 사실적으로 보여줌으로써 당시 조선이 겪고 있는 대청 외교의 어려운 현실을 여실히 보여주었다.

이번 연구는 조태억이 접반 업무 수행을 위해 수차례 의주를 오가면서 느낀 다양한 내적 심상을 고찰하여 조태억 시세계의 일면을 확인했다는 점에서 의미가 있지만 조태억 시문학 세계의 전모를 보여주지 못한다는 점에서 한계를 지닌다. 또한 이번 연구에서는 형상화 양상을 정밀하게 다루지 않아 아쉬운 점이 있다. 이는 추후 연구를 통해 보완하기로 한다.

II. 겸재 조태억의 시세계 일고(II)

– 문외출송 시기 시작을 중심으로 –

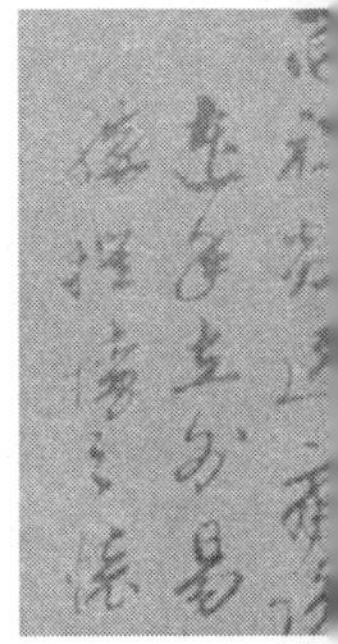

박난아

1. 서론

겸재謙齋 조태억趙泰億(1675~1728)은 17세기 말~18세기 초에 활동한 소론 계열의 대표 관료이자 문인이다. 자는 대년大年, 호는 겸재謙齋·태록당胎祿堂이며, 본관은 양주楊州이다. 조태억은 남구만南九萬(1629~1711)부터 최석정崔錫鼎(1646~1715)으로 이어지는 소론계 학맥을 이어나간 인물이다. 그는 54년의 생을 살며 좌의정과 우의정을 역임하고 소론 5대신[63]으로 일컬어질 만큼 정국의 중심에 있는 인물이다. 게다가 문형文衡을 맡을 정도로 당시에 문학적 능력을 인정받았던 인물이다. 조태억의 문집인 『겸재집謙齋集』은 45권 20책으로 그 분량이 상당한데, 그 가운데 시는 2,300여 제 3,700여 수에 이른다.

63 소론 5대신: 학계에서 흔히 쓰이는 용어는 아니지만 대체로 신임사화를 통해 소론이 정권을 잡는 데에 앞장섰던 조태억, 柳鳳輝(1659~1727), 李光佐(1674~1740), 趙泰耉(1660~1723), 崔錫恒(1654~1724) 다섯 사람을 가리킨다.

이와 같은 조태억의 정치적·문학적 역량으로 인해 그의 문학 작품에 대한 연구는 최근 들어 활발하게 이루어지고 있다.[64] 조태억에 관한 선행 연구들은 지금껏 알려지지 않았던 조태억 시문학의 실체를 학계에 소개해주며 조태억의 문학 세계를 확장하였다. 이에 힘입어 본고 역시 조태억의 한시 작품을 확인하여 그의 삶과 문학 세계를 규명하는 데에 일조하고자 한다.

조태억은 일생동안 두 차례의 문외출송을 당하였다. 조태억은 1711년 통신사通信使 정사正使가 되어 일본으로 사행을 다녀왔는데, 사행에서 맡은 일을 수행하던 중에 일본과 국왕國王을 호칭하는 부분과

64 조영심, 「趙泰億의 使行文學 연구 : 對日觀을 중심으로」, 연세대학교 대학원 석사학위 논문, 2014.를 시작으로 조태억의 한시를 연구한 이미진, 「聯句詩의 창작 방식과 배경 고찰－謙齋 趙泰億의 사례를 중심으로－」, 『東洋古典研究』 74, 동양고전학회, 2019. ; 유진희, 「謙齋 趙泰億의 連作 挽詩 研究」, 『어문론총』 85, 한국문학언어학회. 2020. ; 김묘정, 「17세기 少論계열 지식인들의 聯句詩 고찰－吳道一·崔錫鼎·趙泰億의 시적 교류 양상을 중심으로」, 『石堂論叢』 78, 동아대학교 석당학술원, 2020. ; 김효정, 「謙齋 趙泰億의 시세계 一考: 의주 접반 시기를 중심으로」, 『한국민족문화』 80, 부산대학교 한국민족문화연구소, 2021. ; 유명석, 「謙齋 趙泰億의 樓亭詩 研究」, 『동악어문학』 85, 동악어문학회, 2021. ; 이승용, 「謙齋 趙泰億의 「前感君恩」과 「後感君恩」에 관한 일고찰」, 『民族文化』 57, 한국고전번역원, 2021. ; 이황진, 「겸재 조태억의 제석시(除夕詩) 연구」, 『열상고전연구』 76, 열상고전연구회, 2022. 가 있고, 조태억의 산문을 연구한 윤재환, 「謙齋 趙泰億 詩文集 序文의 敍述 技法 一考」, 『한국문학과 예술』 36, 사단법인 한국문학과예술연구소, 2020. ; 권진옥, 「망자를 위한 글쓰기의 장르 간 특성 연구－謙齋 趙泰億을 중심으로－」, 『Journal of Korean Culture』 55, 한국어문학국제학술포럼, 2021. 가 있다. 가장 최근에 조태억의 문학론을 살펴본 윤재환, 「겸재 조태억 문학론 검토 試論」, 『大東漢文學』 71, 대동한문학회, 2022.의 연구까지 활발하게 진행되고 있다.

국서國書의 범휘犯諱를 두고 크게 문제가 되었다. 이로 인해 조태억은 귀국하자마자 수금되었고, 곧이어 문외출송門外黜送 되어 약 1년 8개월 가량 용산龍山에 머물렀는데 이것이 조태억이 겪은 첫 번째 문외출송이다.

그리고 1725년 노론과 소론 간의 당쟁이 첨예해지고 있을 무렵, 조태억이 김일경金一鏡(1662~1724)의 반교문頒教文을 점검할 때 "문생국로門生國老"라는 말을 살피지 못한 것을 빌미로 삼아 노론은 조태억을 공박하여 끈질기게 상소를 올린 끝에 영조는 조태억에게 문외출송門外黜送을 명하였다. 이것이 조태억이 겪은 두 번째 문외출송으로 이때 조태억은 2년여 동안 학탄鶴灘에서 머무르게 된다.

조태억은 두 차례에 걸쳐 문외출송을 당하며 정치적 부침을 겪게 되지만 이러한 어려움 속에서도 그는 시문을 통해 자신의 소회를 담아냈다. 비슷한 상황이었지만 당시 창작한 시작품을 보면 조태억은 시기별 대응 양상과 정서에 있어 상반된 모습을 보인다.

조태억에게 두 차례의 문외출송은 각각 1년 8개월, 2년여로 전부 짧은 기간이 아니었고 그도 이 시기를 가볍게 받아들이지 않았다. 그의 내력만을 보았을 때 그는 대체로 굵직한 관직을 역임하였다는 점에서 표면적으로는 큰 정치적 부침浮沈을 겪지 않은 것처럼 보인다. 하지만 그는 여러 시문詩文에서 당쟁의 중심에 있는 인물로서 겪는 어려움을 드러내었고, 문외출송이라는 사건을 겪으면서는 자신의 울적한 심사를 시문을 통해서 좀 더 적극적으로 드러내는 것을 볼 수 있다. 이에 본고는 문외출송이 조태억의 삶에서 상당한 의미를 지닌 것으로 보았다. 특히 문외출송이라는 동일한 상황 속에서도 각각의 시기에 창작한 시들의 전체적인 분위기를 비교해보면 조태억의 태도가 상반되는 모습을 확인할 수가 있다고 판단하였다.

이 연구는 약 13년간의 간격으로 두 차례의 문외출송을 겪었던 조태억에게 각각의 문외출송이 지닌 의미를 파악하고, 이어 두 시기에 창작된 시 작품들을 확인하여 정서적 거리를 확인하고자 한다. 이 작업을 통해 조태억 삶의 일부를 좀 더 자세하게 확인할 수 있을 것이다. 더 나아가 아직 명확히 밝혀지지 않은 조태억의 시세계를 조금이나마 밝혀낼 수 있을 것이라는 점에서 의미를 찾고자 한다.

2. 조태억과 문외출송門外黜送

문외출송은 조선시대 과실過失이나 중죄가 있는 관원의 벼슬과 품계를 빼앗고 서울 밖의 일정한 지역으로 내쫓는 형벌이다. 파직罷職보다는 무겁고 일정한 기간 지정된 장소에서 노역에 종사하게 하던 도형徒刑과 죄인을 먼 곳으로 보내 그곳에 거주하게 하는 형벌인 유배형流配刑보다는 가벼웠다. 하지만 '죄인을 파직하여 도성 밖으로 보낸다', '죄인의 행동에 제약을 둔다.' '어명에 따라 복권한다.'는 문외출송의 기본 조건은 유배형과 상당히 유사하다. 기존 연구는 '유배문학', '유배시'를 다루어 논의를 전개한 것들이 많았고 본고와 같이 "문외출송"을 주제로 삼아 이루어진 연구는 확인하기가 어려웠다. 그런데도 본고가 유배시와 차이를 두어 논의를 전개하려는 이유는 엄밀하게 따져봤을 때 유배형은 문외출송의 형벌보다 훨씬 엄중하다는 부분에서 차이가 있기 때문이다.

우선, 임금의 입장에서 형벌의 경중을 고민하고 그 차이를 두어 죄인에게 문외출송과 유배형을 명하는 것이기 때문에 기본적으로 형벌의 경중에 있어 차이가 존재한다. 유배는 태笞, 장杖, 도徒, 유

流, 사死의 오형五刑 가운데 하나로 국왕의 특별한 사면령이 없으면 유배지에서 생을 마감해야 했기 때문에 사형에 버금가는 중벌로,[65] 문외출송과 비교했을 때 훨씬 더 무거운 형벌이다. 실제로 『조선왕조실록朝鮮王朝實錄』과 『승정원일기承政院日記』을 보면 조태억은 문외출송만을 명 받았을 뿐 유배를 당한 적은 없다. 더욱이 조태억이 2번째 문외출송을 겪었을 때에는 노론 계열 대신들이 조태억을 위리안치圍籬安置하라는 상소를 올렸는데 영조는 위리안치 대신 문외출송을 명했다는 점을 감안하였을 때에도 문외출송과 유배를 동일한 층위에 두고 논의하기에는 무리가 있다고 볼 수 있다.

또한 물리적 거리면에서도 차이가 있었는데, 조태억이 문외출송의 형벌을 받을 때 축출된 장소는 용산龍山과 학탄鶴灘이었다. 이는 도성에서 얼마 떨어지지 않은 장소로, 유배라고 보기엔 거리상으로도 매우 가까운 것을 확인할 수 있다. 따라서 환경적 유사함을 이유로 문외출송과 유배를 동일하게 정의를 내리고 논의를 전개하기에는 무리가 있다.

또한 본고에서 문외출송 시기의 시를 다루는 이유는 조태억의 삶에서 문외출송이 결코 가벼운 사건이 아니었기 때문이다. 그는 시와 문을 통해서 직·간접적으로 문외출송의 형벌을 받아 도성에서 쫓겨나 있었을 때 자신이 느낀 감정과 태도를 드러냈다. 아래의 인용문들을 통해 조태억의 문외출송에 대한 자세한 정황과 조태억이 이 두 번의 사건을 어떻게 기억하고 있는지 살펴보도록 하겠다.

---

65 윤재환, 「朝鮮 後期 流配 經驗의 詩的 形象化 - 梅山 李夏鎭의 『雲陽錄』을 中心으로 -」, 『漢文學報』 19, 우리한문학회, 2008.

조태억의 첫 번째 문외출송은 약 1년 8개월 정도 되는데, 신묘통신사 직후 수금되어 1712년 3월 27일 문외출송의 명을 받은 이후부터 1713년 12월 1일 복관될 때까지 용산龍山으로 문외출송을 당하였다. 당시 상황은 아래의 글에서 볼 수 있다.

> (1) 趙泰億이 사신으로 일본에 갔을 때에 원여가 그를 접대하였다. 그와 필담을 나누었는데, 조태억 역시 그의 재빠른 솜씨에 혀를 내둘렀다. 그런데 필담을 나누는 사이 어쩌다 그의 忌諱를 건드리자 그가 노하여 나가 버리는 바람에 결국 사신 간 일에 지장을 초래하였다. 우리 측 國書가 우연히 원씨의 휘자를 범하자 원여가 고의로 우리의 휘자를 범해서 맞받아쳤다. 조태억이 이를 따지자 우리 측의 국서를 내보이며 버티고선 가라고 압박하였다. 조태억은 귀국한 다음 결국 나라를 욕보였다 하여 처벌을 받았다.[66]

조태억은 원여와 필담을 나누고 있을 때 일본의 기휘忌諱를 건드리고 화나게 하여 일이 틀어지게 된다. 당시 일본이 건넨 국서國書에 중종中宗의 휘諱인 '역懌'자가 발견되었고, 조선의 사행단이 이를 수정할 것을 요구하였다. 일본의 집정관이었던 신정백석新井白石은 조선의 국서에도 일본의 관백關伯이었던 덕천가광德川家光의 휘인 '광光'자를 사용했다며 반격하였다. 이에 양측은 서로 국서를 고쳐 교환하는 것으로 사건은 종결되었다.[67] 하지만 후에 노론 계열 대신들이

---

66 成大中, 『青城雜記』 권4, "趙泰億奉使入日本, 璵儐焉, 與之筆談, 泰億亦遜其敏, 談間, 適中其忌, 怒而去, 遂爲使事梗, 我國書契, 偶犯源諱, 璵乃故犯我諱以相當. 泰億爭之, 則出我書契以抵之, 仍迫之行, 泰億遂以辱國抵罪."

67 조영심, 「趙泰億의 使行文學 연구 : 對日觀을 중심으로」, 연세대학교 석사학위 논문, 2014, 7면에 구체적인 정황이 드러나 있어 이를 참고하였다.

이것을 국가의 체통이 지극히 손상되고 모욕받았으므로 정법情法을 참작하여 감죄勘罪하라고 임금에게 청하였고[68] 이에 숙종은 서종태徐宗泰(1652~1719)의 의견에 동의하며 조태억에게 문외출송을 명하였다.[69]

조태억은 위 같은 부분에서 과오를 범했음을 알고 이에 대한 처벌을 겸허히 받아들이고자 하였다. 다만 임금에게 사행 과정 중에 있었던 일을 보고하고 자신의 잘못에 책임을 지는 과정에서 계교計較하여 상황을 빠져나올 생각을 하거나 겁을 내고 마음이 흔들리는 등의 모함에 대해서는 억울함을 표출했다. 이 시기 조태억의 심정을 알 수 있는 몇 가지 글이 더 있는데, 이것을 보면 자신을 죄인으로 상정한 당시에 억울한 심정을 서술한 부분이 있다.

(1) 국서의 추환은 우리 쪽에서 먼저 發한 것이지 본디 저 사람들이 물리쳐 돌려보낸 것이 아닙니다. 倭人의 성품은 이상하여 반드시 굳게 고집함을 능사로 삼아 필경 非禮로 몰아내고 쫓아냄을 면하지 못할 경우 향후의 措處가 또한 깊이 염려스러웠으니, 어찌 돌아가는 기일의 더디고 빠름을 計較하여 힘써 다투지 않았겠습니까. '겁을 내었다.'느니, '마음이 흔들리고 의심하였다.'느니 하는 데 이르러서는 실로 지극히 원통합니다. 問目 가운데 전후의 狀啓에 조금도 引咎하지 않았다는 한 가지 사실은 원래 스스로 辯明할 말이 없습니다.[70]

68 『肅宗實錄』, 숙종 38년 3월 27일 경술 3번째 기사, " 正合予意, 竝命削奪官爵, 門外黜送."

69 『肅宗實錄』, 숙종 38년 3월 27일 경술 3번째 기사 "判府事徐宗泰, 李頤命以爲, 書式重大, 而使臣於此, 看得失誤, 終至莫重國書, 已傳而齎還, 不可謂彼情之不出侮慢, 而國體之損辱極矣, 仍請參酌情法而勘罪."

70 『肅宗實錄』, 숙종 38년 3월 27일 경술 3번째 기사, "則國書推還, 自我先發,

(2) 삼가 아룁니다. 신이 죄를 입었고 쫓겨난 후부터 지금까지 사 년이 되었습니다. 스스로 저지른 잘못이 극도로 커서 비방이 오갔으며 몸과 명예가 욕을 당하게 되고 종적이 기구하고 위태로웠고 다시는 보통 사람에 축에는 끼일 수 없게 되었고 성스러운 시대에 분수의 영원함을 버리는 것을 달게 여기고 있었습니다. ……(中略)…… 신을 모함하는 마음이 오래되어 풀지 못하게 되어 신을 논핵하는 것이 지금까지 이어져서 멈출 줄 모르니 또한 매우 심합니다! 그러나, 신의 평소 언행은 진실로 사람에게 신뢰를 주었는데 어찌 이런 일이 있겠습니까?[71]

(1)은 사행 직후 올린 상소문이고 (2)는 1716년 공조 참의로 재임하던 중에 당시 일을 회상하며 변론한 상소문이다. 조태억은 사행에 관한 국서를 처리할 때, 국서와 관련된 일은 일본 측에서 잘못을 저질렀다고 설명하였고, 더더욱 자신이 잘못하여 겁을 냈다거나 마음이 흔들리고 의심하였다는 소문에 대해서는 억울함을 밝히고 있다. 이 억울한 마음은 4년이 지난 지금까지도 이어지고 있다고 말했는데, (2)의 글에서 자신을 비방하는 자들의 논핵論劾이 너무 심함을 강조하고 있다. 위의 글들을 통해서 조태억이 첫 번째 문외출송 이후부터 끊임없이 공적들에게 비난받고 있었으며 이에 대한 피로감이 갈수록 심해지고 있었음을 유추할 수 있다.

本非彼人之所還退者矣. 倭性異常, 必以堅執爲能事, 畢竟若不免於非禮驅逐, 則向後措處, 亦深可慮. 豈計較於歸期淹速而不爲力爭乎, 至謂恇怯撓惑, 則實是至冤極痛, 而問目中前後狀啓, 略不引咎一款, 元無自明之言."

71 趙泰億, 「辭工曹參議兼辨使行時被誣疏」, 『謙齋集』 권25, "伏以臣之獲譴屛廢四年于玆矣. 釁累極大, 謗讟交積, 身名僇辱, 蹤跡崎危, 不復自齒於恒人, 分甘永棄於聖代." ……(中略)…… "陷害之心, 久而未逞, 至于今三劾臣而不知止, 其亦甚矣. 雖然, 臣之平日言行, 苟能見信於人, 寧有是哉."

첫 번째 문외출송 이후 1717년 조태억은 숙종이 세자에게 대리청정을 명했을 때 이를 반대하는 연명聯名 상소上疏를 올렸다가[72] 이에 여주 목사驪州牧使로 좌천되기도 했다. 1720년 경종이 즉위 후 1721년 경종이 세제世弟인 연잉군에게 대리청정을 명하였는데 이때도 조태억은 최석항崔錫恒(1654~1724), 이광좌李光佐(1674~1740), 조태구趙泰耉(1660~1723)와 함께 명을 철회해달라고 강력하게 요청하였고, 경종은 이 요구를 받아들이게 된다. 이 일을 계기로 신임옥사辛壬獄事가 일어나 노론 4대신이라 불렸던 김창집金昌集(1662~1713), 이이명李頤命(1658~1722), 이건명李健命(1663~1722), 조태채趙泰采(1660~1722) 등을 포함하여 노론의 많은 인물이 사사되거나 파직되었다.

그러나 1724년, 영조 즉위 후 득세한 노론 계열 대신들에 의해 을사환국乙巳換局이 발생하고 조태억은 신임옥사를 주도한 역적으로 지목되었다. 이에 조태억은 자신이 죽을 수도 있다는 걱정까지 해야 하는 지경에까지 이르렀다. 결국, 이해 7월에 조태억은 삭탈관직당하고 문외출송의 처분을 받게 된다. 구체적인 상황은 다음의 내용을 통해서 알 수 있다.

> '定策國老'·'門生天子'의 말은 아주 패악하여 倫理가 없음이 어찌 이토록 극에 이르렀겠습니까? '문생국로'란 바로 唐나라 때 宦官의 무리가 어두운 임금을 擁立했던 일인데, 이것이 과연 어떤 때이기에 감히 오늘날에 비교하는 것입니까? 생각해낸 뜻이 해괴하고 패악하여 협박하며 무함하고 더럽히는 것이 끝이 없었으니, 청컨대 파직하소서.[73]

72 『肅宗實錄』, 숙종 43년 8월 2일 계미 2번째 기사.

73 『英祖實錄』, 영조 1년 1월 13일 임자 5번째 기사, "門生, 國老, 卽唐朝閹宦輩, 擁立昏辟之事, 則此果何等時, 乃敢比擬於今日? 造意駭悖, 脅迫誣衊, 罔有紀

노론 계열 대신들은 조태억이 "문생국로門生國老"라는 말을 사용했다는 이유로 파직하라고 상소하였다. "문생국로門生國老"는 당唐나라 말기에 환관宦官들이 권한을 제멋대로 휘둘러 천자天子를 마치 시관試官이 문생門生을 보듯이 했으므로 '문생천자門生天子'라 했고, 천자를 마음대로 폐립廢立하고 국로國老를 칭하였으므로 정책국로政策國老라 했음을 이르는 말이다. 그들은 조태억을 모함하고 이와 함께 앞서 말한 '문생국로'라는 말을 매우 패악한 것이라 말하며 "조태억을 파직하고 유배형 중에 가장 가혹한 위리안치圍籬安置를 처분하라."고 상소하였다.[74] 영조 1년 1월부터 7월까지 약 반년 동안 조태억은 노론의 지속적인 공격을 받았다. 그때마다 영조는 전부 윤허하지 않았지만 결국 대신들의 강경한 모함에 못 이겨 문외출송을 명하였다. 당시 영조의 감정은 다음을 통해 알 수 있다.

> 趙泰億은 바로 내가 왕위를 이어받은 초기의 대신이었으니, 대신이 되어서도 말하지 않았다면 잘못이지만 重臣으로서 말하지 않은 것은 비단 이 사람만은 아니다. 대신이라는 이름 때문에 엄중한 형률로 논한다면 대신 노릇을 하기가 위태롭지 않겠는가. 단지 죽은 자는 追奪하고 산 자는 파직한다면 어찌 경중이 현격히 다를 뿐이겠는가. 이 또한 好惡를 밝히고 처분을 엄중히 하는 뜻이 아니므로 아울러 삭출의 형법을 시행한 것이다.[75]

極, 請罷職."

74 『英祖實錄』, 영조 1년 3월 4일 임인 1번째 기사, "末請依先朝處分, 嚴鞫正法, 李光佐, 趙泰億, 亦加請絶島圍籬安置,"

75 『承政院日記』, 영조 1년 7월 4일 경자[기해] 기사, "趙泰億, 卽予嗣服初相也, 爲三事而不語, 則非也, 在重臣而不語, 則非特此人也, 因相名而論以重律, 則其爲相也, 不亦危乎? 但死者追奪, 而生者只罷其職, 則奚但輕重之懸殊? 亦非

이 인용문을 보면 노론의 요구는 조태억의 위리안치였고, 영조의 결정은 조태억의 문외출송이었다. 영조는 조태억의 죄목이 유배를 보낼 정도는 아니라고 판단한 것이다. 1725년은 영조가 즉위하며 노론이 득세한 시기였다. 노론 계열 대신들은 신임옥사辛壬獄事가 일어났을 당시 형조 판서로 있었던 조태억이 노론 인사 처벌과 관련해서 노론 계열 대신들에게 불리하게 처사를 하자 조태억을 어떻게 해서든 역적으로 몰고 정계에서 쫓아내고자 혈안이 되어있었을 것이다. 이런 상황에서 그들은 조태억의 실수를 집요하게 공격하여 위리안치를 요구했던 것이다. 결과적으로 영조는 노론 계열 대신들의 강경한 요구에 끝내 견디지 못하고 마지못해 조태억에게 상대적으로 가벼운 형벌인 문외출송을 명하였다.

그러나 조태억은 유배가 아닌 문외출송 처분을 받았음에도 불구하고 당시 상당히 우울했다고 보이는데, 아래의 글을 통해 알 수 있다.

> (1) 을사년, 時事가 크게 변하여 사간 李鳳翼과 지평 柳復明이 合啓를 올려 당시 영의정이던 李光佐와 나를 파직하라고 청하였을 때의 일에 대한 기록이다. 나를 처벌하라는 요청에 임금께서 나를 庇護하면서, 金一鏡이 반교문을 지었을 때 내가 대제학으로서 반교문을 제대로 살피지 못했던 것은 사실이지만 실제 교문의 작성에는 관여하지 않았다.[76]

明好惡嚴處分之意也, 竝施削黜之律焉."

76 趙泰億, 〈後感君恩 自註〉, 『謙齋集』 권21, "右, 正月十一日, 時事大變, 十三日, 司諫李鳳翼, 持平柳復明, 發合啓, 請領右相罷職, 左相姑先削黜, 上命引見臺臣, 逐條開釋曰, 教文事, 下教見上 雖以其身爲主文, 不能致察爲罪, 而自己不干涉之事, 何可以罪之也, 其他事, 亦不可如是直敺人於罔測之科矣, 至於定策門生等語, 是筵說也, 他事雖不知, 而此則言猶可記, 今以此爲罪, 過矣,

(2) 臣이 세상의 죽일 놈이 된 지 지금 3년째입니다. 凶逆이라 이름하고 懲討해야 한다고 부르짖는데, 三司의 合啓로도 부족하여 請對하여 伏閤까지 하고, 복합으로도 부족하여 公卿이 모여 의논하기까지 하였습니다. 모여 의논하는 것으로도 부족하여 여러 관료를 위협하여 한 달 동안 庭請을 하고, 성균관의 諸生을 자극하여 날마다 글을 올리게 하였으며, 李倚天과 韓德厚와 같은 자는 엄한 처벌을 내리라고 청하기까지 하였습니다.[77]

(1)과 (2)를 통해서 조태억은 문외출송을 당할 당시에도, 3년이 지난 시점까지도 그의 2번째 문외출송에 대해서 힘들어하고 있음을 알 수 있다. (1)의 글에서는 김일경의 반교문頒教文을 점검할 때 제대로 살피지 못한 것은 사실이지만 교문에 직접 개입하지 않았음을 강조하며 억울함을 드러냈다. 이처럼 직접 작성하지 않았음에도 불구하고 당적의 모함을 받아 유배형을 받을 위기에 처했었으며, (2)의 글을 통해서 3년이 지나서도 자신을 흉역凶逆으로 이름하며 자신을 징계하고 처벌해야 한다고 공격하는 반대파의 대신들 때문에 상당한 정치적 시련을 겪었다는 것을 알 수 있다. 조태억의 행보를 보면 좌의정, 우의정을 역임할 정도로 대단해 보이지만, 그 이면에는 반대파의 대신이 논핵하여 파직되어 문외출송을 당하며 심적으로 상당한 고통이 있었음을 알 수 있다.

亟停勿煩."

77 趙泰億, 「辭左議政疏」, 『謙齋集』 권31, "伏以臣爲世大僇, 迄玆三載, 名之曰凶逆, 倡之曰懲討, 三司合啓之不足, 至於請對而伏閤, 伏閤之不足, 至於公卿會議, 會議之不足, 至於脅羣僚而浹月庭請, 諷諸生而逐日投匭矣, 如李倚天, 韓德厚至發按律之請."

> 나는 망극한 무함을 당하여 예측할 수 없는 화를 당하였으므로 입을 꾹 다문 채 붓을 불태우고 벼락을 만들어서 징계와 삼갈을 보존할 수 있게 하였으나 직업을 지키는 것에 있어서는 감히 이것을 가지고 해명하지 못할 것이다. 양직이 하나의 시를 지으면 나 역시 하나의 시로 화답하여 양직은 10편을 짓고 나도 10편으로 화답하였다. 그렇게 화답해서 스스로 수창한 것이 아마도 10편 중에 2, 3도 되지 않을 것이니 이에 또 시를 짓기 시작한다. 삼사에서 이미 나를 절도에 천극하였는데 양직은 내가 며칠 안으로 행하지 못할까 걱정하였으며 또 이 권이 끝을 잘 맺지 못할까 염려하였다. 이미 기세가 매우 세고 조정의 의논도 더욱 다급함에, 내가 더욱 두려운 마음에 조석으로 목숨을 보전하지 못할 것 같았으니, 성상의 어짊 덕에 힘입어 시종으로 용서해 주시고 삭출하도록 명하셨으니 나는 다행히 먼 남북 쪽으로 던져지지 않고 시 또한 권에 가득 채울 수 있었다.[78]

위 글은 조태억이 문외출송을 당하여 학탄에서 지낼 때 정림의 별장에 있던 벗 신의집(1678~?)과 수창한 시를 모은 『학림옥로』의 서문이다. 당시 문외출송을 당해 학탄으로 쫓겨난 자신을 "망극한 무함을 당하여서 예측할 수 없는 화를 입었다"라고 설명하며 그럼에도 양직과 함께 서로 시를 지었다는 것을 알 수 있다. "이 권이 끝을 잘 맺지 못할까 염려하였다."라는 말을 보면 후에 시문집을 엮어내기로 기약

78 趙泰億, 「鶴林玉露序」, 『謙齋集』 권41, "遭罔極之誣, 陷不測之禍, 方且杜口結舌, 焚筆與硯, 以存懲毖之啚, 而於養直不敢以此爲解, 養直賦一詩, 余亦和一詩, 養直賦十篇, 余亦和十篇. 非其和而自唱者, 盖不十之二三焉, 方且始賦也. 三司已擬余以絶島栫棘, 養直旣憂余不日將行, 又恐是卷之不克有終, 旣已火色益熾, 庭議益急, 則余益凜凜焉朝夕之不能保, 賴聖上仁宗, 終始曲貸, 止命削黜, 余幸不遠投南北而詩且盈卷矣."

을 하였던 것으로 보인다. 그러나 당시 노론의 공격이 매우 거셌고 이에 따라 자신의 목숨을 보전하지 못할 것 같은 마음이 들 정도로 매우 불안한 상황이었다는 것을 알 수 있다. 더 나아가 이 시기의 시를 따로 모아 시문집을 만들었다는 것은 조태억이 1725년에 겪은 문외출송이 그의 삶에서 적잖은 충격이었음을 파악할 수 있다.

문외출송이 표면적으로는 유배형에 비해 가벼운 형벌일지 모른다. 하지만 실제로 조태억에게는 자칫하면 목숨을 잃을 수도 있는 작지 않은 정치적 시련이었다. 정도의 차이는 있겠지만 조태억에게 두 차례의 문외출송은 모두 그에게 심리적 고통으로 다가왔다. 따라서 그의 삶과 생각에 일정 정도의 영향을 주는 사건이었을 것임은 충분히 짐작할 수 있을 것이다. 다음 장에서는 조태억이 겪었던 1712년 첫 번째 문외출송 당시 창작한 시작품과 1725년 을사환국 이후 겪은 두 번째 문외출송 당시 창작한 시작품들을 비교하여 당시 조태억의 정서를 살펴보고자 한다.

3. 문외출송門外黜送 시기별 대응 양상

조태억은 숙종과 영조에게 큰 신임과 총애를 받은 동시에 노론 대신들에게 심한 공격을 받았고 그 결과 2번의 문외출송의 형벌을 받고 1년 8개월에서 2년의 고난의 시기를 겪었다. 그렇게 힘든 와중에도 그는 적지 않은 시를 적었는데 그의 문집 속에서 문외출송 시기의 시를 간략하게 정리해 보면 다음과 같다.

[표 1]『겸재집謙齋集』 소재 문외출송 시기별 시 수

시일	기간	장소	수록 권수	시 수	비고
1712년(38세) 3월 27일 ~ 1713년(39세) 12월 1일	약 1년 8개월	龍山	卷 9, 10	118제 208수	
1725년(51세) 7월 4일 ~ 1727년(53세) 7월 1일	약 2년	鶴灘	卷 20, 21, 22	173제 328수	

『겸재집謙齋集』에 수록된 문외출송 시기의 시를 살펴보면 첫 번째 문외출송 시기의 시는 약 1년 8개월 동안 118제 208수, 두 번째 문외출송 시기의 시는 약 2년 동안 173제 328수로, 총 291제 536수이다. 조태억이 대략 3년간 536수를 창작한 것은『겸재집』에 수록된 3,600여 수의 시에서 차지하는 비율로 따져 보면 상당한 수라고 볼 수 있을 것이다.

조태억이 경험한 두 차례의 문외출송은 모두 정치적 시련이라는 상황이기 때문에 두 시기 시 속 정서가 비슷할 듯 여겨지나 실제 시에 드러난 대응은 상반되는 것을 확인 가능하다. 첫 번째 시기의 시에서는 어려운 상황 속에서 일어나는 자신의 불안하고 참담한 마음을 긍정적으로 환기하려는 낙관적인 모습이 나타난다. 두 번째 시기에서는 불안감과 서러움, 우울한 심사를 고백하고 부정적인 상황을 한스러워하거나 자신을 연민하며 친지나 벗을 그리워하는 등 감정을 솔직하게 고백하는 모습들이 많이 드러난다. 이 장에서는 조태억의 문외출송 시기의 시를 시기별로 나누고 상반된 태도가 담긴 시들을 위주로 선별하여 각 시에서 어떤 양상이 드러나는지 구체적인 시작품을 통해 살펴보도록 하겠다.

1) 낙관樂觀의 의지 발현, 첫 번째 문외출송門外黜送

조태억은 통신사로서 사행을 마치고 돌아오자마자 수금되고 문외출송의 형벌을 받았다. 하지만 첫 번째 문외출송 시기 시에서 조태억은 자신의 상황을 긍정적으로 받아들이려 노력하며 그 속에서 최대한 즐거움을 추구하려고 노력하는 낙관적인 모습들이 많이 보인다. 오히려 이 시기에 지은 시를 보면 기행시, 유람시라고 느껴질 정도로 자연에서 흥취를 누리고자 하는 모습이 보인다. 이것은 여타의 문인들의 유배시에서 흔히 보이는 안분安分과 자적自適을 추구하는 부분과 일정 부분 유사하다고 볼 수 있다.[79] 하지만 약간의 정도의 차이가 있는데, 현재 처한 자신의 처지를 애써 부정하고 적극적으로 즐기려는 모습이 많이 나타난다. 구체적인 시 작품을 통해 살펴보도록 하겠다.

맑은 조정에서 쫓겨난 신하 한스럽지 않은 것은	不恨淸朝作逐臣
강호가 예로부터 기인을 따라다니기 때문인데	江湖從古着畸人
천륜도 하물며 단란한 즐거움에 있고	天倫況有團圓樂
바깥 홍취마저도 적막한 물가에서 좋네	野趣偏甘寂寞濱
침상 나란히 하고 밤 빗소리 듣는 것 매우 기쁘고	正喜連床聽夜雨
성곽 나와 풍진 적은 것까지 바로 알겠으며	方知出郭少風塵
남계의 물고기와 벼는 가을에 응당 좋으니	藍溪漁稻秋應好
며칠 뒤 돌아와 다시 이웃 맺을 것이네	幾日歸歟更卜隣[80]

79 윤재환, 「朝鮮 後期 流配 經驗의 詩的 形象化 - 梅山 李夏鎭의 『雲陽錄』을 中心으로 -」, 『漢文學報』 19, 우리한문학회, 2008, 326면.

80 趙泰億, 〈夜陪仲氏, 聽雨口號〉, 『謙齋集』 권9.

이 시는 제목을 통해서 자신의 둘째 형 조태만趙泰萬(1672~1727)와 함께 밤에 빗소리를 들으며 즉흥적으로 읊은 시라는 것을 알 수 있다. 시의 첫 구에서 자신을 쫓겨난 신하라고 말하고 있는 부분에서 문외출송의 처분을 당한 상황임을 알 수 있다. 하지만 그런 상황임에도 한스럽지 않다고 말한다. 둘째 형이 자신이 있는 곳으로 와줘서 함께 시간을 보내며 자신의 눈에 들어오는 모든 풍경을 즐기고 기뻐하는 것을 알 수 있다. 이 시가 지어진 상황적 배경을 제외하고 본다면 문외출송을 당하여 상심하고 있는 신하의 모습보다는 자신의 형제와 함께 유람하면서 자연을 즐기고 있는 시라고 봐도 무방할 정도로 낙관하고 있는 것을 알 수 있다. 이 시를 쓸 당시 조태억의 상황을 바탕으로 살펴본다면 실제로 조태억이 전혀 상심이 없이 순전히 즐거운 감정만으로 이 시를 썼다고 보기엔 다소 무리가 있다. 주어진 상황을 극복하기 위해 애써 낙관하려는 의지가 드러나 있다고 해석할 수 있을 것이다.

죄 커서 밝은 시대에 견책을 받아도	罪大明時譴
몸 한가한 것 온 가족과 우거하기 때문이니	身閑盡室僑
그동안 붕새 바다 위에서 유유히 돌다	向來鵬運海
이제야 그 새 둥지에서 편안하니	今日鳥安巢
조각배 띄우고 자주 달빛 태워	泛艇多乘月
중 붙잡아 또 밤 대화 나누니	留僧或話宵
온갖 녹음 나라에 전부 시들어도	万綠都謝盡
문자는 아직 완전히 버려지지 않았네	文字未全抛

其二

고기 잡고 나무하는 것 즐길만하니	漁樵也可樂

총애와 모욕에 어찌 놀라겠는가　　寵辱豈堪驚
흰 새는 나의 짝이 분명하고　　白鳥眞吾伴
청산은 세속의 물정이 아니니　　靑山不世情
한가지 마음으로 득실을 똑같이 보고　　一心齊得喪
만 가지 일로 차고 기움에 임하며　　萬事任虧盈
높은 누대에 가을비 속에서　　高樓秋雨裏
강소리 듣고 노래하며 잠드네　　歌枕聽江聲[81]

이 시는 용산龍山에서 지내던 중 가을날 느끼는 감정을 드러낸 연작시다. 첫 번째 수 첫 번째 구에 자신을 '죄가 커서 밝은 시대에 견책을 받았다'라고 하는 부분에서 문외출송을 당한 조태억의 처지를 확인할 수 있다. 하지만 그 와중에 몸이 한가하다고 느끼는 것은 온 가족과 함께 타관살이하고 있기 때문이다. 또한 붕새가 바다 위를 유유히 돌다가 이제야 둥지에 자리를 잡고 편안한 모습을 자신의 상황과 일치시켜 자신의 처지를 상당히 긍정적으로 받아들이려는 것을 볼 수 있다. 이내 밤에 조각배를 띄우고 달빛을 태워서 근처에 있는 중을 붙잡아 밤새 대화를 나누고 있는 고요하고 편안한 분위기 속에서 온갖 녹음 나라에 시들어도 문자는 버려지지 않았다고 말을 하는 것을 통해서 자신이 처한 상황을 상당히 낙관적으로 바라보고 있는 것을 알 수 있다. 이 시에서는 죄를 지어 쫓겨난 사람의 억울한 감정이나, 좌절하는 모습이 보이지 않는다.

2번째 수도 역시 이에 더하여 적극적으로 자연을 즐기고 있는 모습이 나타난다, 고기를 잡고 나무하는 것이 충분히 즐길만하니 자신이 그동안 겪어왔던 총애 모욕 같은 감정 하나하나에 동요하지 않는 모

81 趙泰億, 〈秋懷二首, 次卷中韻〉, 『謙齋集』 권9.

습을 보인다. 흰 새를 짝하고 청산을 긍정하며 자연을 벗하는 모습과 그런 자연에서 마음 수련을 하며 세상일에 대한 사유를 드러내는 모습에서 불안할 수 있는 현실임에도 오히려 마음은 안정감을 찾으려 노력하는 모습이 보이며 누대에 올라가 가을 빗소리와 흐르는 강물 소리를 들으며 노래를 하고 즐기고 있는 모습이 나타난다.

궁벽한 외톨이 신세라 아름다운 약속 멀어졌으니	窮居落落阻佳期
시사의 맑은 기쁨 이때 한꺼번에 해야 하는데	詩社淸歡此一時
봄철 이미 따라와 근심 속에 지나가고	春序已從愁裏度
아침 그늘 더욱 느껴져 앉았다가 옮겨갔으나	朝陰更覺坐來移
서유자 맞이하려 평상 펼치느라 바쁘고	逢迎徐孺忙開榻
산옹으로 돌아가려 거꾸로 말 타고 가네	歸去山翁却倒騎
우리는 다행히 강과 바다만 즐기면 되니	吾輩幸專湖海樂
세상 자제들에게 고민하여 말할 필요 없네	莫須煩說世間兒[82]

이 시는 조태억의 연구시聯句詩 〈석상席上, 우주필연구又走筆聯句〉를 지은 후에 이 시를 차운하여 지은 〈우차又次〉라는 작품이다. 〈석상席上, 우주필연구又走筆聯句〉을 보면 벗 이정제李廷濟(1670~1737)가 관례冠禮를 마친 세 아들과 함께 조태억을 찾아왔고 같이 연구시를 지었다는 것을 확인할 수 있다. 이정제는 자가 중협仲協으로, 문집에서 "중협仲協"이라는 제목 아래에 조태억의 시에서 상당히 많이 등장하는 인물이다. 이정제는 조태억과 같은 붕당에 속해있는 소론으로서 노론 계열 중신들을 탄핵하다가 파직되기도 하였다. 함께 연구시도 많이 지으며 서로의 시를 차운하며 지내는 각별한 사이임을 알

82 趙泰億, 〈又次〉, 『謙齋集』 권10.

수 있다.

이렇게 친한 벗과 잠시 약속이 멀어져 궁벽하게 외톨이로 살고 있으니 시사의 맑은 기쁨을 즐겨야 할 시기가 바로 지금이지만 이미 봄철이 지나갈 무렵이라 더 기쁨을 누리지 못함을 안타까워하고 있다. 하지만 이도 잠시, 천거되어도 조정에 나가지 않고 농사를 지으며 은거했던 서유자徐孺子를 맞이하거나 산옹山翁을 따르고 그저 강가 바다만 즐기면 된다고 하며 자식들에게 고민하여 말할 필요 없다고 하는 부분을 통해서 고통스러운 마음을 드러내기보다는 주어진 환경 속에서 강과 바다를 즐기려고 하는 낙관적인 의지가 나타나고 있다.

이 절에서는 조태억이 자신이 처한 부정적인 환경을 낙관적으로 바라보고 이겨내려는 의지가 드러난 시들을 살펴보았다. 통신사로서 일본에 갔다가 문제가 생겨 그 책임으로 곧바로 수금된 뒤 문외출송의 명을 받은 상황은 그에게 많은 고통이었다. 그런 자신의 상황을 이겨내기 위해서 선택한 방식은 상황에 대한 낙관이었다. 하지만 이어서 두 번째 문외출송의 시에서는 상반된 태도를 보이는데, 다음 절을 통해서 살펴보도록 한다.

2) 좌절된 낙관과 고백의 심화, 두 번째 문외출송門外黜送

조태억은 두 번째 문외출송 당시에는 자신의 상황을 낙관적으로 견디기 어려웠던 것으로 보인다. 그는 이 시기 지은 시에서 울적하고 답답한 심사를 많이 내비친다. 이 시기 시를 모아 편찬한 시문집 『학임옥로鶴林玉露』의 서문에서는 다음과 같은 내용이 보인다.

> 이제 궁핍하고 곤궁한 모임을 하고 적막한 물가에 처하게 되었다. 울적한 심사, 답답한 마음, 근심과 번민, 사무치는 감정으로 노래하고 눈물 흘릴 만한 것들을 모두 시에 드러내니 쏟아내면 쏟아낼수록 더욱 새롭고 계속 이어져 끝없이 나왔고 그런 뒤에야 기운과 맛이 화평하고 성률이 조화를 이루는 것을 잘 알겠다. 그려내는 것은 친절하고 편안했으며 펼쳐낸 정서는 자세하고도 간절하여 기이하거나 기교에 가득한 말이 없어 단련하고 와전하며 무성한 아름다움이 있으나 힘을 쓴 것이 깊지 않아도 뜻을 구사한 것이 정밀하고 지극한 것이 어찌 이러한 경지에 이르렀는가[83]

이 글에서 조태억은 이 시기에 지은 시들이 자신의 근심, 번민이 담겨 있다고 말하며 이런 정서를 담아 노래하고 눈물 흘릴만한 것들을 모두 시에 드러냈다고 말한다. 전체적으로 우울하고 부정적인 감정들이 나타나 있다고 볼 수 있다. 또한, 시를 지으면 지을수록 기미가 화평하고 성률이 조화를 이루어 시에 담아낸 것이 친절하고 편안했으며 정서가 자세하고 간절하여 기이하고 기교에 가득한 시어를 사용하지 않아도 뛰어난 시를 쓸 수 있게 되었다고 자평하였다. 이 시기에 시를 지을 때 조태억은 인위적인 기교에 힘을 쓰지 않고 간절한 마음으로 시를 지었다는 것을 알 수 있고, 그렇기에 이 시기 지은 시들은 조태억의 진솔한 정서를 파악할 수 있다고 볼 수 있다.[84]

83 趙泰億, 「鶴林玉露序」, 『謙齋集』 권41, "今也値隱約之會, 處寂寞之濱. 凡幽悁堙鬱憂懣感慨, 可歌而可涕者, 一發之詩, 愈出而愈新, 愈多而愈不窮, 然後益知其氣味平和, 聲律諧協, 寫傾則襯切而安適, 抒情則委曲而懇摯, 無奇衺尖巧之語, 有團練完啓之美, 非着力至深, 用意精到者, 何以及此哉."

84 실제로 조태억은 기본적으로 사람의 성품과 덕성을 문학의 근본으로 보았고 삶의 행위 양태와 의식을 문학의 위에 두었으며, 시문에서 작자 정서의 진실

이 시기의 시에서는 조태억의 우울한 심사를 진실하게 고백하는 모습이 많이 나타난다. 이는 자신이 처한 상황을 즐기려고 했던 앞선 시기의 문외출송 시기 시에서 보이는 태도와는 사뭇 다르다. 작품을 통해 더 구체적으로 살펴보고자 한다.

지난 임금 때 술동이 잡던 사람이고	先朝太學執樽人
금상 세자일 때 박사였던 신하인데	今上春宮博士臣
지금 한스러움 체증되어 남쪽에 머물러 있으니	此日周南留滯恨
늙은 몸 세자의 성대한 입학식 보지 못하네	殘生莫覩盛儀新[85]

이 시는 제목을 통해 시가 지어진 경위를 알 수 있다. 3월 19일 세자궁으로부터 입학식이 거행된다는 소식을 들었으나 자신은 문외출송을 당한 탓에 그 자리에 참여하지 못해 옛날에 있었던 일들만을 추억하며 탄식밖에 할 수 없는 상황에 대한 서러운 마음이 드러나 있다. 제목을 통해서도 "노신죄병궁협老臣罪屛窮峽"이라고 말하며 자신을 죄지은 늙은 신하로 여기고 있다는 점을 통해서 자신을 연민하며 우울한 심사를 고백하고 있음을 알 수 있다. 또한, 시 제목에서 "추사을해임인구사追思乙亥壬寅舊事"라는 말은 을해乙亥년(1695) 조태억이 25세일 때부터 임인壬寅년(1722) 왕세제王世弟 입학례를 행하고 세자의 스승으로서 『소학小學』을 가르쳤던 일을 말한다. 이 말을 통해서도 조태억이 현재 문외출송되어 세자의 입학식에 참석하지 못하

성을 상당히 중시했다. 윤재환, 「겸재 조태억 문학론 검토 試論」, 『大東漢文學』 71, 대동한문학회, 2022, 210면.

85 趙泰億, 〈伏聞春宮邸下以三月十九日, 行齒學禮, 老臣罪屛窮峽, 莫覩盛儀, 追思乙亥壬寅舊事, 感歎成詩〉, 『謙齋集』 권21.

여 울적한 심정을 엿볼 수 있다.

시 내용을 살펴보자면, 승구에 나오는 춘궁春宮은 동궁東宮에 딸려 있던 벼슬아치를 뜻한다. 자신이 숙종 때부터 세자의 스승으로서 왕세자를 가르치며 왕세자의 입학식에도 참여했었다. 마찬가지로 영조가 세제였을 때 입학례를 행하고 태학 박사太學博士로서 『소학』을 가르쳤으나 현재에는 쫓겨나서 고립되어있는 상황임을 인식하고 이를 매우 한스러워하고 있다. '주남류周南留'는 "태사공이 주남 땅에 그대로 머물러 있는 바람에 국사에 참여할 수 없었다."[86]는 고사를 인용한 것으로, 삭출되어 궁궐에서 떨어져 있는 바람에 입학식에 참여하지 못하는 상황을 효과적으로 강조한 표현이다. 이런 상황에서 조태억의 우울함이 집약되어 나타난 부분이 전구의 '체한滯恨'이라는 시어이다. 행동의 제약이 있는 상황에서 조태억은 그저 체증이 되도록 한스러움을 묵히고 감내하는 것 말고는 할 수가 없다. 그리고 결구에서 이런 성스러운 입학식이 거행되는 데에 참여하지 못한 안타까움을 끝까지 해소하지 못하며 울적한 모습으로 시가 마무리된다. 조태억은 앞서 주어진 상황을 즐기려고 하는 모습과는 달리 자신의 상황을 매우 비관적으로 인식하고 매우 울적한 심사를 고백하는 다른 모습을 보인다는 것을 확인할 수 있다.

(1)

3년의 이별 고통스러운 한 되어	苦恨三年別
5일의 머무름에 정 많았으니	多情五日留
향한 마음 돌아가는 배 쫓지만	鄕心逐歸棹

86 司馬遷, 「太史公自序」, 『史記』 권130, "太史公留滯周南, 不得與從事."

학탄 물결 따라 멀어지네 遙下鶴灘流[87]

(2)
매운 고통은 깊은 골짜기 집으로 찾아와 辛苦來尋峽裡家
서로 만나 한밤 동안 농사 얘기 나눴는데 相逢一夜話桑麻
내일 아침 또다시 갑자기 이별할 테니 明朝又復忽忽別
외나무 꽃 뜰앞에서 근심부터 마주하네 愁對庭前獨樹花[88]

(3)
골짜기 속 쓸쓸하니 옛 놀던 일 잊어버렸고 峽裡蕭條阻舊遊
밤 오니 돌아갈 꿈은 여울머리에서 떨어지니 夜來歸夢落灘頭
이십 일이 3년 되어 지나간 것 같고 二旬若過成三歲
하루가 10년에 이르도록 서로 그리워하네 一日相思抵十秋
쫓겨나 얽매이고 위태로워 나는 늙고 병들었는데 放逐羈危吾老病
소요하고 자유롭게 방조하는 그대는 풍류 즐기네 逍遙散誕子風流
서쪽 강에서 이삭한 한도 끝없는데 西河離索無窮恨
장안이 보이지 않는 근심까지 아울러 있네 兼有長安不見愁[89]

앞 절에서는 조태억에게 벗이 찾아왔을 때 연구시聯句詩를 짓거나 함께 자리를 가지며 즐기며 낙관하는 모습이 주를 이뤘다면, 이 시기 시에서는 찾아와준 사람들이 떠나간다는 사실에 주목하여 근심과 한스러움을 표출하고 있음을 알 수 있다.

(1)의 시에서는 3년 동안 권군權君을 보지 못함이 '고한苦恨'이 되었

87 趙泰億, 〈贈權君後重〉, 『謙齋集』 권20.
88 趙泰億, 〈答寄金時秋〉, 『謙齋集』 권21.
89 趙泰億, 〈復次遊字韻, 寄謝三洲〉, 『謙齋集』 권20.

다고 하며 시가 시작되는데 권군이 정확히 누군지는 알지 못하지만, 그의 시에도 가끔 등장하는 것으로 보아[90] 어느 정도 친분이 있는 사람인 듯하다. 조태억은 문외출송의 형벌을 받아 도성에서 벗어나서 권군을 오랫동안 만나지 못했다는 사실에 집중했다. 이 때문에 만남을 기뻐하기보단 3년 동안 이별했음에도 불구하고 고작 5일 동안만 머무른 것이 매우 짧다는 사실에 집중하여 멀어져가는 배를 눈으로 좇을 뿐이라며 안타까운 마음을 표출한다.

(2)의 시는 김시추金時秋에게 답하여 부친 시이다. 김시추金時秋에 대한 구체적인 정보도 쉽게 찾을 수는 없지만, 조태억이 그를 위해 서문을 적어주었다는 점에서[91] 일정 정도의 친분이 있었다는 것을 알 수 있다. 여기서도 자신이 있는 "심협尋峽"에 "신고辛苦"가 찾아왔다고 말하는 부분에 있어서 자신이 처한 현재 상황을 매우 고통스러워하고 있음을 알 수 있다. 이 시도 조태억이 하룻밤 동안 자신과 이야기를 나눴던 김시추와의 일화를 떠올리며 만족하기보다는 내일 아침 이별할 생각에 뜰앞에서 외나무에 꽃이 핀 것을 보고 근심이 먼저 이는 것을 확인할 수 있다. "고통스러움"과 "갑작스러운 이별", "근심" 등이라는 시어로 자신의 근심스러움을 전체 시에서 강조하고 있는 것을 알 수 있다.

(3)의 시는 "유遊"라는 글자를 차운하여 삼주三洲에게 부친 시이다. '삼주三洲' 역시 누군지는 정확히 알 수 없다. 하지만 조태억이 삼주와

---

90 趙泰億, 〈明谷先生遺集之刊印也, 權君喜學宲董其役, 不數月而工告訖, 其勞誠不少矣, 屬承同樞新除, 將上京, 故題贈二律〉, 『謙齋集』 권15. ; 〈陶谷, 又以新搆松石軒二律, 見寄要和, 又於灘隣權君後重之來, 申索不已, 遂依韻和呈〉, 『謙齋集』 권21.

91 趙泰億, 「贈金時秋序」, 『謙齋集』 권11.

교유하며 창작한 시를 전부 합하면 약 26수가 되는 것으로 봤을 때 삼주와도 상당히 가까웠던 것으로 보인다. 조태억은 이 시에서 자신의 거처를 쓸쓸한 곳으로 인식하며, 현재 상황이 몹시 고통스러워서 예전에 좋았던 일을 잊어버렸고 돌아갈 꿈도 꾸지 못하는 상황이라고 말하고 있다. 그 와중에 시간도 안 가고 하루를 10년처럼 서로를 매우 그리워한다고 말을 하며 공간·시간상으로 매우 부정적 상황에 부닥쳐있음을 강조하고 있다. 이어서 늙고 병든 자신을 한탄하며 더욱 비관적인 어조로 자신의 감정을 고백하고 있다. 미련에서는 이 태도가 더 심화된다. 벗들을 떠나 홀로 사는 것을 강조하기 위해 "이삭離索한 한이 끝이 없을뿐더러 장안이 보이지 않는 먼 곳까지 근심이 펼쳐져 있다"라고 시를 전개함으로써 현재 상황에 대해 불안함과 불만족이 몹시 심한 것을 알 수 있다.

1절에서 살펴본 시들은 벗이 찾아옴에 기뻐하고 자연을 즐기려는 의지가 많이 나타나지만 동일한 상황 속에서 위 시들은 조태억의 울적한 심사가 드러난다. 치열한 당쟁에서 억울하게 처벌을 받아 생명의 위협을 느끼고 있던 그에게 이전처럼 마음을 편안하게 하려 노력하거나 주어진 환경을 좋게 바라볼 여유는 없었을 것이다. 그렇기에 자신과 이전에 인연을 맺었던 사람들을 떠올리면 즐거움과 흥취가 일어나기보단 그동안 억눌려있던 서러운 감정이 표출되는 것이다.

이별 상황에 초점을 맞춰서 지은 시가 많다는 것은 조태억의 울적한 마음을 스스로 다잡을 의지가 부족하다는 것을 말한다. 따라서 누군가에게 자신의 참담한 감정을 고백하고 싶고 툭 털어내고 싶은 욕구가 나타난 것이다. 물론 그 참담한 마음을 이겨내고자 하는 의지도 드러나기는 하지만 그 의지는 주로 비관적인 고백이 이뤄진 후에 이를 없애보려 마음을 수양하는 모습으로 나타난다. 다음 시를 통해 알 수 있다.

인적 끊긴 협곡엔 얼음과 눈이 찌르고	絶峽衝氷雪
길 끝에선 죽음과 삶 묻네	窮途問死生
높은 齋閣에 천 개의 산 합해지고	高齋千嶂合
차가운 걸상에 하나의 등불 선명한데	淨榻一燈淸
온 세상 속에 나는 누구와 함께하며	擧世吾誰與
빈 문엔 나는 홀로 정 깊구나	空門爾獨情
오늘 아침 원망과 슬픔 물리치려	今朝却怊悵
飛錫은 금성으로 향하네	飛錫向金城[92]

이 시에서는 "절협絶峽", "빙설氷雪", "궁도窮途", 과 같은 단어들로 시의 분위기를 극한으로 설정한 후 생사에 대해서 생각해보는 조태억의 모습이 드러난다. 조태억의 직접적인 고백과 의지가 드러난 부분은 경련과 미련이다. 모든 세상은 저마다 더불어 사는데 '나는 누구와 함께하며 빈 문에 나는 홀로 정 깊구나'라고 말하며 고립된 자신을 안쓰럽게 여기고 이내 외로운 심정을 고백하고 있는 것을 볼 수 있다. 그리고 곧 자신이 가지고 있던 모든 원망과 슬픔을 물리치려 택한 방식이 "비석飛錫"이니, 비석은 승려가 사방으로 떠다니며 수행하는 것을 말한다. 여기서도 적극적으로 상황을 해결하려고 한다기보다는 자신의 마음을 수양하려고 하며 자신의 답답하고 울적한 마음을 나타내는 것을 알 수 있다.

극한적 상황에 부닥쳐서 한스러워하고 비관적인 태도를 보이는 것은 인간이 가지는 보편적인 모습일 것이다. 그리고 물론 이 시기의

92 趙泰億, 〈察上人遠來相訪, 留八日, 歸金城, 臨別書贈〉, 『謙齋集』 권20

조태억의 모든 시가 전부 고백적인 어조로만 구성된 것은 아니다. 하지만 이 시기 시에서는 앞선 시기 시에서 나타난 모습과 달리 자신의 처지를 상당히 비관적으로 바라보며 자신의 본심을 고백하고 있는 모습이 주를 이루며 시 전체 분위기가 매우 상반된다는 점에 주목했다.

그렇다면 비슷한 환경 속에서 조태억의 태도가 이렇게나 달라진 이유는 과연 무엇일까? 그 이유는 을사환국이 발생하여 소론이 실각한 뒤, 조태억을 향한 노론 계열 대신들의 지속적인 모함으로 인한 좌절의 심화라고 볼 수 있을 것이다. 앞서 2장에서 여러 글을 통해 조태억의 문외출송과 관련된 상황과 정서를 확인할 수 있었다. 기간상 큰 차이가 있었던 것도 아니며, 문외출송의 형벌을 받은 그 죄질도 크게 다르지 않다. 다른 것은 첫 번째 문외출송의 명을 받을 당시에는 노·소론 간의 당쟁이 본격화되기 전이며 조태억도 자신의 잘못을 어느 정도 인정을 하고 문외출송의 명을 받아 용산에서 지냈기 때문에 그에겐 오히려 공무를 수행하는 부담감과 고단함에서 잠시 벗어날 수 있었던 계기였다고 볼 수도 있을 것이다. 즉, 낙관적으로 상황을 이겨낼 의지가 충분히 있었다는 것이다. 하지만 첫 번째 문외출송 사건 이후부터 두 번째 문외출송 사건 사이에 조태억에게 일어났던 정치적 시련은 그의 전체적인 시의 분위기를 바꿔놓을 정도로 큰 작용을 했다고 보인다. 그 이유는 첫 번째 문외출송 사건이 종결되었음에도 4년 동안 노론 계열 대신들은 조태억을 지속해서 모함하며 그를 숨 막히게 공격해왔다. 그 이후로 작은 실수가 빌미가 되어 사사되거나 파직되고 좌천이 되는 등 당쟁은 매우 과열되었다. 결과적으로 살펴봤을 때, 조태억은 첫 번째 문외출송과 두 번째 문외출송 사이에서 한순간도 당적의 공격에서 벗어났던 적이 없었다. 이로 인해서 그의 시에서 나타나는 정서의 양상이 상반된다고 볼 수 있다.

4. 결론

‘문외출송의 명을 받아 면직免職하고 우거한다.’는 것은 엄밀한 기준을 두고 봤을 때 ‘유배시’라고 정의 내릴 수는 없지만, 상황적 측면에서는 유배와 상당히 유사하다. 앞서 살펴본 조태억의 문외출송 시기 시는 여타 문인들의 유배시의 전형에서 크게 어긋나지는 않는다.[93]

하지만 본고는 동일한 상황을 두고 시기적 차이에 따라 상반된 태도가 나타났다는 점에 집중했다. 2장을 통해 살펴봤듯이 두 번의 문외출송 모두 조태억에게 적잖은 정치적 어려움이었던 것은 분명하다. 하지만 첫 번째 문외출송 시기의 시에서는 주어진 환경을 낙관적으로 극복하려는 의지가 두드러졌고 두 번째 문외출송 시기의 시에서는 같은 상황에서 자신의 울적하고 한스러운 정서를 고백하는 모습이 두드러졌다. 이렇게 두 시기의 시가 상반된 대응을 하고 있는 이유는 정치적 시련으로 인한 좌절의 심화라고 볼 수 있다. 심적인 고통을 겪으면서 낙관적으로 바라볼 사기가 꺾였기 때문에 이같은 양상이 나타난 것이다.

---

93 윤재환, 「朝鮮 後期 流配 經驗의 詩的 形象化 - 梅山 李夏鎭의 『雲陽錄』을 中心으로 -」, 『漢文學報』 19, 우리한문학회, 2008. 에서는 상실감 · 단절감을 기본 속성으로 하는 유배문학은 그 표출된 양상에서 몇 가지 유형성을 지니는데 크게 內的 葛藤의 표출과 安分과 自適의 추구를 통한 現實 同和으로 나타난다고 언급했다.

조태억의 두 차례의 문외출송 시기의 시에서 나타난 상반된 정서의 양상을 살펴본 이 연구는 먼저 아직까지 연구되지 않은 문외출송을 주제로 하여 연구가 이루어졌다는 점에서 일정 부분 의미가 있을 것이라고 생각한다. 지금껏 연구자들에게 문외출송은 유배와 다를 바 없는 것처럼 여겨졌지만 조태억의 경우에는 문외출송이 유배와 같은 그것으로 다가왔다. 자신의 정치적 생명, 더 나아가 자신의 생명이 위협을 받는 상황에서 조태억에게 문외출송은 어쩌면 유배 그 이상의 의미였을 수 있다. 따라서 문외출송은 유배와 구분되어 연구되어야 할 부분이 아닌가 생각한다.

다음으로 여전히 미진한 조태억의 시세계를 살피고 규명하는 데 일정 부분 일조했다는 점에서 그 의미를 찾을 수 있다. 이 연구는 비록 조태억의 문외출송과 관련된 3년 가량의 시기에 주목했지만 그의 일생에 커다란 충격이었던 문외출송과 당시 창작된 시를 직접 확인했다는 점에서 의미가 있을 것이다.

최근 조태억의 문학에 대한 연구가 활발히 이루어지고 있다. 본고 역시 이에 힘입어 아직 완벽하게 메워지지 못한 조태억의 시세계를 규명하려는 의도에서 조태억의 문외출송 시기의 시를 살펴보았다. 아직 연구되지 않은 시작품들에 대한 후속 연구도 이루어져 조태억의 시세계를 좀 더 분명하게 확인할 수 있기를 바란다.

Ⅲ. 겸재 조태억의 제석시 연구

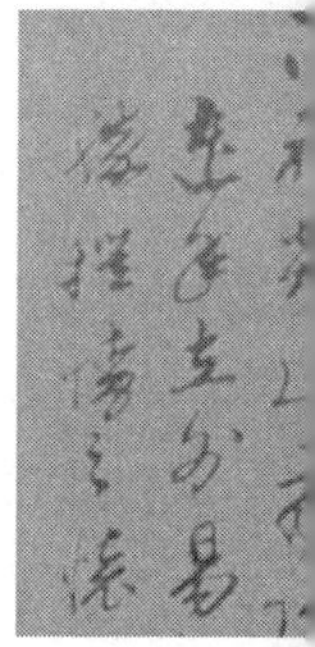

이황진

1. 서론

한 해의 마지막 날인 선달그믐은 제석除夕, 제야除夜, 제일除日, 수세守歲 등 다양한 명칭으로 불린다. 이날에는 잠을 자면 눈썹이 하얗게 센다고 믿어 집집마다 불을 환하게 밝히고 가족이 함께 둘러앉아 밤을 새며 해를 지키고, 나쁜 기운을 몰아내기 위해 분세주分歲酒를 마시는 등의 다양한 풍습이 전해 온다.[94] 그리고 사람들은 이날 지난 한 해를 돌아보며 반성과 성찰을 하기도 하고 새해를 맞이하며 앞날에 대한 다짐을 하기도 한다. 이렇게 의미가 깊은 날이기에 제석은 시인들의 시적 감흥을 불러일으키기에 충분했고, 예로부터 수많은 시인이 이날 시를 읊어 왔다. 이러한 시, 즉 한 해의 마지막 날에 지난 해를 돌아보고 다가올 새해를 맞이하며 쓴 시를 제야시 혹은 제석시

94 제야의 풍습에 대해서는 김유진의 「조선의 밤(夜) 문화와 철야풍속」(『서울민속학』 4, 서울민속학회, 2017, 65-80면) 참조.

라고 부른다.[95]

한국 한시사에서 최초의 제석시는 최치원(857~9??)의 『계원필경집』 권20에 수록되어 있는 〈화우인제야견기和友人除夜見寄〉이다. 이 시는 최치원이 귀국길에 오른 후인 884년 제야에 지은 시로, 희망찬 앞날에 대한 기대와 봄에는 고국인 신라에 도착할 수 있다는 설렘이 담겨 있다. 최치원부터 여말선초까지 이규보, 최해, 이색, 정몽주, 원천석, 이첨, 권근, 변계량 등 16인의 제석시 41수가 확인된다.[96]

조선조에 들어서는 제석시의 작가와 작품은 그 숫자가 비약적으로 증가하며, 문집을 남긴 사람 대부분이 제석시 한 수 정도는 썼을 정도이다.[97] 조선전기에는 서거정(1420~1488, 『사가집』에 7제 8수), 김종

---

95 하정승, 「고려후기 제야시의 작가와 제야시의 문학적 특질」, 『어문론총』 68, 2016, 71면. 하정승은 '제야시'라는 용어를 사용하였으나, 필자는 '제석시'란 용어를 사용하려 한다. 한국고전번역원의 한국문집총간 DB(https://db.itkc.or.kr/)를 활용해 검색해 보면, 시 제목에 '除夕'이 사용된 경우는 1,021건인 반면, '除夜'는 548건, '守歲'는 219건, '除日'은 134건이다. 따라서 '제석시'의 대표성이 인정된다 할 수 있다. 또한 中國知網(https://www.cnki.net/)을 통해 검색해 보면 중국의 제석, 제야관련 논문 30여 편이 나오는데, 그들이 모두 '除夕詩'란 용어를 사용하고 있어 '제석시'가 제야시와 제석시를 아울러 칭하는 표제어로 사용되고 있음을 알 수 있다.

96 하정승(위의 논문, 69-102면)의 연구에 따르면, 나말여초 최치원부터 여말선초에 이르기까지 고려시대 제야시의 작가는 최치원을 포함하여 총 16명이고, 작품 수는 41수라고 한다. 그 16인은 최치원(1수), 이규보(3수), 최해(1수), 안축(1수), 이곡(3수), 이색(6제 11수), 이집(1제 2수), 정몽주(1수), 원천석(5수), 이첨(2수), 이숭인(2제 3수), 권근(2수), 정총(1수), 이종학(2수), 권우(2수), 변계량(1수)이다.

97 '한국문집총간'을 대상으로 시 제목에 '除夕', '除夜', '守歲', '除日' 등이 사용된 것을 宣祖 재임 마지막 해인 1608년을 기준으로 나누어 검색해 보면, 1608년까지 238인의 문집에서 506건, 1609년 이후부터는 603인의 문집에서 1,719건

직(1431~1492, 『점필재집』에 4제 5수), 성현(1439~1504, 『허백당집』에 3제 4수), 정사룡(1491~1570, 『호음잡고』에 6제 11수), 최립(1539~1612, 『간이집』에 4제 5수), 신흠(1566~1628, 『상촌고』에 5제 8수) 등을 비롯한 200명이 넘는 문인이 제석시를 남겼으며, 조선후기에는 문집 간행의 활성화와 더불어 제석시 창작이 더욱 보편화 되며 600명에 달하는 문인들의 문집에 제석시가 수록되어 있다. 그뿐만 아니라 10수 이상의 제석시를 남긴 작가들도 다수 등장하는데, 이안눌(1571~1637, 『동악집』에 22제 32수), 이식(1584~1647, 『택당집』에 12제 24수), 이민구(1589~1670, 『동주집』에 22제 23수), 김창흡(1653~1722, 『삼연집』에 15제 21수), 조태억(1675~1728, 『겸재집』에 14제 32수), 윤봉조(1680~1761, 『포암집』에 10제 35수), 김귀주(1740~1786, 『가암유고』에 11제 38수), 윤기(1741~1826, 『무명자집』에 20제 25수), 조면호(1803~1887, 『옥수집』에 19제 22수), 김윤식(1835~1922, 『운양집』에 17제 22수) 등이 주목할 만큼 많은 양의 제석시를 남긴 문인이다.

이렇듯 제석은 대대로 문인들에게 훌륭한 창작 동인이 되어 왔으며, 수많은 문인이 제석시를 남겨왔음에도 제석시에 대한 연구는 아직 매우 미미하다. 기속시 관련 연구에서 부분적으로 다루어지기만 했을 뿐,[98] 제석시를 본격적으로 연구한 글은 현재까지 하정승의 「고려후기 제야시의 작가와 제야시의 문학적 특질」이 유일하다.[99] 하정

이 검색된다.

98 이창희, 「옥소 권섭의 기속시 연구」, 『우리어문연구』 30, 우리어문학회, 2008.; 신장섭, 「歲時紀俗詩를 통한 조선후기 세시풍속의 의미와 양상」, 『비교문학』 46, 한국비교문학회, 2008. ; 김유진, 앞의 논문 등.

99 김상진의 「신계영의 〈전원사시가〉 고찰 - 제석의 의미를 중심으로」(『시조학논총』 24, 한국시조학회, 2006, 113 - 126면)도 제석시에 대한 연구이기는 하

승은 우리나라 한시사에서 고려말까지의 제석시의 계보를 정리하였으며, 제석시의 특징적 면모와 문학적 의의를 찾아 제시하는 등 제석시 연구의 기반을 다졌다 할 수 있다. 특히 그는 "제야시의 가장 큰 문학적 매력은 반성과 성찰이라는 삶에 대한 진지한 태도를 다루고 있다는 점으로, 제야시는 대체로 시인의 섬세한 감정이 문학적으로 뛰어나게 형상화된 작품들이 많기 때문에 시인의 시세계 전반을 고찰함에 있어서 매우 중요한 장르이다. 바로 이점이 제야시가 갖는 문학사적 존재 의미이자 제야시를 연구해야 하는 중요한 이유다."[100]라고 역설力說하였다. 필자 역시 매우 공감하며, 거기에 더해 한 작가가 여러 해에 걸쳐 다수의 제석시를 지었을 경우 그것을 그 작가의 삶의 궤적과 관련지어 살펴본다면 세월의 흐름에 따른 삶의 변화 및 정서와 사유의 변화까지도 확인할 수 있다는 사실도 주목할 만한 부분이라고 생각한다.

본고에서 연구 대상으로 삼은 겸재 조태억(1675~1728)은 남구만(1629~1711)과 최석정(1646~1715)에서 이어지는 소론의 계보를 잇는 인물로 노소대립이 더욱 격렬해지던 숙종 후기와 경종 시기에 소론을 대표하는 관료 문인이다. 조태억의 『겸재집』에는 2,300여제(약 3700수)라는 상당량의 시가 수록되어 있는데, 이를 통해 그가 평소 자신의 삶을 시로 읊는 것을 얼마나 즐겼는지를 짐작해 볼 수 있다. 특히 그는 시로 자신의 삶을 정리하고 기록하는 것에도 능했는데, 이

지만, 10수의 연시조로 구성된 〈전원사시가〉에서 '제석'이 춘하추동과 동등하게 다루어진 이유와 작품에서 제석이 지니는 의미를 고찰한 글로 제석 그 자체보다는 작품 내에서의 기능에 초점이 맞춰져 있다. 그리고 본고는 한시로 창작된 제석시를 대상으로 하는 바 본고에서 이 글은 논외로 한다.

100 하정승, 앞의 논문, 102면.

는 그가 지은 〈전 · 후감군은〉을 통해서도 확인해 볼 수 있다. 〈전 · 후감군은〉은 자신이 과거에 거쳤던 관직의 이력과 그 속에서 겪었던 일들과 임금에게 받았던 은혜를 소재로 하여 그 기억을 시간의 흐름에 따라 두 차례에 걸쳐 연작의 형식으로 재구성한 것으로 33세(1707년)에 〈전감군은〉 20수, 52세(1726년)에 〈후감군은〉 70수를 지었다.[101] 이렇듯 조태억의 시세계의 특징 중 하나로 간주할 수 있는 시로써 자신의 삶을 정리하고 기록하는 특징은 제석시에서도 확인해 볼 수 있다. 『겸재집』에는 11차례의 제석을 읊은 제석시 14제 32수가 수록되어 있는데, 이는 '한국문집총간' 전체를 통틀어서도 손에 꼽을 수 있을 만큼 많은 양이다.[102] 이에 본고에서는 조태억의 제석시를 그의 삶의 궤적과 함께 살펴보며 세월의 흐름에 따른 그 내용과 정서의 변화와 조태억 제석시의 특징을 찾아보기로 하겠다.

2. 신묘통신사 이전의 제석시

『겸재집』에 본격적으로 시작품이 수록되기 시작한 것은 조태억의 16세 작품부터인데,[103] 16세(1690년)에 지은 시 3수 중 1수가 제석시

101 이에 대한 자세한 내용은 이승용의 글 「겸재 조태억의 〈전감군은〉과 〈후감군은〉에 관한 일고찰」(『민족문화』 57, 한국고전번역원, 2021, 129 - 160면.) 참조.

102 조태억의 제석시는 32수로 필자가 조사해 본 바로는 김귀주 38수, 윤봉조 35수, 이안눌 33수에 이어 4번째로 많은 양이다.

103 『겸재집』에는 조태억이 10세 때 지은 시 〈秋夜呼韻 十歲作〉 1수를 필두로 하여 1690년(16세) 이후의 작품부터 그가 세상을 뜬 1728년(54세)까지의 시

〈제석서서기除夕書書丌〉라는 사실은 그가 이미 그때부터 제석에 특별한 의미를 부여하며 시의 주요 소재로 삼아왔음을 짐작하게 한다. 그 이후로도 활발히 제석시를 지어 52세(1726년)까지 총 11년에 걸쳐 14제 32수의 제석시를 남겼다. 조태억의 제석시 목록을 정리하여 표로 제시하면 다음과 같다.

[표 1] 조태억의 제석시 목록 (14제 32수)

<table>
<tr><th>순번</th><th>창작시기</th><th>시 제목</th><th>시체 및 시수</th><th>내용 및 주제</th></tr>
<tr><td>(1)</td><td>庚午(1690) 16세</td><td>〈除夕書書丌〉</td><td>七絶 1수</td><td>勉學 다짐</td></tr>
<tr><td>(2)</td><td>丁丑(1697) 23세</td><td>〈除夕 次人韻〉</td><td>七律 1수</td><td>律身, 청렴한 삶 다짐</td></tr>
<tr><td rowspan="2">(3)</td><td rowspan="2">癸未(1703) 29세</td><td rowspan="2">〈除夕蟾江書懷 寄呈伯氏〉</td><td rowspan="2">五律 2수</td><td>①형에 대한 그리움</td></tr>
<tr><td>②형에 대한 그리움</td></tr>
<tr><td>(4)</td><td>甲申(1704) 30세</td><td>〈除夕松楸志感〉</td><td>五律 1수</td><td>형에 대한 그리움</td></tr>
<tr><td>(5)</td><td>丁亥(1707) 33세</td><td>〈丁亥除夕先墓下 書懷〉</td><td>七律 1수</td><td>고독, 형에 대한 그리움</td></tr>
<tr><td rowspan="4">(6)</td><td rowspan="6">辛卯(1711) 37세
(辛卯通信使)</td><td rowspan="4">〈除夕次從事韻〉</td><td rowspan="4">五律 4수</td><td>①축원</td></tr>
<tr><td>②嘆老, 부모에 대한 그리움</td></tr>
<tr><td>③고향에 대한 그리움</td></tr>
<tr><td>④고국에 대한 그리움</td></tr>
<tr><td>(7)</td><td>〈韜浦福禪寺除夕用唐律韻〉</td><td>七律 1수</td><td>귀국을 앞둔 설렘</td></tr>
<tr><td>(8)</td><td>〈次高達夫除夜韻〉</td><td>七絶 1수</td><td>객창감</td></tr>
<tr><td>(9)</td><td>壬辰(1712) 38세</td><td>〈除夕〉</td><td>七律 1수</td><td>은거 희구, 戀君</td></tr>
<tr><td rowspan="5">(10)</td><td rowspan="5">癸巳(1713) 39세</td><td rowspan="5">〈癸巳除夕誦老杜四十明朝是之句 遂感而成詩〉</td><td rowspan="5">五律 5수</td><td>①형에 대한 그리움</td></tr>
<tr><td>②은거희구</td></tr>
<tr><td>③嘆老, 은거희구</td></tr>
<tr><td>④자신의 무능함에 대한 자책</td></tr>
<tr><td>⑤勉學 다짐</td></tr>
<tr><td rowspan="2">(11)</td><td rowspan="2">甲午(1714) 40세</td><td rowspan="2">〈甲午 除夕〉</td><td rowspan="2">七律 2수</td><td>①인생의 깨달음</td></tr>
<tr><td>②嘆老</td></tr>
</table>

2,300여제(약3,700수)가 권2부터 권22에 걸쳐 수록되어 있다.

⑫	丁酉(1717) 43세	〈除夕前一日 次李養正韻〉	五律 1수	嘆老, 勉學
⑬	丙午(1726) 52세[104]	〈除夕 次高達夫韻 十絶〉	七絶 10수	①志哀
				②祝聖
				③思先墓
				④憶仲氏
				⑤戀謫兒
				⑥自喩
				⑦卽事
				⑧自勉
				⑨思靜林
				⑩思西泉
⑭	丙午(1726) 52세	〈除夕 偶閱白集 明年半百又加三之詩 有感于心 遂次其韻 用其句〉	七律 1수	객창감, 嘆老

필자는 조태억의 제석시를 그가 정사正使로 갔던 신묘년(1711) 통신사 사행을 기준으로 하여 16세(1690년)에 지은 제석시부터 신묘년 통신사 사건이 있기 전까지의 제석시를 전기의 제석시로, 신묘통신사로 가서 지은 37세(1711년)의 제석시부터 을사환국(1725)으로 삭탈관직당하고 문외출송 된 상태에서 지은 52세(1726년)의 제석시까지를 후기의 제석시로 나누어 살펴보고자 한다. 신묘통신사를 기준으로 삼은 이유는 사행에서 있었던 일본과의 국왕호國王號와 국서國書의 범휘犯諱 문제가 빌미가 되어 조태억은 귀국하자마자 수금되고 죄를 받는데,[105] 이 사건이 그의 인생에서 큰 전환점이 되었다고 판단했기

104 〈除夕 次高達夫韻 十絶〉은 문집에 편차된 순서로만 보자면 을사년(1725) 제석에 지은 것이다. 하지만 그 내용을 보면 병오년(1726) 제석에 지은 것으로 보는 것이 더 타당하다. 이에 대해서는 본고 각주 46)에서 자세히 설명하기로 한다.

105 자세한 내용은 『숙종실록』 숙종 38년 임진(1712) 3월 27일, 〈국서의 서식이

때문이다. 이덕수가 “임진년(1712) 봄에 공은 의금부에서 심리를 받고 삭출되었다. 다음 해에 조정의 신하들이 결국 존호를 올리게 되었다. 이때부터 진퇴양난의 곤란한 처지가 10년이었다.”[106]고 한 것에서도 신묘통신사 사건이 조태억의 인생에 막대한 타격을 주었음을 알 수 있다. 그리고 이 사건 이후의 제석시부터 정서와 내용에도 변화가 감지되는데, 늙어감을 한탄하는 내용이나 은거를 희구하는 내용이 등장하는 등 그 이전 시기와는 다른 면모를 보인다. 따라서 신묘통신사 사건이 그 기준점이 되기에 충분하다고 여겨진다.

본고에서는 조태억의 제석시를 그가 그 시를 썼던 해에 있었던 일들과 결부시켜 그 제석시에서 보이는 내용과 정서를 분석해 보며 조태억 제석시의 특징을 찾아보기로 하겠다.

(1) 16세(경오, 1690)의 제석시 : 〈除夕書書丌〉

『겸재집』에 수록된 첫 번째 제석시는 16세(1690년) 제석에 지은 시이다.

게으름뱅이 하는 일 없이 세월만 보내다 보니　懶人無事送居諸
이제 이 제석으로 해가 바뀌네　今歲翻從此夕除
시간 안타까워하는 것을 세모를 아쉬워하는 것처럼 한다면　若解惜陰猶惜歲
세상에는 책을 보지 않는 이 응당 드물 것이리　世間應少未看書[107]

잘못된 일로 통신사 조태억 등의 죄를 논의하다〉 참조.

106 李德壽, 「議政府左議政趙公行狀」, 『西堂私載』 권12, “壬辰春 公遂就理削黜. 翌年而廷臣竟上尊號 公自此蹇連十年矣.”

107 趙泰億, 〈除夕書書丌〉, 『謙齋集』 권2.

이 시에서는 한 해를 보내며 학문에 게으름을 피웠던 자신을 반성하며, 마치 세모에 한 해가 다 가버린 것을 아쉬워하는 것처럼 평소에도 그렇게 시간을 안타까워한다면 누구나 부지런히 학문에 몰두할 수 있을 것이라는 깨달음을 시로 읊었다. 16세 소년의 순수함과 학문에 대한 열정을 엿볼 수 있다. 조태억은 7세에 아버지를 여의었으며, 15세 겨울 혼인한 상태였기에 가문을 위해서 그리고 지아비로서의 책임감을 느끼며 16세를 보내는 제석에 학문에 몰두해 하루속히 과거에 급제해야겠다고 다짐하였을 것이다. 그리고 그 다짐대로 분발한 덕분인지 19세(1693년)라는 어린 나이에 사마시에 합격한다.

(2) 23세(정축, 1697)의 제석시 : 〈除夕 次人韵〉

조태억은 "자신을 단속할 때에는 마땅히 엄격해야 하고, 다른 사람을 대할 때는 마땅히 겸손함으로 해야 한다. 얻을 것이 있으면 반드시 청렴함을 생각하고 벼슬길에서는 평정심을 잃어서는 안된다."를 자신의 좌우명으로 삼았다.[108] 23세에 지은 제석시에서는 그러한 그의 좌우명의 면모를 찾아볼 수 있다.

학문은 일천하고 재주 없어 하는 일마다 부끄러운데	學淺才疎事事羞
매해 제석 때마다 한 해 다 지나가는 게 안타깝기만 하네	每逢除日惜年遒
과명이 너무 일러 하늘도 시기하고	科名太早天應忌
가문에 영광이 가득찬 것 나 역시 걱정이지만	門戶方盈我亦憂
영화를 탐하는 게 재앙의 함정이 된다는 것 이미 알고 있으니	已識耽榮爲禍穽
스스로 헤아려 좋은 계책으로 세상에 이바지 하리라	自量供世乏良籌

108 趙泰億, 〈座隅銘〉, 『謙齋集』 권44, "律身當嚴, 待人宜謙, 得必思廉, 進無忘恬."

오직 마땅히 내 분수에 따라 먹고 마시면	唯當飮啄隨吾分
청렴결백한 오나라 은사 오월피구도 부끄럽지 않으리	不恥吳人五月裘[109]

1693년 사마시에 합격한 조태억은 성균관 유생으로 있을 당시 1695년엔 집준執樽을 맡아 당시 세자(경종)로부터 지필묵을 하사받았으며, 1697년엔 성균관 황감제黃柑製에서 수석을 차지하여 직부전시直赴殿試를 하사받는 등[110] 젊은 나이에 작지 않은 영광을 누린다. 이러한 영광을 누린 조태억은 자만해 하거나 교만해 하지 않으며 겸손히 살아갈 것과 부귀영화를 탐하지 않으며 오월피구[111]에게도 부끄럽지 않을 만큼 청렴결백하게 살아갈 것을 다짐한다. 이제 관료로서의 삶을 살아갈 사람으로서 자신이 앞으로 어떻게 살아갈 것인지 그 가치관을 분명히 하고 있는데, 이로 보아 이 무렵에 좌우명을 확립하였을 듯싶다.

(3) 29세(계미, 1703)의 제석시 : 〈除夕蟾江書懷 寄呈伯氏〉 2수

(4) 30세(갑신, 1704)의 제석시 : 〈除夕松楸志感〉

---

109 趙泰億, 〈除夕 次人韻〉, 『謙齋集』 권2.

110 趙泰億, 〈前感君恩〉 1, 『謙齋集』 권22, "右 春宮乙亥入學 臣忝執樽 蒙恩賜紙筆墨." ; 〈前感君恩〉 2, "右, 丁丑賜柑試士 居首 蒙恩賜直赴殿試."

111 五月裘는 춘추시기 오나라 延陵季子(季札)가 만난 高士 오월피구를 말한다. 연릉계자가 무더운 오월에도 가죽옷을 걸치고 다니는 나무꾼을 만났을 때 그에게 길에 떨어져 있는 황금을 주워 가라고 하자 그는 자신을 그런 속된 인물로 본다며 도리어 연릉계자를 멸시하고 가버렸다 한다. 이후 五月披裘는 청렴결백한 은사이자 賢人을 일컫게 되었다. (皇甫謐, 「披裘公」, 『高士傳』 卷上.)

(5) 33세(정해, 1707)의 제석시 : 〈丁亥除夕先墓下 書懷〉

29세, 30세, 33세에 지은 제석시는 모두 형제가 제석을 함께 보내지 못하는 것에 대한 애석함을 주된 내용으로 하고 있으며, 그로 인해 다소 침울한 분위기를 자아낸다. 이에 이들을 함께 살펴보기로 한다.

조태억에게는 형이 둘 있는데, 큰형은 조태일(1665~1707)이며 작은형은 조태만(1672~1727)이다. 부친 조가석(1634~1681)은 조태억이 7세 때에 돌아가셨기에 그는 형들의 보살핌과 가르침 속에 성장하였으며 평생 돈독한 우애를 과시했다. 큰형 조태일은 1707년 43세라는 젊은 나이에 세상을 떠났는데, 조태억은 그 제문에서 "형은 아우인 저에게 형제이면서 지기知己였으며, 형을 아버지처럼 여겼고 스승으로 섬겨왔는데, 이제 형님이 돌아가셨으니 아우로써 어찌 특별히 형제로서의 울음을 우는 것이겠습니까. 벗이 지기를 잃은 것에 대한 통곡이며, 제자가 스승을 잃은 것에 대한 통곡이며, 아들이 아버지를 잃은 것에 대한 통곡과 같습니다."[112]라며 형이란 존재가 자신에게 특별할 수밖에 없었던 이유와 형을 잃은 것에 대한 비참한 심정을 토로하였다. 그리고 작은형 조태만은 조태억보다 1년 앞선 1727년 세상을 떴는데, 그 당시 양주에 있을 때 그 소식을 듣고는 위패를 모시어 놓고 목놓아 슬피 울면서 몇 달이 지나도록 상옷을 벗지 않았다고 한다.[113] 이처럼 그에게 형들은 그의 생에서 매우 특별한 존재였다.

---

112 趙泰億, 「祭伯氏應教公文」, 『謙齋集』 권39, "兄嘗許弟以天倫知己 而弟實父視兄焉 師事兄焉. 則今兄之喪也 弟奚特以兄弟之哭哭之也. 如友之哭知己也 如弟子之哭師也 如子之哭父也."

113 李德壽, 「議政府左議政趙公行狀」, 『西堂私載』 권12, "在峽 聞其喪 設位號慟 連日不釋衰絰."

조태억은 1697년 황감제에서 수석을 하여 전시직부의 자격을 받았었지만, 1698년 4월 모친상을 당해 삼년상을 마친 후 1702년에서야 전시 식년 문과에 을과로 급제하여 벼슬길에 오른다. 그런데 그해 12월에 대교待敎로 있으면서 과오를 저질러 추고推考를 받아야 했고, 이로 인해 1703년 2월 사헌부의 탄핵을 받아 조정을 떠나게 되었다.[114] 그러던 중 서울을 떠나 강원도 섬강에서 제석을 보내며 그 감회를 적은 시 〈제석섬강서회 기정백씨除夕蟾江書懷 寄呈伯氏〉를 큰형 조태일에게 보냈다. 당시 조태일은 평안남도의 함종 현령으로 좌천되었기에,[115] 이 시에는 형제가 서로 떨어져 제석을 보내는 현실에 대한 안타까움과 울적함이 담겨있다.

조태억은 30세 때인 1704년 사헌부 지평에 제수된다. 그 당시에 전 지평 이동언과 한영휘, 승지 김덕기 등이 탐욕을 부려 백성들을 착취하였다는 소문이 있다며 이들의 삭탈관직을 청하였다.[116] 그러나 조사 결과 잘못된 소문이었다는 보고를 들은 숙종은 이들을 방면하려고 명을 내렸을 뿐만 아니라, 해를 보내면서 굳게 고집부리는 것은 부당하고 또 뒷날의 폐단과 관계된다는 내용의 하교를 받게 된다.[117] 이 일로 조태억은 도리어 입지가 흔들리며 주위로부터 배척을 받게

---

114 『숙종실록』 숙종 28년 임오(1702) 12월 10일, 〈성균관에 설제하는 명을 중지시키고, 해당 사관을 추고케 하다.〉; 숙종 29년 계미(1703) 2월 18일, 〈사헌부에서 총융사 이우항을 종중 추고하라고 청하니, 윤허하지 않다.〉 참조.

115 『숙종실록』 숙종 29년 계미(1703) 12월 17일, 〈조태일의 관직을 낮추어 함종 현령으로 삼다〉

116 『숙종실록』 숙종 30년 갑신(1704) 6월 17일, 〈지평 조태억이 왕자가 천망한 종신과 승지의 파직하라는 계사를 거듭내다〉

117 趙泰億, 〈前感君恩〉 7, 『謙齋集』 권22, "右 是年拜臺憲 論事 重忤時議."; 〈前感君恩〉 其八, "右 上以經年牢塞爲不當 且關後弊爲敎."

된다. 게다가 이해의 제석도 여전히 형들과 떨어져 있어 함께 보낼 수 없는 상황에 서글퍼져 〈제석송추지감除夕松楸志感〉의 미련에서는 "영원[118]과 이별한 지 여전히 오래고, 부평과 단경처럼 각각 동과 서에 헤어져 있네. 鴒原仍久別, 萍梗各東西."라며 그러한 현실에 대한 안타까움을 드러내었다.

조태억이 33세 때인 1707년에 지은 〈정해제석 선묘하서회丁亥除夕先墓下書懷〉 역시 형에 대한 그리움이 주된 정조情調이며, 앞의 두 제석시보다 그 분위기가 한층 더 침울하고 어둡다.

정회 처량한 것 그 누가 알아줄까	情懷戚戚有誰知
제석에 송추에 홀로 앉아 있을 때의	除夕松楸獨坐時
매해 선영에 대한 그리움 견딜 수 없는데	每歲不堪霜露感
지금은 또 척령의 시도 짓지 못하네	如今又廢鶺領詩
온 산에 쌓은 눈에 봄은 돌아가려 하고	千山積雪春將返
벽 위의 희미한 등불 아래 밤은 더디 가는 듯하네	半壁殘燈夜若遲
점점 더 애절해지는 근심 억지로라도 없애고 싶어	强欲排愁愁轉切
급히 아이 불러 큰 술잔 들이라 했네	急呼童子進深巵[119]

1707년에 조태억에게는 영광스러운 일이 여럿 있었다. 그는 이해 여름 1695년부터 1707년까지 자신이 임금에게 받은 은혜를 읊은 〈감

118 鴒原은 우애 있는 형제를 뜻하는 말로, 鶺鴒도 같은 의미로 사용된다. 『시경』 「小雅·常棣」의 "鶺鴒在原 兄弟急難 每有良朋 況也永歎."(저 할미새 들판에서 호들갑 떨 듯, 급할 때는 형제들이 서로 돕는 법이라오. 항상 좋은 벗이 있다고 해도, 그저 길게 탄식만을 늘어놓을 뿐이라오.)라는 말에서 유래한 것이다.

119 趙泰億, 〈丁亥 除夕先墓下 書懷〉, 『謙齋集』 권4.

군은〉 20수를 시로 지었는데, 1707년에 해당하는 내용은 16~20까지 5수나 된다. 춘당대春塘臺 문신정시文臣庭試에 참여하고 또 우연히 과녁을 맞추어 호피虎皮와 아마兒馬를 하사받았으며, 중시重試에 참여하고 삼학三學을 겸직하는 직책에 제수되었으며, 숙종에게 부채를 하사받는 영광을 누리는 등[120] 정치적 측면으로는 상당히 영광스러운 한 해였다고 볼 수 있다. 그런데도 이해의 제석시에서 드러나는 정서는 매우 침울하다. 봄이 오고 있는 시점이지만 많은 눈이 내려 봄은 오다말고 다시 돌아가려 하고, 어두운 밤이 어서 지나 아침이 오기를 고대하건만 밤은 더디게만 가며 근심은 더해 가기만 한다. 이는 당시 조태억의 비참한 심정을 대변한다. 큰형 조태일이 세상을 떠나 그 상심이 매우 컸기 때문이다. 앞서 서술한 바 있듯이 7살의 나이에 부친을 여의었던 조태억에게 큰형은 그에게 부모이자 스승이나 마찬가지였던 존재였기에 한 해를 보내는 제석에는 이해에 정치적으로 얻었던 영광보다도 큰형을 잃은 상실감과 슬픔이 더 크게 다가왔을 것이다.

3. 신묘통신사 이후의 제석시

신묘통신사 사건 이후에 지어진 제석시는 6차례이다. 37세(1711년), 38세(1712년), 39세(1713년), 40세(1714년)의 제석시는 신묘통신사

120 趙泰億, 〈前感君恩〉 16, 『謙齋集』 권22, "右 丁亥春塘臺 猥忝文臣庭試 又偶中帿射 拜帍皮兒馬之賜" ; 〈前感君恩〉 17, "右 是年 又忝重試 且有三學兼官之除." ; 〈前感君恩〉 20, "右 榮君賜."

사건이 벌어지고 그로 인해 삭출당하여 관직에서 물러나 있는 상태에서 지은 것이며, 43세(1717년)의 제석시는 좌천되어 여주목사로 있을 당시에 지은 것이며, 52세(1726년)의 제석시는 을사환국(1725년)으로 삭탈관직당하고 문외출송 된 상태에서 지은 것이다. 모두가 관직에서 쫓겨나거나 스스로 병을 핑계로 관직에 나아가지 않은 상태이거나 정치적으로 어려운 상황에서 지은 시라는 공통점을 가진다. 반면 경종이 즉위한 후 소론 정국이 이어져 중용되며 관직이 점차 높아지던 시기에 지어진 제석시는 한 수도 없다는 사실도 주목해볼 만한 부분이다.

(6)~(8) 37세(신묘, 1711)의 제석시 : 〈除夕 次從事韵〉 4수, 〈韜浦福禪寺除夕用唐律韵〉, 〈次高達夫除夜韵〉

(9) 38세(임진, 1712)의 제석시 : 〈除夕〉

1711년 신묘통신사는 조선후기 한일교류사에서 상당히 이례적인 사행이었다고 평가받는데. 이는 일회성으로 끝나기는 하였으나 빙례 개정과 일본 국왕호의 사용 등 통신사 의례 개정을 위한 시도가 있었으며 국서의 피휘 문제를 둘러싸고 갈등이 심화되어 결국 이 문제로 조태억 등 통신사 일행은 돌아오자마자 곧바로 수금되었기 때문이다.[121] 앞서도 말한 바 있듯이 신묘통신사 사건은 조태억에게 큰 타격을 준 사건이며 삶의 큰 전환점이 된 사건이다. 이 두 해의 제석시를 함께 살펴보기로 한다.

---

121 구지현, 「1711년 신묘통신사와 아라이 하쿠세키[新井白石]의 필담을 통한 상호 소통」, 『열상고전연구』 28, 열상고전연구회, 2008, 189면.

신묘년에 지은 제석시 3제 6수가 문집에 수록되어 있는데 모두 타국에서 맞는 새해를 앞두고 갖게 된 객창감이 주된 정조를 이룬다. 그중 통신사로 타국에서 새해를 맞는 제석의 감회가 가장 잘 드러났다고 여겨지는 시 한 수를 보면 다음과 같다. 아울러 이 시에서 처음으로 흰머리가 더해진다며 한탄하는, 즉 자신의 나이가 더이상 젊지만은 않음을 실감하는 내용이 등장한다는 점에서도 주목해볼 만하다.

늘 광음은 빨리도 간다 느꼈건만	老覺光陰迅
근심으로 귀밑 흰머리 새로 더해지네	愁添鬢髮新
우연히 타국에서 고국의 나그네 만나니	萍逢異鄕客
선영이 있는 고국산천의 봄을 본 것만 같네	松梓故山春
왕사 일정 마치고 언제 돌아갈 수 있을까	王事歸何日
사람의 정리인지라 이날 감회가 이네	人情感此辰
남유로 오는 높은 벼슬에 올랐건만	南游盛茵鼎
갑자기 부모님 생각으로 뺨에 눈물 흐르네	臉泫輒思親[122]

이 시에서 보여지는 정서는 복잡하다. 통신사 업무를 수행하는 과정에서 국왕호와 국서의 범휘 문제가 불거지게 되었고 이는 조선의 국체國體와도 직결되는 중요한 사안으로 대두되어 한치의 양보도 없이 팽팽히 맞서는 형국이었다. 그나마 양자 양보의 절충안으로 타결을 보아 국서 중도 교환이라는 이례적인 방법으로 수습이 되기는 하였다. 이렇듯 순조롭지 못한 통신사의 일로 인해 근심으로 흰머리가 늘어날 지경이며 하루라도 빨리 고국으로 돌아가고만 싶다. 하지만

122 趙泰億, 〈除夕次從事韻〉 4수 중 제2수, 『謙齋集』 권8.

이때만 해도 이것이 자신의 인생에 그렇게까지 커다란 타격을 주는 사달이 될 거라고는 예상하지 못했던 듯하다. 그러하기에 자신이 이렇게 일본의 통신사로 올 정도로 높은 벼슬에 올랐건만 부모님은 이미 돌아가신 지 오래인지라 타국에서 맞는 제석에 더욱 부모님 생각이 나 애달파질 뿐이다.

조태억은 1712년 3월 서울로 돌아오자마자 수금되고 관직을 삭탈당한다.[123] 이해의 제석시에서 그는 "제야에 송추에서 온갖 감회 밀려와, 차가운 밤 닭 울 때까지 잠 못 이루네. 외로운 심정 애절한데 누구에게 말하리오, 만사가 유유하니 아무 일도 하고 싶지 않네."[124]라며 자신의 쓸쓸한 심정을 하소연할 사람조차 없는 처지와 무기력증에 빠진 듯한 모습을 드러낸다.

(10) 39세(계사, 1713)의 제석시 : 〈癸巳除夕 誦老杜四十明朝是之句 遂感而成詩〉 5수

(11) 40세(갑오, 1714)의 제석시 : 〈甲午除夕〉 2수

주지하다시피 공자가 "나이 마흔이 되어서는 미혹되지 아니 하였다.四十而不惑"라 한 이래로 마흔은 '불혹'이라 일컬어지며 상당한 의미를 부여받는 나이 중의 하나이다. 또한 현대에서 만40은 신체의 상태가 다른 방향으로 바뀌어 가기에 생애를 위한 관리가 필요한 시

---

123 자세한 내용은 『숙종실록』 숙종 38년 임진(1712) 3월 9일, 〈통신사 조태억 등이 수금되다〉; 숙종 38년 임진(1712) 3월 27일, 〈국서의 서식이 잘못된 일로 통신사 조태억 등의 죄를 논의하다〉 참조.

124 趙泰億, 〈除夕〉, 『謙齋集』 권9, "除日松楸百感幷, 寒宵不寐到雞鳴. 孤懷耿耿將誰語, 万事悠悠欲勿營."(〈除夕〉의 수련과 함련)

기로 '생애 전환기'로 인식된다. 이렇듯 40이란 나이는 고대부터 현대에 이르기까지 시대를 불문하고, 지위나 신분을 막론하고 정신적으로나 신체적으로나 삶의 전환점이 되는 시기로 받아들여져 왔다. 이 때문인지 문인들은 마흔 전후의 제석에 혹자는 마흔이란 나이를 맞이하며, 혹자는 마흔이란 나이를 보내며 그 감회를 읊은 시들이 적지 않다. 40세를 맞으며 그 감회를 읊은 백거이(772~846)의 〈은궤隱几〉[125]와 40세를 보내며 그 감회를 읊은 두보(712~770)의 〈두위택수세杜位宅守歲〉[126]가 대표적이다. 조선시대의 문인들도 이 시기에 그런 감회를 읊은 시들이 여럿 있는데, 김종직(1431~1492)의 〈제석일유감歲除日有感〉[127], 박장원(1612~1671)의 〈항년삼십구삼절구行年三十九三絶句〉와 〈사십명조시삼절구四十明朝是三絶句〉[128], 이윤영(1714~1759)의 〈수세守歲〉[129]는 40세를 맞이하는 감회를 읊은 시이며, 홍직필(1776~1852)의 〈을해년 섣달그믐에 노두의 수세시의 '내일 아침이면 마흔이 지나니 날아오르던 저녁노을 기운다.'는 구절을 외웠다. 마치 나의 오늘 일을 말하는 듯하므로 감개하여 탄식하면서 이어서 그 시에 차운하다. 乙亥除夕 誦老杜守歲詩 '四十明朝過 飛騰暮景斜'. 若道吾今

---

125 白居易, 〈隱几〉, "身適忘四支, 心適忘是非. 旣適又忘適, 不知吾是誰. 百體如槁木, 兀然無所知. 方寸如死灰, 寂然無所思. 今日複明日, 身心忽兩遺. 行年三十九, 歲暮日斜時. 四十心不動, 吾今其庶幾."

126 杜甫, 〈杜位宅守歲〉, "守歲阿戎家, 椒盤已頌花. 盍簪喧櫪馬, 列炬散林鴉. 四十明朝過, 飛騰暮景斜. 誰能更拘束, 爛醉是生涯."

127 金宗直, 〈歲除日有感〉, 『佔畢齋集』 권5.

128 朴長遠, 〈行年三十九 三絶句〉 『久堂集』 권3. ; 〈四十明朝是 三絶句〉 『久堂集』 권3.

129 李胤永, 〈守歲〉, 『丹陵遺稿』 권9.

日事爲之感歎 仍步其韻〉[130]은 40세를 보내는 감회를 읊은 시이다.

조태억 역시 39세의 마지막 날에 두보의 시를 음미하다 감회가 일어 시 5수를 지었다. 하지만, 두보는 '내일 아침이면 40세가 지난다'(四十明朝過)를, 조태억은 '내일 아침이면 40세가 된다'(四十明朝是)를 읊어 그 시점에 차이가 있다. 조태억이 39세의 제석에 백거이가 아닌 두보의 제석시를 더 감명 깊게 받아들인 이유는 40세를 맞으며 장자가 말한 '오상아吾喪我'의 경지에 올라 맹자가 말한 '불혹'에 가깝다고 자부하는 백거이의 시보다는 늙어감을 한탄하며 구속받는 것 없이 술에 취해 여생을 보내겠다는 두보의 시가 당금의 자신에게 더 와닿았기 때문일 것으로 보인다. 이는 그가 신묘통신사 사건으로 삭출당하였다가 아직 서용되지 못한 상태에 있었던 탓에 더욱 그러하였을 것이다.

조태억은 40세를 맞이하는 다양한 감회를 제1수에서는 흐르는 세월을 막을 수 없다는 사실과 늙어가는 현실에 대한 안타까움 속에 형과 떨어져 있는 것에 대한 애석함을, 제2수에서는 '도연명은 40세에 귀거래를 지었다'는 부제를 달고 도연명의 식견에 감탄하며 귀거래에 대한 희구를, 제3수에서는 늙어가는 자신의 모습에 대한 안타까움을, 제4수에서는 임금의 은혜에 보답하지 못하는 자신의 무능함에 대한 자책과 귀거래하여 자연과 어울려 살고 싶다는 바람을, 제5수에서는 분발하여 학문에 힘쓸 것이라는 다짐을 읊고 있다. 이 중 40세 조태억의 상황과 심리를 가장 잘 보여준다고 판단되는 제2수를 살펴보기로 한다.

---

130 洪直弼, 〈乙亥除夕 誦老杜守歲詩 '四十明朝過 飛騰暮景斜'. 若道吾今日事爲之感歎 仍步其韻〉, 『梅山集』 권2.

내일 아침이면 내 나이 마흔	四十明朝是
옛사람들은 강사라 했지	昔人疆仕人
영명이 내게는 너무 일찍 왔으니	榮名吾太早
전패는 당연한 천리인 것을	顚沛理宜然
단지 초복을 찾는 것이 합당하다면	只合尋初服
접때의 허물을 잊을 수 있겠지	能忘補曩愆
도연명은 진정 식견이 높아서	陶君眞達識
아직 늙지 않았는데도 귀거래 했구나	未老便歸田[131]

내일 아침이면 40세가 되는 조태억은 작금의 자신의 삶을 차분히 돌아본다. 대장부의 나이 40은 '강사疆仕'라 부르는데, 이는 『예기』 「곡례상曲禮上」에 이르기를 "40세에는 강건하여서 벼슬을 한다. 四十强而仕."라는 말에서 유래하였다. 조태억은 어릴 적에 "나는 어머니 뱃속에서부터 녹을 먹고 자랐으니 어찌 벼슬을 한 뒤에라야 세록이라고 하겠는가"하고 스스로 태록당胎祿堂이라 자호自號하였다고 한다.[132] 그만큼 그는 자신이 벼슬을 하는 것을 천명이라 생각하고 국가에 도움이 되는 사람이 되기를 소망하였다. 하지만 이제 곧 40세가 되는 조태억은 나라를 위해 열성적으로 한창 일해야 할 시기임에도 불구하고 자신은 신묘년 통신사 사건으로 인해 삭탈관직을 당하였고, 비록 12월에는 그나마 직첩을 환급받기는 하였지만[133] 여전히 현실의 상황이 답답하다. 하지만 조태억은 자신에게 닥친 현재의 시련은 19세라

131 趙泰億, 〈癸巳除夕誦老杜四十明朝是之句 遂感而成詩〉 5수 중 제2수(其二 陶淵明四十 賦歸去來辭), 『謙齋集』 권10.

132 李德壽, 앞의 글, "嘗自言自語 '在胎已以祿養 豈待仕而爲世祿?' 仍自號胎祿堂."

133 『숙종실록』 숙종 39년 계사(1713) 12월 1일, 〈통신사 조태억 등 3인에게 직첩을 돌려주라고 명하다.〉

는 이른 나이에 사마시에 합격하고 28세에 과거에 급제해 관직에 오르는 등 젊은 나이에 영명을 얻었기에 한번 넘어지고 자빠지는 것도 당연한 삶의 이치라며 의연하게 받아들인다. 이는 23세의 제석시 〈제석 차인운除夕 次人韻〉에서 "과명이 너무 일러 하늘도 시기하고, 가문에 영광이 가득찬 것 나 역시 걱정이네. 科名太早天應忌, 門戶方盈我亦憂."라며 스스로 일찍부터 경계해 왔던 바이지만 결국 신묘통신사 일로 사달이 벌어지게 되었고 기왕 이렇게 된 이상 자연으로 돌아가 생활하다 보면 그 허물은 잊을 수 있을 것이라 믿으며 스스로를 위안한다. 40세라는 아직 늙지 않은 나이에 귀거래를 읊으며 자연으로 돌아간 도연명의 식견과 혜안에 감탄하며 자신 역시 그러하기를 소망한다. 이러한 다짐은 제4수에서도 재차 반복되는데 경련과 미련에서 "장형은 〈귀전부〉를 지었고, 왕희지는 〈서묘문〉을 지었네.[134] 강호에는 갈매기와 해오라기 가득하니, 너희들과 무리 지어 즐기고 싶구나. 平子歸田賦, 羲之誓墓文. 江湖足鴎鷺, 聊與爾爲羣."라며 제2수보다 더 강한 귀거래의 의지를 드러낸다. 이렇듯 조태억이 곧 40세가 되는 감회를 읊은 제석시에는 늙어가는 자신의 모습에 대한 한탄과 귀거래하여 자연과 어울려 살고 싶어 하는 소망이 주된 정조를 이룬다.

40세의 갑오년(1714) 제석시 〈갑오제석 甲午除夕〉에서는 39세 제석 때와 별반 달라진 것 없는 현실에 우울한 심정을 읊었는데, 제2수의 미련에서 "마흔의 머리 정말 절로 부끄럽기만 하니, 오직 술에 진탕

134 平子는 후한의 문장가 張衡의 字이다. 당시 환관들이 권력을 행사하는 세태를 본 장형은 벼슬살이에 회의를 느낀 나머지, 고향으로 돌아가고픈 생각에서 〈歸田賦〉를 지었다. 〈誓墓文〉은 東晉의 王羲之가 말년에 관직을 버리고 선영에 가서 다시는 出世하지 않겠다고 다짐한 글이다.

취해 여생을 보낼꺼나. 四十頭顱眞自愧, 惟須爛醉送餘生."라며 40세 자신의 현실을 자책하며 모든 것을 잊고 술에 취해 남은 생을 보내고 싶다는 생각마저 하게 된다. 조태억은 비록 이해 여름에 서용하라는 명이 내려져 오랫동안 군함軍銜을 지니고 있었지만, 을미년(1715) 겨울에서야 공조참의에 제수되고, 1716년엔 외직을 청하여 양주목사에 제수되었으나 부임되기 전에 체차된다.[135]

(12) 43세(정유, 1717)의 제석시 : 〈除夕前一日 次李養正韵〉

정유년(1717) 8월 숙종이 세제의 대리청정을 명하자 조태억은 이를 반대하는 연명 상소를 올렸다가[136] 여주목사로 좌천되지만 이마저도 1년 후인 무술년(1718) 8월 사직하고 돌아온다. 조태억이 여주목사로 있던 1년 동안의 시는 「황려록」(권13)이란 별도의 시록명 아래 편차되어 있다. 이해의 제석시는 제석 하루 전날 지은 것이긴 하지만 시 자체에서도 제석을 의식하여 쓴 것이며 내용상으로도 제석시라 칭해도 별 무리가 없다.

내일 아침은 제석	明朝是除夕
늙어가니 흐르는 세월이 안타깝기만 하구나	老去惜流年
학업은 앞에 나서기도 부끄럽고	學業慚前進
관명은 좌천되었다네	官名任左遷

135 趙泰億, 〈後感君恩〉 14, 『謙齋集』 권22, "右 甲午夏 蒙叙命 久在軍銜散秩. 乙未冬 始拜工曹參議 上章自卞 批旨極優渥 不許遞. 至丙申三月 求爲楊州牧使將赴任 洪啓廸申思喆因前事詆斥副學之擬 遂不赴楊州."

136 『숙종실록』 숙종 43년 정유(1717) 8월 2일, 〈태자의 청정에 관한 이대성·김연 등의 연명 상소문〉

머리털 이미 하얗게 바뀐 게 보이고　　顚毛看已換
근력은 모두 약해진 게 느껴지네　　筋力覺全慦
주역을 읽으면 그나마 조금 즐거우니　　讀易差堪喜
공부는 날마다 부지런히 힘쓰네　　工夫且日乾[137]

여주목사로 있을 당시 이양정의 시에 차운한 이 시에서는 좌천되어 있는 자신의 처지와 늙어가는 자신의 모습을 애처로워하는 모습이 이전의 시보다 더 진하게 담겨있지만, 그럼에도 날마다 학문에 힘쓸 것임을 다짐한다. 조태억은 책 보기를 좋아하여 죽을 때까지 손에서 책을 놓지 않았으며, 세상을 떠나기 하루 전에도 오히려 책 한 권을 다 읽을 정도였다고 한다.[138] 그가 얼마나 학문을 좋아하고 힘썼는지를 엿볼 수 있으며 면학은 그의 제석시에 자주 등장하는 다짐이기도 하다.

(13) 52세(병오, 1726)의 제석시 : 〈除夕 次高達夫韵 十絕〉 10수[46]

1717년의 제석시 이후 문집에 수록된 다음 제석시는 1726년에 지은 것이다. 이 사이에는 격동적인 일들이 여럿 있었다. 1720년엔 숙

137 趙泰億, 〈除夕前一日 次李養正韻〉, 『謙齋集』 권13.

138 李德壽, 앞의 글, "喜觀書 終身不廢 前沒一日 猶閱盡一卷."

139 〈除夕 次高達夫韻 十絶〉의 창작시기에 대해서는 고찰해볼 필요가 있다. 이 시는 편차상으로는 권19부터 수록되기 시작한 을사년(1725)의 마지막 시로 권20의 마지막(60번째)에 편차되어 있다. 그리고 권21에는 병오(1726)년에 지은 시들이 창작시기 순서대로 편차되다 〈除夕 偶閱白集 明年半百又加三之詩 有感于心 遂次其韻 用其句〉는 88번째 시로 편차되어 있다. 이 시의 마지막 구에서 '明年半百又加三'(내년이면 쉰에다 세 살이 더해지네.)라고 분명히 밝히고 있기에 이 시는 조태억이 52세(丙午, 1726년) 제석에 지은

종이 승하하고 경종이 즉위하였으며, 1721년과 1722년엔 노소간의 대립이 더 첨예해지며 신임사화가 일어나 김창집 · 이이명 · 이건명 · 조태채 등 노론 4대신을 비롯한 노론의 많은 인물이 화를 입었다. 그리고 1724년엔 경종이 승하하고 영조가 즉위하였으며, 1725년엔 을사환국이 이뤄지며 노론이 집권을 하게 된다. 이렇듯 정치적으로 매우 혼란스럽고 급박했던 시기에, 조태억은 소론으로서의 정치적 입지를 세우고 정치적 행보를 이어갔기 때문에 이 시기는 그에게도 무척 긴장되고 위태로운 시간이기도 하였다. 한편, 조태억은 1720년 이후 경상도 관찰사, 부제학, 경기도 관찰사, 공조 판서, 호조 판서, 병조 판서 등을 역임하였으며, 1724년 10월에는 영의정, 1725년 2월에

것임이 분명하다. 그러나 을사년에 편차된 것이라 여겨지게 하는 제석시 〈除夕 次高達夫韻 十絶〉의 내용을 보면 이 시 역시 병오년에 편차되어야 마땅하다. 그 이유는 다음과 같다. 첫째, 제1수의 결구 "魂宮香火已三年. 右志哀"(혼궁의 향화 이미 3년이 지났네. 이 시는 슬픔을 적은 것이다.)인데, 魂宮 또는 魂殿은 임금이 죽으면 3년상이 끝나 종묘에 입향할 때까지 신위를 모셔놓았던 곳으로, 경종이 1724년 8월 승하하였으므로 1726년 제석에는 삼년상이 끝난 시점이 된다. 둘째, 제9수의 결구 "已是青蓮紫極年. 右思靜林"(그대도 이미 청련자극의 나이인 49세라네. 이 시는 정림을 그리워한 것이다.")인데, 청련은 당나라 시인 李白을, 紫極은 이백이 49세의 나이에 그간의 삶을 반성하고 앞으로 인생을 올바르게 살아갈 것을 다짐한 내용의 시인 〈尋陽紫極宮感秋作〉을 가리키는 것으로 이후 청련자극의 나이는 49세를 의미하게 되었다. 조태억은 1725년 7월 문외출송 되어 鶴灘에 머무를 때 마침 그곳에서 가까운 廣州 靜林에 와 있던 申義集(1678~?)과 많은 시를 주고받았는데, 신의집이 49세인 해는 1726년이다. 셋째, 제10수의 결구 "五十如今過二年. 右思西泉"(쉰에서도 이젠 2년이 지났네. 이 시는 서천을 그리워한 것이다.)인데, 李眞伋(1675~1747)과 조태억은 동갑으로 이들이 52세인 때는 1726년이다. 이러한 사실들을 통해 〈除夕 次高達夫韻 十絶〉는 을사년(1725)이 아닌 병오년(1726) 제석에 지은 것이라 판단할 수 있다.

는 좌의정에까지 오르는 등 관로에서는 상당히 성공적인 시기를 보냈다고 볼 수는 있다. 그렇지만 1725년 1월 을사환국이 이뤄지며 정권을 장악하게 된 노론에 의해 조태억은 신임사화를 주도한 역적으로 지목되고 줄곧 거센 공격과 탄압을 받으며 목숨을 부지할 수 있느냐까지도 걱정해야 하는 처지가 되었다. 결국 당해 7월에 삭탈관직당하고 문외출송의 처분을 받게 된다. 그러던 중 1726년 8월에는 강원도 원주 영은당詠恩堂에서 1708년부터 1726년까지의 군은을 기록한 〈후감군은〉 70수를 지었는데 군은에 대한 찬양보다는 자신이 겪었던 정치적 시련의 경험과 그 이면에 자기 변론을 내포하고 있는 작품들이 더 많은 비중을 차지한다. 이는 이 시기에 소론과 노론의 당쟁이 격렬해지는 가운데 조태억이 노론에 맞서 소론으로서의 정치적 입장을 대변하면서 보다 많은 정치적 시련을 겪었기 때문일 것이다.[140]

조태억이 52세 때에 지은 제석시 〈제석 차고달부운 십절 除夕 次高達夫韻 十絶〉는 당나라의 시인 고적高適(707~765)이 객지에서 홀로 섣달그믐 밤을 보내는 쓸쓸함을 읊은 〈제야除夜〉[141]에 차운하여 읊은 것으로 당시의 다양한 감회를 10수의 시로 표출해 내었다. 을사환국으로 문외출송 된 후 객지에서 유배온 것처럼 생활하고 있던 조태억에게는 고적의 시가 더욱 감회를 불러일으켰을 것이다. 고적의 〈제야〉는 후대 문인들이 제야에 애송하는 제석시 중의 하나로 이수광(1563~1628),[142] 윤기(1741~1826)[143] 등이 그 시에 차운하여 제석시를 남긴

140 이승용, 앞의 논문, 2021, 142 - 143면.

141 高適, 〈除夜〉, "旅館寒燈獨不眠, 客心何事轉悽然. 故鄕今夜思千里, 愁鬢明朝又一年."

142 李睟光, 〈除夜次高達夫韻〉, 『芝峯集』 권2.

바 있다.

조태억은 10수의 시를 읊으며 각 수마다 자신의 어떠한 정회情懷를 읊은 것인지를 명시해 놓았다. 제1수는 '지애志哀'로 경종에 대한 그리움과 슬픔을 적은 것이며, 제2수는 '축성祝聖'으로 나라의 큰 복을 축원한 것이며, 제3수는 '사선묘思先墓'로 돌아가신 부모님에 대한 그리움과 죄스러움을, 제4수는 '억중씨憶仲氏'로 작은형 조태만에 대한 그리움을, 제5수는 '연적아戀謫兒'로 유배간 아들 조지빈(1691~1730)에 대한 그리움을, 제6수는 '자유自喩'로 스스로 깨달은 이치를, 제7수는 '즉사卽事'로 아이들과 함께 제야를 보내는 즐거움을, 제8수는 '자면自勉'은 학문에 힘쓰겠다는 다짐을, 제9수는 '사정림思靜林'으로 양직養直 신의집申義集(1678~?)에 대한 그리움을, 제10수는 '사서천思西泉'로 서천西泉 이진급李眞伋(1675~1747)에 대한 그리움을 읊고 있다. 이 10수의 제석시는 당시의 울적한 마음을 읊은 것이 주를 이루기는 한다. 하지만 한편으로는 스스로 즐거움을 찾고 제석을 흥겹게 즐기는 모습을 읊은 것도 있어 주목해 볼 만하다. 그러한 모습이 담긴 제6수와 제7수를 살펴보기로 한다.

아침 저녁으로 배불리 먹고 밤에는 편안히 잠들고	朝晡飽飯夜安眠
숲과 샘에 깃들어 순리대로 살아간다네	棲息林泉任自然
도수주 마신 후에도 원망하지 않으리	後飲屠蘇還不恨
뜬세상에서 노년까지 살기 어려운 것을	浮生難得到衰年[144]
	右自喩

143 尹愭, 〈客中除夜 次高達夫韻〉, 『無名子集』 詩稿 冊1.

144 趙泰億, 〈除夕 次高達夫韻 十絶〉 제6수, 『謙齋集』 권20.

저포놀이와 통술로 잠자는 것조차 잊고 앉아 있으니 樗蒲樽酒坐忘眠
깊은 산속 객지에서 느끼는 시름마저 점차 시원해지네 窮峽羈愁稍豁然
게다가 아이들과 긴 밤 보내니 且與兒曹消永夜
이 늙은이는 흐르는 세월이 애석하지만은 않다네 此翁非是惜流年[145]

右卽事

위의 두 수는 조태억의 다른 제석시와는 상당히 다른 분위기를 자아낸다. 먼저, 조태억의 여타 제석시에서는 그다지 부각 되지 않았던 제야의 풍습이 여럿 담겨있다는 점이다. 이전의 제석시에도 성묘와 수세의 풍습이 자주 드러나긴 했지만 그 시의 분위기는 대부분 차분하거나 침울한 편이었다. 그런데 이 시에서는 나쁜 기운을 몰아내기 위해 제야에 마시는 '분세주', 잠을 자면 눈썹이 하얗게 센다고 믿어 밤을 새며 해를 지키는 '수세', 윷놀이와 비슷한 '저포놀이' 등과 같은 제석의 풍속이 여럿 담겨있으면서도 그것이 시의 분위기를 한층 밝게 연출하는 데 일조한다. 다음으로, 기존의 제석시는 대부분 흐르는 세월에 대한 애석함이나 나이 들어 늙어가는 것에 대한 한탄과 탄식이 주된 정서였는데, 이 두 수는 늙어가는 것을 당연하게 받아들이고 흐르는 세월도 애석해하지 않으며 오히려 제야를 즐기는 유쾌한 분위기의 시라는 점이다. 그러한 이유는 비록 자신이 노론의 공격을 받아 삭탈관직당하고 문외출송 되는 등 정치적으로는 많은 것을 잃었고 위태한 상황에 처해 있는 현실이긴 하지만 오히려 자연 속에서 모든 것을 순리에 맡긴 채 평온한 일상을 지내는 자신의 현실에 만족해했기 때문일 것이다. 이는 그가 당시 강원도 원주에 우거하면서 백

145 趙泰億, 〈除夕 次高達夫韻 十絶〉 제7수, 『謙齋集』 권20.

운산을 마주하고 빼어난 자연경관을 감상하며 지낼 수 있는 것은 반평생을 바쁘게만 지내왔던 자신이 죄를 얻은 덕에 오히려 한가해졌기 때문이며 이것도 다 임금의 은혜 덕분[146]이라고 받아들였기에 그러할 수 있었을 것이다. 또한 제6수에서 읊었듯이 인생에서 장수하는 것은 누구나 다 누릴 수 있는 복은 아니니 배불리 먹고 잘 자며 자연 속에서 순리대로 살아가면 그것만으로도 만족할 만한 삶이라는 것을 스스로 깨달았기 때문이기도 할 것이다. 그런데 그가 신묘통신사 일로 관직에서 물러나 있던 40세에 지은 제석시 2수 중 제1수의 함련에도 "인생에서 장수 누가 길이 보존할 수 있으며, 뜬세상에서 기쁘게 노는 것 역시 드문 일이네. 生壽考誰長保, 浮世歡遊也亦稀."라며 위의 시와 비슷한 내용을 담고 있기는 하다. 하지만 그것은 인생에 대한 깨달음이라기보다는 그 시의 미련에서 "삼백육십일을 모두 보내고, 새벽 오니 마음이 더욱 아련해지네. 三百六旬都斷送, 曉來情思轉依依."라며 그러할 수 없는 것에 대한 아쉬움으로 귀결되었다. 그러하였던 것이 52세에서는 그것이 온전한 깨달음이 되어 그의 마음가짐과 삶의 방식에까지 변화를 가져와 그가 평온함과 유쾌함 속에 제석을 보낼 수 있게 했다고 볼 수 있을 것이다.

(14) 52세(병오, 1726)의 제석시 : 〈除夕 偶閱白集 明年半百又加三之詩 有感于心 遂次其韵 用其句〉

이 시는 우연히 백거이의 문집을 보다가 '내년이면 쉰에다 세 살이

146 趙泰億, 〈後感君恩〉 68, 『謙齋集』 권22, "右 丹崖小築 正對白雲山 又有園林泉沼之勝 半世奔忙 因罪得閑 此上恩也."

더해지네'라는 시구가 마음에 감회를 불러일으키자 그 시의 운과 그 구절을 이용해 지은 것이다.

매화는 섣달에 피어 길게 드리어졌는데	梅花殿臘落毿毿
세모에 나그네 회포 견디기 어려워라	歲暮羈懷轉不堪
몰골 보니 세월이 늙음을 재촉하였음을 알겠건만	但覺形容催老大
골육이 동서로 흩어져있음을 여전히 탄식하네	仍嗟骨肉散西南
신명의 영욕은 말해 무엇하랴	身名榮辱何須說
차고 기우는 이치는 오래전부터 알고 있던 것을	物理盈虛久已諳
백낙천의 시 읊조리니 한층 더 감탄스럽구나	更感樂天詩上語
내년이면 쉰 살에 세 살이 더해지나니	明年半百又加三[147]

이 시 역시 병오년 제석에 지은 것으로로 백거이(772~846)가 52세의 제석에 원진元稹(779~831)에게 지어 보낸 〈제야기미지除夜寄微之〉에 차운한 것이다.[148] 김만기(1633~1687) 역시 52세 제석에 이에 차운하여 시를 지은 바 있다.[149] 이 시는 앞에서 살펴본 〈제석 차고달부운 십절 除夕 次高達夫韻 十絶〉의 여러 수에서 따로 읊은 감회를 합쳐 놓은 것 같은 느낌을 주며 다소 침울한 분위기를 자아낸다.

섣달이 지나가면서 매화꽃은 봄이 옴을 알리며 피기 시작했건만 자신은 객지에서 제석을 보내야만 하니 온갖 감회가 밀려와 견디기

147 趙泰億, 〈除夕 偶閱白集 明年半百又加三之詩 有感于心 遂次其韻 用其句〉, 『謙齋集』 권21.

148 白居易, 〈除夜寄微之〉, "鬢毛不覺白毿毿, 一事無成百不堪. 共惜盛時辭闕下, 同嗟除夜在江南. 家山泉石尋常憶, 世路風波子細諳. 老校於君合先退, 明年半百又加三."

149 金萬基, 〈覽樂天詩明年半百又加三之句 感而有作 用其韻〉, 『瑞石集』 권4.

힘들다. 이전에는 매해 제석에는 송추를 찾아 성묘하고 밤을 보냈는데, 지금은 동쪽 골짜기에 와서 제석을 보내다 보니 마음이 처연하기만 하다.[150] 자신의 모습을 보며 이젠 확연히 늙었음을 실감하지만, 골육은 동서로 흩어져있어 탄식만 나온다. 형제는 언제 다시 모여 한 집에서 남은 인생 화목하게 즐길지 기약도 할 수 없고,[151] 귀양을 가 있는 아들은 부모 걱정에 망연해 있을 것을 알기에 잠도 이루지 못할 지경이다.[152] 차고 기우는 이치는 오래전부터 알고 있었으니, 이 한 몸의 영화와 치욕은 말할 필요조차 없다. 이런 깨달음 속에 백낙천의 시를 읊조리다보니 조태억 자신도 내년이면 쉰 살에 세 살이 더해지는 나이이기에 그 시가 더욱 마음에 와닿았을 것이고 이에 이 시를 짓게 되었을 것이다. 그리고 이 시가 문집에 수록된 마지막 제석시이다.

조태억은 영조가 노론과 소론의 극심한 당쟁을 조정하기 위해 소론이 정계에 복귀하도록 정국의 인사를 개편한 정미환국(1727)이 이루어지면서 그해 7월 좌의정으로 서용된다.[153] 그리고 1728년 10월 3일 세상을 뜬다. 그가 세상을 떠난 뒤에는 정국이 거의 노론 일당 체제로 굳어졌으며, 1755년과 1776년에 거듭 관작이 추탈되었다가 순종 2년(1908년)에서야 복관된다.

---

150 〈除夕 次高達夫韻 十絶〉 제3수의 1,2구, "每歲玆宵獨谷眠, 今來東峽意悽然."
151 〈除夕 次高達夫韻 十絶〉 제4수의 3,4구, "兄弟幾時重會合, 一堂湛樂送餘年."
152 〈除夕 次高達夫韻 十絶〉 제5수의 1,2구, "知渠此夜不成眠, 嶺海思親正惘然."
153 『영조실록』 영조 3년 정미(1727) 7월 1일, 〈조태억을 방면 · 직첩을 돌려주고 이봉상을 어영 대장으로 삼다.〉

4. 결론 - 조태억 제석시의 특징

한 해의 마지막 날에 지난해를 돌아보고 다가올 새해를 맞이하며 쓴 시를 제석시라고 한다. 조선조 들어서면 문집을 남긴 어지간한 사람이라면 제석시 한 수 정도는 남겼을 정도로 제석은 문인들에게 훌륭한 시창작의 동인이 되어 왔다. 조태억은 역대 문인 중에서도 손에 꼽힐 정도로 많은 제석시를 남겼는데, 그의 문집인 『겸재집』에는 11차례의 제석을 읊은 14제 32수라는 상당량의 제석시가 수록되어 있어 그 내용과 정서의 변화를 살펴볼 수 있게 한다. 본고에서는 그의 삶의 궤적을 아울러 살펴보며 제석시의 내용과 정조를 고찰하였다. 이제 앞서 이루어진 분석을 바탕으로 조태억의 제석시에서 찾아볼 수 있는 특징을 정리하며 마무리하기로 한다.

먼저, 조태억이 많은 제석시를 지었던 이유는 무엇일까? 이는 그의 시세계와 관련지어 생각해 볼 수 있다. 그의 문집에 수록된 시가 2,300여제(약3,700수)에 달한다는 사실은 그가 평소 시 짓기를 얼마나 즐겼는지를 짐작케 한다. 그런 그에게 제석은 훌륭한 시적 소재이자 창작 동인이 되었을 것이다. 또한 그는 시로 자신의 삶을 정리하고 기록하는 것에도 능했는데, 이는 그가 지은 '감군은'을 통해서도 확인해 볼 수 있다. 그는 〈후감군은〉 70의 자주自註에서 "위의 70수는 이전에 지은 20수와 통틀어 합치면 90수이다. 평생의 일을 남김없이 낱낱이 기술하였으니, 실로 1통의 연보라 할 수 있다. 훗날 자손 중에 나에 대해 알고 싶은 자가 있다면 여기에서 찾아보면 충분할 것이다. 이를 보는 자들은 대대로 충정의 도리를 독실히 하는데 더욱 힘쓰도록 하라."[154]고 말하고 있다. 이처럼 그는 시로 자신의 일대기를 기록할 만큼, 자신의 삶을 정리하는 데에도 시를 적극 활용했다. 그런 그

이기에 제석에 한 해를 돌아보며 그 감회를 읊는 것은 매우 자연스러운 일이었을 것이다. 따라서 〈전・후감군은〉이 자신의 정치적 상황과 임금에게 입은 은혜를 시로 읊은 후 자주自註로 그에 대한 부가 설명을 통해 근거를 제시하고 있다는 측면에서 이것이 어느 정도 공식적이면서 객관적인 성격을 띠는 기록이라 할 수 있다면, 제석시는 자신의 개인적인 상황과 그해 제석에 느끼는 감회에 대한 사적이면서 주관적인 성격의 기록이라 할 수 있을 것이다.

둘째, 조태억의 제석시는 내용과 주제면에서 어떠한 특징을 보이는가? 하정승은 고려후기의 제석시를 분석한 후 그 내용과 주제를 ①인생의 새 출발을 맞아 포부와 기대감을 피력한 것, ②지금까지 살아온 삶에 대한 반성과 성찰을 담은 것, ③고향을 떠나 객지에서 나그네로서 새해를 맞이하는 외로움과 객창감을 나타낸 것, ④앞날에 대한 불안과 걱정을 쓴 것 등으로 구별하였다.[155] 조선후기의 시인인 조태억의 제석시에서도 역시 전반적으로 보면 그러한 내용과 주제가 주를 이루고 있다고 볼 수는 있다. 하지만 좀 더 세부적으로 살펴보자면, 조태억의 제석시에서 가장 많이 드러나는 정서는 형과 함께 제석을 보내지 못하는 것에 대한 애석함, 즉 형에 대한 그리움이다. 이는 부모님을 일찍 여읜 데다가 아버지이자 스승같았던 존재인 큰형(조태일)이 1707년 43세라는 젊은 나이로 세상을 떴으며, 작은형(조태만)과는 생의 대부분을 떨어져 살아야 했던 그의 가족사와 관련이 있다

154 趙泰億, 〈後感君恩〉 70, 『謙齋集』 권22, "右 七十首通前作二十首合爲九十首 歷叙平生事 纖悉無遺 實一通年譜也. 後之子孫欲知我者 於此求之足矣 觀乎此者 益勉世篤忠貞之義也."

155 하정승, 앞의 논문, 102면.

하겠다. 하지만 한 해를 보내면서 사랑하는 가족과 함께 제석을 보내지 못하는 것에 대한 애석함은 인지상정이라 할 수 있기에 이 역시 제석시에서 나타날 수 있는 보편적인 정서라 할 수 있다. 그다음으로 자주 등장하는 것은 늙어가는 것에 대한 탄식 그리고 은거에 대한 희구에 대한 것으로, 이는 신묘통신사(1711) 사건 이후에 지어진 제석시 대부분의 주요 내용이 된다. 이를 통해서도 신묘통신사 사건이 조태억의 생애에 얼마나 큰 타격이자 충격이었을지 가늠해 볼 수 있다. 하지만 일정 나이가 되면 해를 보내며 늙어감을 한탄하고, 한가하고 평온한 삶을 희구하는 것 역시 인지상정이기에 이러한 내용과 주제 역시 제석에 느끼는 보편적인 정서라 할 수 있다. 다만, 조태억의 경우는 제석시를 그 어느 시인보다 많이 남긴 덕분에 세월의 흐름에 따른 그 내용의 변화를 감지해 낼 수 있게 한다는 특징이 있다.

셋째, 조태억의 제석시를 통해 그가 자신의 좌우명 및 삶의 철학을 얼마나 충실히 지키며 살아가려 애썼는지를 확인해 볼 수 있다. 그의 좌우명은 "자신을 단속할 때에는 마땅히 엄격해야 하고, 다른 사람을 대할 때는 마땅히 겸손함으로 해야 한다. 얻을 것이 있으면 반드시 청렴함을 생각하고 벼슬길에서는 평정심을 잃어서는 안된다."[156]는 것이며, 조태억은 항상 "사람의 운명은 하늘이 정한 것이니 화복에 따라 마음이 어지러워진다는 것은 달관하는 태도가 아니다. 처하게 된 상황에 따라 마음을 편안히 하고 천명을 따르면 그뿐이다."라 말했다고 한다. 그러하기에 여러 번의 위태로운 고비와 어려운 처지에 놓였어도 항상 태연할 수 있었다.[157] 그의 이러한 마음가짐과 삶의

---

156 趙泰億, 〈座隅銘〉, 『謙齋集』 권44, "律身當嚴, 待人宜謙, 得必思廉, 進無忘恬."
157 李德壽, 앞의 글, "嘗謂'人生有天定 以禍福亂其心 非達識也. 隨所遇而安之若

태도는 신묘통신사 사건으로 삭출 당했을 때나, 을사환국으로 삭탈관직당하고 문외출송 되었을 때도 평정심을 잃지 않고 의연하게 살아갈 수 있었던 동력이 되었을 것이다. 이 역시도 그의 제석시를 보면 충분히 공감할 수 있는 부분이다.

넷째, 조태억의 제석시를 통해 당시 문인들에게 애송되었던 유명 시인의 제석시를 알 수 있다. 조태억은 39세에는 두보의 〈두위택수세杜位宅守歲〉를, 52세에는 고적의 〈제야除夜〉와 백거이의 〈제야기지미除夜寄微之〉를 음미하다 감회가 일어 제석시를 지었다고 했는데, 이들의 제석시는 대대로 많은 문인이 애송해온 시이기도 하다. 특히, 이들 시의 내용에 공감해 40세 무렵에는 두보의 시를, 52세 때에는 백거이의 시를, 객지에서 제석을 맞이한 경우에는 고적의 시를 차운하여 시를 짓는 경우가 많다.

그 외에 조태억의 제석시에도 자연스레 성묘, 수세, 분세주, 저포놀이 등의 제야 풍습이 담겨있기는 하지만 기속시로서의 성격과는 거리가 있으며, 자신의 감회를 진술하게 읊은 영회시詠懷詩로서의 성격이 더 강하다는 점도 그 특징으로 꼽을 수 있다.

제석시는 한 해를 마무리하고 새로운 해를 맞이하면서 쓰는 시이기 때문에 작가의 삶에 대한 성찰과 태도를 극명하게 보여줄 뿐만 아니라, 대체로 시인의 섬세한 감정이 문학적으로 뛰어나게 형상화된 작품들이 많다. 그러하기에 제석시는 시인의 시세계 전반을 이해하기 위한 좋은 지표가 된다. 본고 역시 조태억의 시세계를 파악하는데 일조할 수 있을 것이다. 앞으로 제석시에 대한 다양하고 깊이 있는 연구가 계속되기를 기대해 본다.

命.' 雖屢遭危厲 處之夷然."

Ⅳ. 겸재 조태억의 누정시 연구

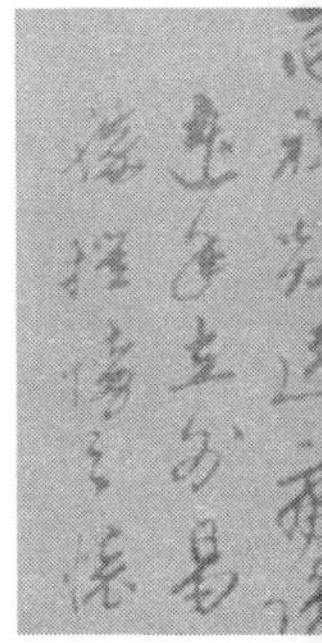

유명석

1. 서론

본고는 17세기 후반~18세기 초반에 활동했던 소론 계열의 관료이자 문인이었던 겸재謙齋 조태억趙泰億(1675~1728)의 누정시를 대상으로 하여 조태억에게 있어 누정이 지닌 의미와 그의 누정시가 지닌 문학적 특징 및 의의에 대해 확인해보고자 한다.

누정은 대체로 자연경관이 좋은 곳에 지어져 문인들에게 자연과 함께 다양한 문화 활동을 영위할 수 있는 공간으로서 활용되었다. 누정이 지닌 이같은 속성에 따라 차茶나 회화繪畵를 즐기거나 시문詩文의 창작과 같은 다양한 문화 활동이 누정을 중심으로 이루어졌다. 우리에게 익숙히 알려진 왕희지王羲之의 「난정서蘭亭序」, 왕발王勃의 「등왕각서滕王閣序」, 그리고 범중엄范仲淹의 「악양루기岳陽樓記」같은 작품들이 창작된 공간적 배경이 누정이라는 점에서도 누정은 전통적으로 문학과 떼려야 뗄 수 없는 장소라는 것을 알 수 있다. 본고에서는 누정문학 가운데 조선의 사대부들에게 가장 기본적인 문학 활동이었던 한시漢詩에 초점을 맞추어 조태억의 누정시를 논의해보고자 한다.

누정시樓亭詩는 누정이라는 공간을 중심으로 주변 경관을 묘사하거나 그곳에서 느끼는 정서를 형상화한 시를 의미한다. 이러한 누정시는 전통적으로 문인들에게 애호되었던 장르 중 하나였으며, 조선시대에 이르면 시기적 변화에 따라 누정의 인식도 변모하게 된다. 15세기에는 당대에 대한 긍정적 인식에 따라 낙관적이자 열린 공간으로 인식되는 경향이 있었고, 16세기가 되면 사화士禍의 영향으로 은거의 공간으로 인식되었으며, 17세기에 이르면 누정은 개인적 취향에 따라 일상을 즐기는 공간으로의 인식이 강화된다.[158] 즉 후대로 갈수록 누정의 기능이나 인식이 공적인 측면에서 사적이 측면으로 변화되었으며, 이에 따라 누정은 개인적 기호를 표출할 수 있는 공간으로 활용되었다.

겸재謙齋 조태억趙泰億(1675~1728)은 소론 계열의 관료이자 문인 중 한 사람으로, 문학적 재능을 지녀 두 차례 대제학에 올라 당대의 문풍을 주도하였고, 우의정과 좌의정을 역임하며 약천藥泉 남구만南九萬부터 명곡明谷 최석정崔錫鼎으로 이어지는 소론 영수의 계보를 이어 정계에서 활동하였다.

어렸을 때부터 문학적 재능을 드러냈던 조태억은 7세의 어린 나이에 아버지를 여의었으나 학문에 정진하여 10세에 지은 시로 김석주金錫胄에게 인정을 받았고, 또한 15세에 지은 〈신루부蜃樓賦〉는 소론의 문인이었던 남용익南龍翼에 의해 사람들에게 알려져 당시에 이름을

158 안세현, 「조선후기 누정기의 특징적 면모」, 『동양한문학연구』 31, 동양한문학회, 2010, 148-149면.

떨치게 되었다.[159]

조태억은 이처럼 어린 시절부터 문학적으로 두각을 드러냈는데 그 바탕에는 한시가 있었다. 조태억은 자신의 시적 재능을 바탕으로 시 창작을 즐겼던 것으로 보이는데, 조태억의 문집인 『겸재집』에 수록된 2329제 3667수의 시가 이를 증명해준다. 그가 54세의 나이로 작고한 것으로 볼 때 그가 문집에 남긴 시의 수량은 상당하다고 말할 수 있다.

이처럼 조태억이 지닌 문학적 능력과 문학사적 위치에도 불구하고 조태억에 대한 연구는 아직 미진한 실정이다. 현재까지 이루어진 조태억에 대한 연구는 사행문학[160]과 시 작품 가운데 연구시聯句詩[161], 만시輓詩[162], 감군은시感君恩詩[163], 그리고 산문의 한 갈래인 서문序文[164] 정도가 있다. 조태억은 노론에 의해 신임사화辛壬士禍 당시 노

159 李德壽, 「議政府左議政趙公行狀」, 『西堂私載』 권12, "早孤, 能力學不怠, 十歲有詩曰, 月明人語在前村, 金淸城錫胄謂楊文公復生, 遂以名公且字之. 十五歲, 作蜃樓賦, 南壺谷龍翼爲誦於人, 由是名播一世."

160 조영심, 「조태억의 사행문학 연구 : 對日觀을 중심으로」, 연세대학교 석사학위 논문, 2014.

161 이미진, 「聯句詩의 창작 방식과 배경 고찰 - 謙齋 趙泰億의 사례를 중심으로 -」, 『동양고전연구』 74, 동양고전학회, 2019. ; 김묘정, 「17세기 少論계열 지식인들의 聯句詩 고찰 - 吳道一 · 崔錫鼎 · 趙泰億의 시적 교류 양상을 중심으로」, 『석당논총』 78, 석당학술원, 2020.

162 유진희, 「謙齋 趙泰億의 連作 挽詩 硏究」, 『어문론총』 85, 한국문학언어학회, 2020.

163 이승용, 「謙齋 趙泰億의 「前感君恩」과 「後感君恩」에 관한 일고찰」, 『민족문화』 57, 한국고전번역원, 2021.

164 윤재환, 「謙齋 趙泰億 詩文集 序文의 敍述 技法 一考」, 『한국문학과예술』 36, 숭실대학교 한국문학과예술연구소, 2020.

론 4대신을 죽게 만든 소론 5대신 중 한 사람으로 지목되어 관직이 삭탈된 후 순종純宗 때까지 복관되지 못 하고 역적죄인으로 취급되었는데, 이러한 사실이 조태억에 대한 연구자들의 관심을 가로막는 하나의 요인으로 보인다.

앞서 언급했듯 조태억은 문학적으로 타고난 재능을 지녔고, 그의 한시는 여러 문인들에게 고평을 받았으며 더 나아가 소론의 학맥을 성공적으로 계승한 인물이라는 점에서 그의 문학은 연구되어야 할 가치가 충분하다. 따라서 본고는 조태억의 시문학을 중심으로 하되 이 가운데 그의 누정시를 대상으로 하여 연구를 진행하고자 한다. 조태억의 누정시는 그가 남긴 시문학 작품 가운데 양적으로 아주 많은 부분을 차지하지는 않는다. 그러나 조태억은 평생에 걸쳐 다양한 누정을 찾았으며 그때마다 누정시를 창작하였다. 따라서 본고는 누정시가 조태억의 시문학 세계의 전반을 이해할 수 있는 작품으로 간주하여 먼저 조태억에게 누정이 갖는 의미를 살펴보고, 이어 그가 실제 창작한 누정시를 살펴보는 과정을 통해 그의 시문학이 지닌 문학적 성취를 확인해보고자 한다.

조태억의 누정시를 살펴보는 것은 문화와 문학적 공간으로서 활용된 누정에서 창작된 조선후기 누정문학의 일단을 확인할 수 있는 기회가 될 것이라는 점에서 먼저 일정한 가치를 지닐 것이다. 더욱이 조태억의 시문학을 대상으로 한 연구는 여전히 활성화되지 못한 상태이므로 이 연구가 조태억의 시문학에 대한 관심을 불러일으킬 마중물로 작용할 것이라고 기대한다.

2. 겸재 조태억과 누정, 그리고 누정시

조태억은 혼란한 정국 속에서 소론 계열의 관료로서 자신의 입지를 계속해서 유지해야만 했다. 즉, 자신의 정치적 생명, 더 나아가 자신의 목숨의 보존을 위하여 늘 긴장속에서 살아갈 수밖에 없었다. 이렇듯 어려움이 넘쳐나는 삶을 견디고 지속하기 위하여 '즐거움 찾기'를 중요한 가치로 내세웠고, 이를 실현하는 구체적인 방법을 제시하였다.

> 사람의 생은 누구나 백 세도 살 수가 없는데 우환, 질병, 사고를 제외하면 즐거운 날은 얼마 되지 않는다. 즐거움에는 벗과 詩酒를 즐기거나 山川을 유람하여 완상하는 일보다 나은 것이 없는데, 이 모든 것은 젊은 나이, 낮은 관직, 한가로운 자에게 알맞은 것이니 어찌 쉽게 얻고서 영원히 소유할 수 있겠는가.[165]

이 글은 「계양수창첩서桂陽酬唱帖序」로 1704년 겨울 조태억이 권첨權詹, 이조李肇, 정수기鄭壽期와 함께 4일 동안 부평을 유람하며 지은 시에 선형先兄 시강공의 평비評批와 친구 최창대崔昌大의 시를 덧붙인 원고를 만들고는 잃어버렸다가 다시 찾은 뒤 만든 시첩에 붙인 서문이다. 이 글에서 조태억은 인생의 유한함과 함께 인생을 살아가며 겪게 되는 어려움에 대해 언급하며 그렇기 때문에 얼마 되지 않는 즐거움을 찾고 즐기는 것에 대한 가치를 역설한다. 조태억이 생각하는 인

165 趙泰億, 「桂陽酬唱帖序」, 『謙齋集』 권41, "人之生, 常不滿百歲, 除憂患疾病事故外, 爲樂之日無幾, 其樂也莫尙乎朋好文酒山川游賞之事, 而此皆年少位卑身閑者所宜, 豈能易得而恒有之哉."

생의 즐거움에 대한 모토(Motto)는 크게 '벗과 함께 시주詩酒를 즐기는 것', '산천山川을 유람하고 완상하는 것'으로 나뉜다. 그마저도 '젊은 나이', '낮은 관직', '한가로운 몸'이라는 조건을 필요로 하므로 즐거움을 누리기는 그만큼 어렵다. 이러한 논리로 조태억은 즐길 수 있을 때 즐겨야 한다는 즐김의 가치를 한층 강하게 역설하는데, 조태억이 험난한 환해 속에서 그나마 '즐거움'을 찾을 수 있는 공간이 바로 누정이었다.

『겸재집』에는 수록된 문장들 가운데 간접적으로나마 조태억의 누정에 대한 인식과 의미를 유추할 수 있는 글이 확인되는데 「제화석정제영후題花石亭題詠後」, 「용만승유첩발龍灣勝遊帖跋」 두 작품이다.

> 辛未年(1691년) 여름에 내가 숙부인 蘿溪先生(趙師錫, 1632~1693)과 여러 從兄들을 모시고 화석정에 가서 유람하였다. 忠肅公 李世華도 파주 칠정면에서 찾아와 합류하였는데 내가 지은 시를 보고는 놀라며 높이 추켜세워주시고는 곧장 그 시에 차운하셨고 숙부께서도 이어 화운해주셨는데, 이 해로부터 숙부께서 남쪽으로 옮겨 가신 지 3년이 지나 세상을 떠나셨다. 11년이 지나 辛巳年(1701년)에는 충숙공 이세화도 병으로 세상을 떠났으니 乙酉年(1705년) 봄에 내가 우연히 이 정자를 지나다가 고금을 헤아려보고는 슬픔을 금할 수 없어 예전에 지었던 시의 운자를 거듭 써서 이 서러움을 드러내었다. 壬寅年(1722년) 4월에 내가 왕릉의 일을 맡아 다시금 이 정자에 와서 주인인 李濟而 - 이름은 綄이다. - 와 옛이야기를 하며 회포를 풀었다.[166]

166 趙泰億, 「題花石亭題詠後」, 『謙齋集』 권43, "辛未夏, 余陪叔父蘿溪先生及諸從兄, 來遊於花石亭, 李忠肅公世華, 亦自七井來會, 見余所賦詩, 猥加獎許, 卽次其韻, 叔父亦續而和之, 是歲, 叔父南遷三年而下世. 越十一年辛巳, 忠肅公又捐舘, 乙酉春, 余偶過是亭, 俯仰今古, 不禁愴悽, 重用舊韻, 以瀉其悲, 壬

이 글은 「제화석정제영후題花石亭題詠後」로 조태억이 파주의 임진강변에 있는 율곡栗谷이 만년에 머물렀었던 화석정花石亭에서 선친과 인척들이 지은 시 작품을 모은 책 뒤에 쓴 글이다. 조태억에게 누정은 여타의 문인들과 마찬가지로 기본적으로 유람을 위한 공간이었다. 이 글의 서두에서 언급되어 있듯 1691년 조태억은 숙부인 조사석과 집안의 종형, 그리고 동당이었던 이세화와 함께 화석정을 찾아 시를 수창하며 유람을 즐겼다. 즉 당시 화정석에서의 유람은 자연스런 사교 모임의 결성과 시창작이 이루어졌다는 점에서 그가 인생에서 즐거움이 되는 구체적 활동으로 제시했던 '시주를 즐기는 일'과 '산수의 완상'이 모두 구현되었기에 의미 있고 또 기억할 만한 활동이었다고 할 수 있다. 또한 조태억은 이 글에서 1691년, 1705년, 1722년 30년간 총 세 차례에 걸쳐 화석정에 방문했다는 사실을 부연한[167] 것으로 보아 조태억에게 누정 방문은 평소 기억해둘 만한 의미를 지닌 활동이었음을 알 수 있다. 조태억에게 있어 삶의 즐거움이 구현되는 누정의 모습은 다음 글에서도 볼 수 있다.

> 내가 어렸을 적부터 용만부는 변방의 큰 관문으로 統軍亭은 龍彎府 제일의 명승지라는 말을 듣고 참으로 오랫동안 가보길 바랐다. 하지만 그 지역은 몹시 멀어 서울과의 거리가 일 천여 리 정도 되니 공무가 없어서 몸소 가볼 수가 없었다. 辛丑年(1721년) 가을, 내가 중국으로 사신을 가게 되어 통군정에 한 번 오를 수 있겠다고 여겼는데 마침 일

寅四月, 余以園陵祗役, 復到此亭, 與主人李濟而 名綄 話故叙懷."

167 『겸재집』에는 화석정과 관련된 시 〈陪叔父蘿溪公, 七井李公 遊花石亭 三堂兄溪上諸成及鄉中老少並集〉, 〈重過花石亭 復用前韻 志感〉, 〈臨津舟中 贈花石亭主人李濟而〉 세 작품이 수록된 것을 확인할 수 있다.

이 생겨 가보지 못 하였다. 壬寅年(1722년) 여름, 내가 청나라 사신을 전송하라는 명을 받아 용만부에 와서 이틀을 묵고 돌아갔다. 이때 나라의 슬픔이 채 다하지 않아서 감히 유람을 할 수는 없었고 단지 통군정에 한 번 올라 경관을 구경했을 따름이었다.

올해(1723년) 3월 그믐에, 청나라 사신이 다시 온다는 소문이 있었고 나는 원접사의 임무를 맡게 되었다. 부지런히 달려가 8일만에 의주에 도착했는데 청나라 사신은 아직 당도하지 않았었다. 도순찰사 이중표 공과 연위사 돈녕도정 이사범 공, 문례관 홍문교리 오문보 공, 부윤 권화보 공 모두가 내 숙소인 응향당에 모여 낮부터 밤까지 술을 마셨다. 어천군수 이시항 군은 문사이자 오랜 벗으로 그 역시 공무로 의주에 왔다. 4월 초파일 저녁, 동성문의 누각에서 관등놀이를 하고 또 통군정에서 유람하기로 날을 정하였다. 압록강에 가서 마이산과 송골산을 굽어보고 구룡정에 올랐다가 마침내 강에 배를 띄웠는데, 이날 비가 내렸다가 개어서 날씨는 청명하고 화창하였고 물결도 일지 않아 거울같은 강물은 말끔하였다. 배를 나누어 물가를 따라가며 그물을 던져 물고기를 잡고 피리와 북소리가 하늘을 울렸으며 화려하게 치장한 기녀들은 태양을 아찔하게 했고 거문고와 노랫소리에 검무를 추며 잡다하게 뒤섞여 즐겁게 술을 마시며 시를 읊었다. …중략… 술은 달고 즐거움은 지극하나 내가 술잔을 들고 깊이 한숨을 쉬며 "오늘의 유람이 어찌 즐겁지 않겠는가. 그러나 내 마음에 서글픔이 일어나고 두려워 근심하는 이유가 무엇인가. 이제 중국이 청나라의 전통을 따르게 된지 백 년이 되었다. …중략… 그렇다면 우리의 오늘날 책무는 정녕 신하로서 치욕을 받고 어려운 상황을 떠맡기를 생각하여 서로 권면하되 혹시라도 주색에 빠져 방탕하게 놀아서는 안 되며 자강의 계책을 생각해야 할 따름이다. 그러니 어느 겨를에 음주가무로 희희덕거리며 즐길 수 있겠는가. 비록 그러하나 명승지는 찾기 어려운 곳이고 벗과의 유람도 쉽게 어그러지는 것이니 변방에서 길을 가던 중에 평생지기의 벗 몇 사람을 만나 함께 산천의 명승지를 노래하고 시를 지었으며 詩酒의 모임을 질탕하게 즐겼으니 참으로 특별한 일이다."라고 하였다. 순찰사 공도 나와 두 해에 걸쳐 함께한 것은 더욱 기이한 만남이니 기록하지 않으면 안 된다고 여겨 畫工을 시켜 그 일을 그리게 하였는데, 나에게 그 뒤에 識를 써달라고 하기에 이 때문에 내가 사양하지 못하고 기록한다.[168]

이 글은 「용만승유첩발龍灣勝遊帖跋」로 조태억이 1723년 반조頒詔청사淸使 액진명額眞明의 원접사遠接使가 되어 오늘날 의주義州 지역에 해당하는 용만부의 통군정에서 유람하던 당시를 그린 그림에 남긴 발문이다. 글이 조금 길지만 조태억이 누정에서의 유람을 얼마나 중요시했는지 확인하기 위하여 인용해 보았다.

168 趙泰億, 「龍灣勝遊帖跋」, 『謙齋集』 권42, "余自幼聞龍灣府, 爲邊上一大關防, 而統軍亭又爲龍灣之第一名勝, 固已願見久矣. 惟其地踔遠, 去王京千有餘里, 非有公幹, 莫能致身. 辛丑秋, 余將有出疆之役, 謂可以一登斯亭, 會有故不果行, 至壬寅夏, 余膺伴送北使之命, 到是府, 信宿而歸, 時則國哀未畢, 不敢爲宴遊之事, 止得一登亭眺望而已, 乃今年三月晦, 北使又有聲, 余叨遠接之任, 晨夜星馳, 八日而到是州, 北使猶未至矣. 巡察使李公仲約, 延慰使敦寧都正李公士範, 問禮官弘文校理吳公文甫, 府尹權公和甫, 並會于余所舘凝香之堂, 爲日夜之飮, 魚川督郵李君時恒, 文士也, 舊要也, 亦以公事至, 四月初八之夕, 觀燈于東城門樓, 又約日爲統軍之遊, 臨鴨綠水, 俯馬耳, 松鶻之山, 仍上九龍亭, 遂泛舟于江, 是日也, 天雨新霽, 風日淸和, 波濤不興, 鏡光如拭, 分船沿泝, 張網打魚, 簫鼓殷天, 珠翠眩日, 琴歌釖舞, 雜沓繽紛, 觴詠之娛, …중략… 酒酣樂極, 余臨觴枀欷而言曰, 今日之遊, 豈不樂乎. 而於余心, 有愴然而感, 怵然而憂者, 何則. 今中華之披髮左袵, 且百年矣, …중략… 然則吾輩今日之責, 政在於念臣辱之恥, 思急病之義, 交相勉戒, 無或荒嬉, 以思自强之啚而已, 奚暇以酒食讌飮, 譆譆然相樂爲哉. 雖然, 難得者勝地, 易暌者朋遊, 而乃於絶塞行邁之中, 得與平生故舊數三子相値, 相樂嘯詠江山之勝, 跌宕文酒之會, 固已奇矣. 巡察公又與余兩歲同行, 尤是奇遇, 謂不可以無識, 命畫工啚繪其事, 要余識其後, 余故不辭而爲之記."

글의 서두에서 알 수 있듯 조태억은 어릴 적부터 용만부의 통군정이 명승지라는 말을 듣고는 잊지 않고 반드시 찾아가 보겠다며 다짐하였던 것으로 보인다. 그러다 공무상 용만부에 가볼 기회가 몇 차례 찾아왔음에도 기회가 무산되거나 사회적 분위기로 인해 통군정에 오르지 못하였다. 혹은 올라도 그저 주변 경관을 감상하는 데에 그쳤던 사실을 늘 마음에 담아두었던 것으로 보인다. 1723년에야 조태억은 마침내 자신의 묵은 염원을 이루게 되었고 통군정에서 여러 사람들과 함께 시주를 질탕하게 즐기며 당시의 즐거움을 그림과 글로 상세하게 묘사하기에 이르렀다. 특히 조태억은 청나라의 간섭으로 인해 당시 조선이 국가적 어려움에 빠져있는 부정적인 상황을 언급하면서도 마지막엔 "비록 그러하나 명승지는 찾기 어려운 곳이고 벗과의 유람도 쉽게 어그러지는 것"이라는 말을 하며 자신의 누정에서 가진 벗들과의 질탕한 유람을 정당화하고 유람의 즐거움을 극대화 시키는 논리를 펴고 있다. 조태억이 통군정에서 공적인 상황보다 개인적 즐거움을 중시하는 이같은 모습은 그에게 있어 누정을 찾고 즐기는 행위가 지니는 의미가 상당했다는 사실을 유추하게 해준다. 더불어 첫 번째 인용문에서 겸재가 인생의 즐거움을 찾는 방법으로 제시했던 벗과 시주를 즐기는 일, 산수를 유람하는 일과 전부 합치된 행위였던 것이다.

이렇듯 조태억에게 누정은 단순한 유람의 공간이 아니었다. 자신이 인생을 살아가는 데에 있어 산수유람과 시주를 통해 가장 적극적이고 주체적으로 자신만의 즐거움을 탐닉할 수 있는 공간이었던 것이다.

『겸재집』에 수록된 누정시의 수량은 138제 192수로 전체 시 가운데 약 5%를 차지한다. 얼핏 보기에는 그다지 크지 않은 비중인 듯

보이나 조태억의 누정시는 어느 특정 시기에 국한되지 않고 전체적으로 분포되어 있어 그의 생애 전반에 걸쳐 누정을 찾고 작시활동을 한 결과물이라는 것을 알 수 있다. 즉 누정시는 조태억의 생애와 시세계 전반을 이해할 수 있는 시작품이라는 점에서 의의를 지닌다. 조태억 누정시를 표로 정리하여 살펴보면 다음과 같다.

[표 1] 『겸재집』 소재 누정시 개관

연번	제목	권	누정명	형식	수량	비고
1	陪叔父蘿溪公 …생략… 遊花石亭	2	화석정	7율	1	
2	三嘉淨襟堂	2	정금당	7절	1	
3	淨襟堂席上 走成求和	2	정금당	7율	1	
4	李丈暎湖亭 次外舅題壁韻	2	영호정	5율	1	
5	凌雲亭 訪謫客洪良臣	2	능운정	5율	1	
6	山樓夜吟	2	미상	7절	1	
7	換鵝亭夜吟 呈伯氏	3	환아정	7율	2	
8	到果川池亭口號 示仲協諸益	3	미상	7율	1	
9	池亭呼韻各賦	3	미상	7율	1	
10	題金谷玉流堂壁上	3	옥류당	7절	1	
11	用子始諸人韻 寄題鄭舜年聽溪樓	3	청계루	7율	2	
12	重過花石亭 復用前韻 志感	3	화석정	7율	1	
13	追和一草亭韻 呈澤山案下	4	일초정	7율	2	
14	金城縣慶陽樓 …생략… 別李使君子始	4	경양루	5율	1	
15	宿永保亭凌虛閣 早起 柬鄭使君舜年以速之	4	능허각	7절	1	
16	永保亭口號 示舜年	4	영보정	7율	1	
17	水營西門樓 立馬聯句	4	미상	7절	1	
18	挹淸亭夜會 …생략…示主人金使君求和	4	읍청루	5율	1	
19	暎波亭 次許渾韻	4	영파정	7절	1	
20	西湖暎波亭 與叔良子始聯句	4	영파정	7율	1	
21	天安水仙亭 奉呈李使君	4	수선정	7절	1	
22	利川驛翠屛樓 次壁上恬軒任尙書韻	4	취병루	5율	1	
23	回到水仙亭 夜陪仲氏聯枕 走筆奉呈	4	수선정	7율	1	
24	長安寺山暎樓	5	산영루	7율	1	

25	表訓寺山暎樓	5	산영루	7절	1	
26	歇惺樓	5	헐성루	7율	1	
27	天逸臺	5	천일대	7율	1	
28	青鶴臺	5	청학대	7절	1	
29	楡岾 又有山暎樓	5	산영루	7절	1	
30	帶湖亭	5	대호정	7절	1	
31	海山亭 次簡齋海山樓韻	5	해산정	5고	1	
32	四仙亭	5	사선정	5율	1	
33	叢石亭	5	총석정	7절	1	
34	喚仙亭	5	환선정	7절	1	
35	嗽玉亭 逢李處士兄 話別口號	6	삭옥정	5율	1	
36	浮翠軒 與製述書記聯句	6	부취헌	7율	1	
37	快賓樓 次壺谷韻	6	쾌빈루	7율	1	
38	鎭南樓 醉次嚴書記子厚 韻	6	진남루	7절	1	
39	暎湖樓 次圃隱先生韻	6	영호루	7율	1	
40	新寧環碧亭 次板上韻	6	환벽정	5율	1	
41	朝陽閣 次圃隱先生韻 奉呈巡使兪季毅	6	조양각	7율	1	
42	賓日軒夜酌 與製述, 書記聯句	6	빈일헌	7율	1	
43	跨海亭 呼韻各賦	6	과해정	5율	1	
44	夜坐舵樓 與製述, 書記聯句	6	미상	7율	1	
45	副使從事 …생략… 次其聯句韻	7	상관루	7율	1	
46	愛蘭堂 爲宅楝兄弟作	8	애란당	7절	2	
47	渼湖小東樓雨作	9	소동루	7절	1	
48	與君集叔良 共登雲松亭 口號	10	운송정	7율	1	
49	洪良臣亭子	10	미상	7율	1	
50	江都府洗心齋	10	세심재	5율	1	
51	追次鷗亭朴兄士心 …생략… 仍乞斤正	10	구정	7율	3	
52	牛坡二憂亭 次壁上韻	10	이우정	7율	1	
53	楊州梅鶴堂 與永平宰金士昌 同賦	10	매학당	7율	5	
54	更佳亭與李國彦 …생략… 聯句	11	갱가정	7고	1	
55	晩翠亭 奉呈主人朴兄士心	11	만취정	7율	1	
56	龍山朴侍郎士心兄晩翠亭夜吟 次席上韻	11	만취정	7율	2	
57	超然亭 子和茅亭	12	초연정	7율	1	
58	題沈叔平挹爽樓	12	읍상루	7율	1	
59	次季成到三田渡望曠然亭韻	13	광연정	7절	3	

60	淸心樓夜 與連源沈督郵叔平 拈韻各賦	13	청심루	7율	2	
61	淸心樓下 乘舟向京城	13	청심루	7율	1	
62	淸心樓 …생략… 要和	13	청심루	7율	9	
63	樓上謾吟	13	미상	7절	1	
64	淸心樓 次林聖如韻	13	청심루	7율	1	
65	次題李熺悠悠堂 …생략… 又能詩	13	유유당	7절	1	
66	題舵樓	13	미상	7절	1	
67	氷壺閣夜會口占	13	빙호각	7절	1	
68	氷壺閣小集口占	13	빙호각	7율	7	
69	晚登淸心樓 與諸君共賦	13	청심루	7율	1	
70	淸心樓 …생략… 是日適至	13	청심루	7율	1	
71	甓寺前湖見樓臺倒影 眞活畫也 却賦一律	13	미상	5율	1	
72	次鶴山李按使酒泉淸虛樓韻	13	청허루	7율	1	
73	伏日會飮樓上	13	미상	7율	1	
74	大暑日樓上有作 示諸君 尹復始自京至	13	미상	7율	1	
75	過渼陰堂兄亭舍	13	미호당	5율	1	
76	過廣津宋子和超然亭 志哀	13	초연정	5율	1	
77	觀君平葬歸到曠然亭 追感舊遊 愴然有作	14	광연정	7절	1	
78	陜川涵碧樓	15	함벽루	7절	1	
79	澄淸閣 次李壽而韻	15	징청각	7율	1	
80	晉州朴節度 池亭少口號 時晉牧朴際伯 同來	15	미상	7율	1	
81	觀魚臺	15	관어대	7율	1	
82	次永川使君申養直與浩然亭李令 酬唱韻四首	15	호연정	7절	4	
83	幽谷德流堂 贈督郵李仲美	15	덕유당	7율	1	
84	龍湫交龜亭志喜	15	교구정	7율	1	
85	延豊嗽玉亭	15	삭옥정	5율	1	
86	黃州月波樓	16	월파루	7율	2	
87	百祥樓	16	백상루	7율	1	
88	定州納淸亭	16	납청정	5율	1	
89	龍川聽流堂 次鶴山韻	16	청류당	7율	1	
90	統軍亭別灣尹	16	통군정	7/5율	2	
91	聽流堂 …생략… 故五六及之	16	청류당	5율	1	
92	浮碧樓	16	부벽루	7율	1	
93	練光亭	16	연광정	7율	1	
94	練光亭 逢朱生 寄其翁升卿	16	연광정	7절	1	

95	練光亭夜飮 走筆	16	연광정	7고	1	
96	反求亭 題贈咸從邑人	16	반구정	7절	1	
97	題祥原東軒	16	원동헌	7율	1	
98	金川暎水樓 次壁上韻	16	영수루	7율	1	
99	自暎水樓 向朴淵路 次晦仲韻	16	영수루	7율	3	
100	大興寺大乘堂 口占	16	대승당	5율	1	
101	逝斯亭	16	서사정	5율	1	
102	大興城南門樓	16	미상	7절	1	
103	寒食日在抱川墓舍 …생략… 訪金水亭	17	금수정	7율	1	
104	月波樓 次明谷先生韻	17	월파루	5율	1	
105	百祥樓	17	백상루	7율	1	
106	宣川倚劍亭 奉示巡使	17	의검정	7율	1	
107	重到聽流堂 …생략… 求和	17	청류당	7율	1	
108	義州東門樓觀燈	17	미상	7율	1	
109	統軍亭口號	17	통군정	7율	2	
110	凝香堂贈士範令公先歸	17	의향당	7율	1	
111	復上統軍亭	17	통군정	7율	2	
112	嘉山郡壓淸亭 …생략… 書狀柳厚仲萬重	17	압청정	7율	2	
113	暎水樓 次海判韻 兼示巡使	17	영수루	7율	2	
114	暎水樓臨別 …생략… 聯句	17	영수루	7율	1	
115	臨津舟中 贈花石亭主人李濟而	17	화석정	7절	2	
116	濠上亭舊址	17	호상정	5고	1	
117	月波樓	17	월파루	5고	1	
118	月波樓口占 示海伯	17	월파루	7율	1	
119	定州松栢堂	17	동백당	7율	1	
120	凝香堂 次板上韻	17	의향당	5율	1	
121	聽流堂 次巡相韻	17	청류당	7율	1	
122	納淸亭 次角里韻	17	납청당	5율	1	
123	練光亭滯雨 待巡使 次韻口占	17	연광정	7절	1	
124	舍人洞南晦隱曲水亭 次雲谷相公感舊韻	18	곡수정	7절	2	
125	西江檢漕廻 到挹淸樓 口占	18	읍청루	7절	1	
126	華陽亭 …생략… 次金文谷收馬韻	18	화양정	7율	1	
127	西江檢漕後 …생략… 聯句	18	읍청루	7율	2	
128	挹淸樓雨中又題	18	읍청루	7율	1	
129	再疊前韻 寄一鑑亭	19	일감정	7절	2	

130	題曠然亭	19	광연정	7율	1	
131	七月旣望 …생략… 四疊房字	19	광연정	7율	2	
132	次鶴山過嶺南樓未登韻	19	영남루	7율	1	
133	次趾兒寄題臨湖亭韻	19	미상	7율	1	
134	去年八月初吉 …생략… 遂次其韻	21	학탄정	7절	2	
135	次三洲過灘亭韻	21	미상	7율	1	
136	余樂亭八詠 爲三湖作	21	여락정	7절	8	
137	陶谷宋君集…생략…遂用其韻謝之	21	광연정	7율	2	
138	陶谷 …생략… 遂依韻和呈	21	송석헌	7율	2	
총계	138제 192수					

이 표를 통해 조태억이 평생에 걸쳐 총 79종의 다양한 누정을 찾았음을 볼 수 있다. 이름을 파악하기 어려운 곳까지 헤아린다면 그 수량은 더욱 많아질 것이고 이는 그만큼 조태억의 누정에 대한 애정이 컸음을 보여주는 예라고 할 수 있다. 조태억이 다양한 누정을 찾았던 만큼 여러 시형식을 활용하여 작시한 것을 볼 수 있는데, 그 중 7언 율시는 75제 105수, 7언 절구는 30제 44수로 약 81%에 해당하여 대다수를 차지한다. 반면에 5언 고시나 7언 고시는 5제 5수뿐인데 조태억이 고시보다 율시를 선호했음을 알 수 있다. 7언 율시는 우리나라 사대부들에게 가장 익숙한 시형식이었기 때문에 조태억만의 특별한 작시 형태라고 판단하기는 어렵다. 하지만 고시의 비율과 대비하여 살펴본다면, 고시는 기본적으로 사건이나 장면을 조직하고 자신의 생각을 풀어내기에 자유로운 형식이지만 율시와 절구는 한순간에 자신의 정감을 응축시켜낸다는 점에서 차이를 지닌다. 다시 말해 조태억은 누정에서 느낀 홍취를 한순간에 즉각적으로 풀어내고자 7언 율시나 7언 절구 위주로 창작 활동을 하였음을 파악할 수 있다.

3. 조태억 누정시의 실제

지금까지 누정시에 대한 연구는 많은 양이 축적되어 있다. 그러나 관련 연구들은 대체로 누정에서의 공간 인식과 이를 바탕으로 한 누정에서의 정서에 집중된 경향을 보인다.[169] 이러한 방식의 연구는 누

169 누정시 관련 선행연구들의 내용들을 정리해보자면, 이정화는 「퇴계시에 나타난 누정문화 연구」(『한국사상과 문화』 49, 2009.)에서 누정을 학문의 문화 공간, 소통의 문화 공간으로 구분하고 누정시의 세계를 1. 聖代의 희구 2. 眞樂의 지향 3. 民福의 실현으로 분석하였고, 이강렬은 「오음 윤두수의 누정시에 나타난 시공간 인식」(『한문학논집』 24, 근역한문학회, 2006.)에서 누정 공간의 인식을 1. 樂道와 구도의 시공간, 2. 兼善과 再起의 시공간, 憧憬과 흠모의 시공간으로 분석하였으며, 박종우는 「16세기 누정의 공간적 특성과 누정제영의 문학사적 의미-호남지역 누정제영을 중심으로」(『우리어문연구』 32, 우리어문학회, 2008.)에서 1. 物과 我의 소통 공간:자연 경물과의 심미적 교감, 2. 세속과 탈속의 漸移 공간 : 현실적 고민의 낭만적 정화, 3. 개인과 집단의 연대 공간 : 동료 의식의 결집과 제고로 살폈다. 김남기는 「청송의 樓亭 漢詩 연구-讚慶樓·秀孤亭·玉流亭 등을 중심으로」(『국문학연구』 31, 국문학회, 2015.)에서 1. 盛德의 칭송과 선경의 홍취, 2. 先賢의 추모와 사향의 토로, 3. 閑趣의 향유와 연구의 표현으로 살폈으며, 송기섭은 「백곡 김득신의 누정시 연구」(『한문고전연구』 32-1, 한국한문고전학회, 2016.)에서 김득신 누정시의 특징을 1. 詩想을 발하는 공간, 2. 愁心을 달래는 공간, 3. 정자 주변의 풍경을 즐김, 4. 이별과 만남의 공간으로 살폈고, 이심권은 「삼연 김창흡의 누정시 연구」(영남대학교 석사학위 논문, 2016.)에서 삼연의 누정 공간 인식을 1. 역사 인식 공간, 2. 인물 추모 공간, 3. 사상 성찰 공간, 4. 시문 창작 공간으로 구분하였다. 이황진은 「곤륜 최창대의 누정시 연구」(『한국고전연구』 48, 한국고전연구학회, 2020.)에서 누정 공간 인식을 1. 일가 친지를 만나 함께할 수 있는 공간, 2. 自樂의 공간으로 구분하여 살폈으며, 김효정은 「명곡 최석정의 누정시」(『명곡 최석정 문학세계에 대한 접근의 일단』, 학자원, 2020.)에서 누정 공간을 1. 홍취와 위로의 공간, 2. 그리움과 회상의 공간, 3. 창작과 사교의 공간으로 구분하였다. 이렇듯 대

정 공간 인식에 대한 시기적 변화와 누정에서의 정서를 포착할 수 있게 한다. 하지만 작가 개별 연구로 한정시켜 살펴 볼 경우 대체로 개개인은 시대적 누정 인식과 노선을 함께하기 때문에 각 연구별로 공간 인식에서 다양성을 찾기 어렵다. 뿐만 아니라 누정에서 느끼는 정서나 감정 역시 별다른 차이를 보이지 않는다는 한계를 보일 수밖에 없다. 그러므로 본고에서는 누정시에서 드러나는 정서적 측면을 창작 기법이나 형식적 측면과 결부시켜 조태억의 누정시가 지닌 특징을 도출해보고자 한다.[170]

조태억의 시에 대한 평가를 살펴보면 대체로 시창작에 있어 억지로 수식하는 데에 힘을 쓰지 않았고, 자연스럽게 감정과 경물을 담아낸 시를 창작하였으며 시흥이 일면 즉시 시를 읊는 즉흥시에 능했다[171]는 평가를 확인할 수 있다. 이같은 조태억의 한시 창작 경향과 조태억이 견지했던 누정 인식과 표현 기법에 따라 그의 누정시를 '핍진逼眞한 경물 묘사와 상념想念의 해소', '정적靜的인 분위기를 활용한 여유의 고조高調', '연구시聯句詩 창작을 통한 정감情感의 공유' 세 가

체로 누정시 관련 연구는 개별 작가의 누정 인식과 정서에 국한되어 있다는 것을 알 수 있다.

170 본고는 누정시의 범위를 시의 제목에 직접적으로 누정의 이름이 명시되거나 제목을 통해 시가 창작된 장소가 확실하게 누정임을 확인할 수 있는 경우로 한정시킨다.

171 李德壽, 「議政府左議政趙公行狀」, 『西堂私載』 권12, "每謂近世爲詩者, 專尙尖巧, 足以觀衰末氣象, 能免是, 斯亦可矣. 崔副學昌大評公詩以爲才思敏暢, 詞致圓妙, 千篇滔滔, 無一罅縫, 昔谿谷稱石洲, 情境妥適, 律呂諧協, 吾於某亦云." 尹淳, 「左議政文忠趙公墓誌銘」, 『白下集』 권7, "爲文章, 沛然若不經意, 辭理贍暢, 尤長於詩, 每遇興口占, 筆落如風雨, 千篇滔滔, 音調淸圓, 情境妥適, 可與權石洲同評."

지로 나누어 살펴보고자 한다.

1) 핍진逼眞한 경물 묘사와 상념想念의 해소

조태억이 자신의 삶을 즐기는 방편으로서 누정을 활용했던 이유는 누정의 주변에 펼쳐진 아름다운 자연경관 때문이었다. 이는 누정시가 누정에서의 정감과 누정 주변의 경관에 대한 묘사가 주를 이루게 되는 배경인데, 조태억의 시는 '정경이 어우러졌다[情境妥適]'는 평가를 받았다. 이렇듯 조태억의 시에서는 경물에 대한 핍진한 묘사와 그 안에서 상념이 해소되는 조태억의 모습을 볼 수 있다.

한 줄기 맑은 강물은 난간 너머로 흐르고	一帶晴川檻外流
화려한 당은 오월에도 가을처럼 상쾌하니	華堂五月爽如秋
문득 나그네의 속세 먼지 씻겨져	翻敎客子塵襟淨
타향에서의 만 가지 시름 사라지네	恰慰離鄕萬種愁[172]

배 앞 누각은 하늘에 떠 있는 듯하고	舟前樓閣入雲霄
강산에 노을 지자 하늘빛 아득하여	落日江山靄色遙
갈매기와 시 지으며 한가로이 술잔 드니	吟對白鷗閑把酒
세간의 괴로움 한순간에 사라지네	世間煩惱一時消[173]

위에서 살펴본 시들의 제목은 각각 〈삼가정금당三嘉淨襟堂〉, 〈대호정帶湖亭〉, 〈서강검조회西江檢漕廻 도읍청루到挹淸樓 구점口占〉으로 모두 선경후정의 기법으로 창작된 것을 볼 수 있다. 조태억의 눈에 비

172 趙泰億, 〈三嘉淨襟堂〉, 『謙齋集』 권2.
173 趙泰億, 〈西江檢漕廻, 到挹淸樓, 口占〉, 『謙齋集』 권18.

치는 경물들에 대한 과장이나 지나친 수식 없이 핍진하고 사실적인 묘사가 이루어지고 이어 그러한 맑고 깨끗한 자연환경 안에서 자연스럽게 수심이 해소되는 모습을 볼 수 있다.

첫 번째 시에서는 먼저 정금당 너머로 바라다보이는 강줄기의 맑고 시원한 모습이 묘사되었다. 이로 인해 더운 여름날에도 가을 같은 상쾌함이 느껴지고, 이러한 상쾌함으로 세속에 찌든 마음까지 깨끗해져 타향에서의 시름까지 자연스레 사라져버리는 조태억 자신의 정서를 읊어냈다. 두 번째 시는 1724년 무렵에 창작된 것으로 보이며, 조태억이 호조 판서를 역임하던 당시 마포나루 인근 용산龍山에 있던 읍청루에 올라 이 시를 지은 것으로 보인다. 기구와 승구는 읍청루에서 바라보는 주변 풍광이다. 읍청루는 용산에 있기 때문에 하늘에 떠 있는 듯 높다랗고 노을 지는 강과 산은 아득해져만 간다. 공무를 마치고 높다란 누정에 올라 노을 속에서 술잔을 기울이자니 갈매기도 자신과 함께하는 듯하다. 이런 평화로운 분위기 속에서 한가로이 술잔을 들자니 세상의 모든 괴로움이 술 한 잔에 녹아 없어지는 듯하다. 특히 '한閑'자를 활용하여 현재 자신이 느끼는 한가로움을 직접적으로 표출하였는데, 이는 고달픈 세상살이에서 해방됨을 한층 강렬하게 느낌을 의미하는 것이다.

우뚝한 누대에서 밤의 경치 정녕 아득하여	高樓夜色正蒼蒼
손으로 누대의 창을 젖히고서 멀리 내다보니	手拓軒窓眺望長
땅은 구름 안개로 별세계 같고	地以雲霞稱別界
하늘은 골육을 타향에서 만나게 했네	天敎骨肉會他鄕
잔잔한 호수에 달은 한밤중 물결에 일렁이고	平湖月漾三更浪
대나무에 바람은 순간 서늘하게 불어와	脩竹風生一霎凉
오늘 밤 나그네 마음 편안해지니	今日乃能寬客抱

근래의 시름을 달래는 데 헛되지 않구나　向來無虛慰愁腸[174]

호숫가 샛길로 노송 늘어서 있고　湖邊一徑走雲松
지붕 위론 푸른 산 겹겹 둘렀으니　屋上青山擁幾重
지팡이 짚고서 늘 갈매기 가까이하고　杖屨尋常近鷗鷺
뜰에서 황홀하게 어룡을 감상한다네　階庭怳惚玩魚龍
촌락과 맞닿은 초목에 봄빛은 멀어졌고　連村雜卉春光遠
들판과 이어진 평원에 비 기운 짙지만　匝野平蕪雨氣濃
마침 여러 공들과 이 모임 가졌으니　偶逐諸公成此會
태평한 때에 나그네 신세 한탄할 것 없지　明時不必歎羈蹤[175]

절구 외에 율시에서도 조태억은 정자 주변의 훌륭한 풍경 속에서 상념을 녹이는 모습이 보인다. 위에서 살펴본 시의 제목은 각각 〈환아정야음換鵝亭夜吟 정백씨呈伯氏〉과 〈여군집숙량與君集叔良 공등운송정共登雲松亭 구호口號〉이다.

첫 번째 시는 경상남도 산청군의 경호강 가에 있던 환아정에서 지은 작품으로 제목과 내용으로 보아 백형과 함께 있으며 지어준 것으로 보인다. 해가 진 어둑한 밤, 조태억은 환아정에 올라 주변의 경치를 둘러본다. 빛이 존재하지 않는 밤, 경물은 또렷하게 눈에 들어오지 않을 텐데 오히려 그런 점이 환아정에 있는 조태억을 황홀경에 빠지게 만든다. 구름 안개가 낀 뿌연 지면은 별세계의 모습처럼 아득하고 하늘의 도움으로 당시 경상우도의 암행어사로 있었던 형 조태일趙泰一(1665~1707)과 만난 것을 감사히 여기고 있다. 어두운 밤, 시

174 趙泰億, 〈換鵝亭夜吟, 呈伯氏〉, 『謙齋集』 권3.
175 趙泰億, 〈與君集叔良, 共登雲松亭, 口號〉, 『謙齋集』 권10.

야는 가렸지만 누정에 오르자 호수 표면에 일렁이는 달의 모습이 눈에 들어오고 대나무를 흔들며 불어오는 서늘한 바람이 느껴진다. 이에 따라 타향에 있는 조태억의 마음은 편안해지며 자연스럽게 평소의 시름이 사라짐을 느끼는 것이다.

두 번째 시는 송성명宋成明, 권첨權詹과 함께 운송정에 올라 벗들과 바라본 풍경 속에서 느끼는 즐거움을 즉흥적을 읊은 시이다. '청산靑山'은 푸른 색감을 주는 것과 함께 겹겹 산에 둘러싸인 운송정의 주변 모습을 떠올리게 해주는 사물이며, '구로鷗鷺'와 '어룡魚龍'은 조태억이 가까이하는 것들로 조태억이 여유가 투영된 시어이다. 비록 봄날은 지나갔고 날씨는 비가 올 듯 어둑어둑하지만 이처럼 여유로운 상황 속에서 나쁠 것은 없다. 운송정에서 송성명, 권첨과 함께하며 시를 짓고 여유를 즐기는 이 순간 자연스레 조태억은 자신의 신세에 대한 불만이나 불평에서 거리를 두게 되는 것이다.

이렇듯 시를 창작함에 있어 정경교융情景交融에 뛰어났다는 평가를 받았던 조태억은 누정 주변에 펼쳐진 풍경을 핍진하게 묘사하며 자신의 감정과 조화시켜 자연스럽게 풀어낸 것을 볼 수 있다. 이러한 누정에서의 작시 활동은 조태억이 상념을 삭히는 과정으로 이어져 누정에서의 즐거움으로 환원되는 것이다.

2) 정적靜的인 분위기를 활용한 여유의 고조高調

앞의 절에서는 시 속 풍경과 정서 간의 관련성을 살펴보았다면 이 절에서는 시의 분위기와 정서가 맞닿는 측면에 대해 살펴보고자 한다. 조태억의 누정시를 살펴보면 정적이고 정태적인 분위기를 통해 자신의 여유가 극대화되는 측면을 확인할 수가 있는데, 이러한 분위기를 만들어내는 데에 활용된 것이 바로 '어두움에서 기인한 차분함'이라고 할 수 있다. 이제 시를 살펴보자.

환성 태수는 신선이니　　歡城太守是仙曺
푸른 연못 속에 화려한 누각 우뚝하여　　綠水中央畫閣高
유월의 찌는 더위 이르지 못하는데　　六月炎蒸侵不得
깊은 밤 연꽃 향기만 옷에 스미네　　夜深荷氣襲輕袍[176]

동쪽으로 온 내 몸 어부와 짝하고　　東來身世伴漁翁
창주에 한 번 눕자 온갖 생각 사라지는데　　一卧滄洲万念空
비바람 이는 저녁 높은 누각에 주렴 걷자　　高閣捲簾風雨夕
강 건너 안개 낀 숲 그림 같구나　　隔江烟樹畫啚中[177]

강가 성의 빗줄기 온 산을 뒤덮어　　江城雨色掩千峯
눈에 가득한 운무 옅었다가 짙어지는데　　滿目雲烟淡復濃
기다리던 관찰사 밤 되자 도착하여　　坐待輶軒乘夕至
화려한 누각에서 술 마시니 느긋해지네　　畫樓樽酒一從容[178]

앞서 살펴본 각각의 시 제목은 〈천안수선정天安水仙亭 봉정이사군奉呈李使君〉, 〈미호소동루우작渼湖小東樓雨作〉, 〈연광정체우練光亭滯雨 대순사대순사待巡使待巡使 차운구점次韻口占〉으로 세 시 모두 시야가 제한되는 저녁과 밤이라는 시간적 배경을 활용하여 정적이면서도 여유로운 느낌을 준다.

---

176 趙泰億, 〈天安水仙亭, 奉呈李使君〉, 『謙齋集』 권4.
177 趙泰億, 〈渼湖小東樓雨作〉, 『謙齋集』 권9.
178 趙泰億, 〈練光亭滯雨, 待巡使, 次韻口占〉, 『謙齋集』 권17.

첫 번째 시는 수선정에서 1707년 천안 군수를 지냈던 이지성李之星에게 지어준 시이다. 먼저 기구에서는 누정의 이름이 수선水仙인 것처럼 천안 군수인 이지성을 신선처럼 꾸며주었다. 이어 승구에서는 수선정의 모습을 화려하고 우뚝하다고 꾸며주었다. 연못 속에 우뚝이 솟은 수선정에는 6월의 늦더위도 이르지 못한다고 말하여 쾌적한 느낌을 주고, 결구에서 깊은 밤 연꽃 향기만 옷에 스며든다고 말하고 있다. 7언 절구의 짧은 시 속에서 움직임은 느껴지지 않는다. 다만 마지막 구에서 '깊은 밤[夜深]'이라는 시어가 주는 차분하고 고요한 분위기로 인해 수선정에서의 여유로움이 한층 부각됨을 볼 수 있다. 두 번째 시에서는 동호東湖의 소동루에서 보이는 풍경과 함께 느껴지는 한가로움을 드러냈다. 순박한 어부와 어울리는 조태억은 푸른 물줄기를 바라보며 한가로이 누정에 눕자 온갖 잡생각이 사그라든다. 비바람이 이는 저물녘 주렴 걷은 누각 저편 강 너무로 안개 낀 숲이 마치 그림처럼 눈에 들어온다. 그림은 순간에 대한 포착이자 움직임이 사라지는 순간이다. 즉 한없이 한가로운 지금 이 순간 조태억의 평온함이 저편의 뿌연 숲을 그림으로 인식하게 만든 것이다.

세 번째 시에서는 연광정 주변으로 보이는 풍경과 함께 누정에서 갖는 술자리의 여유를 담백하게 드러낸 것을 볼 수 있다. 이어 빗줄기가 온 산을 뒤덮었다는 말을 통하여 시야가 전부 가려질 정도로 비가 내렸음을 알 수 있고 이는 시각적 제약을 주는 요소로 작용한다. 이어 비구름과 안개가 옅어졌다가 다시 짙어졌다는 말을 하며 비가 당분간은 그치지 않고 계속될 것임을 암시하는 동시에 분위기를 어둡고 무겁게 만든다. 하지만 전구에서 분위기의 급격한 반전이 이루어진다. 기다리던 관찰사가 저녁 무렵에야 나타났고 그로 인해 저녁의 심상은 안정과 여유로 급변한다. 그리하여 '화루畫樓'이라는 시어를 통해 침침했던 누각의 분위기를 반전시키고, 동시에 '준주樽酒'과 '종용從容'이라는 시어를 활용하여 즐거움과 여유로움을 배가시킨 것이다.

저쪽 뜰 구석진 곳에 한 쌍 정자 솟아 있어	西園僻處聳雙亭
선가에 복정 있음을 부러워 않으니	不羨仙家有福庭
떨어지는 바위 폭포는 천 장이나 하얗고	岩瀑迥垂千丈白
오래 묵은 절벽의 소나무는 사계절 푸르러	岸松長作四時靑
주인에겐 본래 속된 생각 없었어도	主人本自塵機少
과객에게 시속의 마음 버리게 하는데	過客猶能俗慮醒
최고는 눈 그친 달 밝은 밤	最是雪晴明月夜
맑은 학 울음소리 듣는 것이구나	鶴鳴寥亮也堪聽[179]

관서 안찰사 술에 만취하여	爛醉關西按使盃
조각배 저녁 되어도 머물러있는데	蘭舟向夕故遲徊
온 산의 짙은 녹음 하늘에 떠갈 듯하고	千山積翠浮天去
한 줄기 맑은 물결은 성을 감싸고 흘러가니	一水空明抱郭來
다시 옴에 즐거움 처음 대하는 것 아니라	重到喜非生面目
돌아가려다 되레 좋은 누대에서 묵네	欲歸還宿好樓臺
시인은 흥 일면 시 지어야 할 뿐이니	詩人遇興惟須賦
통곡하며 돌아간 김황원은 본받지 말아야지	莫學黃元痛哭廻[180]

위에서 살펴본 시들의 제목은 각각 〈추화일초정운追和一草亭韻 정택산안하呈澤山案下〉, 〈여군집숙량與君集叔良 공등운송정共登雲松亭 구

179 趙泰億, 〈追和一草亭韻, 呈澤山案下〉, 『謙齋集』 권4.

180 趙泰億, 〈練光亭〉, 『謙齋集』 권16.

호口號〉이다. 두 시 모두 시각적 요소들은 배제되어 있으면서 밤과 저녁이라는 시간적 배경을 통해 평온하고 그윽한 분위기를 만들어낸 것을 볼 수 있다.

첫 번째 시는 정자를 선계와 같이 청정한 공간으로 만들어 낸 것을 볼 수 있다. 뜰 한 편 외진 곳에 정자가 있고 그 정자는 신선들이 지낸다는 복정에 못지않다고 말하여 그윽하고 평화로운 분위기를 이끌어 낸다. 이어 바위 사이로 떨어지는 폭포수와 절벽의 소나무로 시선이 이동하는데 각각 '흰색'[白]과 '푸른색[靑]'의 색채를 통해 깨끗함을 강화하였다. 이런 청정한 곳에 사는 주인은 애초에 속된 생각이 없었기에 이곳에서 살 수 있고, 이곳을 찾은 과객인 조태억 역시 주변의 분위기에 물들어 시속의 마음이 깨끗하게 씻긴 것이다. 이러한 일초정에서 가장 좋은 것은 눈 그치고 달이 밝게 뜬 고요한 밤, 학의 울음소리를 듣는 것이라고 말하는데, '학'이 갖는 신선의 이미지와 '밤'의 고요하고 정적인 심상으로 인해 일초정의 몽환적이고 그윽한 느낌을 한층 부각시키는 것이다.

두 번째 시는 평양의 대동강 가에 있는 연광정에서 느낀 흥을 담아낸 작품이다. 아마도 조태억은 관서 관찰사와 함께 연광정에 올라 술을 즐겼던 것으로 보인다. 이미 술에 만취해버린 관서 관찰사는 해가 져도 돌아가기를 잊어버리고 조태억 홀로 연광정에서 보이는 경치를 감상하고 있다. '짙은 녹음[積翠]'과 '맑은 물결[空明]'은 청명한 여름의 계절감을 느껴지게 한다. 이렇듯 좋은 계절에 좋은 장소에서 즐기는 유람이기에 조태억은 양껏 풍광을 즐기며 그곳을 떠나지 못한 채 누대에 누워 잠이 들겠다고 말하며 마지막에 고려 때의 문장가인 김황원金黃元을 언급한다. 『동인시화東人詩話』를 보면 김황원은 부벽루에 올랐다가 "長城一面溶溶水, 大野東頭點點山.(장성 한편으로 콸콸 강물 흐르고, 넓은 벌 동쪽 끝엔 점점이 산이네.)" 이 두 구句를 읊고는 아무리 고심해도 시상詩想이 떠오르지 않아 통곡하며 누정을 떠났다고 한다.[181] 즉 조태억은 김황원의 일화를 떠올리며 누정에서 느끼는 흥취와 여운을 계속해서 이어나가려는 의지를 드러낸 것이다.

3) 연구시聯句詩를 활용한 정감情感의 공유

한유韓愈에 의해 창작 방식이 만들어진 것으로 보는 연구시聯句詩는 2인 이상의 작자가 한자리에 모여 시를 창작하기에 현장감과 속도감, 직접성을 보장하는 독특한 생산 방식[182]을 지녀 문인들 사이에서 교유의 한 방편으로 활용된 시체였다. 연구시는 비록 유희적 속성이 지니긴 했으나 창작방법이 까다로운 만큼 자신의 시재詩才와 작시 능력을 자부해야[183] 연구시 창작에 참여할 수 있는 창작 방식이다.

조태억은 총 137제 159수의 연구시[184]를 문집에 남겼다. 이는 여타의 문인들과 비교해봤을 때 압도적으로 많은 양이라고 볼 수 있는데,[185] 이는 그만큼 조태억이 연구시 창작에 특장이 있었던 것에 대한

181 『東人詩話』, "黃元登浮碧樓, 見古今題詠, 不滿其意, 旋焚其板, 終日憑欄苦吟, 只得此句, 意涸, 痛哭而去."

182 이미진, 聯句詩의 창작 방식과 배경 고찰-謙齋 趙泰億의 사례를 중심으로」, 『동양고전연구』 74, 동양고전학회, 2019, 249면.

183 유명석, 「損窩 崔錫恒의 聯句詩 硏究-詩會와의 연관성을 중심으로-」, 『인문논총』 78, 서울대학교 인문학연구원, 2021, 149-150면.

184 조태억의 연구시에 대해서는 이미진(위의 논문, 2019)과 김묘정의 연구(「17세기 少論계열 지식인들의 聯句詩 고찰-吳道一·崔錫鼎·趙泰億의 시적 교류 양상을 중심으로」, 『석당논총』 78, 동아대학교 석당학술원, 2020.)를 참고하면 더욱 다양한 정보를 확인할 수 있다.

반증이라고 할 수 있다. 그의 문집에 남은 연구시 가운데 9제 10수가 누정에서 창작된 것을 확인할 수 있는데, 각기 다른 곳의 누정에서 이 연구시들을 남겼다는 점에서 특기할 만하다.[186] 즉 조태억이 누정시 창작에 있어 순영향을 미친 창작 방식이 바로 연구시라고 할 수 있다.

성 위 우뚝한 누대에 석양 지려 하니	城上危樓欲夕陽
해천의 시름마저 더욱 아득해지는데	海天愁思更茫茫 [年]
모래 언덕에서 닻줄 풀고 이별하려다	沙頭解纜臨將別
다시 머뭇대며 한 잔 술 비우네	且復遲回盡一觴 [始][187]

이 시의 제목은 〈수영서문루水營西門樓 입마연구立馬聯句〉로 이 시는 1708년 조태억과 이조 판서를 지냈던 이조李肇(1666~1726)가 함께 수영水營 서문의 누각에서 이별을 앞두고 지은 작품으로 보인다. 이별을 하는 짧은 시간에 지은 연구시인데, 1708년 4월에 이조가 사간司諫으로 있다가 서산 군수로 부임을 하게 된 상황으로[188] 보인다.

1-2구는 조태억이 3-4구는 이조가 맡았는데 시 전체적으로 이별

185 조태억과 당색을 같이 했던 인물들을 위주로 연구시의 수량을 살펴보자면 崔錫鼎은 11제 12수, 崔錫恒은 5제 5수, 崔昌大는 5제 5수, 南龍翼은 27제 32수, 吳道一은 18제 18수의 연구시를 각자의 문집 남긴 것을 볼 수 있다. 이들과 비교해 본다면 조태억의 연구시 수량은 압도적이라고 할 수 있다. 유명석, 위의 논문, 2021, 139면.

186 누정에서 연구시가 창작되는 일이 특이한 점은 아니지만 조태억만큼 다양한 누정에서 다수의 연구시를 남긴 문인은 찾아보기가 어렵다.

187 趙泰億, 〈水營西門樓, 立馬聯句〉, 『謙齋集』 권4.

188 『承政院日記』, 숙종 34년 4월 20일 병인 2월 22일 기사, "下直, 瑞山郡守李肇."

의 아쉬움이 진하게 드러난다. 1-2구에서 조태억은 풍경을 묘사하며 석양이 지는 쓸쓸한 모습과 바다와 하늘마저 시름으로 더욱 아득하게 보인다고 말하여 이별의 아쉬움을 토로하고 있다. 이 부분은 유종원柳宗元이 지은 〈등유주성루기장정봉연사주登柳州城樓寄漳汀封連四州〉의 기구인 "城上高樓接大荒, 海天愁思正茫茫.(성 위의 높은 누각 대황에 닿으니, 해천의 시름 참으로 아득하구나.)"에서 점화하였다. 조태억이 처한 장소와 상황이 유종원이 당시 겪은 상황과 흡사하기에 유종원의 시에서 점화한 것은 당연해 보일 수도 있다. 하지만 이별을 앞두고서 짧은 시간 안에 유종원의 시구를 활용해 이조와의 이별에 대한 아쉬움을 극대화한 점에서 조태억이 그만큼 한시에 익숙했음을 엿볼 수 있다. 이어 3-4구에서 이조는 조태억이 정서를 이어 배를 띄우고서 떠나가야 하는 상황 속에서 떠나지 못하고 아쉬움에 자꾸만 머뭇거리며 지체하게 되는 자신의 마음을 드러내었다.

강가 성서 북소리에 연행 수레 전송하니　　江城疊鼓送華輈
회화나무 버드나무 그늘 작은 누대 덮었네　　槐柳繁陰擁小樓 汝楫
봄 갔어도 남은 꽃 눈에 드는데　　春去尙餘花照眼
객 오자 머리에 흰 눈 덮였네　　客來贏得雪盈頭 年
선비들 한자리에 모여 즐거워지는데　　衣冠合席纔歡意
수레 떠나면 다시 이별의 시름 일겠지　　珂馬臨途又別愁 久叔
훗날 이같은 유람 참으로 쉽지 않을 텐데　　他日玆遊眞不易
더구나 나는 변방으로 향하네　　况吾行色向邊州 益卿[189]

189 趙泰億, 〈暎水樓臨別, 與李巡使久叔, 李通判汝楫, 金延尉益卿 聯句〉, 『謙齋集』 권17.

이 시의 제목은 〈영수루임별暎水樓臨別 여이순사구숙與李巡使久叔 이통판여즙李通判汝楫 김연위익경金延慰益卿 연구聯句〉로 영수루에서 이진망李眞望(1672~1737), 이경열李景說(1677~?), 김극겸金克謙(?~?)과 각자 2구씩을 맡아 지은 연구시이다. 제목에서 알 수 있듯 앞선 작품처럼 이 시 역시 누정에서 북청 부사北青府使로 가는 김극겸을 전송하는 이별의 상황 속에서 창작되었다. 먼저 이경열은 영수루 주변의 풍경과 김극겸의 수레가 떠나가는 모습에 대해서 언급하였고, 이어 조태억은 그러한 상황 속에서 눈에 보이는 풍경에 대해 읊었는데 아직 남아있는 봄꽃의 모습과 김극겸의 새어버린 머리를 대조시켜 말하였다. 이진망은 김극겸을 전송하고자 네 사람이 만난 자리의 즐거움과 곧 마주하게 될 이별의 아쉬움을 '별수別愁'라는 시어를 통해 직접적으로 드러냈다. 마지막으로 나머지 인물들을 두고 떠나가는 김극겸이 연구하였다. 지금 영수루에서의 유람을 앞으로 점점 더 갖기 쉽지 않을 것인데 더구나 자신은 함경도의 북청 부사에 제수되어 멀리 변방으로 떠나가야만 한다. 따라서 더욱더 짙어지는 이별의 아쉬움을 곡진히 드러낸 것이다. 떠나는 인물의 시구를 마지막에 배치하여 아쉬움의 여운이 더욱이 강하게 느껴지는 작품이다.

자욱한 푸른 이내 누대에 가득하고	嵐翠空濛滿一樓 年
근처 산 주렴 같아 더욱 그윽하네	近山簾箔轉淸幽
물가는 정녕 활처럼 굽었고	洲形正與彎弓似 重
숲은 외려 일산처럼 감쌌네	樹影還將偃盖侔
비 그친 강 저녁 경치 구경하기 좋고	雨後川原宜晩眺 九
객지에서 술잔은 객수를 덜어준다네	客間盃酒緩羈愁
행차는 내일 아침 출발할 것이니	牙旋且待明朝發 重
바람 드는 난간에 종일 머무른들 어떠랴	不害風欞盡日留 年[190]

이 시의 제목은 〈부취헌浮翠軒 여제술서기연구與製述書記聯句〉로 부취헌에서 유명응兪命凝, 허주許疇와 지은 연구시이다. 이 작품은 앞서 살펴본 연구시와는 다르게 부취헌 주변의 풍경에 대한 묘사와 밝은 분위기가 시 속에 담겨있다. 조태억은 1구에서 부취헌 주위에 이내가 자욱이 낀 경관을 묘사하였다. 유명응은 이를 이어받아 경관 묘사를 하며 주렴처럼 부취헌을 둘러싼 산의 모습과 활처럼 굽이쳐 흐르는 강의 모습을 시에 담아냈다. 허주는 4구에서 일산처럼 무성한 숲을 묘사하고 5구에서는 이러한 경치로 인해 느끼는 편안한 정감을 드러냈다. 다시 유명응은 술을 마시며 객수를 털어버리는 여유로움과 다가올 헤어짐의 상황을 설명하고, 8구에서 조태억은 부취헌에서 이러한 여유를 느긋하게 만끽하고자 하는 의지로 시를 마무리하였다. 세 사람이 연구한 작품이지만 전형적인 선경후정의 작법을 통해 부취헌에서의 정경에 대한 묘사를 자연스럽고도 매끄럽게 표현하며 각자의 정서를 공유한 것을 볼 수 있다.

깊고 깊은 선경에 오솔길 하나 있어	洞府深深一逕遙 約
구름 가 정자는 험한 산에 의지했으니	雲邊小屋倚岹嶢
두 줄기 시내가 모여 폭포를 이루고	兩流交匯仍成瀑 年
한 그루 나무 가로질러 다리 되었으니	獨樹橫顚自作橋
사찰의 승려와 짝을 하고	蘭若胡僧爲伴侶 良
무릉도원 찾은 진객은 세속과 끊겼는데	花源秦客絶塵囂
홍애 신선 만나지 못하고서 돌아가려니	洪厓未遇還歸去 年
산 새들 재잘대며 적막함을 달래주네	山鳥嚶嚶慰寂寥 約[191]

190 趙泰億, 〈浮翠軒, 與製述書記聯句〉, 『謙齋集』 권6.

191 趙泰億, 〈洪良臣亭子〉, 『謙齋集』 권10.

이 시의 제목은 〈홍량신정자洪良臣亭子〉로 1694년에 조태억, 이진검李眞儉(1671~1727), 홍석보洪錫輔(1672~1729) 세 사람이 홍석보의 정자에 모여 지은 연구시이다. 홍석보의 정자가 있는 곳을 확인하기 어렵지만 이 시는 홍석보의 정자가 있는 곳을 선경으로 만들어 신비감과 청명함을 극대화하고 있다.

먼저 1구에서는 '동부洞府'라는 시어를 활용하여 홍석보의 정자가 있는 지역을 신선 세계로 만들어내고, 이어 2-4구에서는 높은 산과 폭포, 나무 다리가 있는 정자 주변의 풍경을 묘사하였다. 5-6구에서는 한가롭고 고요한 곳을 뜻하는 시어인 '난야蘭若'와 무릉도원을 의미하는 시어인 '화원花原'를 활용하여 정자가 있는 장소를 이상향으로 만들어냈는데, 5구는 홍석보가 6구는 조태억이 각각 연구했으면서도 자연스럽게 대구가 된 모습을 볼 수 있다. 7구의 '홍애洪厓'는 고대의 신선을 가리키는데 신선이 살 것만 같은 장소에 왔음에도 신선을 만나지 못한 채 돌아가야 한다고 말하며 지금까지의 분위기를 익살스럽게 변화시킨 것을 볼 수 있다. 마지막 8구에서는 다시 이진검이 이어받아 그래도 재잘대는 산새 소리가 신선을 만나지 못한 아쉬움을 달래준다고 표현하였다. 연구시가 기본적으로 창작자들 간에 흥취를 공유하기 위한 유희적 목적으로 창작되기는 하였으나 한 사람이 지은 듯 매끄럽고 자연스럽게 짓는 것을 중시하였다.[192] 그런 점에서 각기 다른 인물들이 구를 엇나가게 받아 지었으나 전체적으로 내용과 정서가 매끄럽게 이어져 감정의 공유에 성공했다고 평가할 수

192 李晚秀, 〈題洪竹陰, 尹蓉湖, 聯句卷末〉, 『屐園遺稿』 권9, 「玉局集」, "聯句之盛, 昉於韓孟, 其難在異曲同工,融合圓全, 裁縫滅跡, 斧鑿無痕也. 其妙在於急就爭姸, 險境出奇, 如國棋對枰, 良驅比足也."

있다. 이를 가능케 한 것은 이 작품의 창작에 참여한 인물들의 시재와 친밀감이 바탕에 있었기 때문이며, 특히 조태억이 여덟 개의 구 가운데 네 개의 구를 연구했다는 점에서 그가 자신의 시재를 자부한 면모를 엿볼 수 있다.

4. 결론

겸재 조태억은 18세기 조선의 혼란했던 정계에서 활동한 관료이자 문인이었다. 그는 우의정과 좌의정에 오를 만큼 정치적 수완이 있었다. 뿐만 아니라 문집인 『겸재집』에 남아있는 3,600여 수에 이르는 시작품은 그의 문인적 기질을 증명해준다. 바로 이 점이 조태억과 이전에 소론을 이끌었던 남구만이나 최석정에게서 두드러지게 드러나는 정치가적 성향과는 차별되는 측면이라고 할 수 있다.

조태억의 이같은 문인적 기질은 삶을 살아가는 데에 있어 자신의 존재와 삶의 의미를 자각하여 주체적이고 적극적으로 가치를 부여하고자 하는 노력을 시문학 속에 투영케 하는 바탕이 되었다. 이를 엿볼 수 있는 작품 가운데 하나가 바로 본고에서 살펴본 누정시라고 할 수 있다.

누정시의 배경이 되는 누정은 18세기에 이르게 되면 대체로 개인적인 여가와 유흥을 위한 공간으로 인식·활용되었다. 이러한 시대적 누정 인식은 조태억에게도 동일하게 적용되는 듯하다. 그러나 조태억에게 누정이라는 공간은 험난한 환로를 살아가며 겪는 어려움과 고뇌를 견디고 털어내기 위한 즐거움을 찾을 수 있는 유일한 공간으로 활용되었다는 특징을 지닌다. 또한 누정시는 조태억의 삶 전체에 걸쳐 창작되었고 조태억의 시창작에 대한 특성까지 함께 확인할 수 있는 작품이라는 점에서 의의를 지닌다고 할 수 있다. 특히 본고는 지금까지 공간 인식과 정서에 국한되어 이루어진 누정시 연구에서 한 발짝 벗어나 조태억의 누정 공간에 대한 인식을 바탕으로 누정시를 파악하고자 했다는 점에서 차별성을 지닌다고 할 수 있다.

이런 점에서 조태억의 누정시 작품을 확인하고 그에 대한 가치를 탐색하는 작업은 단순히 조태억이라는 하나의 문인의 시작품에서 끝나는 것이 아닌 누정 문학의 일면을 확인하는 과정이라는 점에서 의의를 지닌다. 하지만 조태억이 남긴 3,600여 수의 시 가운데 극히 일부분이며 다른 시작품들과의 동이점을 확인하지 못한 점은 앞으로 규명되어야 할 아쉬움이 남는 부분이다. 하지만 앞으로 조태억의 문학에 대한 연구가 더욱 활발해지기를 바라며 이 연구가 조금이나마 보탬이 되길 바란다.

Ⅴ. 겸재 조태억의 연작 만시 연구

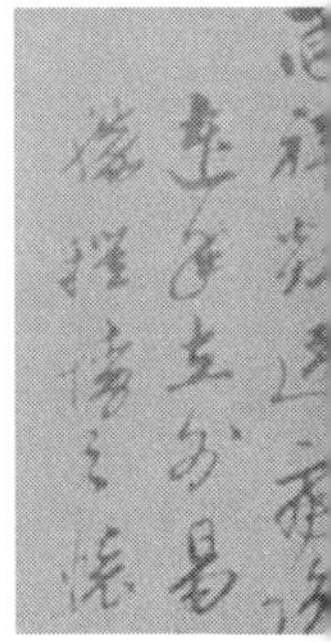

유진희

1. 서론

겸재謙齋 조태억趙泰億(1675~1728)은 17~18세기에 활동한 소론 계열의 대표적 문인으로, 남구만南九萬, 최석정崔錫鼎에서 이어지는 소론의 계보를 잇는 인물이다.[193] 우의정, 좌의정 등 정계의 주요관직을 거쳤으며, 뛰어난 문장가로서 대제학을 겸하여 당대의 문풍을 주도하기도 하였다. 아울러 조태억의 문집인 『겸재집謙齋集』은 45권 20책으로 방대한 분량의 저술이 남아있다. 이 가운데 2,329제 3,666수의 상당한 분량의 시가 수록되어 조태억이 시작詩作을 즐겼다는 점을 미루어 짐작할 수 있다.

조태억에 대한 연구는 현재까지 많이 이루어지지 않았다. 조태억의 문집이 상당한 분량의 거질임에도 불구하고 그에 대한 연구 성과

193 李德壽, 「議政府左議政趙公行狀」, 『西堂私載』 권12, "公陳箚辭文衡曰, 臣師文貞公崔錫鼎, 臣師之師文忠公南九萬, 並以文衡入相, 終皆辭避."

는 매우 소략하다. 조태억을 집중적으로 연구한 논문은 조영심의 「조태억趙泰億의 사행문학使行文學 연구 : 대일관對日觀을 중심으로」[194]와 이미진의 「연구시聯句詩의 창작 방식과 배경 고찰 - 겸재謙齋 조태억趙泰億의 사례를 중심으로 -」[195]의 두 편이 있으며, 다른 논문에서는 조태억이 1711년 신묘년에 정사로 사행을 다녀온 것[196]을 다루었다. 조태억에 관한 연구가 몇 편 이루어졌다고 하나 조태억의 시문학에 대한 연구는 현저히 부족하다고 볼 수 있다.

이처럼 조태억에 대한 연구가 상당히 미비한 실정이기에 조태억의 만시에 대한 연구는 조태억 시문학의 일단을 살펴볼 수 있다는 점에서 의의를 가질 수 있다. 조태억의 전체 시 가운데 만시는 12% 가량의 분량이다. 이 시기 많은 문인들은 만시를 형식적으로 창작하는 경향이 짙었기 때문에 조태억이 12%의 만시를 지은 것은 특기할 만한 부분이 아니라고 보일 수도 있다. 하지만 조태억의 시문학 전반에 대한 연구가 미진한 상태이기 때문에 만시를 통해 그의 시문학 일단을 살필 수 있으며, 조태억의 만시에는 당대 문인들의 만시에서 볼 수 없는 특징적인 부분이 있기 때문에 연구의 가치가 있다고 하겠다.

조태억의 만시 가운데 주목할 만한 점은 연작 만시를 다량으로 창

194 조영심, 「趙泰億의 使行文學 연구 : 對日觀을 중심으로」, 연세대학교 석사학위 논문, 2014.

195 이미진, 「聯句詩의 창작 방식과 배경 고찰 - 謙齋 趙泰億의 사례를 중심으로 -」, 『동양고전연구』 74, 동양고전학회, 2019.

196 구지현, 「1711년 신묘통신사와 아라이 하쿠세키[新井白石]의 필담을 통한 상호 소통」, 『열상고전연구』 28, 열상고전연구회, 2008. ; 조영심, 「필담창화집 『鴻臚筆談』에 대하여 - 위작과 그 의의를 중심으로 -」, 『열상고전연구』 49, 열상고전연구회, 2016.

작했다는 점이다. 다른 문인들의 만시에서도 2수 내지 3수 연작시는 쉽게 찾아볼 수 있지만 10수 이상 연작 만시의 창작은 다른 문인들의 만시에서 쉽게 찾아볼 수 없는 특징이다.

본고에서는 이런 점에 착안하여 조태억의 만시 가운데 10수 이상의 장편 연작시에서 대상으로 한 인물들을 일별해볼 것이다. 이후 장편 연작 만시 7편의 구성과 형상화 방식을 크게 1) 정서의 일원화를 통한 애도의 강화, 2) 수미상관 구조를 통한 감정의 극대화, 3) 사적 기억의 재현을 통한 슬픔의 승화로 나누어 살펴보기로 한다.

2. 『겸재집謙齋集』 소재 시 개관 및 연작 만시 대상 일별

조태억의 시문학에 대한 연구는 많이 이루어져 있지 않기 때문에 『겸재집謙齋集』에 대한 개관 역시 미비하다. 본고에서는 조태억의 만시를 살펴보기에 앞서 조태억의 시 전체를 개관해보겠다. 『겸재집』에는 2~22권까지 총 2,329제 3,666수의 시가 창작 시기 순으로 수록되어 있다. 『겸재집』에 수록된 3,666수의 시를 권별, 형식별로 살펴보면 다음과 같다.

[표 1] 『겸재집』 소재 시 개관

형식 / 권수	5절	5율	5고	7절	7율	7고	6언	잡언	형식 혼합	소계
2권	13제 14수	25제 33수	13제 27수	36제 40수	49제 60수	3제 3수	-	1제 1수	-	140제 178수
3권	-	42제 53수	6제 13수	30제 43수	94제 112수	2제 2수	1제 2수	-	2제 11수	178제 236수
4권	4제 7수	18제 27수	3제 3수	41제 50수	96제 113수	1제 1수	2제 2수	1제 1수	3제 12수	169제 216수

5권	4제 13수	16제 20수	3제 3수	28제 30수	50제 76수	2제 2수	-	-	-	103제 144수
6권	5제 23수	9제 13수	2제 3수	31제 37수	35제 46수	-	1제 1수	1제 1수	-	84제 124수
7권	-	27제 30수	7제 7수	27제 44수	35제 36수	4제 8수	-	-	3제 9수	103제 134수
8권	6제 7수	4제 7수	7제 11수	37제 52수	19제 25수	3제 3수	-	-	-	76제 105수
9권	1제 2수	12제 29수	-	5제 5수	26제 53수	1제 1수	-	-	-	45제 90수
10권	2제 4수	32제 64수	4제 9수	19제 60수	94제 140수	1제 1수	1제 1수	-	1제 5수	154제 284수
11권	2제 2수	19제 36수	11제 11수	22제 44수	108제 166수	16제 17수	-	-	2제 4수	180제 280수
12권	3제 5수	9제 27수	5제 5수	6제 8수	43제 138수	-	-	1제 1수	-	67제 184수
13권	6제 18수	33제 38수	-	45제 65수	99제 174수	-	-	-	2제 8수	185제 303수
14권	-	11제 14수	3제 5수	12제 46수	12제 26수	1제 1수	-	-	2제 5수	41제 97수
15권	4제 7수	30제 52수	5제 5수	30제 63수	92제 125수	5제 5수	-	-	-	166제 257수
16권	2제 2수	19제 21수	1제 1수	25제 32수	58제 73수	1제 1수	-	-	2제 4수	108제 134수
17권	7제 7수	33제 46수	16제 16수	33제 35수	84제 99수	2제 2수	-	-	3제 7수	178제 212수
18권	1제 1수	9제 20수	-	4제 6수	32제 43수	-	-	-	-	46제 70수
19권	4제 6수	23제 38수	1제 1수	26제 47수	76제 110수	1제 1수	-	1제 1수	-	132제 204수
20권	2제 10수	7제 12수	4제 4수	15제 37수	30제 50수	-	1제 1수	1제 1수	-	60제 115수
21권	8제 10수	11제 21수	4제 5수	26제 47수	59제 124수	1제 1수	-	1제 1수	2제 7수	112제 216수
22권	-	-	-	2제 83수	-	-	-	-	-	2제 83수
소계	74제 138수	389제 601수	95제 129수	500제 874수	1191제 1789수	44제 49수	6제 7수	7제 7수	23제 72수	2329제 3666수

『겸재집』에는 조태억이 10세에 지은 〈추야호운秋夜呼韻〉부터 창작 시기 순으로 시가 수록되어있다. 『겸재집』의 6~8권과 13권에는 각각 「동사록東槎錄」과 「황려록黃驪錄」이라는 두 개의 시록이 실려있다. 「동사록」은 조태억이 1711년 신묘사행 당시 정사로 서울을 출발해 에도에 들렀다 부산 용당포龍堂浦에 돌아오기까지[197] 지은 시를 모아둔 것으로 총 263제 363수가 수록되어 있다. 「황려록」은 1717년 8월 조태억이 여주목사로 좌천되었을 때에 지은 시를 모아놓은 시록이다. 「황려록」이 수록된 13권에 수록된 시는 총 185제 303수로 가장 많은 분량을 차지한다. 그 다음으로는 11권과 15권에 실린 시가 각각 280수와 236수로 많은 분량을 차지하고 있다.

형식별로 살펴보자면 7언 율시는 전체시의 반 정도인 1,789수로 가장 많이 지어졌다. 7언 절구 874수, 5언 율시 601수를 창작하여 전체적으로 7언시의 창작 비율이 상당히 높음을 확인할 수 있다. 이 외에도 6언시를 7수 창작하였으며, 회문시[198]나 층시[199]같은 잡체시도 창작하는 등 다양한 형식을 탐색하였다. 연작시는 477제 1,814수로 절반에 가까운 양이 연작시로 창작되었으며, 이 가운데 10수 이상의 연작시는 34제 461수이다.

본고에서 살펴보고자 하는 조태억의 만시는 총 227제 437수으로 전체시의 약 12% 정도를 차지한다. 각 권에 수록된 조태억의 만시를 표로 제시하면 아래와 같다.

---

197 조영심, 앞의 논문, 11면.

198 趙泰億, 〈回文體〉, 『謙齋集』 권7 ; 趙泰億, 〈次月巖回文〉, 『謙齋集』 권11.

199 趙泰億, 〈霖雨 自一字至十字 寄兒〉, 『謙齋集』 권21.

[표 2] 『겸재집』 소재 만시 개관

권수	시 수	권수	시 수
2	15제 30수	13	8제 10수
3	34제 48수	14	18제 61수
4	32제 40수	15	30제 63수
5	6제 9수	16	6제 7수
6	-	17	5제 7수
7	-	18	6제 17수
8	-	19	1제 1수
9	5제 16수	20	-
10	21제 61수	21	3제 4수
11	25제 41수	22	-
12	12제 22수	소계	227제 437수

각 권별로 보자면 만시의 수록 현황은 위와 같다. 6, 7, 8, 20, 22권을 제외하고는 모두 만시가 수록되어 있다. 6~8권은 「동사록」으로 일본으로 사행을 갔던 때에 지은 시를 모아놓은 시록이기 때문에 만시가 수록되어 있지 않는 것으로 보인다. 또 22권은 임금의 은혜에 감사하며 지은 〈전감군은前感君恩〉 12수와 〈후감군은後感君恩〉 71수만 수록하여 별도의 권으로 처리하였기 때문에 만시가 수록되어 있지 않다. 20권에 수록된 시들은 1725년에 지은 시들로 추정되는데 당시 조태억은 51세로 조태억의 만년에 해당한다. 보통 만년에 만시 창작 경향이 짙지만 조태억의 경우는 그렇지 않다.

조태억이 가장 많은 인물을 대상으로 만시를 지은 것은 3권이며, 조태억의 만시가 가장 많이 수록된 것은 15권이다. 3권에 수록된 시는 조태억이 1701~1705년까지 5년간 지은 시로 추정되며, 15권에는 조태억이 1719~1721년까지 3년간 지은 시가 수록되어 있다. 1701~1705년은 조태억이 28세에 전시에 합격하여 막 관직생활을 시작하였을 때이고, 1719~1721년은 조태억이 경상도 관찰사, 춘추관 수찬,

대사성 등 중앙직과 지방직을 두루 수행하던 시기로 정계 활동을 활발히 하던 때이다.

조태억은 28세에 출사하여 54세에 세상을 뜨기까지 인생의 대부분을 환로에서 보냈다. 또 조태억은 관직이 좌의정까지 오른 현달한 인물이었기 때문에 상당히 많은 인물들과 접촉하였으리라는 것을 쉽게 짐작할 수 있다. 이런 이유에서 막 출사하여 관직생활을 시작하던 때와, 지방관과 중앙관을 두루 역임하던 때에 많은 만시를 창작하였던 것으로 보인다. 또한 평생을 포의로 지내거나 짧은 기간 벼슬을 한 인물들에 비해 인맥이 넓고 이에 따라 만시가 많은 것도 충분히 이해할 수 있다.

조선 후기로 갈수록 만시 창작이 관습화되고, 그것이 형식적이고 의례적인 문자로 치부되기도 한다.[200] 하지만 조태억의 만시 가운데 대인작代人作은 20대 때 지은 8작품에 불과하고, 자신의 지인들을 위해 지은 작품이 대부분이라는 점이 특징적이다.

조태억 만시의 가장 특징적인 부분은 만시를 연작시로 창작한 경우가 많다는 점이다. 조태억의 만시 227제 437수 가운데 59제 269수의 시가 연작시로 창작되었다. 이는 전체 만시의 반이 넘는 분량에 해당한다. 10수 이상 장편의 연작시는 8제 106수를 창작하였는데, 10수 이상의 연작시가 전체 만시의 25% 정도를 차지한다. 만시를 이처럼 10수 이상의 장편 연작시로 창작하는 경우는 다른 문인들의 시에서는 쉽게 찾아볼 수 없는 양상이다. 10수 이상 연작시의 형식과 대상을 일별해보면 아래와 같다.

200 윤재환, 「玉洞 李漵의 輓詩를 통해 본 朝鮮朝 輓詩의 一 樣相」, 『한민족어문학』 65, 한민족어문학회, 2013, 349-340면.

[표 3] 『겸재집』 소재 10수 이상 만시 형식 및 대상 일별

연번	창작시기	제목	형식	수량	대상	관계
1	1695년/21세	哭子	5언고시	10	趙儀彬(미상~1695)	아들
2	1714년/40세	李參判 挽	7언절구	20	李　濟(1654~1714)	尊丈
3	1715년/41세	明谷先生輓詞	5언율시	12	崔錫鼎(1646~1715)	스승
4	1717년/43세	李沃川子有 輓	5언율시	10	李喜涵(1673~1717)	벗
5	1718년/44세	尹判書 輓	7언절구	10	尹趾仁(1656~1718)	尊丈
6	1718년/44세	宋留守子和 輓	7언절구	18	宋正明(1670~1718)	벗
7	1719년/45세	林敎理彛好 輓	7언절구	16	林象德(1683~1719)	벗
8	1720년/46세	肅宗大王輓詞	5언율시	10	肅　宗(1661~1720)	임금
소계				106		

조태억은 8명을 대상으로 10수 이상의 연작시를 창작하였다. 이 인물들과의 관계를 살펴보면 아들, 스승, 벗, 임금 등으로 구분할 수 있다. 이 가운데 숙종을 위한 만시는 임금을 대상으로 한 것이다. 임금을 위한 연작 만시는 다른 문인들에게서도 종종 발견할 수 있는 것으로 겸재만의 특징적인 모습으로 보기는 어렵다. 이러한 이유에서 〈숙종대왕만사肅宗大王輓詞〉는 대상에 포함하지 않고 7명을 대상으로 한 7제 96수의 시만을 대상으로 조태억의 연작 만시를 살펴볼 것이다.

형식별로 살펴보자면 5언 고시가 1제, 7언 절구가 4제, 5언 율시가 3제이다. 흥미로운 점은 조태억의 만시 가운데 10수 이상 장편의 연작시에서는 7언 율시 형식을 찾아볼 수가 없다는 것이다. 조태억이 시를 지을 때에 가장 선호하는 형식이 7언 율시였으며, 만시 가운데서도 가장 많이 창작된 형식은 7언 율시로 170수가 7언 율시로 창작되었다. 그러나 10수 이상의 연작 만시를 창작할 때에는 7언 율시

형식을 선호하지 않았다. 또 서사의 구조를 갖춘 고시의 형식을 빌어 만시를 창작하는 경우도 많다. 조태억의 경우 20운 이상의 장편 만시를 8수 창작하였는데, 이 8수가 모두 5언으로 창작되었다. 이러한 점으로 보아 조태억은 만시를 장편으로 창작할 때 7언보다는 5언을 훨씬 선호하였음을 알 수 있다.

대상별로 살펴보자면 조태억은 21세에 어린 나이에 일찍 죽은 둘째 아들 조의빈을 위해 시를 지었다. 40대 이전에 지은 연작 만시는 이 시가 유일하다. 조의빈의 생년은 정확하지 않으나 조의빈의 형인 조지빈趙趾彬의 생년이 1691년이기 때문에 그 이후에 태어났음을 알 수 있다. 조의빈이 5살도 채 되지 않아 죽었기 때문에 조태억이 아들과 공유한 시간이나 추억은 많지 않으나 아들을 잃은 안타까운 마음을 곡절하게 표현하였다. 두 번째는 1714년, 조태억이 40세에 이제를 위해 지은 20수의 긴 연작시이다. 이 시는 조태억이 지은 연작 만시 가운데서도 가장 긴 분량의 연작시이다. 이제와의 관계는 명확하게 밝혀져 있지 않으나 20살이 넘는 나이차와 그 시의 내용으로 보아 조태억이 어른으로 모시고 있던 인물임을 알 수 있다. 조태억은 자신의 스승인 최석정의 죽음을 애도하며 12수의 연작 만시를 창작하였다. 최석정을 위한 만시는 그를 칭양하는 내용이 주를 이룬다. 이희함의 몰년은 남아 있지 않지만 『겸재집』의 시 수록 순서로 재구해보자면 1717년으로 확인해 볼 수 있다. 이희함에 대해 구체적으로 밝혀진 자료는 없지만 그러나 시의 내용으로 보면 아버지 대부터 교분을 이어온 어릴 적부터 친한 벗이었음을 알 수 있다. 윤지인은 소론 계열의 관인이며 조태억보다 19세 연상으로, 조태억이 어른으로 모셨던 인물임을 알 수 있다. 또 윤지인의 형인 윤지완尹趾完을 위한 치제문과 제문을 지어 이 형제들과 상당히 가까운 사이였던 것을 짐작할 수 있다. 송정명은 소론계의 인물로 조태억과 관직 생활을 함께한 인물이다. 조태억과 송정명은 1707년 문과 중시 병과에 각각 3위와 4위로 급제하여 함께 정계에서 활동하며 교분을 쌓았던 것으로 보인다. 임상덕은 조태억의 벗이자 윤증의 문인으로 37세의 젊은 나이에 요절한 인물이다. 어린 나이에 죽은 조태억의 아들 조의빈을 제외하고는 조태억이 자신보다 어린 인물을 위해 지은 장편 연작 만시는 임상덕을 위한 만시가 유일하다.

이 가운데 이제, 최석정, 송정명, 임상덕의 경우에는 조태억이 만시 외에도 제문을 통하여 애도하였음을 확인할 수 있다. 이는 대상에 대한 지극한 애도의 마음을 여러 형식의 글을 통하여 극진하게 표현한 것이라고 볼 수 있다. 10수 이상 연작시의 대상 7명 가운데 4명의 인물에게 다른 형식을 빌어 다시 애도의 마음을 표현한 것은 이 인물들이 조태억과 지극히 가까웠던 인물이었음을 반증하는 것이라고 볼 수 있다.

3. 겸재 조태억 연작 만시 구성과 형상화

흔히 만시의 구성을 비탄, 진혼, 칭양의 세 층위로 구분한다. 비탄은 죽음에 대한 슬픔과 아픔을 표면화 시키는 것이고, 진혼은 망자의 영혼을 위로하는 것이며, 칭양은 망자의 행의行誼를 찬양하는 것이다.[201] 조태억은 이 세 가지를 자신의 연작 만시에 녹여내어 상대를 애도하는 모습을 보인다.

---

201 최재남, 『韓國 哀悼詩 硏究』, 경남대학교 출판부, 1997, 42-134면.

조태억이 장편의 연작시로 만시를 창작한 것은 연작시가 가지는 특성을 바탕으로 이해할 수 있다. 연작시는 각 시가 독립성을 지니면서도 여러 시가 결합하여 하나의 완성된 시를 이루는 특성을 가진다.[202] 이러한 특성 때문의 각각의 시가 온전한 모습을 이루고 있지만 이것은 하나의 큰 틀 속에서 이해해야 한다.

조태억의 10수 이상 연작 만시 7편은 크게 두 가지로 나누어 볼 수 있다. 첫 번째는 연작 만시 한 편에 정서를 일원화하여 애도를 강화하는 것이다. 이런 경우는 비탄이나 칭양이 한 편의 연작 만시 속에 일관되게 드러난다. 그렇지만 한 수 한 수에서 비탄을 느끼는 상황과 그 정도가 다르며 칭양을 하고자 하는 내용이 각기 다르다. 그렇지만 이 시들이 모두 한 편의 연작 만시 안에서 일원화된 정서로 나타나기 때문에 그 애도의 깊이는 더욱 깊어진다.

두 번째는 연작 만시 한 편에 수록된 시를 각기 다른 정서와 내용으로 구성한 것이다. 이 경우 조태억은 연작시의 첫 수와 마지막 수를 같은 감정으로 이어지게 하는 수미상관의 구조를 통해 감정을 극대화시키기도 하고, 망자와의 사적 기억을 재현하여 둘 사이의 내밀한 관계를 드러내어 망자의 죽음에 대한 슬픔을 승화시키고 있다. 서로 떨어져있는 첫 수와 마지막 수의 연계를 통해 감정을 극대화하고, 감정이 크게 드러나지 않는 사적 기억의 재현을 통해 슬픔을 승화시킬 수 있는 것은 한 수 한 수가 다른 성격을 가지는 것처럼 보이지만 연작시의 유기적인 구조 속에서 이해되는 것이기 때문이다.

연작 만시 전편을 같은 정서로 일관하여 애도를 강화하는 것은 조

202 이남면, 「鄭斗卿 挽詩 연구」, 『대동한문학』 35, 대동한문학회, 2011, 258면.

의빈, 최석정, 윤지인을 위한 만시에서 두드러지게 나타나고, 연작 만시의 각 수를 다른 정서와 내용으로 구성한 것은 이제, 이희함, 송정명, 임상덕을 위한 만시에서 살펴볼 수 있다.

1) 정서의 일원화를 통한 애도의 강화

만시의 구성을 비탄, 진혼, 칭양의 세 층위로 구분할 때, 조태억은 이 가운데 하나를 연작 만시에 일관되게 유지하여 대상에 대한 애도의 뜻을 강화하는 모습을 보이기도 한다. 이러한 특징은 7명의 대상 가운데 조태억과 가장 짧은 시간을 함께 했지만 가장 가까운 사이였던 둘째 아들 조의빈을 위해 지은 만시, 조태억의 스승인 최석정을 위한 만시와 소론계 인사인 윤지인을 위한 만시에서 나타난다.

조태억의 둘째 아들 조의빈은 그의 생년이 구체적으로 밝혀져 있지 않아 몇 세에 사망하였는지 정확하게 알 수 없다. 그러나 큰아들 조지빈의 생년이 1691년인 점, 이 시를 지은 때가 1695년이라는 점을 감안해보면 조의빈이 5년도 채 살지 못했다는 것을 추정해 볼 수 있다. 조태억은 이처럼 요절한 자신의 아들의 죽음을 지극한 비탄으로 애도하였다. 조의빈을 위한 만시는 10수의 5언 고시로 『겸재집』 권2에 실려있다. 이 시는 첫 수에서 마지막 10번째 수까지 시간의 흐름에 따라 창작되었다. 첫 수에서는 그해 가을에 딸을 잃었던 기억과 지난 밤 꿈을 떠올리며 아들의 죽음을 인지하는 내용을 담았고, 그 후에 장례를 마치고 장지에 갔다가 아들을 묻고 돌아와 홀로 슬퍼하는 모습까지 연작시 안에 담아내었다. 이 가운데 두 수의 시를 살펴보도록 한다.

(1)

내 자식이라 슬픈 티를 낼 수 없어 不可戚我親
너 죽어도 나는 곡하지 못하다가 爾死吾不哭
상여 나갈 때 겨우 한번 애통해하니 出門始一慟
슬픈 바람이 산골짝에서 불어오네 悲風吹崖谷[203]

(2)

기력이 다하도록 곡하고 다시 눈물 흘리다 哭盡復垂淚
눈물 닦고 나니 되려 목이 매이네 淚收還嗚咽
목이 매이니 다시 무슨 말을 하겠나 嗚咽復何言
원숭이 창자처럼 마디마디 끊어지니 猿腸寸寸絶[204]

(1)과 (2)는 각각 〈곡자哭子〉의 2번째 수와 10번째 수이다. 만시의 투식적이고 관습적인 모습 없이 선명하고 뚜렷하게 아들의 죽음에 대한 슬픔을 드러내고 있다. 슬픈 마음을 나타내는 정도가 조금씩 다르지만 이 시 10수를 관통하는 주된 내용과 정조는 비탄이다. 만시의 기본적인 정조가 비탄이지만 어린 아들을 먼저 보내고 지은 시이기에 그 정조가 더욱 두드러지게 나타난다. (1)은 아들의 장례를 마치고 장지로 가려고 상여가 문을 나갈 때 느낀 감정을 시로 옮긴 것이다. (2)는 아들을 묻고 돌아와 홀로 곡을 하고 슬퍼하는 모습이다. (1)에서는 아버지로서 아들의 죽음에 슬퍼하는 감정을 최대한 억누르려 하지만 상여가 나갈 때만큼은 자신의 애통한 감정을 끝내 숨기지 못하는 모습이 나타난다. 마지막 구에서는 산골짝에서 불어오는 바람을

203 趙泰億, 〈哭子 其二〉, 『謙齋集』 권2.
204 趙泰億, 〈哭子 其十〉, 『謙齋集』 권2.

‘슬픈 바람[悲風]’이라고 표현하여 자신을 둘러싼 모든 요소들을 슬픔으로 받아들이고 있음을 확인할 수 있다. (2)에서는 (1)에서 보다 더 고조된 슬픔을 확인할 수 있다. 아들을 묻고 돌아온 뒤에 장례를 치르는 동안 숨겨왔던 자신의 감정을 분출하고 있다. 기진맥진할 정도로 곡을 한 뒤에 힘없이 눈물만 주룩주룩 흘리다가 눈물을 닦고 난 뒤에 목이 매어 말을 잃은 모습은 가장 고조된 조태억의 감정을 보여주는 것이다. 이처럼 감정을 드러내는 정도에는 차이가 있지만 전체적으로 비탄이라는 일관된 정서를 통해 아들의 죽음을 애도하고 있음을 확인할 수 있다.

조태억은 자신의 스승인 최석정의 죽음을 애도하며 만시를 지었다. 최석정은 17세기 후반에서 18세기 전반에 활동한 관료문인으로 당대에 정치적으로 상당한 영향력을 지녔던 소론의 영수였다. 19년 동안이나 재상의 자리에 있었기 때문에 정치적으로도 명성이 있었고 문재文才로도 이름이 알려진 인물이다. 조태억은 이러한 자신의 스승을 애도하며 지은 만시에 칭양으로 일관하였다. 최석정과 조태억은 스승과 제자라는 사회적인 관계로 만나 두터운 친분을 쌓은 관계라고 할 수 있다. 여기서 조태억은 최석정을 애도하는 만시를 지으며 스승의 여러 면모를 칭양하였다.

(1)

비유하자면 옥이 완전하여 흠이 없는 것 같고	譬玉完無玷
금을 불려 더욱 정교한 것과 같았네	如金鍊益精
평소에는 온화하고 순수하기만 하셨지만	平居但溫粹
어려운 때를 만나면 되려 굳고 곧으셨지	險處却堅貞
자리는 높아질수록 마음은 더욱 조심하셨고	位大心逾小
시기가 혼란해질수록 도는 형통하셨지	時屯道則亨

이제 알겠네 존(存)이라는 한 글자가 方知一存字
속옹에게도 부끄러움 없을 만큼 진실했단 것을 無愧涑翁誠[205]

(2)
특별히 성세를 만나셨으니 特地遭逢盛
남다른 영광은 세상에서 보기 어려운 것이었지 殊榮曠世看
임금님은 곧 수족같이 보시니 君方視手足
공 역시 몸과 마음을 다하였네 公亦罄心肝
총애 지극하니 시샘 받기 쉽고 寵極招猜易
이름 높으니 비방을 면하기 어려워 名高免謗難
재상 19년 동안 黃扉十九載
한시도 편안하지 못하였네 不得一時安[206]

(1), (2)는 각각 〈명곡선생만사明谷先生輓詞〉의 2, 9번째 수이다. 이 시들에서 공통적으로 찾아볼 수 있는 점은 최석정에 대한 칭양이다. 각 시에서 칭양하고자 하는 최석정의 면모는 다르지만 두 수의 시에서 모두 최석정의 특정한 부분을 높이고 있음을 확인할 수 있다. 먼저 (1)에서 조태억이 칭양하고자 하는 부분은 최석정의 인품이다. 먼저 수련에서는 그의 인품을 흠 없는 옥과 정교한 금에 비유하였다. 함련과 경련에서는 이에 대한 예시로 평소에는 온화하고 순수하시기만 하다가 어려운 때에는 굳고 곧았으며, 자리가 높아져도 조심하시고 시기가 혼란해도 도는 형통했다고 하며 어떠한 상황에 처해도 올발랐던 최석정의 인품을 보여주었다. '속옹涑翁'은 속수옹涑水翁 사마

205 趙泰億, 〈明谷先生輓詞 其二〉, 『謙齋集』 권11.
206 趙泰億, 〈明谷先生輓詞 其九〉, 『謙齋集』 권11.

광司馬光을 말하는데, 최석정의 성품이 신실하고 믿음이 있었기 때문에 그의 호인 '존와存窩'가 사마광에게도 부끄러움이 없을 만큼 진실하였다고 말하며 최석정의 인품을 칭양하였다.

(2)는 관료로서의 최석정을 칭양한 것이다. 성세를 만나 남다른 영광을 입어 임금이 최석정을 수족과 같이 여기고 최석정 역시 그에 부응해 몸과 마음을 다해 임금을 섬겼다. 이처럼 최석정을 향한 임금의 총애가 지극하니 이름이 많이 알려져 높은 지위에 올랐다. 이런 지위에 오르고 보니 비판을 당할 수밖에 없는 자리였고 재상을 지내는 19년 동안에 편안했던 적이 한 번도 없다고 말한다. 이처럼 두 수의 시가 모두 최석정을 칭양하는 모습을 보인다. 비단 이 두 수뿐만 아니라 12수의 시에서 최석정을 칭양하는 모습으로 일관하였다.

소론계 인사인 윤지인을 위해 지은 만시에서도 대상에 대한 칭양이 두드러지게 나타난다. 윤지인은 조태억보다 19세 연상으로 조태억이 어른으로 모시던 인물이며, 병조 판서, 대사헌 등을 지낸 소론계의 인사이다. 그의 형들인 윤지선, 윤지완은 재상을 지낸 인물들로 이 형제는 소론계에서 현달한 인사들이다. 윤지인을 위한 만시에서도 가장 두드러지게 나타나는 성격은 칭양이다.

(1)

두 형님 등용되어 세상 사람들 존경하였는데	二老登庸衆所尊
다시 높은 벼슬이 근신에 가까워졌음을 보니	更看卿月逼台垣
훗날 대신의 모범되리라 모두들 기대해	咸期異日大臣表
그대 집안 세형제를 나란히 보았네	幷列公家三弟昆[207]

207 趙泰億, 〈尹判書輓 其二〉, 『謙齋集』 권14.

(2)

충성과 근면으로 나라 걱정하는 것도 세상에 더한 이 없는데 忠勤憂國世無多
청백한 몸가짐은 누가 당신보다 더하겠나 淸白持身更孰過
자리가 높을수록 더 검소하셔서 位到峻班猶布素
문에는 잡된 손님 없었는데 하물며 작은 뇌물이었겠나 門稀雜客況鞭韡[208]

(1)과 (2)는 각각 〈윤판서만尹判書輓〉의 2, 10번째 수이다. 두 수의 내용이 각기 다르지만 공통적으로 윤지인을 칭양하고 있다는 사실을 확인할 수 있다. 먼저 (1)은 윤지인과 윤지선, 윤지완 삼형제를 칭양하고 있다. 기구에서는 윤지선과 윤지완이 먼저 등용되어 세상 사람들에게 존경을 받았던 사실을 언급하였다. 승구에서는 윤지인도 형들 못지않게 벼슬이 높아져 근신이 되어 임금을 모시고 있다고 하였다. 이들이 모두 등용되어 정계의 주축을 이루자 사람들은 모두들 이 삼형제가 나란히 대신의 모범이 되기를 기대하였다. 조태억은 윤지인의 만시에서 윤지인 뿐만 아니라 소론계에서 큰 역할을 하였던 삼형제를 모두 아울러 칭양하고 있다. 이를 통해 조태억이 이들과 얼마나 가까웠는지, 이들을 얼마나 존경하고 있었는지를 확인할 수 있다.

(2)는 윤지인의 관직 생활을 칭양하고 있다. 기구와 승구에서는 윤지인이 누구보다 충성스럽고 부지런히 나라를 위해 일한데다가 청렴한 몸가짐으로 일관하였음을 말하였다. 또한 윤지인은 자리가 높아질수록 검소해서 불순한 의도를 가지고 찾아오는 사람들이며 뇌물들도 일절 받지 않는 청렴한 태도로 관직 생활을 하였음을 보여주었다. 위의 두 수에서는 윤지인의 형제와 관직 생활을 칭양하는 모습을 찾

208 趙泰億, 〈尹判書輓 其三〉, 『謙齋集』 권14.

아볼 수 있었다. 이 시의 전편을 살펴보면 스승인 최석정을 칭양하는 것에 비해 그 정도는 약하지만 전체적으로 윤지인을 칭양하는 모습이 만시 10수에서 두드러지게 나타남을 확인할 수 있다.

아들 조의빈을 위해 지은 만시나 스승 최석정을 위해 지은 만시, 윤지인을 위한 만시에서는 각각 비탄과 칭양이 연작시 전편에 두드러지게 나타난다. 이렇게 연작 만시 한 편에 정서를 일원화하는 경우 하나의 정서가 일관되게 유지되어 그것을 더 깊이 있게 표현할 수 있으며 이를 통해 대상에 대한 애도의 마음이 더욱 강화되고 있음을 확인할 수 있다.

2) 수미상관 구조를 통한 감정의 극대화

조태억은 만시를 연작으로 창작할 때 처음부터 끝까지 칭양 혹은 비탄으로 일관한 경우도 있다. 그러나 연작 만시 한 편에 수록된 시를 각기 다른 정서와 내용으로 구성하기도 하였다. 이런 경우에는 첫 수와 마지막 수에 망자에 대한 그리움과 망자의 죽음에 대한 슬픔과 안타까움을 드러내어 자신의 감정을 극대화시키기도 한다.

보통 수미상관 구조는 처음과 끝이 서로 이어 통하게 한다는 것으로, 비슷한 내용의 구절이나 문장을 처음과 끝에서 반복하는 형식적인 부분을 말한다. 여기에서는 수미상관 구조를 첫 수와 마지막 수의 감정을 연결한다는 의미로 사용하고자 한다. 조태억은 시상을 열 때의 감정과 닫을 때의 감정이 서로 이어지게 하여 슬픔을 더욱 극대화하였다. 수미상관의 구성을 통해 전체적인 균형과 안정감을 얻을 수 있고, 반복을 통한 강조가 이루어지기 때문에 수미상관의 구조를 통한 감정의 극대화가 가능한 것이다. 이러한 경우 중간 부분에는 대체로 대상에 대한 칭양이나, 대상과 공유했던 시간들을 추억하였다. 물론 중간에도 대상의 죽음에 대한 슬픔이 삽입되기도 하지만 이 슬픔을 극적으로 끌어 올리는 것은 시상을 열고 닫을 때의 감정을 이어지게 하는 수미상관의 구조라고 보았다.

(1)

철이 바뀌도록 통곡했는데도 눈물 그치지 않으니	長慟經時淚不開
당신을 아쉬워함은 사사로운 슬픔 때문만은 아니네	惜公非但爲私哀
재주는 문학과 풍절을 겸하였으니	才猷文學兼風節
이 세상 누가 이 사람 같을 수 있겠는가	斯世誰能有此哉[209]

(2)

한 폭의 애사를 눈물과 함께 써서	一幅哀辭和淚書
계서로 무덤에 올리고자 하네	行將雞絮奠玄墟
영령은 아마 나의 병을 아실테니	英靈倘亦知吾病
다시 머뭇거리며 흰 수레를 기다리지 마시오	莫復遲回待素車[210]

(1), (2)는 조태억이 이제를 위해 지은 만시의 첫수와 마지막 20번째 수이다. 이제는 조태억보다 21살 연상으로 조태억이 어른으로 모시고 있었던 인물이다. 둘은 나이 차이가 상당했음에도 불구하고 서로 많은 시간을 공유했고, 이제는 조태억을 아끼고 챙겼던 것으로 보인다. 조태억은 자신을 아껴주었던 이제의 죽음을 애도하며 20편이라는 장편의 연작시를 지어 애도하였다. 이는 조태억의 연작 만시 가운

209 趙泰億, 〈李參判挽 其一〉, 『謙齋集』 권10.

210 趙泰億, 〈李參判挽 其二十〉, 『謙齋集』 권10.

데 가장 장편으로 이제에 대한 조태억의 마음을 엿볼 수 있다.

(1)과 (2)에서 조태억은 이제의 죽음에 대한 슬픔을 여과없이 드러내고 있다. (1)은 이제를 향한 슬픔과 칭양이 동시에 나타난다. 그러나 첫 수의 첫 구에서 '통곡[慟]'과 '눈물[淚]'이라는 단어의 사용으로 자신의 슬픈 감정을 직접적으로 표현하였다. 그리고 이제의 죽음에 대한 슬픔을 개인의 슬픔에서 세상 사람들의 슬픔으로 그 범위를 확장하고 있음을 확인할 수 있다. 문학과 풍절을 겸한 이제의 재주는 세상 사람들에게서 찾아볼 수 없다는 칭양도 함께 찾아볼 수 있다.

(2)에서 역시 이제의 죽음에 대한 슬픔이 짙게 나타난다. 시상을 닫는 마지막 수이니만큼 이제의 무덤에서 제사를 올리는 모습으로 마무리를 하고 있다. 실제로 무덤에서 제사를 올리는 것은 아니지만 '애사哀辭'와 '눈물[淚]'과 같은 시어를 통해 자신의 슬픈 감정을 직접적으로 드러내고 있다. 조태억은 이제의 장례 때 몸이 좋지 않아 직접 조문을 하지 못하였는데[211] 그 사실을 후한後漢의 장소張邵의 죽음과 관련된 고사를 인용하여 밝히고 있다. 장소가 죽어 장례를 치를 때 상여가 움직이지 않았는데 그의 벗 범식范式이 흰 말과 흰 수레를 타고 도착하자 그제서야 상여가 움직였다는 고사를 차용하여, 조태억 자신이 병 때문에 장례에 가보지 못할 것을 이제도 알고 있을 것이니 자신을 기다리지 말고 가라고 한 것이다. 이는 조태억과 이제의 관계가 얼마나 돈독했었는지를 보여주는 것이며, 이제의 장례에 참석하지 못하는 조태억의 미안함과 안타까움을 드러낸 것이다.

이는 (1)에서 보이는 감정이 그대로 유지되고 있는 것으로 이제의 죽음에 대한 슬픔과 안타까움을 극대화하는 것이다. 연작 만시의 중

211 趙泰億, 「祭李參判遷葬時文」, 『謙齋集』 권40, "始公之葬, 余病不赴."

간에서 담담한 모습으로 이제를 그리워한다고 해도 앞뒤에서 비탄한 심정이 짙게 드러난다면 담담한 모습도 안타까움으로 전이되고 조태억이 느끼는 슬픔이 더욱 극대화된다.

(1)

속으로 세어보니 친한 벗 반은 구천으로 가고	默數親朋半九泉
남은 생 팔애편에 눈물 다 쏟았는데	殘生淚盡八哀篇
지금 또 임이호를 잃었으니	如今又失林彝好
이 세상에 누가 나를 알아줄까	此世誰知趙大年[212]

(2)

평소에는 언제나 긴 이별을 한탄하고	常時每恨別離長
병들어선 또 응접이 방해될까 염려하여	病日還憂應接妨
무한한 뜻을 삼키고 말로 다하지 못했는데	呑不復宣無恨意
이번 생에는 다시 상의할 곳 없겠지	此生無地更商量[213]

(1)과 (2)는 조태억이 임상덕을 위해 지은 만시의 첫 수와 마지막 수이다. 임상덕은 조태억의 벗으로 37세의 젊은 나이에 요절하였다. 조태억이 장편 연작 만시를 지어 추모한 대상은 대체로 자신보다 나이가 많은 인물들인데 임상덕은 조태억보다 8세 연하로 임상덕의 죽음에 대한 조태억의 심정은 다른 인물들의 죽음을 받아들일 때와는 조금 다른 감정이었을 것임을 짐작해볼 수 있다. 이제를 위해 지은 만시에서 슬픔을 숨김없이 그대로 드러냈다면 여기에서는 안타까움

212 趙泰億, 〈林教理彝好輓 其一〉, 『謙齋集』 권15.

213 趙泰億, 〈林教理彝好輓 其十六〉, 『謙齋集』 권15.

과 그리움의 표현으로 자신의 슬픔을 드러내고 있다.

임상덕이 세상을 떠난 1719년에 조태억은 45세였다. 이때에 자신과 친했던 벗들 가운데 절반은 세상을 떠난 상황이었다. 조태억은 자신의 남은 생을 〈팔애편〉에 눈물을 쏟으면서 지내고 있다고 하면서 벗들을 잃은 자신의 처지를 내보이고 있다. 〈팔애편〉은 두보가 지은 8편의 만시로 조태억이 자신의 벗들을 보내고 애도했던 사실을 〈팔애편〉에 눈물을 다 쏟았다고 표현한 것이다. 이제는 자신보다 어린 임상덕까지 잃게 되어 자신을 알아주는 사람이 세상에 없음을 한탄하였다. ⑴에서 임상덕의 죽음에 눈물을 흘리거나 통곡을 하지는 않지만 지기知己를 잃은 외로움과 안타까움을 드러내었다. ⑵에서도 이러한 감정이 그대로 이어지고 있다. 평소에 조태억은 언제나 떨어져 있는 시간이 긴 것을 안타까워하였다. 그래서 임상덕을 자주 찾아가 시간을 나누고 싶었지만 임상덕이 아프고 난 뒤로는 자신이 찾아갔을 때 자신을 맞이할 준비를 하는 임상덕이 염려되어 나누고 싶은 얘깃거리가 있어도 모두 삼켜 왔다. 그러나 임상덕이 세상을 떠나고 난 지금은 다시 얘기를 나눌 사람이 없음을 아쉬워하고 있다.

임상덕을 위해 지은 연작 만시에는 임상덕이 좋은 재주를 가지고 있었음을 칭찬하기도 하고, 함께 즐거운 시간을 보냈던 지난날을 추억하기도 하고, 젊은 나이에 병을 얻은 임상덕을 걱정했던 모습들이 담겨있다. 이러한 모습들은 첫 수와 마지막 수의 감정 속에서 이해할 수 있는 것으로, 임상덕의 죽음에 대한 안타까움과 임상덕에 대한 그리움으로 연결된다.

이처럼 연작 만시에서 시상을 열 때와 닫을 때의 감정을 연결시키는 수미상관의 구조는 시를 읽을 때에 처음에 느낀 감정을 마지막에 가서 더욱 극대화시키는 역할을 한다. 중간에 삽입된 시들에서 다양한 정서와 내용을 통해 대상을 애도하고 있지만 수미상관의 구조를 통해 망자에 대한 그리움과 망자의 죽음에 대한 슬픔과 안타까움을 더욱 절실히 느낄 수 있다.

3) 사적 기억의 재현을 통한 슬픔의 승화

조태억이 연작 만시를 지을 때 정서의 일원화를 통하여 애도를 강화하거나 수미상관의 구조를 사용하여 감정을 극대화하고 있음을 살펴보았다. 조태억은 연작 만시에서 여러 방법으로 망자의 죽음에 대한 슬픔을 드러낸다. 죽음에 대한 직접적인 언급을 통해 슬픔을 고조하기도 하지만 망자와의 사적 기억을 재현하며 둘 사이의 내밀한 관계를 드러내어 슬픔을 승화시키는 것이 가장 특징적이다.

연작시의 각 수에서 일화를 통해 망자와의 사적인 기억을 재현하는데 각각의 일화에서는 슬픈 감정이 드러나지 않는다. 만시라고 하지 않으면 오랜만에 만난 벗과 지난 일을 회상하는 모습처럼 보일 정도로 담담하게 서술하고 있다. 각각의 일화들에서 망자의 죽음을 내놓고 슬퍼하지는 않지만, 망자와의 내밀한 기억을 들추어내서 둘 사이의 관계를 확인하고 있다. 관계의 확인을 통해 망자와의 거리를 좁히고 망자의 죽음에 대한 안타까움과 슬픔을 승화시킨다.

(1)

복사꽃 뜬 봄물은 이끼보다 푸르렀는데	桃花春漲碧於苔
버들 늘어진 그늘 속 석대에 앉아	垂柳陰中坐石臺
취한 채 주방사람 불러 회 썰어 오라 재촉하면	醉喚廚人催斫膾
강 아이는 작살질 해 큰 고기 잡아왔었지	江童叉得大魚來[214]

(2)

눈보라 치는 띠집에서 질화로 끼고서	風雪茅齋擁土爐
탁상에서 술병 대하고 맑은 이야기 나누며	一床淸話對陶壺
그동안 서울에 화려했던 곳에	向來京洛麥華地
산속에서의 이러한 즐거움 어디 있겠나 했었지	能有山中此樂無[215]

(1), (2)는 조태억이 이재를 위해 지은 만시 가운데 10, 11번째 수이다. 이제를 위한 만시는 총 20수로 가장 장편의 연작 만시이다. 이 두 수는 조태억이 1712년 삭출된 뒤에 동호東湖의 미음당渼陰堂에서 지낼 때에 이제가 찾아왔을 때를 회상한 것으로 보인다.

(1)의 기구와 승구를 보면 봄날을 읊는 여느 시와 다를 바 없이 버들이 늘어진 강가의 모습을 묘사하고 있다. 이 속에서 조태억과 이제는 강가에서 잡아온 생선으로 회를 썰어 먹으면서 술을 취할 만큼 마시고 있다. 또 (2)에서는 겨울날 띠집에서 질화로를 끼고 술을 마시면서 정답게 이야기를 나누는 모습을 그리고 있다. 술을 마시며 서울에서는 즐기지 못했던 산속 생활의 즐거움을 이야기하던 일을 회상하였다. 이 두 수의 시에서 이제와 있었던 즐거웠던 일들을 담담하게 회상하고 있다. 이 두 수만을 보고 이제의 죽음을 떠올리기는 쉽지 않다. 하지만 이러한 사적 기억의 재현은 이제의 죽음에 대한 조태억의 슬픔과 안타까움을 고조시키는 역할을 한다. 지난 날 둘 사이에 있었던 기억의 재현을 통해 조태억과 이제가 어떠한 사이였는지 그 관계를 확인할 수 있기 때문이다. 이러한 모습은 다른 인물을 대상으로 지은 만시에서도 확인할 수 있다.

214 趙泰億, 〈李參判挽 其十〉, 『謙齋集』 권10.

215 趙泰億, 〈李參判挽 其十一〉, 『謙齋集』 권10.

겉치레하는 모습 전혀 없었으니	盡掇毛皮態
형제의 정과 무엇이 달랐겠나	何殊骨肉情
마루에 올라 번갈아 어머니께 절을 하고	升堂迭拜母
글자 물으려 얼마나 그대를 따랐던가	問字幾從君
남쪽 성곽에 꾀꼬리 울음 꽃피는 일 더디고	南郭鸎花晚
서쪽 봉우리 눈 내린 뒤 달빛 환할 때	西峯雪月晴
청등과 황권이	青燈與黃卷
평생 최고의 즐거움이었네	此樂最平生[216]

이 시는 이희함을 위해 지은 만시 가운데 세 번째 수이다. 이희함과 조태억은 아버지대부터 교분을 이어온 관계이다. 이희함은 조태억보다 2살 연상인데 조태억이 7살의 어린 나이에 아버지를 여읜 뒤, 둘은 같은 스승을 좇아 어린 시절부터 형제처럼 벗처럼 친하게 지냈다. 이들의 교유는 말년에까지 친밀한 관계로 이어졌다. 수련에서 조태억은 이희함과 자신이 겉치레하지 않는 친형제와 다름없는 관계라고 소개하며 상호간의 거리를 좁히고 있다. 형제처럼 서로 어머니께 인사를 드리고 형에게 하듯 글을 물으며 어린 시절부터 이희함을 따랐다. 미련과 경련에서는 어린 시절 늦겨울, 초봄이 되면 둘이 모여 등을 켜고 책을 읽는 것이 그들에게 가장 즐거운 일이었음을 회상하였다. 조태억과 이희함이 어린 시절부터 함께 시간을 공유했던 기억은 그들의 관계를 더욱 가깝게 만들어 준다.

이희함을 위해 지은 연작 만시의 가장 큰 주제는 죽마고우의 죽음에 대한 슬픔과 그리움이다. 조태억은 함께 등을 켜고 책을 읽던 사적인 기억의 재현을 통해 둘 사이의 내밀한 관계를 다시금 환기시키

216 趙泰億, 〈李沃川子有輓 其三〉, 『謙齋集』 권12.

고 있다. 이 시에서 두드러지는 정서가 슬픔이 아님에도 불구하고 연작시의 일부로 편입되어 이희함의 죽음에 대한 슬픔을 승화시키는 역할을 하고 있다.

마을 남쪽 성 동쪽에서 글 모임 가져　巷南文會或城東
여름에나 겨울에나 언제나 글을 함께 하며　冬夏尋常筆硯同
마음 깊이 터놓는 것 이미 기뻤는데　已喜襟懷長坦蕩
여기에 더해 글재주가 뛰어난 것 아꼈지　兼憐詞藝極精工[217]

이 시는 송정명을 위해 지은 만시 가운데 네 번째 수이다. 조태억과 송정명은 과거에 급제하기 이전부터 교분을 쌓아 차례로 급제하여 벼슬도 함께하였고, 1707년 문과 중시 병과에서 각각 3, 4위로 함께 급제한 뒤, 정계에서 활동을 함께하며 더욱 친밀한 사이가 되었다. 인용한 시는 송정명을 위한 만시 가운데 네 번째 수로 조태억과 송정명이 과거에 급제하기 이전 젊은 시절에 함께 글 모임을 가졌을 때의 일을 회상한 것이다. 이들은 더운 여름이나 추운 겨울이나 언제나 글 모임을 가졌다. 이 모임을 통해 둘은 기쁜 마음을 나누며 글을 아껴 함께 글을 다듬는 시간을 가지기도 하였다. 이 모임은 둘의 관계를 더욱 가까워지게 하는 역할을 하였을 것이다. 조태억은 송정명과 글 모임을 가졌던 기억을 연작시의 한 수로 소개하여 그와의 관계를 다시금 확인하고 있다. 이러한 사적 기억의 재현은 연작시의 일부로 편입되어 송정명의 죽음을 더욱 안타깝게 만드는 역할을 한다.

217 趙泰億, 〈宋留守子和輓 其四〉, 『謙齋集』 권14.

4. 결론

본고는 조태억 시문학의 일단을 살펴보기 위해 조태억의 만시를 연구한 것이다. 조태억의 만시 가운데 가장 주목되는 부분은 연작 만시가 다량으로 창작되었다는 점이다. 이 가운데 10수 이상의 연작 만시는 다른 문인들의 만시에서 쉽게 찾아볼 수 없는 특징이다. 본고에서는 조태억 만시의 이러한 특징에 착안하였다.

현재까지 조태억의 전체 시에 대한 개관이 이루어지지 않아 본고에서는 『겸재집』에 수록된 2,329제 3,666수의 시를 권별, 형식별로 개관하였다. 이 가운데 만시는 437수로 12% 가량의 분량이며, 본고에서 살펴볼 10수 이상 장편 연작 만시를 7제 96수로 추려내었다. 조태억이 지은 10수 이상 연작 만시 가운데 숙종을 위한 만사도 포함되어 있지만, 임금을 위해 연작 만시를 짓는 경우는 다른 문인들에게서도 종종 발견할 수 있는 것으로 겸재만의 특징으로 보기는 어려워 제외하였다.

본고에서는 조의빈, 이제, 최석정, 이희함, 윤지인, 송정명, 임상덕을 위한 만시를 살펴보았다. 이 가운데 조의빈, 최석정, 윤지인을 위한 연작 만시에서는 한 편의 만시에서 일원화된 정서를 찾아볼 수 있다. 조의빈의 경우는 비탄이, 최석정과 윤지인의 경우에는 칭양이 일관되게 나타난다. 정서의 일원화를 통해 하나의 정서를 더욱 깊이 있게 표현하고 이를 통해 망자에 대한 애도의 마음이 더욱 강화되고 있음을 확인하였다.

연작 만시 한 편에 수록된 시를 각기 다른 정서와 내용으로 구성하는 경우, 수미상관의 구조를 통해 감정을 극대화 시키거나 망자와 있었던 사적 기억의 재현을 통해 슬픔을 승화시키는 것을 특징적인 부분으로 포착하였다. 본고에서는 연작시의 첫 수와 마지막 수의 감정이 이어지는 것을 수미상관의 구조로 보았는데, 이를 통해 시의 주조를 이루는 슬픔과 그리움의 감정이 극대화되는 것으로 파악하였다. 또 조태억은 망자와의 사적인 기억의 재현을 통해 둘 사이의 내밀한 관계를 확인하는데, 기억의 재현은 감정의 분출 없이 담담하게 이루어진다. 그럼에도 이러한 관계의 확인은 대상과의 거리를 좁혀 망자의 죽음에 대한 슬픔을 승화시키는 역할을 한다.

본고에서는 위와 같이 조태억의 10수 이상 연작 만시의 대상을 일별하고, 그 구성과 형상화가 어떻게 이루어지고 있는지를 확인해보았다. 이는 조태억 만시의 특징적인 부분을 연구한 것으로 현재까지 거의 이루어지지 않은 조태억 시문학의 일단을 살펴볼 수 있다는 점에서 의의를 가질 수 있다. 하지만 조태억 시문학의 전모에 대한 연구는 여전히 미진한 상황이다. 조태억 시문학이 온전히 연구된다면 그 속에서 조태억의 만시를 더욱 깊이 있게 이해할 수 있을 것이다.

VI. 겸재 조태억의 「전감군은」과 「후감군은」에 관한 일고찰

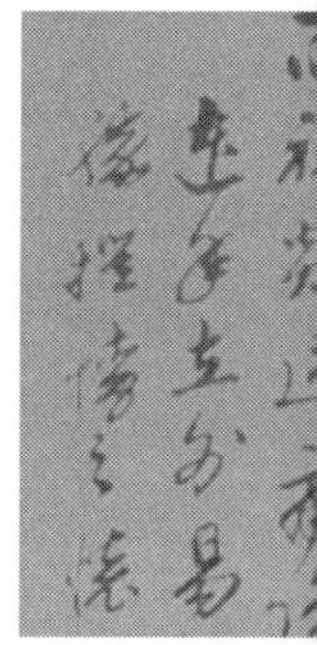

이승용

1. 서론

겸재謙齋 조태억趙泰億(1675~1728)의 자는 대년大年, 호는 겸재謙齋, 시호는 문충文忠으로, 최석정崔錫鼎의 문인이다. 조태억은 당대에 남구만南九萬(1629~1711)과 명곡明谷 최석정崔錫鼎(1646~1715)을 이어 소론少論의 문한文翰을 이었던 인물로 평가되었다. 조태억의 가계家系는 소론少論 일색이 아니라, 노론老論과 소론少論이 공존했다. 조태억의 종형제인 조태구趙泰耉(1660~1723)와 조태채趙泰采(1660~1722)는 모두 당시 소론少論과 노론老論에서 상당한 영향력이 있었던 인물이다. 조태구는 경종景宗 때에 노론老論과 소론少論이 대립하던 정국政局에서 노론 4대신의 주청으로 세제의 대리청정이 시행되자, 소론少論의 영수로서 이를 반대하여 대리청정을 환수시켰으며, 노론 4대신을 역모 죄로 몰아 사사賜死시켰던 인물이다. 반면 조태채는 조태구·조태억과 달리 노론 4대신 가운데 한 명으로, 1721년 연잉군의 세제책봉을 건의하여 실현시켰으며, 이어 세제의 대리청정까지 이루었다. 그러나 소론少論의 적극적인 반대로 대리청정의 명이 철회되었으며, 결국 신임사화辛壬士禍가 일어났을 때 처형을 당하였다.

경종을 이어 영조가 재위하면서 노론老論과 소론少論이 대립하던 혼란한 시기에 조태억은 소론少論 가운데서도 온건파穩健派의 입장을 견지하였다. 자신은 소론少論에 속하였으나 일부 친족이 노론老論이었으며, 처족妻族 역시 노론老論이었기에 숙종~영조 시기 노론老論과 소론少論의 당쟁黨爭에서 양자兩者를 조절하려고 하다가 관직생활에서 많은 부침浮沈을 겪었다. 영조가 즉위한 초기에 그가 세상을 떠난 뒤에는 정국政局이 거의 노론老論 일당체제로 굳어졌고, 1755년에 일어난 나주괘서사건羅州掛書事件으로 인해 관작이 추탈되었다가 1908년(순종2)에야 복관이 되었다.

조태억은 조선후기 경종과 영조시기 정치사 연구에 있어서도 중요한 인물이며, 뛰어난 문학적 역량을 지녔음에도 불구하고 지금까지 그에 관한 연구는 활발히 진행되지 않았다. 지금까지의 선행연구를 살펴보면, 그가 정사正使로 다녀온 신묘년 통신사에 관한 연구[218]를 시작으로 그의 대일관對日觀을 중심으로 사행문학使行文學에 관한 연구가 이루어졌으며,[219] 최근에는 그의 시문학과 관련하여 연구시聯句詩에 관한 연구[220]와 만시挽詩에 대한 연구[221]가 이루어졌다. 조태억

---

218 구지현, 「1711년 신묘통신사와 아라이 하쿠세키[新井白石]의 필담을 통한 상호 소통」, 『열상고전연구』 28, 열상고전연구회, 2008.

219 조영심, 「趙泰億의 使行文學 연구 : 對日觀을 중심으로」, 연세대학교 석사학위 논문, 2014.

220 이미진, 「聯句詩의 창작 방식과 배경 고찰 - 謙齋 趙泰億의 사례를 중심으로 -」, 『동양고전연구』 74, 동양고전학회, 2019.

221 유진희, 「謙齋 趙泰億의 連作 挽詩 硏究」, 『어문론총』 85, 한국문학언어학

의 시문학에 대해 일부 연구가 진행되었지만, 그의 시문학은 여전히 논의할 여지가 많다. 이에 본고에서는 그의 시문학 가운데 지금까지 논의되지 않은 「전감군은前感君恩」과 「후감군은後感君恩」에 주목하여 그 실제와 양상을 고찰해보고, 「전감군은前感君恩」과 「후감군은後感君恩」이 이전 「감군은感君恩」 계열 작품과 비교해 변별되는 지점과 그 의미를 규명해보고자 한다.

조태억의 「전감군은前感君恩」과 「후감군은後感君恩」은 군은君恩에 감사하는 노래나 일상적인 삶의 만족감을 피상적으로 형상화한 기존 「감군은感君恩」 계열의 작품과는 달리 자신이 과거에 거쳤던 관직의 이력과 그 속에서 겪었던 일들을 소재로 그 기억을 시간의 흐름에 따라 연작의 형식으로 재구성하고 있다. 또 「전감군은前感君恩」과 「후감군은後感君恩」의 각 작품 아래에는 작품과 관련한 당시 사건 및 배경이 자주自註로 상세하게 부기附記되어 있다. 이는 노론老論과 소론少論 당쟁으로 혼란했던 정국政局 속에서 조태억이 견지했던 현실 인식과 그의 삶을 면밀하게 조명해 볼 수 있는 중요한 자료이므로 충분히 연구할 가치가 있는 작품이라 생각된다.

2. 「전감군은前感君恩」과 「후감군은後感君恩」의 창작 배경

「전감군은前感君恩」과 「후감군은後感君恩」의 실제와 그 양상을 고찰하기에 앞서 먼저 조태억의 「전감군은前感君恩」과 「후감군은後感君恩」이 어떤 경위로 지어졌는지를 먼저 알아보자. 다음의 기록에서

회, 2020.

「전감군은前感君恩」과 「후감군은後感君恩」의 창작 배경과 그 경위를 알 수 있다.

> 정해년(1707, 숙종33) 여름에 하사받은 부채에 「感君恩」 20首를 기록하여 상자에 넣어 두었다. 20년이 지난 지금 외람되이 卿相의 지위에 올라 성상의 융숭한 은혜를 받았는데, 재앙의 덫을 밟아 세상의 큰 죄인이 되어 여러 해 동안 위축되어 아침저녁으로 지엄한 명령을 기다렸다. 그런데 시종일관 변함없는 聖上께서 곡진한 은혜를 베풀어 三司에서 올린 啓辭를 윤허하지 않으시고, 百官의 庭請에도 따르지 않으셔서 내가 田里에서 은거하며 분수에 따라 편안히 지낼 수 있도록 해주셨다. 옛 사람 가운데 임금의 은택을 받은 신하를 어찌 다 헤아릴 수 있겠는가마는, 나처럼 망극한 참소를 받고서도 특별한 은혜를 받은 자가 어디에 있겠는가. 죽은 뒤에 결초보은해도 그 은혜의 만분의 일조차 갚기가 힘들다. 삼가 이전에 지었던 詩를 이어서 「感君恩」 70首를 지어 정해년 이후 20년간 역임했던 관직과 세 임금의 조정에서 받은 성대한 知遇와 내가 일생동안 가슴속에 품어왔던 忠愛의 정성을 아울러 기록한다. 비록 田野에 있는 몸이지만 감히 하루도 聖上의 은혜를 잊을 수 없으니, 후세 자손들은 이 시에서 징험하여 알기 바란다. 병오년(1726, 영조2) 8월 15일 죄를 지은 신하 조태억이 삼가 丹崖(강원도 원주)의 詠恩堂에서 쓰다.[222]

222 趙泰億, 『謙齋集』 권22, 「後感君恩」. "丁亥夏, 賦感君恩詩二十首, 書之賜扇, 藏之篋笥. 今至二十年, 忝叨卿相, 受恩隆至, 及蹈禍機, 爲世大僇, 閱歲畏約, 朝夕俟威命. 而乃蒙聖上終始曲庇, 不允三司之啓, 至於百官庭請, 亦不從, 俾臣得以自屛於田里, 隨分飮啄. 從古人臣之蒙被君恩者, 何限, 豈有遭罔極之讒如臣, 而荷非常之恩如臣者哉? 殞首結草, 未足以酬報萬一. 謹綴感君恩七十首, 以續前作, 歷叙丁亥以後廿載踐歷之職, 三朝知遇之盛, 兼志賤臣一生忠愛之忱. 雖在田野, 不敢一日忘君之惠, 要後世子孫得以徵諗于玆. 丙午八月望日, 纍臣趙泰億, 謹書于丹崖之詠恩堂中."

위의 글은 「후감군은後感君恩」 70수首의 서문序文에 해당하는 글로, 자신이 「후감군은後感君恩」을 짓게 된 경위와 이유에 대해 밝히고 있다. 조태억은 정해년(1707, 숙종33)에 숙종에게 부채를 하사받고서 그 부채에 군은君恩에 감사하는 마음으로 지은 「전감군은前感君恩」 20수首를 기록하여 상자에 소중히 보관하였다. 「전감군은前感君恩」 20수首는 모두 7언 절구의 형식으로, 을해년(1695, 숙종21)부터 부채를 하사받았던 정해년(1707, 숙종33)년까지 자신이 숙종에게 받았던 은혜를 기억하며 써 내려간 연작시連作詩이다.

그 후 19년이 흐른 뒤 경종이 승하하고 영조가 재위에 오른 을사년(1725, 영조1)에 조태억은 당시 노론老論의 핵심 인물이었던 민진원閔鎭遠 등의 공격을 받아 삭탈관직 되었으며, 문외출송門外黜送의 처분을 받았다. 「후감군은後感君恩」 70수首는 조태억이 문외출송 되어 조정에서 쫓겨난 이듬해인 병오년(1726, 영조2)에 지은 작품으로, 「전감군은前感君恩」의 후속 작품 격이다. 그러나 「전감군은前感君恩」을 창작할 때의 처지와 「후감군은後感君恩」을 창작할 당시 조태억의 처지는 전혀 달랐다. 「전감군은前感君恩」은 조태억이 과거에 급제하고 조정에 출사하여 한창 승진을 하던 시기에 창작한 작품인 반면에 「후감군은後感君恩」은 영조의 즉위로 말미암아 노론老論이 득세한 뒤 그가 조정에서 축출되어 한창 정치적 시련을 겪을 때 창작한 작품이다. 「후감군은後感君恩」을 창작할 당시 조태억은 신임사화辛壬士禍를 주도한 소론少論에 대한 노론老論의 철저한 복수로 인해 '역적逆賊'으로 지목되어 목숨을 보존하기도 힘들었다. 이 당시 그가 처했던 상황과 심정은 「후감군은後感君恩」을 창작한 다음해에 올린 다음의 상소문에서 짐작할 수 있다.

허물이 있는 臣 조태억은 진실로 황공한 마음으로 머리를 조아리며 삼가 절하고 주상 전하께 上言하여 삼가 아룁니다. 臣이 세상의 죽일 놈이 된지가 지금 3년째입니다. 凶逆이라 이름하고 懲討해야 한다고 부르짖는데, 三司의 合啓로도 부족하여 請對하여 伏閤까지 하고, 복합으로도 부족하여 公卿이 모여 의논하기까지 하였습니다. 모여 의논하는 것으로도 부족하여 여러 관료를 위협하여 한 달 동안 庭請을 하고, 성균관의 諸生을 자극하여 날마다 글을 올리게 하였으며, 李倚天과 韓德厚와 같은 자는 엄한 처벌을 내리라고 청하기까지 하였습니다. 속담에 '열 번 찍은 나무 넘어가지 않는 것이 없다.'라고 하는데, 지금 臣을 찍는 자가 거의 날마다 열 명, 백 명에 이르니, 남들 중에도 臣을 대신해 걱정해 주지 않는 이가 없으며, 臣도 필시 죽임을 당하리라는 사실을 자각한 지 오래입니다. 그러나 日月과 같은 밝음으로 훤히 살펴 주시고, 천지와 같은 덕으로 낳아주고 길러 주시어 合辭가 한창 펼쳐지던 때에 臣의 억울한 무함이 당당하게 신원되었고, 여러 사람이 분노하여 기어코 죽이려는 와중에 위태로운 목숨이 온전히 보전되었습니다. 날조함이 심해질수록 聖上께서 그에 따라 변호하여 처리해 주시고, 죽음에 거의 임박하자 마침내 안전하게 보호해 주셨으니, 비록 臣이 스스로 도모하고 스스로 변론하더라도 이보다 더할 수는 없을 것입니다. 削黜이라는 미미한 견책으로는 時議의 만분의 일도 만족시키기에 부족하였으며, 외딴섬에 圍籬安置하라는 요청에 대해서는 처음부터 끝까지 윤허하지 않으시어, 臣이 스스로 시골집으로 물러나 분수에 따라 편안히 지내도록 해주셨습니다. 臣을 낳은 사람은 부모이지만 臣을 살린 분은 聖上이시니, 한결같이 가슴속 깊이 새겨 두고 있는 것은 오직 '임금의 은혜에 감사한다.[感君恩]'라는 말뿐입니다. 그런데 뜻밖에 지금 또다시 하늘같은 聖上의 은총을 입었으니, 구렁텅이 속에서 臣을 빼내어 三政丞의 윗자리에 두셨습니다. 은혜로운 教旨를 널리 선포하고 召命을 돈독히 하시어 史官이 와서 지키고 承旨가 또 이르렀습니다. 臣은 만 번 죽다가 살아난 몸으로 이렇게 천고에 보기 드문 은혜를 받아, 명을 듣고는 감격하여 눈물이 얼굴을 적셨습니다. 하늘을 우러러보고 땅을 굽어 보니 臣이 다시 사람 구실을 할 수 있게 되었습니다.[223]

위의 상소문에서 알 수 있듯이 을사년(1725, 영조1) 7월에 문외출송門外黜送을 당한 이후로 신임사화辛壬士禍에 대한 복수의 차원에서 노론老論에게 역적逆賊으로 지목되었던 조태억의 처지는 풍전등화와 같았다. 대각臺閣을 앞세운 지속적인 노론의 공격과 그들의 사주를 받아 조태억의 처벌을 주청한 상소가 몇 년간 지속적으로 그를 압박하였다. 그러나 조태억은 영조의 비호 덕택에 위태로운 정국政局 속에서 목숨을 보전할 수 있었다. 뿐만 아니라 「후감군은後感君恩」을 지은 다음해인 정미년(1727, 영조3)에는 좌의정으로 특별 서용되었다. 물론 이는 을사처분乙巳處分(1725, 영조1)에 만족하지 않고 소론少論에 대한 보복을 집요하게 요구했던 노론老論을 일시적으로 축출하고 다시 소론少論 정권을 구성하여 정국을 안정시키려 했던 영조의 의중이 반영

223 『承政院日記』, 英祖 3年 7月 20日기사. "負累臣趙泰億, 誠惶誠恐頓首頓首謹百拜上言于主上殿下. 伏以臣爲世大僇, 迄玆三載, 名之曰凶逆, 倡之曰懲討, 三司合啓之不足, 至於請對而伏閤, 伏閤之不足, 至於公卿會議, 會議之不足, 至於脅群僚而浹月庭請, 諷諸生而逐日投匭矣. 如李倚天·韓德厚, 至發按律之請, 諺曰十斫之樹, 無有不仆, 今之斫臣者, 殆至日十百人, 則人莫不爲臣代怖, 臣亦自知必死久矣. 乃日月之明照燭之, 天地之德生成之, 冤誣常伸於合辭方張之日, 危喘曲全於衆怒必殺之中, 搆捏彌深而隨加以辨理, 湛滅垂迫而卒使之安保, 雖使臣自爲之謀, 自爲之辨, 亦無以過此. 削黜微譴, 不足以塞時議之萬一, 而島棘之請, 終始靳允, 俾臣得以自屛田廬, 隨分飮啄, 生臣者父母, 活臣則聖上, 一念銘鏤, 惟是感君恩三字而已. 不圖今日, 復蒙天寵, 拔臣於坑坎之中, 置身於鼎席之上, 恩旨渙發, 召命勤摯, 史官來守, 承宣又臨, 臣以萬死一生之身, 遭此千古曠絶之恩, 聞命感激, 涕淚被面, 俯仰天地, 臣復得以爲人矣."

된 결과였다. 이렇게 치열하고 위태로웠던 노론老論과 소론少論의 정쟁政爭 속에서 탄생한 작품이 바로 「후감군은後感君恩」이다. 조태억이 「후감군은後感君恩」 70수首를 창작하게 된 직접적인 동기는 다음의 시구詩句와 자주自註에 명확히 드러나 있다.

감격스러운 마음에 70편의 시를 지으니	感激詩成七十篇
임금의 은혜 갚기도 전에 이미 늙어버렸네	君恩未報已衰年
한 평생 품어왔던 충성과 사랑의 마음	一生忠愛惓惓意
자손들에게 기록으로 남겨 영원히 전하리라	書與兒孫永世傳

【自註】 위의 70首는 이전에 지은 20首와 통틀어 합치면 90首이나. 평생의 일을 남김없이 낱낱이 기술하였으니, 실로 1통의 年譜이다. 훗날 자손들 중에 나에 대해 알고 싶은 자가 있다면 이 詩句에서 찾으면 충분할 것이다. 이를 보는 자들은 대대로 충성을 독실히 하는 의리에 더욱 힘쓰도록 하라.[224]

「후감군은後感君恩」 70수首 중 결미에 해당하는 위의 시구詩句와 자주自註에서 알 수 있듯이 「전감군은前感君恩」 20수首와 「후감군은後感君恩」 70수首는 바로 숙종 · 경종 · 영조에게 받은 군은君恩에 대한 감격의 발로에 의해 지어진 작품이다. 그러나 조태억이 말했듯이 「전감군은前感君恩」과 「후감군은後感君恩」에는 단순히 군은君恩에 대한 자신의 감회 뿐 아니라, 성균관 유생 시절인 을해년(1695, 숙종21)부터 노론老論과 소론少論의 정쟁政爭이 한창이던 병오년(1726, 영조2)에 이

224 趙泰億, 『謙齋集』 권22, 「後感君恩」 其七十. "右七十首通前作二十首合爲九十首, 歷叙平生事, 纖悉無遺, 實一通年譜也. 後之子孫欲知我者, 於此求之足矣, 觀乎此者, 益勉世篤忠貞之義也."

르기까지 자신의 관력官歷과 평생이 한 통의 연보年譜처럼 기술되어 있다. 실제 작품을 살펴보면 그 기간 동안 자신이 겪었던 정치적 시련과 당면한 현실 속에서 자신이 견지했던 정치적 입장이 구체적으로 기술되어 있다. 자주自註에서 자손들 중에 자신에 대해 알고 싶은 자들은 「전감군은前感君恩」과 「후감군은後感君恩」을 보면 알 수 있다고 언급한 것도 「전감군은前感君恩」과 「후감군은後感君恩」에 내포되어 있는 이러한 측면을 염두에 둔 것이다. 「전감군은前感君恩」과 「후감군은後感君恩」은 기존 「감군은感君恩」 계열 작품과 변별점을 지니는 한시 작품으로서도 의미가 있지만, 후손이나 제자들이 기록한 피상적인 연보年譜와 달리 작자 자신이 직접 기록한 생생한 연보年譜의 성격을 지닌다는 점에서도 큰 의미가 있다.

3. 「전감군은前感君恩」과 「후감군은後感君恩」의 실제와 그 양상

고전시가의 흐름에서 '군주君主'를 대상으로 노래한 경우는 많지 않지만, 그래도 '군주君主'와의 관계를 노래한 작품은 시가사의 한 계통을 형성하면서 꾸준히 향유되어 왔다. 「용비어천가」와 같이 군주의 영웅적 면모를 예찬한 노래를 비롯하여 군주와의 이별 뒤에 군주를 그리워하는 '사미인思美人'계 노래도 꾸준히 창작되었다. 또한 군주의 은혜를 받은 뒤 그 은혜에 감사하는 노래와 일상적인 삶의 만족감을 형상화하면서 그 공을 君恩으로 돌리는 노래도 있다. 이른바 '군은君恩'을 경험한 사족층의 경우에는 '감군은感君恩' 또는 '역군은亦君恩'이라는 의식이 관념적 의상으로만 그치는 것이 아니라, '군은君恩'에 대한 감동의 격정을 밖으로 분출시킨 것으로 볼 수 있다.[225]

조선시대에 '군은君恩'을 주제로 한 작품은 주로 국문시가의 여러 갈래에서 구현되었지만, 한시의 형식으로 구현되기도 하였다. 유희춘柳希春의 「감군은感君恩」[226]과 임상덕林象德의 「감군은시感君恩詩」[227]와 같은 작품들이 그 예이다. 군은君恩을 주제로 창작된 고전시가의 큰 범주에서 보자면 조태억의 「전감군은前感君恩」과 「후감군은後感君恩」은 한시의 형식으로 창작되어 후자에 속하지만, 31년간의 일을 총 90수首의 연작시連作詩로 구성한 독특한 방식과 작품에 담고 있는 내용은 기존 「감군은感君恩」 계열의 작품과는 전혀 다르다. 본 장에서는 이러한 「전감군은前感君恩」과 「후감군은後感君恩」의 형식적 특징과 내용적 특징에 주목하여 「전감군은前感君恩」과 「후감군은後感君恩」을 '기억의 재구再構와 군은君恩의 찬양'과 '정치적 시련과 자기변론' 두 주제로 나누어 그 실제와 양상을 살펴보고자 한다.[228]

1) 기억의 재구再構와 군은君恩의 찬양 - 「전감군은前感君恩」

「전감군은前感君恩」 20수首는 현재의 창작 시점에서 과거의 일을 회상하며 과거의 일정시기부터 현재까지 자신이 경험했던 사건을 소

225 김현식, 「낭선군(郎善君) 이우의 〈감군은사(感君恩詞)〉, 그 작품세계와 의미 연구」, 『韓國詩歌硏究』 43, 한국시가학회, 2017, 274면.

226 柳希春, 『眉巖集』 권2, 「感君恩」. "南溟北海三遷客, 白玉黃金累寵臣. 若報天恩圖萬一, 合將芹曝獻楓宸."

227 林象德, 『老村集』 권1, 「感君恩詩」. "雲漢昭回字, 人間寶萬金. 開函驚御氣, 玩畫見天心. 鬼物尋常護, 威顏咫尺臨. 小臣嗟福眇, 持守恐難任."

228 본고에서는 90首의 작품 가운데 특징적인 작품들을 선별하여 분석하고, 「前感君恩」과 「後感君恩」의 해당 작품 아래에 自註로 기록되어 있는 창작 시기와 소재가 되는 주요 사건에 대해서는 【부록 1】과 【부록 2】로 나누어 제시한다.

재로 자신의 이전 기억을 재구再構하는 동시에 임금에게 받았던 군은君恩을 찬양하는 구조로 되어 있다. 「전감군은前感君恩」의 주된 소재는 을해년(1695, 숙종21)부터 정해년(1707, 숙종33)까지 자신이 성균관 유생일 때부터 조정에 관리로 출사하여 겪었던 크고 작은 정치적 사건으로, 이를 시간의 흐름에 따라 회고하면서 자신이 숙종에게 받았던 군은君恩을 읊고 있다. 실제 작품을 통해 구체적으로 살펴보자. 아래의 작품은 「전감군은前感君恩」의 제 1수首로, 조태억이 성균관 유생으로 있을 때 있었던 일을 회상하며 지은 시이다.

세자저하를 모시고 大成殿에 갔을 때	曾隨鶴駕入橋門
회화나무와 은행나무 그늘 속에서 술잔을 올렸네	槐杏陰中捧玉樽
다음날 대궐에서 지필묵을 하사하셨으니	明日紫宸頒筆札
포의 신분으로 임금의 은혜를 입었네	布衣能荷至尊恩

자주自註를 참고하면 이 시는 을해년(1695, 숙종21)에 세자世子가 성균관에 행차하여 대성전大成殿에서 예식을 올렸을 때, 자신이 집준執樽의 임무를 맡아 지필묵을 하사받았던 일에 대한 기록이다.[229] 집준執樽은 제향 때에 술그릇의 하나인 준뢰의 일을 맡아보던 제관祭官이다. 위의 시에 등장하는 세자는 숙종의 장자 윤昀으로, 훗날의 경종景宗이다. 성균관 유생으로 있던 시절 세자가 대성전大成殿에 제향을 올릴 때 자신이 제관祭官을 맡은 일로 인해 숙종에게서 지필묵紙筆墨을 하사받았는데, 이 역시 임금의 은혜에서 비롯된 일이라고 읊고 있다.

위의 시는 임금에게서 어떤 물품을 하사받고 그에 대한 자신의 감

229 趙泰億, 『謙齋集』 권22, 「前感君恩」【二十首○丁亥年】. "右, 春宮乙亥入學, 臣忝執樽, 蒙恩賜紙筆墨."

회를 기록한 전통적인 「감군은感君恩」 계열의 작품과 내용상 크게 다르지 않다. 그러나 시상詩想의 구성과 전개에 있어 작가 자신의 감정이 위주가 되기보다는 자신의 기억을 위주로 7언의 절구의 형식에 당시 주요 사건을 단편적으로 서술하여 보여주기 방식을 취하고 있다는 점이 특징적이다. 이러한 구성 방식과 형식적 특징은 「전감군은前感君恩」과 「후감군은後感君恩」 전체 작품에 동일하게 적용되고 있다.

다음 작품은 「전감군은前感君恩」의 제 10수首로, 조정에 출사한 뒤 사헌부 지평으로 있을 때 있었던 일을 회상하며 지은 시이다. 그 이전까지는 조정이 여러 차례 환국換局을 겪으며 남인南人과 서인西人의 당쟁이 살육으로 치닫던 시기이고, 이때부터는 갑술환국甲戌換局(1694, 숙종20)으로 남인南人이 실각하고, 소론少論과 노론老論 간의 당쟁이 본격화되었다. 다음의 시에서도 이 당시 치열했던 당쟁의 측면을 엿볼 수 있다.

黨論이 시끄러워 운명에 맡겨두었으니	黨議嘵嘵一任他
하늘의 뜻 정해지면 많은 사람을 이기는 줄 진작 알았네	早知天定勝人多
漢文帝가 훌륭한 우리 성상과 비슷했다면	漢文若似吾君聖
周勃과 灌嬰이 賈誼를 어떻게 하였겠는가	絳灌其如賈傅何

자주自註를 참고하면 이 시는 을유년(1705, 숙종31)에 이조吏曹에서 조태억을 외직으로 내쫓으려고 핍박하였지만 숙종이 끝내 허락하지 않았던 일에 대한 기록이다.[230] 이 사건이 있기 1년 전에 사헌부 지평

230 趙泰億, 『謙齋集』 권22, 「前感君恩」 其十. "右, 銓曹必欲斥補臣前後持臣甚急上終不許."

이었던 조태억은 좌승지 김덕기金德基, 전 지평 한영휘韓永徽, 전 지평 이동언李東彦 등이 탐욕을 부려 백성들을 착취하였다는 소문이 있음을 아뢰어 이들의 삭탈관직을 청하였다. 그러나 의금부에서 세 사람을 잡아다 조사하고는 잘못된 소문이라고 보고하였고, 숙종은 세 사람의 방면하라는 명을 내렸다. 그런데 이듬해 1월에 헌납 이언경李彦經이 상소를 올려 앞의 일을 언급하면서, 이조吏曹의 관원들이 사정私情을 개입시켜 풀려난 세 사람은 두루 요직에 추천하고 정작 이들을 논핵한 조태억은 배척하여 조정에 발을 붙이지 못하게 하였다고 아뢰었다. 이에 대해 숙종이 이조가 지나쳤다는 비답을 내리자, 이조참의 박권朴權과 전 이조 판서 이유李濡가 잇달아 인혐하여 사직을 청하였다. 그러자 당시 대사헌으로 있던 송상기宋相琦가 상소하여 이조 관원들의 혐의를 풀어 주어 시비是非를 분명히 할 것을 청하고, 숙종이 조태억의 일에 대해서는 이조가 지나쳤다고 말하였다.[231] 기구起句와 승구承句에서는 당시 당론黨論으로 인해 혼란스러운 정국政局 속에서도 초연한 자세로 천도天道가 안정되고 나면 결국 옳고 그름이 정해져 순리에 따라 시행되리라 기대하는 조태억의 심정을 읽을 수 있다. 전구轉句와 결구結句에서는 숙종을 한 문제漢文帝와 비교하여 한문제 당시 가의賈誼가 주발周勃과 관영灌嬰 같은 권신의 참소를 입고 장사 태부長沙太傅로 쫓겨났지만, 자신은 숙종에 의해 쫓겨나지 않은 사실을 말하여 숙종의 은혜를 칭송하고 있다.

다음의 작품은 「전감군은前感君恩」의 제 11수首로, 자신이 일 년 전의 일로 무함을 입었을 때 숙종이 자신의 결백을 밝혀주었던 은혜를 회상하며 읊은 시이다.

231 이에 대해서는 『肅宗實錄』 30年 6月 17日 · 8月 10日 기사 참조.

刑曹에서 일을 아주 모호하게 처리하였으니	秋曹按事太模糊
언관을 협박한 일은 예전에도 없었지	迫脅言官古所無
한밤중에 명을 받고 승정원에서 답변을 써 올리니	半夜銀臺承命對
명철한 성상께서 내가 무함하지 않았음을 깊이 살피셨지	聖明深察我非誣

자주自註를 참고하면 이 시는 을유년(1705, 숙종31) 10월에 형조刑曹에서 조태억이 무함을 했다고 말하며 힐책하라고 청하였을 때, 조태억이 한밤중에 소명召命을 받고 승정원으로 나아가 소회를 써서 올리자 숙종이 조태억의 말에 분명히 지적하는 바가 있다고 여기고 이어 형조刑曹에서 일을 제대로 살피지 못한 실수가 있다고 통렬히 질책하였던 일에 대한 기록이다.[232] 이때의 일은 일 년 전에 사헌부 지평으로 있던 조태억이 좌승지 김덕기金德基, 전 지평 한영휘韓永徽, 전 지평 이동언李東彦 등이 탐욕을 부려 백성들을 착취하였다는 소문이 있음을 아뢰어 이들을 삭탈관직 하라고 청했던 일로 인해 벌어졌다. 이 중 이동언은 아버지 이세무李世茂가 죽자 장례비용 명목으로 민호民戶에서 7백 냥을 수탈하고, 또 관노官奴에게 부친의 반함飯含을 대신 살피게 했다는 이유로 투옥되어 조사를 받았는데, 진위 문제로 3년이라는 기간을 끌다가 결국 석방되지 못한 채 옥사하였다. 당시 이동언을 심문하는 일로 인해 형조의 계목啓目에 따라 승정원에서는 상소를 올렸던 장본인인 조태억을 불러 그 일에 대해 해명하도록 하였다.[233] 승구承句에서 말한 것처럼 조정 관료들을 규찰하는 임무를 맡은 대신

232 趙泰億, 『謙齋集』 권22, 「前感君恩」 其十一. "右, 該曹謂臣誣陷, 請詰于臣, 臣夜半承召詣政院, 書進所懷. 上謂臣言明有指的, 仍痛斥該曹, 按事朦朧之失【乙酉十月】."

233 이에 대해서는 『肅宗實錄』 31年 10月 20日 기사 참조.

臺臣을 밤중에 불러 해명을 요구한 것은 몹시 부당한 처사였다. 이 일로 인해 조태억은 반대파들에 의해 지속적으로 공격을 받았으나, 그때마다 자신을 비호해주고 무고를 밝혀준 숙종에 대한 군은君恩을 결구結句에서 읊었다.

다음의 시는 「전감군은前感君恩」의 제 18首로, 조태억이 아니라 조태억의 선친先親인 조가석趙嘉錫(1634~1681)이 생전에 승지承旨로 재직할 때 직언直言을 했던 일화를 숙종이 기억하며 칭찬했던 일을 회상하면서 읊은 시이다.

선친이 올바른 논의를 펼쳤던 경신년의 일	先臣讜議庚申初
20여 년이 지나도 훌륭한 임금께서 기억하셨네	聖主追思廿載餘
두 글자의 아름다운 칭찬 황천을 비추니	二字華褒照泉壤
고아는 감격에 겨워 눈물이 옷깃을 적셨네	遺孤感激涕沾裾

자주自註를 참고하면 이 시는 선친인 조가석이 경신년(1680, 숙종6)에 승지承旨로 있을 때 경연經筵에서 국법國法을 저촉한 귀척貴戚과 근신近臣에 대해 아뢴 적이 있는데, 그로부터 25년의 세월이 지난 뒤에도 여전히 그 일을 잊지 않고 기억하면서 '질박하고 올곧다[樸直]'는 두 글자로 칭찬하였던 일에 대한 기록이다.[234] 자신과 직접 관련된 일은 아니지만 과거에 귀척貴戚과 근신近臣의 위법違法에 대해 머뭇거리지 않고 직언直言을 했던 자신의 선친을 기억하고, 오랜 세월이 지났음에도 불구하고 이 일을 잊지 않고서 그의 인품을 '박직樸直' 두

234 趙泰億, 『謙齋集』 권22, 「前感君恩」 其十八. "右, 先人於庚申歲, 以承旨筵白貴近之冒法者, 聖上追記其言於二十五年之後, 至以樸直二字褒之, 實曠世之異眷也."

글자로 칭찬한 숙종에 대한 군은君恩을 읊었다. 이 작품에서 다루고 있는 내용은 자신의 선친에 관한 일이지만 '박직樸直'이라는 두 글자의 포증褒贈이 당시 고인故人이 되었던 선친에게는 더없이 영예로운 일이었기에 어떤 의미에서 보면 자신이 받았던 군은君恩보다 더 크게 느껴졌던 것으로 보인다.

앞에서 살펴보았듯이 조태억은 조정에 출사한 뒤로 남인南人과 서인西人의 치열한 정쟁政爭 속에서 몇 차례 시련을 겪었다. 특히 대신臺臣으로 재직할 당시에는 시의時議를 거슬러 곤경에 처한 경우가 많았는데, 그때마다 숙종의 은혜로 처벌을 면하고 좌천을 당하지 않았다. 이러한 일련의 사건과 숙종의 君恩은 지속적으로 조태억의 기억 속에 자리하였으며, 결정적으로 정해년(1707, 숙종33)에 숙종에게 부채를 하사받은 일을 계기로 과거로부터 그 당시까지 자신이 조정에서 겪었던 일과 숙종에게 받았던 특별한 대우를 회고하면서 「전감군은前感君恩」 20수首를 창작하게 된 것이다. 「전감군은前感君恩」 20수首는 대체적으로 자신이 경험한 특정시기의 특별한 사건을 소재로 창작된 이전 감군은感君恩 계열 작품과 달리 성균관 유생시절을 포함해 13년이라는 긴 세월동안 자신이 숙종에게 받았던 군은君恩을 자신의 기억을 바탕으로 시간적 순서에 따라 읊고 있다는 점이 특징적이다. 다음 장에서는 「전감군은前感君恩」 20수首를 이어 창작된 「후감군은後感君恩」 70수首를 살펴보자.

2) 정치적 시련과 자기 변론 - 「후감군은後感君恩」

「후감군은後感君恩」 70수首는 「전감군은前感君恩」 20首의 후속작으로, 「전감군은前感君恩」과 동일한 형식과 구성 방식을 취하고 있다.

그러나 내용적인 면에서는 큰 차이를 보인다. 「전감군은前感君恩」은 「후감군은後感君恩」에 비해 군은君恩에 대한 찬양보다는 자신이 겪었던 정치적 시련의 경험과 그 이면에 자기 변론을 내포하고 있는 작품들이 더 많은 비중을 차지한다. 그 원인은 이때부터 소론少論과 노론老論의 당쟁이 본격화되고 소론少論에 속하여 자신의 정치적 입지를 세우고 정치적 행보를 이어갔던 조태억의 처지와 무관하지 않은 것으로 보인다. 조태억은 노론老論에 맞서 소론少論의 정치적 입장을 대변하면서 이전 시기에 비해 더 많은 정치적 시련을 겪었으며, 이러한 정황과 그 당시의 심경은 「후감군은後感君恩」 70수首에 더욱 구체적으로 드러난다. 다음의 시를 보자.

과거에 感君恩 시를 지어	昔年曾賦感君恩
하사받은 부채에 써서 상자에 보관했지	賜扇題封篋裡存
20년 동안의 은혜 더욱 융숭했으니	二十年來恩益厚
새로 시를 지어 이전의 말을 잇지 않을 수 있으랴	可無新作續前言[235]

이 작품은 「후감군은後感君恩」의 제 1수首로, 「전감군은前感君恩」을 이어 「후감군은後感君恩」을 창작하게 된 경위를 읊은 작품이다. 위의 시구詩句에서 알 수 있듯이 「전감군은前感君恩」을 창작했던 정해년(1707, 숙종33) 이후 20년 동안 자신이 조정에서 관직생활을 하며 숙종을 비롯한 당대 임금에게 받은 군은君恩을 읊기 위한 목적으로 창작되었으며, 「전감군은前感君恩」의 후속작으로서의 성격을 지닌다. 물론 직접적인 창작요인은 20년간 숙종, 경종, 영조 세 임금에게 받

235 趙泰億, 『謙齋集』 권22, 「後感君恩」.

았던 군은君恩을 읊기 위함이다. 그러나 실제 작품을 고찰해보면 「후감군은後感君恩」에서 조태억이 말하고자 하는 내용은 무자년(1708, 숙종34) 부교리로 재직할 때부터 문외출송을 당하여 강원도 원주의 영은당詠恩堂에 머무르던 병오년(1726, 영조2)까지 경험했던 정치적 시련이며, 그에 대한 일종의 자기 변론과 그에 대한 소회이다. 이는 군은君恩의 찬양이 위주가 되었던 「전감군은前感君恩」과는 전혀 다른 양상이다. 다음의 작품에서 이러한 경향을 구체적으로 확인할 수 있다.

영광스러운 부제학 자리를 친혐으로 사양했는데 辭榮玉署引親嫌
높고 고귀한 제학의 자리를 감히 다시 맡겠는가 提學華御敢復兼
몇 달 동안 그저 교외로 물러나 숨어 지냈으니 數月郊扉聊自屛
온 조정 관리들 내 마음 속 겸양을 알았네 同朝皆識我心謙

이 작품은 「후감군은後感君恩」의 제26수首이다. 자주自註를 참고하면 이 시는 임인년(1722, 경종2) 봄에 휴가를 청하여 부친의 묘소에 성묘를 한 뒤에 부제학으로 자리를 옮겼을 때 영춘추관사領春秋館事와 친혐親嫌이 있어서 진례를 따라 제식을 청하여 면직되었고, 얼마 뒤에 동지성균관사同知成均館事에 제수되고 이날 곧바로 대사성大司成에 제수되어 동지성균관사에서 면직되고 같은 날에 홍문관 제학弘文館提學에 제수되었을 때의 일에 대한 기록이다. 당시 조태억은 사직하여 나아가지 않고 그대로 학탄鶴灘의 정사亭榭에서 몇 달 동안 머물렀다.[236] 이 시에서는 자신이 친혐으로 부제학 자리를 사양하고 뒤에

---

236 趙泰億, 『謙齋集』 권22, 「後感君恩」 其二十六. "右, 壬寅春, 乞暇省先墓, 移拜副提學, 以兼帶春秋修撰官, 與領春秋, 有親嫌, 引例乞遞, 得免. 俄拜同知成均館事, 是政拜大司成, 同成均則減下, 同日拜弘文館提學, 辭不就. 仍住鶴

제학의 직임을 맡지 않은 것이 실제 그럴 마음이 없으면서 겉치레로 사양한 것이 아니라, 자신의 진심 어린 겸양에서 비롯된 일이며, 당시 조정의 관리들도 자신의 진심을 알아주었다고 밝히고 있다. 이 작품에서는 군은君恩에 대한 찬양보다는 과거의 일에 대한 자신의 소회와 조정 관리들의 중론을 기술하여 자기 변론이 위주가 되고 있다. 다음 작품을 보자.

친족이 흉악한 재앙을 만나 뼛속까지 아렸으니　同堂凶禍骨猶酸
잠자리에 누워서도 일어나서도 눈물이 마르지 않았네　枕席尋常淚不乾
좌의정 역시 간절한 내 사정을 잘 알아　相國亦知情事切
세 차례의 심의로 인해 형조 판서에서 체직되었지　爲因三覆遞刑官

이 작품은 「후감군은後感君恩」의 제32수首이다. 자주自註를 참고하면 이 시는 임인년(1722, 경종2)에 조태억의 종형從兄인 조태채에게 사형이 내려지자, 참담한 마음에 감히 다시 사직 상소를 올리지 못하고 단지 병이 깊어졌다는 핑계를 대었을 때의 일에 대한 기록이다. 조태채의 사형에 대한 심의가 다가와 조태억이 심적 고통을 겪자, 당시 좌의정이었던 최석항崔錫恒이 조태억에게 병이 있다고 경종에게 아뢰어 조태억은 자신이 맡고 있던 형조 판서에서 체직되었다.[237] 앞에서 살펴보았듯이 조태채는 조태억의 종형이지만 소론少論이 아닌 노론老論에 속하였으며, 신임사화辛壬士禍로 희생된 노론 4대신 가운데 한 명이다. 조태채는 연잉군의 세제책봉을 건의하여 실현시켰으며 이어

灘亭榭者數月."

237 趙泰億, 『謙齋集』 권22, 「後感君恩」 其三十二. "右, 從兄受後命, 情理慘切, 不敢爲陳疏辭職計, 只引疾深入, 會啓覆當前, 崔左相以病陳白, 遞刑判."

세제의 대리청정까지 이루었지만, 경종의 재위로 소론少論이 득세하자 역적으로 몰려 죽임을 당했다. 아이러니하게도 조태채에 대한 처벌을 심의할 때 형조 판서로 있었던 인물이 바로 조태억이었다. 이 시에서는 당시 당화黨禍로 인해 차마 종형從兄에 대한 판결을 내릴 수 없던 자신의 참담했던 심경과 자신의 심정을 알아 병을 핑계대어 마음속의 짐을 조금이라도 덜 수 있게 해준 소론少論 대신大臣 최석항崔錫恒에 대한 고마움을 읊었다. 이 작품의 주된 내용도 당시 정치적 상황에서 종형의 죽음을 지켜볼 수밖에 없었던 자신의 입장에 대한 변론에 가깝다. 다음 작품을 보자.

> 깊은 못 앞에 선 듯 얇은 얼음을 밟은 듯 편안하지 않았으니　淵氷怵惕不遑安
> 애초에 어찌 정승에 오르기를 바랐겠는가　始望何曾到大官
> 하루아침에 갑자기 정승의 반열에 올랐으니　一日驟登三事列
> 힘이 없어 어려운 상황을 구제하지 못하는 것이 부끄러웠네　自慚無力濟艱難

이 작품은 「후감군은後感君恩」의 제45수首이다. 자주自註를 참고하면 이 시는 갑진년(1724, 경종4)에 조태억이 병조 판서로 출사한 지 8일 만에 정승에 제수되었던 일에 대한 기록이다. 당시 이조 판서 이조李肇가 이전의 제망擬望으로 추천서를 들이자 추가로 추천인원을 들이라는 경종의 명이 있었고 그로 인해 마침내 조태억이 우의정에 제수되었지만, 조태억은 그날로 병비정청兵批政廳에서 물러나와 돌아가 버렸다.[238] 이 시에서는 과거에 자신을 의중에 둔 경종의 배려로

238 趙泰億, 『謙齋集』 권22, 「後感君恩」, 其四十五. “右, 兵曹出仕之第八日, 有命相之擧, 吏判李肇以前望卜入, 則命加卜, 遂以臣爲右議政, 是日 自兵批政廳, 退歸.”

병조 판서에서 단기간에 우의정에 올랐지만, 승진에 대한 기쁨보다는 급작스런 승진으로 인한 두려움과 능력이 부족한 탓으로 정승자리를 감내하기 힘들었던 당시 자신의 솔직한 심경을 읊었다. 다음 작품을 보자.

돌이켜 생각해보니 신축년에는 당상관이었으니	回思辛丑尙緋衣
4년 만에 정승에 오른 일은 거의 드문 일이라네	四載登台事絶稀
예로부터 차고 비는 것은 원래 사물의 이치인데	從古盈虛元物理
하물며 지금은 서로 빼앗아 위험의 조짐이 많네	況今傾奪足危機

이 작품은 「후감군은後感君恩」의 제48首이다. 자주自註를 참고하면 이 시는 조태억이 신축년(1721, 경종1) 가을에 오히려 당상관이었다가 4년이 채 되기도 전에 갑자기 정승의 지위에 올랐을 때, 분수에 넘치는 지위에 오른 일을 두려워하고 자신을 노리는 무리들에게 공격을 받는 상황을 면하지 못하는 것을 염려했던 일에 대한 기록이다.[239] 이 시에서도 소론이 득세한 정국이기는 하지만 여전히 노론과의 정쟁 속에서 몇 년 사이 전례 없이 정승의 지위에 올라 결코 편안하지 않았던 자신의 소회를 읊고 있다. 다음 작품을 보자.

조정에서 반대파 인사들을 다시 등용하니	朝廷復用一番人
대각에서 세 정승을 제일 먼저 탄핵하였네	臺閣首論三相臣
나의 죄는 다행히 모두 혐의를 벗었으니	臣罪幸蒙開釋盡

239 趙泰億, 『謙齋集』 권22, 「後感君恩」, 其四十八. “右, 辛丑秋, 猶是通政官耳, 不滿四年, 驟至三台, 近古所未聞, 安得無滿盈之災? 況失志傍伺之徒, 百計覬覦, 又安能免昇斁乎?”

경연에서 임금께서 성심껏 말씀해주신 덕이지　　　臨筵天語屢諄諄

이 작품은 「후감군은後感君恩」의 제56수首이다. 자주自註를 참고하면 이 시는 을사처분(1725, 영조1)이 있었을 당시 시사時事가 크게 변하여 사간 이봉익李鳳翼과 지평 류복명柳復明이 합계合啓를 올려 당시 영의정이던 이광좌李光佐와 우의정이던 조태억을 파직하라고 청하였을 때의 일에 대한 기록이다. 조태억을 처벌하라는 반대파들의 요청에 영조가 그를 비호하면서, 김일경金一鏡이 반교문을 지었을 당시 조태억이 대제학으로서 반교문을 제대로 살피지 못했던 것은 사실이지만 실제 교문의 작성에는 관여하지 않았기 때문에 처벌하기가 어렵다는 이유로 그들의 합계合啓를 받아들이지 않았다.[240] 이때는 영조가 즉위하여 소론少論이 실각하고 노론老論이 득세하여 정국의 판도가 완전히 뒤집힌 상황이었다. 신임사화辛壬士禍 때 형조 판서를 역임하고 노론 인사의 처벌에 관여했던 조태억은 노론老論에게는 철천지 원수나 마찬가지였다. 이광좌李光佐를 비롯한 소론少論 대신大臣도 이러한 조태억의 처지와 마찬가지였다. 이 시에서는 이 당시 급박한 상황에서 풍전등화와 같았던 자신의 처지를 말하고 영조의 비호 덕택에 노론老論의 공격에서 무사할 수 있었던 당시의 상황을 읊었다.

240 趙泰億, 『謙齋集』 권22, 「後感君恩」, 其五十六. "右, 乙巳正月十一日, 時事大變, 十三日, 司諫李鳳翼持平柳復明, 發合啓, 請領右相罷職, 左相姑先削黜. 上命引見臺臣, 逐條開釋曰 '教文事【下教見上】 雖以其身爲主文, 不能致察爲罪, 而自己不干涉之事, 何可以罪之也? 其他事, 亦不可如是直毆人於罔測之科矣. 至於定策門生等語, 是筵說也, 他事雖不知, 而此則言猶可記, 今以此爲罪, 過矣. 亟停勿煩.【此下款亦見上】"

4. 결론 - 「전감군은前感君恩」과 「후감군은後感君恩」의 변별점과 그 의미

앞 장에서는 「전감군은前感君恩」과 「후감군은後感君恩」의 창작 배경에 대해 살펴보고, 「전감군은前感君恩」과 「후감군은後感君恩」의 실제와 그 양상을 '기억의 재구再構와 군은君恩의 찬양'과 '정치적 시련과 자기 변론'이라는 두 주제로 나누어 고찰해보았다. 이를 바탕으로 본 장에서는 「전감군은前感君恩」과 「후감군은後感君恩」이 기존 「감군은感君恩」 계열의 작품과 지니는 변별점과 그 의미를 논해보려 한다.

먼저 「전감군은前感君恩」과 「후감군은後感君恩」은 내용과 구성 방식에 있어 기존 「감군은感君恩」 계열의 작품과는 현격한 차이가 있다. 물론 겉으로 드러나는 「전감군은前感君恩」과 「후감군은後感君恩」의 창작 목적은 군은君恩에 대한 자신의 소회를 읊기 위함이다. 「전감군은前感君恩」과 「후감군은後感君恩」은 이전 작품들과 동일하게 「감군은感君恩」이라는 제목을 활용하여 군은君恩을 표방하고 있음은 부정할 수 없는 사실이다. 그러나 실제 작품의 내용으로 보면 단순히 군은君恩에 대한 고마움과 찬양보다는 평생 동안 자신이 경험한 관력에 대한 기록과 함께 자신의 사적인 기억과 회고가 위주를 이루고 있다. 이러한 구성방식은 특히 노론老論과 소론少論 사이에 치열한 당쟁이 벌어졌던 숙종~영조시기를 배경으로 창작한 「후감군은後感君恩」에서 더욱 두드러진다.

둘째, 주로 단구短句로 이루어진 기존 「감군은感君恩」 계열의 작품과 달리 「전감군은前感君恩」과 「후감군은後感君恩」은 7언 절구를 기본으로 하는 연작시連作詩 형식을 취하고 있다. 「전감군은前感君恩」과 「후감군은後感君恩」처럼 「감군은感君恩」이라는 시제詩題로 각기 20수

首와 70수首에 해당하는 연작시連作詩를 창작한 작가는 조태억의 경우가 유일하다. 조태억은 연작의 형식을 활용하여 시의 소재를 특정한 한 시점에 국한시키지 않고 을해년(1695, 숙종21)부터 병오년(1726, 영조2)에 이르기까지 31년 동안 겪었던 정치적 사건, 군은君恩에 대한 감사의 마음, 자기의 일신에 관한 이야기를 효과적으로 시작詩作에 담아내었다.

셋째, 조태억이 「전감군은前感君恩」과 「후감군은後感君恩」이라는 제목 아래 군은君恩에 대한 찬양과 31년에 걸친 자신의 평생 관력과 정치적 시련, 자기 변론을 그 속에 담아내어 한 편의 연보年譜에 비견될만한 작품을 창작한 데에는 노론老論이 조정을 장악한 정국政局 속에서 자신의 입장을 해명하고 영조에 대한 충심을 적극적으로 표명하기 위한 목적이 내재되어 있다. 작품 속에서 군은君恩에 대한 찬양보다 자신의 정치적 시련과 자기 변론에 더 중점을 둔 이유도 이러한 맥락에서 이해할 수 있다. 「후감군은後感君恩」 70수首를 창작할 당시 노론老論의 공격을 받고 원주의 영은당詠恩堂으로 물러나 목숨조차 부존하기 힘든 상황에서 자신이 유일하게 할 수 있는 일은 시詩를 통해서나마 자신의 입장을 표명하고 임금에 대한 충심을 밝히는 일밖에 없었다.

결론적으로 말하자면 조태억의 「전감군은前感君恩」 20수首와 「후감군은後感君恩」 70수首는 실질적인 창작 의도와 목적이 기존 「감군은感君恩」 계열의 작품과는 방향이 달랐다. 작품 속에 담아내고자 했던 점도 단순히 군은君恩에 대한 찬양보다는 자신이 겪었던 정치적 시련에 대한 기억과 그에 대한 자기 변론에 중점이 있었기에 실제 작품의 전개 양상도 기존 「감군은感君恩」 계열 작품과는 큰 차이를 보였다. 이러한 특징은 기존 「감군은感君恩」 계열의 작품에서는 찾아볼 수 없는 조태억의 「전감군은前感君恩」과 「후감군은後感君恩」만이 지니고 있는 변별점이다. 아울러 「전감군은前感君恩」과 「후감군은後感君恩」은 시기에 따른 연보식 구성과 연작의 형식으로 말미암아 노론老論과 소론少論의 당쟁이 치열했던 당시 정국政局의 현실과 그 속에서 조태억이 견지했던 현실인식과 그의 삶을 면밀하게 조명해 볼 수 있는 작품이라는 점에서 적지 않은 의미가 있다.

Ⅶ. 17세기 소론 계열 지식인들의 연구시 고찰

– 오도일 · 최석정 · 조태억의 시적 교류 양상을 중심으로 –

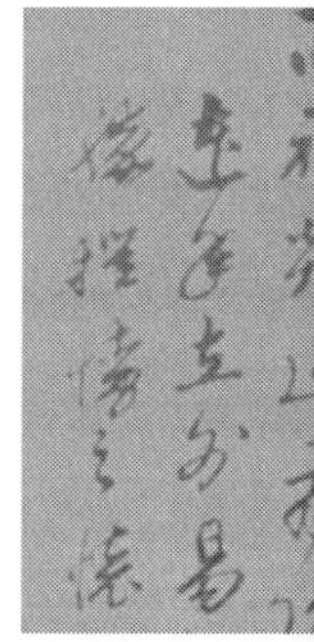

김묘정

1. 서론

이 글은 17세기 소론少論 계열 지식인들의[241] 연구시聯句詩를 중심으로 시적 교류 양상과 그 의미를 확인하는 것에 목적을 둔다. 논의에 앞서 연구 대상의 선정 기준과 이들의 상호연계성을 살펴보는 작업이 선행되어야 하는데, 필자는 소론 계열 2세대로 지칭 가능한[242]

241 이 글에서는 17세기 소론 계열에 해당하는 吳道一 · 崔錫鼎 · 趙泰億을 지식인이라는 용어로 지칭하고자 함을 밝힌다. 지식인으로 지칭하기 위해서는 여러 조건이 필요한데 이들은 정치적 · 사회적인 동질성을 보이며, 유사한 시문학 특징을 견지하고 있는 것으로 판단되므로 지식의 동질성이라는 조건을 충족하고 있다고 판단된다. 소론 계열의 경우 정치 집단이면서 문학 집단의 면모를 보이므로, 지식인이자 지식집단으로 명명하는 작업이 가능하리라 여긴다. (윤재환, 「성호학파를 통해 본 조선후기 지식 집단의 형성과 변모의 한 양상」, 『고전과 해석』 26, 고전문학한문학연구학회, 2018, 242면, 참조.)

242 김종수, 「少論學派의 연원과 전개, 철학과 현실인식」, 『한국철학논집』 32, 한국철학사연구회, 2011, 116면. 소론 계열 1세대 지식인으로는 明齋 尹拯

최석정崔錫鼎(1646~1715)과 오도일吳道一(1645~1703)을 필두로, 최석정 문하의 소론 계열 3세대인 조태억趙泰億(1675~1728)을 중심으로 논의를 진행하고자 함을 밝힌다. 최석정과 오도일은 동질한 학문적·사상적 배경을 견지하는 동시에 서書를 주고받으며 문학적 교유를 지속했으며,[243] 조태억은 최석정 문하에서 그의 학문적 전통을 따라 소론의 중심 지식인으로 정치사·사상사에서 주요한 역할을 역임하였다.[244] 그러나 실질적으로 시문학적 측면에서 이들이 어떠한 교류를 지속하였으며, 어떠한 지점에서 시적으로 공통점을 견지하였는가에 대한 연구가 미진한 실정이다. 이에 필자는 최석정을 기점으로 횡적·종적 라인에 분포하고 있는 지식인들을 대상으로 삼아 첫 연구를 시도하고자 한다. 필자는 연구시 창작이 소론 계열 지식인들의 시 창작 경향 중 하나이자 교류 양상으로 보고, 의문점을 풀어나가는 방향으로 이 글을 전개하고자 하는데, 이와 같은 연구 방법론은 추후 더 많은 소론 계열 지식인들의 시적 특징을 파악할 수 있는 틀이 될 것으로 생각된다. 더 나아가 향후 이러한 일련의 연구가 축적된다면 18세기 강화학파江華學派의 연구시 창작 양상과도 연계성을 지닐 것으로 기대된다.[245] 17세기 소론 계열 지식인의 연구시 창작에 관한

(1629~1714), 西溪 朴世堂(1629~1703), 藥泉 南九萬(1629~1711), 南溪 朴世采(1631~1695)를 들 수 있다. 필자는 1세대 이후 시기 지식인들을 각각 소론 계열 2세대, 3세대로 지칭하여 논의를 진행하고자 함을 밝힌다.

243 김묘정, 「西坡 吳道一의 문학론과 시 세계」, 성균관대학교 한문학과 석사학위 논문, 2014, 23~24면.

244 권진옥, 「명곡(明谷) 최석정(崔錫鼎)의 논설류 산문 연구」, 『東洋古典硏究』 70, 동양고전학회, 2018, 94면.

245 박용만, 「江華學派의 聯句詩에 관한 고찰」, 『韓國漢詩硏究』 12, 한국한시학

선행 연구를 살펴보면, 오도일과 최석정의 연구시는 논의된 바 없으며 조태억의 경우 그의 연구시를 중심으로 연구시 창작 방식과 배경을 고찰하고자 한 논문이 있다.[246] 그러나 선행 연구에서는 연구시의 유형을 분석해 창작 방법을 확인하기 위한 방편으로 연구시를 다루었으므로, 이 글에서 착목한 지점과는 일면 다르다고 할 수 있다.

이에 먼저 2장에서는 17세기 소론少論 계열 지식인들의 시적 교류 양상을 살펴보는 작업을 진행하고자 한다. 연구시를 중심으로 한 이들의 시적 교류 양상은 두 가지 측면에서 논의 가능한데, 첫 번째는 창작 방법 측면에서의 교류이다. 연구시는 성률과 대우, 운자에 제한을 받는 동시에 주제 측면에서 시상의 원활한 흐름을 염두하여야 한다는 점에서 창작 상 제약을 받는 시체이다. 그러므로 여러 명의 지식인이 함께 시를 짓는다는 것은 이들이 기본적으로 창작 방법을 공유하였다는 것을 의미한다. 두 번째로는 내용 측면에서 확인되는 시문학적 교유 양상을 들 수 있는데, 이들은 연구시를 창작하며 다양한 시적 소통을 지속해왔다. 따라서 3장에서는 소론 계열 지식인들의 연구시 특징을 포착함으로써 이들의 시적 교류 양상을 본격적으로 논의하고자 한다. 이에 모임을 통한 시적 교유와 시흥詩興의 발현, 송별送別 과정에서의 감정 교류의 일상화, 공무 수행 중 공적·사적 경험

회, 2004, 413~432면. 박용만은 18세기 강화학파 지식인들은 운신의 범위가 위축됨에 따라 삶과 활동이 폐쇄적이었으며, 이들의 문학적 특징을 잘 보여주는 양상이 연구시라고 논의하였다. 필자는 이보다 더 앞선 시기에 활동한 소론 계열 지식인을 연구 대상으로 삼아 연구를 진행함으로써 연구시 창작의 연원을 17세기로 소급하고자 한다.

246 이미진, 「聯句詩의 창작 방식과 배경 고찰-謙齋 趙泰億의 사례를 중심으로」, 『東洋古典硏究』 74, 동양고전학회, 2019, 247~280면.

의 공유로 나누어 연구시를 자세히 살펴보도록 하겠다.

2. 17세기 소론少論 계열 지식인들의 시적 교류 양상

이 장에서는 17세기 소론少論 계열 지식인들의 연구시聯句詩를 중심으로 시적 교류 양상을 살펴보고자 한다. 이에 오도일吳道一·최석정崔錫鼎·조태억趙泰億의 작시 현황을 순차적으로 개관하는 작업을 시작으로 교류 측면에서 확인되는 이들 작품의 특징적 양상을 논의하도록 하겠다.

첫 번째로 살펴볼 지식인은 오도일吳道一(1645~1703)로 연구시 작품을 개관해보면, 빈도상 최석정崔錫鼎(1646~1715), 임영林泳(1649~1696), 이돈李墪(1642~1713), 정협鄭恢(1642~?), 이의승李宜繩(1665~1698), 유득일兪得一(1650~1712), 이언위李彦緯(1657~?) 등 다수의 지식인과 함께 연구시를 창작한 것으로 보인다. 이를 통해 두 가지 특징적인 면모를 확인할 수 있는데, 첫 번째로 빈도상 최석정과 함께 지은 연구시가 많은 수를 차지한다는 것이다. 오도일이 시에 능했으며 최석정 역시 동시대를 비롯해 이전 시기의 작가들이 범접할 수 없는 수준의 시를 창작했다고 평가받은 바 있으므로[247] 이들이 시문학적 측면에서 유사한 수준을 바탕으로 연구시를 창작함으로써 시적 교감을 나눈 것으로 생각된다. 두 번째로는 연구시를 함께 지은 지식

247 崔昌大, 「先考議政府領議政府君行狀」, 『昆侖集』 권19, "吳公道一號能詩, 多與公酬倡, 嘗語公弟判書公曰, 汝和之詩, 不特同時諸公所不及, 雖與前輩鉅公並驅, 尠有能爭霸者. 蓋心服之言也."

인들이 대체로 소론 계열이라는 특징을 지니는데, 이는 연구시 창작 양상이 인적 교유를 확인할 수 있는 자료임을 반증한다. 연구시 작시 현황을 정리하면 아래 제시한 표와 같다.

[표 1] 오도일의 연구시 목록

연번	연구시 참여 지식인	연구시 제목	형식	권수
1	吳道一, 洪得禹, 李善鳴, 趙儀徵	柳村, 與洪叔範得禹, 李善鳴, 趙祥甫儀徵聯句	七言絶句	권2
2	吳道一, 泰卿	詠瓠, 同泰卿聯句	五言(40句)	권2
3	吳道一, 汝和 崔錫鼎	城西, 與汝和聯句	五言(28句)	권2
4	吳道一, 德涵 林泳, 汝和 崔錫鼎	城西酒席, 與林德涵, 崔汝和聯句, 贈別沈學士龍卿赴大興	五言(48句)	권2
5	吳道一, 季心 李彦綱	眞珠館, 與季心聯句	七言律詩	권3
6	吳道一, 遠卿 鄭道徵, 天錫	月出, 同鄭遠卿道徵及田生天錫聯句二十韻	五言(40句)	권3
7	吳道一, 遠卿 鄭道徵	官齋, 與遠卿聯句	七言絶句	권3
8	吳道一, 遠卿 鄭道徵	將發燕行, 同魯詹, 韓公泰東字 遠卿對酒聯句	七言律詩	권3
9	吳道一, 趙子直, 朴士元, 申公獻, 崔文叔, 沈龍卿, 趙祥甫, 崔汝久	西郊別席, 與趙子直, 朴士元, 申公獻, 崔文叔, 沈龍卿, 趙祥甫, 崔汝久聯句	七言律詩	권3
10	吳道一, 汝和 崔錫鼎	碧樓, 同花山使君崔汝和聯句	七言律詩	권4
11	吳道一, 汝和 崔錫鼎, 茂叔	風穴聯句	七言絶句	권4
12	吳道一, 汝和 崔錫鼎, 茂叔	碧樓, 與遠卿, 茂叔聯句	七言律詩	권4
13	吳道一, 汝和 崔錫鼎, 進吾 李塈	將赴星山汝和宅, 同進吾 李公塈字 聯句爲別	七言律詩	권5
14	吳道一, 寧叔 兪得一	與書狀戲爲聯句, 示主尹令公	五言絶句	권5
15	吳道一, 可叔 鄭𣻊, 繩兮 李宜繩	同可叔, 繩兮聯句	五言律詩	권6
16	吳道一, 明谷 崔錫鼎	初拜文衡日, 明谷相公見枉, 爲聯句	七言律詩	권6
17	吳道一, 李善溥, 李善鳴, 梁聖揆, 吳命峻	東岡宅, 與李季泉善溥, 李善鳴, 梁一卿聖揆, 從孫命峻聯句, 送北評事趙聖登泰東	七言(16句)	권6
18	吳道一, 金璹	雪夜, 與金璹錄事聯句	七言絶句 三首	권7

먼저 연구시 작시 형식을 살펴보면, 양적 비중 측면에서 오언五言 40구句, 오언五言 28구句, 오언五言 48구句, 칠언七言 16구句로 구성된 장편 연구시를 비롯해 칠언율시七言律詩 형식을 선호한 것으로 확인된다. 구句의 구성 방식은 장편 연구시의 경우 모두 가장 보편적인 형식인 2구句 연작의 형태를 보이는 반면, 시체가 짧은 칠언절구七言絶句 같은 경우에는 1구句 씩 4명이 창작하거나 3명이 1구句 - 2구句 - 1구句로 나눠 시를 짓기도 하였다. 또한 칠언율시七言律詩에서는 2명의 지식인이 모여 각각 2구句 - 4구句 - 2구句 형식, 3구句 - 2구句 - 2구句 - 1구句 형식 등으로 시를 창작하였음을 확인할 수 있다. 따라서 오도일과 여러 지식인은 2구句 씩 번갈아 가며 정해진 형식으로 시를 짓기도 하였지만, 다수의 작품이 특정한 순서와 분량에 구애되지 않았다는 점에서 즉흥성을 중시한 것으로 생각된다.[248] 이처럼 연구시는 여러 지식인이 함께 작시한다는 점에서 창작 방법 측면에서의 교류 양상을 보여주는 동시에 창작 경향성까지 내포하고 있다.

다음으로는 오도일의 시문학적 교유 내용 측면에서의 특징적인 면모를 확인해보고자 한다. 시제를 통해 보았을 때 먼저 포착되는 특징으로는 유촌柳村, 성서城西, 진주관眞珠館, 관재官齋, 서교西郊, 벽루碧樓, 여화택汝和宅, 동강택東岡宅 등으로 대별되는 특정한 장소에서 지식인들과 함께 시를 창작했다는 점을 들 수 있다. 또한 음주 중에 시흥이 일어 시를 창작하거나, 송별의 자리에서 감정을 공유하고자

248 최석원, 「聯句 창작을 통해 본 宋代 문인의 문학적 교유」, 『中國語文論譯叢刊』 41, 중국어문논역학회, 2017, 9면. 일반적으로 연구는 정해진 순서에 따라 구를 잇고, 처음 구를 제시한 이가 시의 마지막을 완성하는 경우가 대부분인데, 宋代 연구 가운데는 구 수에 구속됨 없이 문인들이 자유롭게 구를 늘였다가 줄였다가 하는 방식이 확인된다.

한 면모를 확인할 수 있다. 그 외에도 〈초배문형일初拜文衡日, 명곡상공견왕明谷相公見枉, 위연구爲聯句〉를 통해 관직에 부임하였을 때의 감회를 나누었으며, 〈장발연행將發燕行, 동노첨同魯詹, 한공태동자韓公泰東字, 원경대주연구遠卿對酒聯句〉에서 볼 수 있듯 연행을 떠나는 소회를 시에 담아냈다.

두 번째로 최석정崔錫鼎(1646~1715)을 논의하고자 하는데 오도일吳道一과 함께 지은 시가 가장 많으며 그 밖에도 홍수주洪受疇(1642~1704), 최창대崔昌大(1669~1720), 홍세태洪世泰(1653~1725), 이세구李世龜(1646~1700), 이사명李師命(1647~1689), 이돈李墪(1642~1713), 신계화申啓華(1653~1689), 이정겸李廷謙(1648~1709), 김구金構(1649~1704), 이의창李宜昌(1650~1697) 등의 지식인들과 연구시를 창작하였다. 최석정은 시적 교유가 가능한 지식인들과 반복적으로 연구시를 창작하였는데, 이를 통해 보았을 때 문학적 · 학문적으로 비슷한 지식인들이 함께 시를 창작함으로써 완성도를 높인 것으로 생각된다.[249]

[표2] 최석정의 연구시 목록

연번	연구시 참여 지식인	연구시 제목	형식	권수
1	崔錫鼎, 李世龜, 李師命	玉硯滴聯句, 同李壽翁世龜, 李伯吉賦	五言(18句)	권1
2	崔錫鼎, 洪受疇	江漢聯句	五言(100句)	권2
2	崔錫鼎, 申啓華, 金構, 李景益	禁直聯句 二首	五言(24句) 七言律詩	권2
3	崔錫鼎, 李墪	風俗通聯句五十韻	五言(100句)	권3

249 김희자, 「조찬한, 조위한, 권필이 함께 수창한 聯句詩 고찰」, 『인문학연구』 99, 충남대학교 인문과학연구소, 2015, 70면.

4	崔錫鼎, 洪受疇, 吳道一	斜字聯句	七言律詩	권3
5	崔錫鼎, 洪受疇, 吳道一	陽字聯句	七言律詩	권3
6	崔錫鼎, 洪受疇	洪慶源九言宅夜酌聯句	七言律詩	권4
7	崔錫鼎, 洪世泰, 崔昌大	別滄浪聯句	五言(60句)	권4
8	崔錫鼎, 李墪, 吳道一	明谷聯句, 別星山吳使君	七言律詩	권4
9	崔錫鼎, 李景益, 李宜昌, 李世龜	直廬, 蒙霈宣醞聯句	七言律詩	권5
10	崔錫鼎, 吳道一	貫之宅聯句, 春有燕行	七言律詩	권5
11	崔錫鼎, 宋相琦	北征聯句	五言(200句)	권5

최석정의 연구시는 총 6권 가운데 1~5권에 걸쳐 분포되어 있으며 창작 시기상 26세 이전에 1수首, 40대에 8수首, 51세에 2수首를 창작하였기에, 조정에서 직책을 맡고 있을 당시 작시한 시가 대다수임을 확인할 수 있다. 최석정은 주로 연구시를 통해 연행에서의 감회를 나누며 시적 소통을 비롯해 지식 교류를 해온 것으로 보이며, 그 외에도 송별, 음주의 자리에서 연구시를 창작했음을 확인할 수 있다.

다음으로 시 형식을 살펴보면, 오언五言으로 작시한 경우 오언五言 18구句, 오언五言 24구句, 오언五言 60구句, 오언五言 100구句, 오언五言 200구句의 형태로 모두 장편화 된 면모를 보이며, 그 외로는 칠언율시七言律詩 형식만을 활용해 연구시를 창작했다는 점이 특징적이다. 장편 연구시의 경우 1구句-2구句씩 반복-1구句로 끝낸 경우, 2구句-2구句씩 번갈아 가며 창작한 경우, 4구句-4구句를 번갈아 가며 총 200구句를 지은 양상을 확인할 수 있다. 또한 칠언율시七言律詩 형태의 연구시 역시 2구句씩 창작한 경우, 1구句씩 창작한 경우, 1구句-2구句씩 반복-1구句로 다양하게 구성되어 있다.

세 번째로 살펴볼 지식인은 최석정 문하의 소론 계열 3세대인 조태억趙泰億(1675~1728)을 들 수 있다. 조태억의 경우 권2~20에 걸쳐

137제題의 연구시가 수록되어 있는데, 여타 지식인에 비해 양적으로 많은 수의 작품을 연구의 형태로 창작하였다는 점에서 적지 않은 의미를 지닌다. 조태억의 연구시를 모두 살펴보기에는 지면상의 한계가 있으므로 권별로 수록 작품 수를 개관하는 것으로 갈음하고자 한다.[250]

[표 3] 조태억의 연구시 목록

연번	창작 시기	연구시 작품 수	권수	연번	창작 시기	연구시 작품 수	권수
1	1691~1698년	5首	권2	10	1715년	3首	권12
2	1702~1704년	14首	권3	11	1718년	10首	권13
3	1706~1708년	27首	권4	12	1719~1721년	10首	권15
4	1709~1711년	4首	권5	13	1722년	2首	권16
5	1711년	6首	권6	14	1723년	10首	권17
6	1712년	1首	권7	15	1723~1724년	2首	권18
7	1712년	3首	권8	16	1725년	2首	권19
8	1713년	11首	권10	17	1725년 이후	1首	권20
9	1715년	26首	권11				

조태억의 연구시 목록을 살펴보면, 전 시기에 걸쳐 시를 창작했다는 점에서 그가 연구시 작시를 애호했음을 유추할 수 있다. 시기상 1706~1708년에 창작한 시가 27수首로 가장 많은데, 당시 조태억이 조정에서 다양한 직책을 맡았으며[251] 공무 수행 공간을 중심으로 연

250 조태억이 창작한 연구시의 전체 시제 목록은 선행 연구를 통해 확인 가능하다. 이미진, 「聯句詩의 창작 방식과 배경 고찰 - 謙齋 趙泰億의 사례를 중심으로」, 『東洋古典硏究』 74, 동양고전학회, 2019, 251~262면.

251 조태억은 1706년 부수찬, 부교리를 역임했으며, 1707년 春塘臺 文臣庭試 ·

구시가 창작되었음을 염두에 둔다면[252] 조태억은 연구시를 통해 다양한 지식인들과 시적 교류를 한 것으로 보인다. 그 밖에도 조태억은 1711년 통신사通信使의 직무로 부사副使 임수간任守幹, 서장관書狀官 이방언李邦彦과 함께 부산에서 일본으로 떠나게 되는데, 통신사로 임하면서도 연구시를 활용해 다양한 소통을 이어왔음을 확인할 수 있다. 또한 1715년 이후에는 음주와 시흥에서 촉발된 작품을 비롯해 사적인 공간을 중심으로 창작된 시가 다수 포착된다. 이렇게 본다면 30대와 40대에 창작된 작품 모두 시적 교류 양상을 확인할 수 있다는 점에서 공통점을 견지하고 있으나, 목적과 양상 측면에서 일면 차이점을 지님을 알 수 있다.

다음으로 형식적인 측면을 살펴보면, 양적으로 많은 작품이 확인되는 만큼 오언五言의 경우 오언五言 4구句, 오언五言 8구句, 오언五言 12구句, 오언五言 16구句, 오언五言 20구句, 오언五言 24구句, 오언五言 32구句, 오언五言 60구句, 오언五言 64구句, 오언五言 80구句를 비롯해, 칠언七言의 경우 칠언七言 4구句, 칠언七言 8구句, 칠언七言 16구句, 칠언七言 20구句, 칠언七言 24구句, 칠언七言 28구句가 확인된다. 이는 다양한 편폭의 시체를 활용했음을 보여주는 동시에 조태억과 작시에 참여한 다수의 지식인이 연구시 창작에 능숙했음을 반증한다.

重試에 합격하여 헌납, 이조정랑을 비롯해 부교리가 되었다. 1708년에는 헌납, 부교리, 이조 정랑, 수찬을 지냈다.

252 이미진, 「聯句詩의 창작 방식과 배경 고찰-謙齋 趙泰億의 사례를 중심으로」, 『東洋古典硏究』 74, 동양고전학회, 2019, 254면. 조태억은 부취헌, 모화관, 육우관, 숙직소, 은대, 과거시 등의 공간에서 연구시를 창작했다.

3. 소론少論 계열 지식인들의 연구시聯句詩 특징

1) 모임을 통한 시적 교유와 시흥詩興의 발현

이 절에서는 소론 계열 지식인들의 연구시 작시 특징 중 하나인 모임을 통한 시적 교유와 시흥詩興의 발현 양상을 확인해보고자 한다. 연구시聯句詩는 지식인들이 함께 시적 흥취를 나누는 모임 그 가운데서도 음주, 연회의 자리에서 주로 창작되었다. 이들은 개인적인 친분을 중심으로 모임을 구성하고 시적 흥취를 공유한 것으로 확인되는데, 이러한 면모는 위진시대와 당대唐代 지식인들의 유희와 비교해 보았을 때 일면 차이를 보인다. 중국 지식인들이 주로 연회 자리에서 황제의 덕과 태평성세를 시로 형상화했다면,[253] 소론 계열 지식인들은 연회의 자리뿐만 아니라 다양한 모임에서 비롯된 개인적 흥취를 시로 구현했다는 점에서 특징적이다.

우리 무리의 두세 사람	吾黨二三子
서로 이끌며 천천히 걷는데	相携緩步來 [貫之]
사립문에 찾아오는 손님 없어	柴門無客至
그대를 위해 술 한 잔을 드네	樽酒爲君開 [汝和]
새 죽순 돋아나서 뜰을 둘렀고	繞砌抽新筍
녹음 드리운 느티나무 처마에 닿아있네	當簷蔭綠槐 [貫]
빼어난 담론 막 뛰어나게 드러났고	談鋒初硉兀
시흥은 다시 새의 깃처럼 뻗치니	詩興更毰毸 [和]
자리를 재촉하여 평온히 마음 터놓고	促席開襟穩

253 최석원, 「聯句 창작을 통해 본 宋代 문인의 문학적 교유」, 『中國語文論譯叢刊』 41, 중국어문논역학회, 2017, 10~11면.

시축 앞에서 글씨 써 내리길 재촉하네	臨牋落筆催 [貫][254]
…(후략)…	

이 작품은 〈성서城西 여여화연구與汝和聯句〉로 오언五言 28구句 가운데 1~10句를 인용한 것이다. 연구시 참여 지식인은 오도일吳道一과 최석정崔錫鼎 총 2명으로 구성되어 있으며, 2구句씩 연달아 시를 창작했음을 볼 수 있다. 1~4구는 찾아오는 이 없는 성서城西에서 이들이 술 한잔을 함께 하며 회포를 나누고 있는 상황을 보여준다. 5~6구에서 오도일은 주변 경관을 시에 담아두었는데, 뜰을 가득 두른 새 죽순과 처마에 닿아있는 느티나무의 푸르름이 형용되어 있다. 7~8구에 이르면 최석정이 모임에서 새의 깃처럼 뻗쳐나가는 시적 홍취와 담론의 고고함을 읊고 있음을 확인할 수 있다. 또한 9~10구에서는 당시의 시적 모임을 통해 시축에 글을 써 내려가는 이들의 시적 교유 양상을 직접적으로 볼 수 있다. 이에 소론 계열 지식인들의 연구시 창작은 모임을 통해 이뤄졌지만, 특정한 목적 아래 결집 된 것이 아니며 특수한 일화에서 말미암은 홍취가 아니라는 점에서, 이들이 창작한 연구시는 일상적인 홍취를 담고 있다는 특징을 지닌다.

회양을 다스리는 새로운 태수	淮陽新太守
봄날 백화주 가지고 와	携得百花春 [始]
두세 번 잔에 따라 마시니	試酌三巡盞
온 좌중에 취기가 오르네	能醺一座人 [年]
온화한 풍미는 특별하고	溫溫風味別
느긋한 담소는 온화하네	欵欵笑談眞 [良]

254 吳道一, 〈城西 與汝和聯句〉, 『西坡集』 권2.

봄빛 머무르게 해보지만　可使朱顔駐
수심에 백발이 자라나네　寧愁白髮新 [楫]
막 단약 굽는 화덕 재촉하는데　功方丹竈捷
온갖 꿀 진귀한 것 보겠네　品視蜜房珍 [成]
신선 세계에서 알려준 술 빚는 법은　釀法仙州備
병든 몸에 먼저 쓰는구나　先須餉病身 [孝][255]

이 작품은 1715년 경 평천平泉의 소모임에서 창작한 것으로, 대년大年 조태억趙泰億을 비롯해 자시子始 이조李肇(1666~1726), 효백孝伯 최창대崔昌大(1669~1720), 숙량叔良 권첨權詹(1664~1730), 계성季成 윤성시尹聖時(1672~1730), 여즙汝楫 이경열李景說(1677~?)로 대별되는 6명의 지식인이 함께 연구시를 지었다. 시제에서 확인할 수 있듯 유명응兪命凝(1659~1737)이 백화주百花酒를 가져오자 이들이 고조된 시적 흥취를 토로했음을 볼 수 있다. 1~4구에는 회양을 다스리는 태수로 지칭되는 유명응이 가져온 백화주를 따라 마시는 음주의 석상이 그려져 있다. 5~8구에서는 술자리에서 정답게 담소하며 연구시를 창작하는 면모를 볼 수 있으며, 봄을 잡아두고 싶지만 백발만 늘어간다고 표현하여 아쉬움을 토로했음을 알 수 있다. 9~12구는 백화주를 신선 나라에서 빚은 술에 빗대어 격상시키는 동시에 술자리에서의 감회를 읊었다. 음주의 석상에서 시작된 이들의 시적 교류는 다음 작품까지[256] 이어졌는데, 여사汝思 이진급李眞伋(?~?)이 도착했을 때 이

255 趙泰億, 〈平泉小集, 淮陽兪使君重甫 命凝 丈, 携百花酒至, 與子始, 孝伯, 叔良, 季成, 汝楫, 聯句〉, 『謙齋集』 권11.

256 趙泰億, 〈汝思追至, 又成聯句, 百花酒既盡, 又以家釀菊花酒, 繼之, 故首句云〉, 『謙齋集』 권11. “杏花時節菊花醅 [年], 南陌西隣客又來 [良]. 但使百年如

미 연구시가 완성되고 백화주가 떨어지자 국화주를 다시 가져와 시적 홍취를 지속했음을 확인할 수 있다. 소론 계열 지식인들은 모임과 음주의 과정에서 자연스럽게 연구시를 활용해 한 사람이 창작한 듯이 시적 감흥을 유기적으로 담아내면서도 당시의 감회를 서로 공유한 것으로 보인다.

깊고 엄숙하여 대궐에 섣달그믐이 가까워지고	淸禁深嚴逼歲除 [和]
물시계 소리 뚝뚝 떨어지니 이경이 넘었구나	丁東銀漏二更餘 [益]
수라간의 진귀한 음식과 향기로운 술에	內廚珍饌兼香醞
분서에서 현인들과 상서	粉署群賢與尙書 [初]
무릎 맞대고 흉금 터놓고 흔연히 함께 취해	促膝開襟欣共醉 [壽]
심지 돋우고서 시구 찾으며 가까이 지내네	挑燈覓句好相於 [和]
십 년 동안 계속 이어져 오늘 밤에 모였으니	十年重續今宵會 [益]
유독 임금님 은혜 다시 가득함을 느끼네	偏感君恩竟不疏 [壽][257]

이 작품은 〈직려直廬 몽점선온연구蒙霑宣醞聯句〉로 시제를 살펴보면, 섣달 그믐 날 숙직하는 직려直廬에서 선온宣醞하는 연회 가운데 창작한 것이다. 『명곡집明谷集』「문형록文衡錄」에 수록되어 있으므로 창작 시기를 추정해보면, 문형의 직임을 맡았던 1696~1697년 경 지은 것으로 보인다. 참여 지식인은 여화汝和 최석정崔錫鼎을 비롯해 경익景益 이정겸李廷謙(1648~1709), 덕초德初 이의창李宜昌(1650~1697), 수옹壽翁 이세구李世龜(1646~1700) 총 4명으로, 이들은 1구句 - 2구句

此日 [年], 應將萬事付深盃 [始]. 不愁囊底錢垂罄 [成], 唯喜筵前玉自頹 [思]. 知道芳園佳約在 [良], 更携春色上高臺 [楫]."

257 崔錫鼎, 〈直廬 蒙霑宣醞聯句〉, 『明谷集』 권5.

-1구句-1구句-1구句-1구句-1구句씩 돌아가며 함께 연구시를 작시하였다. 1~4구에는 당시 선온宣醞이 베풀어지던 시간적 공간적 배경이 그려져 있으며, 5~8구를 통해서는 이들이 음주의 과정 속에서 흉금을 터놓고 시를 창작하였음을 확인할 수 있다. 이처럼 최석정의 시를 통해 지식인들이 모임에서 발현된 시흥詩興을 연구시 안에 포진시켰음을 알 수 있는데 이는 당시 소론 계열 지식인이 연구시 창작을 선호했음을 보여준다.

2) 송별送別 과정에서의 감정 교류의 일상화

소론 계열 지식인들의 작품에서 확인할 수 있는 또 다른 특징으로는 연구시 창작을 통한 감정 교류 양상을 들 수 있는데, 그 가운데서도 송별送別의 정한이 담긴 작품을 살펴보고자 한다. 작시에 참여한 지식인들의 관계를 살폈을 때 이들은 이별의 자리에서 함께 연구시를 지었으며 개인적인 친분을 바탕으로 연구시를 창작하였다. 이 글에서 중점적으로 다루고자 하는 오도일吳道一·최석정崔錫鼎·조태억趙泰億 문집에서는 양적으로 많은 작품이 확인되므로 이들이 연구시 형식을 활용해 감정을 교류한 사실을 직접적으로 볼 수 있다. 이러한 면모는 소론 계열 지식인들이 연구시 창작을 일상화했음을 의미하므로 작품을 통해 자세히 확인하도록 하겠다.

꽃을 꺾어 진중하게 가는 사람을 보내는데　折花珍重送行人 [子直]
이별할 때에 말은 없으나 뜻은 절로 참되네　臨別無言意自眞 [士元]
가는 깃발은 점점 서쪽 해를 따라 멀어지고　征旆漸隨西日遠 [公獻]
편지는 북풍에 자주 보내기 어렵네　信書難寄北風頻 [龍卿]
한 동이 술은 하수 다리 가에 다했고　一樽酒盡河橋畔 [祥甫]

천 리가 봄은 패수 가에 생기네　千里春生浿水濱 [汝久]
오늘 저녁 이역으로 향하는 이별에 시름겨우니　今夕離愁還異域 [文叔]
세상일에 눈물 수건 젖는 것을 어찌하겠는가　可堪時事涕沾巾 [貫之][258]

먼저 살펴볼 작품은 『서파집西坡集』 「연사록燕槎錄」에 수록된 시로, 작별하는 공간으로 상정된 서교에서 오도일을 비롯해 자직子直 조상우趙相愚(1640~1718), 사원士元 박태보朴泰輔(1654~1689), 공헌公獻 신완申琓(1646~1707), 문숙文叔 최규서崔奎瑞(1650~1735), 용경龍卿 심수량沈壽亮(1644~1692), 상보祥甫 조의징趙儀徵(1649~?), 여구汝久 최석항崔錫恒(1654~1724) 총 8명의 지식인이 함께 지은 것이다. 창작 경위를 보면, 1686년 경 오도일이 서장관書狀官의 직책으로 진주겸사은사陳奏兼謝恩使에 파견될 당시 여러 지식인이 연구시를 지어 그를 송별했음을 알 수 있다. 작시에 참여한 다수의 지식인이 소론 계열에 해당하며 이 작품 외에도 이들과 시적 교유를 이어온 사실을 통해 보았을 때 사적인 관계를 중심으로 모임이 결성되고 개인적인 아쉬움을 연구시에 담아냈음을 짐작할 수 있다.

성 남쪽 봄비에 봄 안개 자욱한데　城南春雨亦煙花 [和]
명곡 최석정이 옛 벗의 집을 찾아와　相國來尋舊友家
흰 머리로 술잔을 대하니 사귀는 정이 담박하고　白首對尊交誼淡 [貫]
새로운 시 벼루에 전해지니 옛 풍도 남아있네　新詩傳硯古風賒
붓으로 하는 사업은 끝내기 어려운 것 알겠고　毛錐事業知難了 [和]
하찮은 공명은 족히 자랑할 것이 못되네　蟻穴功名不足誇

258 吳道一, 〈西郊別席, 與趙子直, 朴士元, 申公獻, 崔文叔, 沈龍卿, 趙祥甫, 崔汝久聯句, 文叔, 崔公奎瑞字〉, 『西坡集』 권3.

연나라 변방으로 작별하는 일 가장 마음에 쓰이니　最是關心燕塞別 [貫]
은하수 아래에서 배 돌아올 때를 기다린다네　幾時銀浦返星槎 [和][259]

이 작품은 〈관지택연구貫之宅聯句 춘유연행春有燕行〉으로, 최석정이 연행을 떠나는 오도일의 집을 방문해서 지은 연구시이다. 오도일의 문집에는 동일한 시가 수록되어 있어[260] 최석정이 문형文衡에 임명되던 날 오도일의 집에 방문해 작품을 창작했던 경위를 확인할 수 있다. 내용을 살펴보면 최석정은 연행에 임하는 오도일을 송별하였는데, 이렇게 본다면 오도일의 2차 연행이 있었던 1694년 경 시가 창작된 것으로 추정된다. 1구는 최석정이 제시한 출구로 당시 작시 배경인 봄날의 정취를 언급한 것이다. 이에 오도일은 2~3구에서 대구로 최석정이 집을 찾아오게 된 경위와 음주하며 나누는 담박한 정을 시에 포진시키며 내용을 전개하였다. 마지막으로 7~8구에 이르면 오도일과 최석정이 한 구씩 창작하여 연행이라는 상황에서 말미암은 이별의 정한을 시에 담아냈다. 일반적인 송별시送別詩에서 발신자가 수신자에 대한 그리움을 시적으로 표상했다면, 연구聯句를 활용한 송별시에는 수신자와 발신자의 감정 교류가 실시간으로 진행된다는 점에서 특징적이라고 할 수 있다.

서쪽 동산에서 성대한 전별연 열려　西園開勝餞
북쪽 변방으로 먼 길 떠나는 이 전송하네　北塞送遐征 [尹尙書以遒子由]
옛 자취 청유막에서 고달팠으나　舊迹靑油倦
새로운 성은에 옥 절부는 영화롭네　新恩玉節榮 [七兄吏部右侍仁叟]

259 崔錫鼎, 〈貫之宅聯句 春有燕行〉, 『明谷集』 권5.

260 吳道一, 〈初拜文衡日 明谷相公見枉 爲聯句 崔公錫鼎號明谷〉, 『西坡集』 권6.

산천은 말갈과 연이어 있고	山川連靺鞨
백성들은 함경에 가득하네	民物盛咸京 [李京尹彦綱季心]
성세에도 근심 걱정 많다지만	聖世憂虞大
조정의 간택 선발은 분명했네	朝廷簡拔明 [李工議善溥季泉]
변방의 안정 분명 최고의 계책이니	安邊須上策
나라에 보답하길 정성스럽게 하네	報國卽深誠 [元刑議聖兪命汝]
매미 소리는 맑게 울리는 이별의 자리에서	祖席淸蟬唳
소식 끊기는 것 근심스러워 하네	離愁斷雁聲 [八兄工參德叟]
어진 정사의 유풍 여기 있으니	遺風棠茇在
철령으로 가는 길 화평하겠고	去路鐵關平 [李兵議檗仲先]
훗날 밤에 봄풀을 꿈꾸며	他夜池塘夢
함께 영협으로 가겠구나	同時嶺峽行 [大年]
한 잔 술에 막 해는 지려하는데	一杯當落日
두 곳에서 각각 마음을 품겠구나	兩地各含情 [洪學官世泰道長]
진중한 여러 공의 뜻을	珍重諸公意
띠에 써두니 어찌 감히 가볍게 여기겠는가	書紳敢自輕 [四兄北伯聖登][261]

이 작품은 시제에 드러나 있듯 함경도 감사에 부임하는 당형堂兄을 전송한 것으로, 연구시에 참여한 지식인들은 조태억과 임지로 떠나는 성등聖登 조태동趙泰東(1649~1712)을 비롯해 윤이주尹以遒(미상未詳), 인수仁叟 조태노趙泰老(1658~1717), 덕수德水 이선부李善溥(1646~1721), 계심季心 이언강李彦綱(1648~1716), 명여命汝 원성유元聖兪(1640~1713), 덕수德叟 조태구趙泰耉(1660~1723), 중선仲先 이야李壄(1648~1719), 도장道長 홍세태洪世泰(1653~1725) 총 10명에 달한다. 시 구절마다 부기 된 관직명과 자字, 그리고 칠형七兄 · 팔형八兄 · 사형四兄

261 趙泰億, 〈掌苑公署 餞別北伯堂兄 席上聯句 拜鐵原後〉, 『謙齋集』 권4.

등의 표기를 통해 친인척을 비롯해 다양한 지식인들이 전별연餞別宴에 참석했음을 짐작할 수 있다. 시 내용을 살펴보면 1~2구에서는 송별하는 상황을 개관하였으며, 이후 여러 지식인이 2구句씩 번갈아 가며 3~10구에 걸쳐 임금님의 은총과 조정의 간택이 영화로움을 언급했다. 후반부인 11~12구에 이르면 이별의 안타까움이 직접적으로 언급되면서 시상이 전환되는데, 13~18구에서는 선정善政에 대한 당부를 비롯해 춘초지당春草池塘의 고사를 인용하여 두터운 우정을 담아냈다. 19~20구에 이르면 송별의 대상이자 시의 주인공인 조태동이 시상을 마무리하였는데, 함께 연구시를 창작해 송별해준 이들에게 감사의 마음을 전하는 동시에 뜻을 마음에 새겨 경계하겠다는 의지를 표명하였다. 한 사람이 창작한 송별시送別詩가 일방적인 표현이라면, 연구聯句를 활용한 송별시는 발신자와 수신자의 대화 과정을 담고 있어 감정의 상호 교류 양상을 확인할 수 있다는 점에서 의미를 지닌다. 이처럼 소론 계열 지식인들은 연구시를 활용해 이별의 정한이라는 개인의 감정을 표출하는 동시에, 여러 지식인과 일상적 감정을 나누었음을 확인할 수 있다.

3) 공무 수행 중 공적 · 사적 경험의 공유

이 장에서는 공무 수행 과정에서 확인되는 연구시 작시 현황을 살피고자 하는데, 오도일吳道一 · 최석정崔錫鼎 · 조태억趙泰億의 경우 중국과 일본이라는 해외체험 과정에서 여러 지식인과 공적 · 사적 경험을 공유하였다. 사행 과정에서 창작되는 연구시는 시적인 교류 양상을 보여주는 대표적인 장르라고 할 수 있는데, 필담筆談이 한 · 중 혹은 한 · 일 지식인의 다양한 학문적 · 외교적 교류를 보여준다면[262],

연구시는 교류 대상 측면에서 대체로 함께 연행을 떠난 지식인들과의 교류에 집중된다는 특징을 지닌다. 이에 이 글에서 확인하고자 하는 소론 계열 지식인들의 연구시 역시 조선 지식인들과의 소통 양상이 주로 확인되는 실정이다. 또한 소론 계열 연구시에서는 형식적 측면에서 두 가지 특징적인 면모가 확인되는데, 첫 번째로는 특정 대상과의 반복적인 연구시 작시 양상이 포착되며, 두 번째로는 해외체험 과정에서 장편 연구시를 창작했다는 점을 들 수 있다. 따라서 이 절에서는 형식적인 측면에 주목하면서 그 안에서 확인되는 공적·사적 경험의 공유 양상을 함께 살펴보도록 하겠다.

[표 4] 조태억의 일본 체험 관련 연구시 목록

연번	연구시 참여 지식인	연구시 제목	형식	권수
1	趙泰億, 重叔 李礩	浮翠軒, 與製述書記聯句	七言律詩	권6
2	趙泰億, 用譽 任守幹, 重叔 李礩, 命九 洪舜衍, 子原 嚴漢重	席上, 與副使, 李製述, 洪, 嚴兩書記聯句	七言律詩 2首	권6
3	趙泰億, 重叔 李礩, 命九 洪舜衍	舟中, 與製述, 書記, 聯句	七言律詩	권6
4	趙泰億, 用譽 任守幹	開雲浦, 與副使聯句	五言絶句	권6
5	趙泰億, 重叔 李礩, 命九 洪舜衍	賓日軒夜酌, 與製述, 書記聯句	七言律詩	권6
6	趙泰億, 重叔 李礩, 命九 洪舜衍	夜坐舵樓, 與製述, 書記聯句	七言律詩	권6
7	趙泰億, 命九 洪舜衍	舟中, 與洪書記聯句, 用申竹堂與朴眞卿聯句韻	五言(24句)	권8

먼저 살펴볼 지식인은 조태억으로, 일본체험 과정에서 창작한 연구시 목록을 정리해보면 위와 같다. 1711년 조태억은 정사正使의 임무로 부사副使 임수간任守幹(1665~1721), 서장관書狀官 이방언李邦彦(?~?)과

262 구지현, 「필담을 통한 한일 문사 교류의 전개와 양상-赤間關을 중심으로-」, 『동방학지』 138, 연세대학교 국학연구원, 2007, 270면.

함께 통신사로 일본에 다녀와 권6~8에 걸쳐 「동사록東槎錄」을 남겼다. 표를 살펴보면 특정 대상과 반복적으로 작시를 이어온 것을 알 수 있다.

사신의 길 행차 멈춰 남루에 오르니	王程弭節上南樓 [用譽]
한가한 날 세월 보내는 나그네의 마음 근심스럽네	暇日聊消客裏憂
예로부터 산천은 복된 땅이라 칭해졌는데	從古山川稱福地 [大年]
지금 사신은 풍류를 독차지하지 못하네	秖今冠盖擅風流
자사가 반갑게 맞이하는데	逢迎刺史回靑眼 [譽]
여러 관료 흰머리 부끄러워하며 함께 하네	追逐羣僚愧白頭 [重]
화려한 잔치에 취하여 기나긴 밤을 보내니	醉依綺筵聊永夕 [命九]
한바탕 멋진 유람 얼마나 다행이던가	一場何幸辦奇遊 [子原]

又

열흘 동안 달려오다 하루 쉬며	十日驅馳一日閑 [年]
남루의 산 중턱에 기대어보네	南樓徒倚翠微間 [譽]
거친 평원의 비 기운은 구름을 걷어가고	平蕪雨氣雲拖去 [重]
먼 물가의 풍화에 새가 주위를 맴도네	遙渚風花鳥帶還 [命]
배를 타고 만 리 바다를 건너야 하는데	將泛仙槎萬里海 [厚]
한양을 돌아보니 몇 겹의 산을 지나왔던가	回瞻京闕幾重山 [年]
내일 아침에는 호숫가 누대에 올라	明朝欲上臨湖閣 [譽]
아스라한 붉은 난간에 이르겠구나	縹緲朱欄到底攀 [重][263]

이 작품은 조태억[대년大年]이 임수간任守幹[용예用譽], 서기書記 이현李礥[중숙重叔], 엄한중嚴漢重[자원子原]을 비롯해 제술관製述官 홍순

263 趙泰億, 〈席上 與副使 李製述 洪 嚴兩書記聯句〉, 『謙齋集』 권6.

연洪舜衍[명구命九]과 함께 창작한 연구시이다. 5명이라는 다수의 지식인이 작시에 참여하다 보니, 1수首에서는 1구句 - 2구句 - 2구句 - 1구句 - 1구句 - 1구句, 2首에서는 1구句 - 1구句 - 1구句 - 1구句 - 1구句 - 1구句 - 1구句 - 1구句 씩 번갈아 가며 시를 완성해나갔다. 이 작품은 짧은 호흡으로 1구句씩 번갈아 가며 창작했음에도 불구하고 유기적인 흐름을 유지했으며, 형식상 한번 참여한 지식인이 또다시 중복해서 연구시 창작에 참여했다는 점에서 특징적이다.

먼저 1수首의 내용을 살펴보면, 사신의 행차 중에 남루南樓에 올라 근심스러운 마음을 읊는 것으로 포문을 열고 산천의 풍류를 느낄 수 없는 처지와 흰머리로 대변되는 고단함을 토로하였으나, 미련에 이르면 공적인 임무에서 비롯된 사신의 행위를 '기유奇遊'로 표현하는 동시에 화려한 잔치와 음주를 즐기고 있음을 볼 수 있다. 다음으로 2수首 역시 사신으로 임하는 가운데 연구시를 창작한 것인데, 휴식하는 가운데 주변 경치를 둘러보며 지금까지의 여정과 향후 갈 길을 조망하고 있음을 알 수 있다. 이처럼 이들은 사신이라는 공적 임무를 수행하면서도 연구시를 통해 사적인 감정과 생각을 교류하였음을 확인할 수 있다.

용만관도 오히려 우리 땅이요	灣館猶吾土
남쪽 사람도 친구이네	南人亦故人 [貫之]
어찌하여 이쪽과 저쪽을 논하겠는가	何須論彼此
술잔 자주 돌리는 것을 사양하지 말게나	杯酒莫辭頻 [寧叔][264]

264 吳道一, 〈與書狀戲爲聯句 示主尹令公〉, 『西坡集』 권5.

다음으로 살펴볼 시는 「후연사록後燕槎錄」에 수록된 것으로 오도일이 1694년 주청부사 때 부사副使의 임무를 지니고 연행에 임했던 당시 창작한 작품 가운데 한 수이다. 연구시를 함께 창작한 지식인은 서장관書狀官 유득일兪得一(1650~1712)로 이들은 공적 임무를 수행하는 가운데 사적인 시적 대화를 지속했다. 내용을 살펴보면 사신 일행은 의주의 객관에서 머물며 의견을 나누었는데, 피차를 구분할 것 없다고 언급함으로써 일면 화이관華夷觀에서 벗어나 현실적인 논지를 전개하였다. 이들은 연구시를 통해 연행에서 비롯된 사유체계를 공유함으로써 공적·사적 경험을 나누었다는 특징을 보인다.

…(전략)…

이역에서 근심과 기쁨 함께하며	異域均憂喜
침상을 연이은 그대와 나	聯床輒爾吾
붉은 충심으로 함께 일했으니	丹心元共勉
백발이 된들 마음 서로 변하겠는가	白首肯相渝 [玉]
겸궐처럼 서로를 대하니	鶼蟨如相待
쑥과 삼대처럼 붙잡아주지 않아도 되네	蓬麻也不扶
나라를 위한 일 작지 않으니	許身非趦趄
일을 담당하여 어찌 머뭇거리겠는가	當事詎踟躕 [和][265]

…(후략)…

위 작품은 〈북정연구北征聯句〉로, 장편 연구시 오언五言 200구句 가운데 165~172구句를 인용한 것이다. 4구句씩 번갈아 가며 장편 연구시 한 편을 완성했다는 점에서 형식적 특징을 지닌다. 작시에 참여한

265 崔錫鼎, 〈北征聯句〉, 『明谷集』 권5.

지식인은 최석정崔錫鼎[和], 송상기宋相琦[玉]로 이들은 각각 정사正使와 서장관書狀官의 임무를 지니고 1697년 연행에 임하였다. 먼저 살펴볼 4구句는 송상기가 지은 것인데, 그가 최석정과 함께 중국 땅에서 공적·사적 측면에서 희노애락을 함께하며 깊은 우애를 다졌음을 확인할 수 있다. 다음으로 최석정 역시 송상기와 자신의 관계를 '겸궐鶼蟨'로 지칭함으로써 서로 절친한 벗이 되었음을 비유적으로 드러내는 동시에 공무 중에 서로를 의지하며 나라를 위한 일을 담당했음을 언급했다.

지금까지 살펴본 바 있듯 소론 계열 지식인들은 해외체험 과정에서 여러 지식인과 공적·사적 경험을 공유하였는데, 작시 방법 측면에서 특정 대상과의 반복적인 연구시 작시를 시도했으며 시적 교류 수단으로 장편 연구시를 활용했다는 점에서 또 다른 의미를 지닌다.

4. 결론

이 글은 소론 계열 2세대로 지칭 가능한 최석정崔錫鼎을 기점으로 동시대를 살다간 오도일吳道一과 최석정 문하의 소론 계열 3세대인 조태억趙泰億의 연구시聯句詩를 연구 대상으로 삼아 시적 교류 양상을 살핀 것이다. 최석정과 오도일은 동질한 학문적·사상적 배경을 견지하였으며, 조태억은 최석정 문하에서 그의 학문적 전통을 따랐으므로 일정 부분 시문학적으로 유사한 경향을 보인다. 이에 필자는 연구시 창작이 소론 계열 지식인들의 시 창작 경향 중 하나라는 지점에 착목하여, 실질적으로 이와 같은 양상이 어느 정도 확인되며 어떤 의미를 지니는지 밝혀내고자 글을 기획하였다.

그에 따라 먼저 2장에서 오도일吳道一·최석정崔錫鼎·조태억趙泰億의 작시 현황을 순차적으로 개관하는 것을 필두로 교류 측면에서 확인되는 이들 연구시의 특징적 양상을 논의하였다. 이후 3장에서는 소론 계열 지식인들의 연구시에서 확인되는 양상을 세 가지로 나누어 살펴보았는데, 첫 번째로는 모임을 통한 시적 교유와 시흥詩興의 발현 양상을 들 수 있다. 연구시는 지식인들이 함께 시적 흥취를 나누는 모임 그 가운데서도 음주, 연회의 자리에서 주로 창작되었다. 이들은 개인적인 친분을 중심으로 모임을 구성하고 시적 흥취를 공유한 것으로 확인되는데, 특히 소론 계열 지식인들은 연회의 자리뿐만 아니라 다양한 모임에서 비롯된 개인적 흥취를 시로 구현하였다는 점에서 특징적 양상을 보임을 밝혔다. 두 번째로는 송별送別 과정에서의 연구시 작시와 감정 교류의 일상화 양상을 파악하였다. 작시에 참여한 지식인들의 관계를 살폈을 때 이들은 이별의 자리에서 개인적인 친분을 바탕으로 양적으로 많은 연구시를 창작하였는데, 이러한 면모는 소론 계열 지식인들이 연구시 창작을 일상화했음을 의미한다. 세 번째로는 공무 수행 과정에서 확인되는 공적·사적 경험의 공유 양상으로, 여기에서는 이들이 해외체험 당시 다양한 지식인들과 의견을 나누었음을 파악하였다. 이와 같은 면모는 소론 계열 지식인들의 연구시에서만 포착되는 것이 아니라는 점에서 특기할만한 양상은 아니나, 작시 방법 측면에서 특정 대상과의 반복적인 연구시 작시, 장편 연구시를 활용해 시적 교류를 지속했다는 점에서 또 다른 의미를 지닌다.

지금까지 살펴본 바 있듯 17세기 소론 계열 지식인들로 대별되는 오도일吳道一·최석정崔錫鼎·조태억趙泰億은 비교적 까다로운 시체인 연구시의 작법을 준수하면서도 다양한 주제를 운용해 시적 재능을 드러낸 것으로 확인된다. 또한 이들은 개인적 친분을 기반으로 연구시 작시를 일상화했으며, 서로의 시적 재능을 공유하고 일상적 감정을 나누면서도 공적·사적 경험을 공유하였다. 따라서 이러한 양상은 소론 계열 지식인들의 시문학적 경향의 일부를 보여준다고 생각된다. 이와 관련해 이들이 연구시를 작시한 이유를 추정해보면 두 가지 정도로 논의 가능한데, 첫 번째는 소론 계열 지식인들이 연구시라는 형식을 애호했음을 말해준다고 할 수 있다. 이 글에서 다룬 이들 외에도 최석정의 아우 최석항崔錫恒(1654~1724)을 비롯해 최석정의 아들이자 소론 계열 3세대인 최창대崔昌大(1669~ 1720) 역시 연구시를 창작했음을 염두한다면[266], 연구시는 소론 계열 지식인들의 삭시 양상을 보여주는 하나의 틀이라고도 논할 수 있겠다. 소론 계열 지식인들은 동시대를 함께 산 이들과 연구시를 통해 시적 교유를 하였으며 이러한 특징이 1세대에서부터 2·3세대에 이르기까지 지속적으로 확인되므로, 후대 지식인들은 선대의 영향을 받아 작시 방법적 측면에서 유사성을 지니게 된 것으로 생각된다. 이에 추후 수많은 소론 계열 지식인들의 문집을 새로 조명하여 시적 특징을 파악한다면, 의미 있는 연구 결과를 도출할 수 있으리라 판단된다. 두 번째는 정치적 굴곡으로 인해 소론 계열 지식인들은 당색黨色이 같은 이들과의

266 崔錫恒은 〈戴恩亭聯句〉, 〈城東餞席聯句〉, 〈聯句〉, 〈夜飮聯句〉, 〈宿道峰齊室聯句〉를 지었는데, 〈城東餞席聯句〉 작품에서 형인 최석정을 비롯해 소론 계열 지식인들과 연구시를 창작했음을 알 수 있다. 또한 崔昌大는 〈冬夜春坊聯句〉, 〈頒柑聯句〉, 〈春坊夜集聯句〉, 〈石硯聯句三十二韻〉, 〈冬夜同益之範姪聯句〉라는 장편연구시를 창작했다. (김묘정, 「곤륜(昆侖) 최창대(崔昌大)의 교유시(交遊詩) 연구 - 지식인들과의 교유 양상을 중심으로」, 『인문논총』 76, 서울대학교 인문학연구원, 2019, 183~211면, 참조.)

교유에 침잠할 수밖에 없었고 그러한 양상을 보여주는 하나의 현상이 연구시 창작이라고 논의할 수 있겠다. 오도일吳道一·최석정崔錫鼎·조태억趙泰億의 경우 관계망을 확장시키는 용도로 연구시를 활용하기보다는 친분을 유지하고 있던 소론 계열 지식인과의 반복적인 작시를 통해 깊은 교유를 도모한 것으로 확인되기 때문이다. 향후 이러한 일련의 연구가 축적된다면 18세기 강화학파江華學派의 특징 중 하나로 거론된 바 있는 폐쇄적 삶과 활동에서 파생된 연구시 창작 양상과도 연계성을 지닐 것으로 생각되는데, 이와 관련해서는 지속적인 연구가 필요할 것으로 생각된다.

이 글은 소론 계열 지식인들의 시적 특징을 다루겠다는 방대한 연구 목표 아래 작성된 논문이나, 17세기 소론 계열 지식인들로 대별되는 오도일吳道一·최석정崔錫鼎·조태억趙泰億 만을 연구 대상으로 삼았다는 점에서 연구 대상의 소략함이라는 자료적 한계와 방법론적 미숙함을 지닌다. 이에 이들의 연구시가 지니는 공통적인 특징만을 추출했을 뿐 소론 계열 문인들의 시적 특징을 밝히는 연구로까지 나아가지 못했다는 점에서 아쉬움이 남는다. 그럼에도 불구하고 이와 같은 작업은 지금까지 잘 알려지지 않은 소론 계열 지식인들의 시세계를 해명하는 또 다른 준거의 틀이 될 것이며, 향후 16~18세기 소론 계열 지식인들의 개별 연구가 축적된다면 이들의 시문학적 특징을 비롯해 경향성을 밝혀낼 수 있는 연구의 시작점이 될 것으로 기대된다.

참고문헌

1. 資料

成大中,『青城雜記』

吳道一,『西坡集』

林象德,『老村集』

柳希春,『眉巖集』

尹 淳,『白下集』

李肯翊,『燃藜室記述』

李德壽,『西堂私載』

李晩秀,『屐園遺稿』

李勉伯,『岱淵遺藁』

趙泰億,『謙齋集』

崔錫鼎,『明谷集』

崔昌大,『昆侖集』

許 國,『許文穆集』

『東人詩話』

『史記』

『景宗實錄』

『肅宗實錄』

『英祖實錄』

조선왕조실록, https://sillok.history.go.kr/main/main.do

승정원일기, https://sjw.history.go.kr/main.do

한국고전번역원, 한국고전종합DB, https://db.itkc.or.kr/

2. 單行本

조규익,『朝鮮朝詩文集序跋의 硏究』, 숭실대학교출판부, 1988.

진필상 저, 심경호 역, 『한문문체론』, 이회, 1995.
최재남, 『韓國 哀悼詩 硏究』, 경남대학교 출판부, 1997.
김경선, 서경순, 『국역연행록선집』, 민족문화추진회, 1976.

3. 論文

구지현, 「1711년 신묘통신사와 아라이 하쿠세키[新井白石]의 필담을 통한 상호 소통」, 『열상고전연구』 28, 열상고전연구회, 2008.

______, 「필담을 통한 한일 문사 교류의 전개와 양상 - 赤間關을 중심으로 -」, 『동방학지』 138, 연세대학교 국학연구원, 2007.

권진옥, 「명곡(明谷) 최석정(崔錫鼎)의 논설류 산문 연구」, 『東洋古典硏究』 70, 동양고전학회, 2018.

______, 「망자를 위한 글쓰기의 장르 간 특성 연구 - 겸재(謙齋) 조태억(趙泰億)을 중심으로 -」, 『Journal of Korean Culture』 55, 한국어문학국제학술포럼, 2021.

______, 「雲養 金允植의 碑誌類 산문 연구」, 『동양고전연구』 84, 2021.

김남기, 「청송의 樓亭 漢詩 연구 - 讚慶樓 · 秀孤亭 · 玉流亭 등을 중심으로」, 『국문학연구』 31, 국문학회, 2015.

김묘정, 「西坡 吳道一의 문학론과 시 세계」, 성균관대학교 석사학위 논문, 2014.

______, 「곤륜(昆侖) 최창대(崔昌大)의 교유시(交遊詩) 연구 - 지식인들과의 교유 양상을 중심으로」, 『인문논총』 76, 서울대학교 인문학연구원, 2019.

______, 「17세기 少論계열 지식인들의 聯句詩 고찰 - 吳道 · · 崔錫鼎 · 趙泰億의 시석 교류 양상을 중심으로」, 『石堂論叢』 78, 동아대학교 석당학술원, 2020.

김종수, 「少論學派의 연원과 전개, 철학과 현실인식」, 『한국철학논집』 32, 한국철학사연구회, 2011.

김효정, 「명곡 최석정의 누정시」, 『명곡 최석정 문학세계에 대한 접근의 일단』, 학자원, 2020.

______, 「謙齋 趙泰億의 시세계 一考: 의주 접반 시기를 중심으로」, 『한국민족문화』 80, 부산대학교 한국민족문화연구소, 2021.

김종진, 「연행록과 연행가사에 나타난 관서도시 비교의 양상」, 『한민족문화연구』 40, 한민족문화학회, 2012.

김현식, 「낭선군(郎善君) 이우의 〈감군은사(感君恩詞)〉, 그 작품세계와 의미 연구」, 『韓國詩歌硏究』 43, 한국시가학회, 2017.

김희자, 「조찬한, 조위한, 권필이 함께 수창한 聯句詩 고찰」, 『인문학연구』 99, 충남대학교 인문과학연구소, 2015.

박용만, 「江華學派의 聯句詩에 관한 고찰」, 『韓國漢詩硏究』 12, 한국한시학회, 2004.

박종우, 「16세기 누정의 공간적 특성과 누정제영의 문학사적 의미 - 호남지역 누정제영을 중심으로」, 『우리어문연구』 32, 우리어문학회, 2008.

朴憲淳, 「謙齋集解題」, 한국고전종합DB(https://db.itkc.or.kr), 한국고전번역원, 2000.

송기섭, 「백곡 김득신의 누정시 연구」, 『한문고전연구』 32 - 1, 한국한문고전학회, 2016.

심경호, 「퇴계의 서발문」, 「퇴계학과 유교문화」 25, 경북대학교퇴계연구소, 1997.

안세현, 「조선후기 누정기의 특징적 면모」, 『동양한문학연구』 31, 동양한문학회, 2010.

유명석, 「損窩 崔錫恒의 聯句詩 硏究 - 詩會와의 연관성을 중심으로 -」, 『인문논총』 78, 서울대학교 인문학연구원, 2021.

______, 「謙齋 趙泰億의 樓亭詩 硏究」, 『동악어문학』 85, 동악어문학회, 2021.

유진희, 「謙齋 趙泰億의 連作 挽詩 硏究」, 『어문론총』 85, 한국문학언어학회, 2020.

윤재환, 「朝鮮 後期 流配 經驗의 詩的 形象化 - 梅山 李夏鎭의 『雲陽錄』을 中心으로 -」, 『漢文學報』 19, 우리한문학회, 2008.

______, 「玉洞 李漵의 輓詩를 통해 본 朝鮮朝 輓詩의 一樣相」, 『한민족어문학』 65, 한민족어문학회, 2013.

______, 「성호학파를 통해 본 조선후기 지식 집단의 형성과 변모의 한 양상」, 『고전과 해석』 26, 고전문학한문학연구학회, 2018.

______, 「깨어지는 꿈, 仙遊의 환상 - 朝鮮 後期 遊仙詩의 성격 변화와 관련하여 -」, 『한국시가연구』, 한국시가학회, 2020,

______, 「겸재(謙齋) 조태억(趙泰億) 시문집(詩文集) 서문(序文)의 서술(敍述) 기법(技法) 일고(一考)」, 『한국문학과 예술』 36, 사단법인 한국문학과예술연구소, 2020.

______, 「겸재 조태억 문학론 검토 試論」, 『大東漢文學』 71, 대동한문학회, 2022.

이강렬, 「오음 윤두수의 누정시에 나타난 시공간 인식」, 『한문학논집』 24, 근역한문학회, 2006.

이남면, 「鄭斗卿 挽詩 연구」, 『대동한문학』 35, 대동한문학회, 2011.

이미진, 「聯句詩의 창작 방식과 배경 고찰 - 謙齋 趙泰億의 사례를 중심으로」, 『동양고전연구』 74, 동양고전학회, 2019.

이심권, 「삼연 김창흡의 누정시 연구」, 영남대학교 석사학위 논문, 2016.

이승용, 「謙齋 趙泰億의 「前感君恩」과 「後感君恩」에 관한 일고찰」, 『民族文化』 57, 한국고전번역원, 2021.

이정화, 「퇴계시에 나타난 누정문화 연구」, 『한국사상과 문화』 49, 2009.

이황진, 「곤륜 최창대의 누정시 연구」, 『한국고전연구』 48, 한국고전연구학회, 2020.
______, 「겸재 조태억의 제석시(除夕詩) 연구」, 『열상고전연구』 76, 열상고전연구회, 2022.
조영심, 「조태억의 사행문학 연구 : 對日觀을 중심으로」, 연세대학교 석사학위 논문, 2014.
______, 「필담창화집 『홍려필담(鴻臚筆談)』에 대하여 - 위작과 그 의의를 중심으로 - 」, 『열상고전연구』 49, 열상고전연구회, 2016.
최석원, 「聯句 창작을 통해 본 宋代 문인의 문학적 교유」, 『中國語文論譯叢刊』 41, 중국어문논역학회, 2017.

저자 소개

권진옥 한국고전문학텍스트연구소 운영위원으로 단국대학교 국어국문학과 조교수이다. 고려대학교에서 「귤산 이유원의 학문 성향과 유서 · 필기 편찬에 관한 연구」로 박사학위를 취득했으며, 논문으로 「藥泉 南九萬의 記文 연구」, 「明谷 崔錫鼎의 記文 연구」, 「明谷 崔錫鼎의 논설류 산문 연구」 등이 있다. 번역서로 『낙전당집(공역)』, 『어우집(공역)』, 『도암집(공역)』, 『한비자집해(공역)』, 『춘추좌씨전(공역)』, 『춘추좌전정의(공역)』, 『오천집(단독)』 등이 있다.

김묘정 한국고전문학텍스트연구소 운영위원으로 단국대학교 일본연구소 HK조교수이다. 단국대학교에서 「17세기 小北八文章의 시세계 연구」로 박사학위를 취득했으며, 논문으로 「小北 문인집단의 지식 공간 양상과 그 의미 - 別墅 詩會를 중심으로」, 「雪蓑 南以恭의 교유시 연구 - 16세기 小北文壇 형성기의 교유 양상을 중심으로」, 「학문적 계보와 지식권력의 상관관계 고찰을 위한 試論 - 北人계열 문인들의 학문적 계보 연구 방법론을 중심으로」 등이 있다.

김효정 한국고전문학텍스트연구소 상임연구원으로 단국대학교 일본연구소 HK+사업단 연구교수이다. 단국대학교에서 「17세기 전반 北人系 南人 시문학 연구」로 박사학위를 취득했으며, 논문으로 「太湖 李元鎭의 詩世界 考察」, 「松谷 李瑞雨의 시세계 일고찰 - 을병대기근을 묘사한 재난 관련 시를 중심으로 - 」, 「西堂 李德壽의 東遊 체험과 詩的 形象化」 등이 있다.

박난아 한국고전문학텍스트연구소 연구원. 단국대학교 대학원 국어국문학과 박사과정 중에 있다. 논문으로 「四名子 車佐一의 遊覽詩 연구 - 關西지역 유람시를 중심으로 - 」, 「謙齋 趙泰億의 시세계 일고찰 - 門外黜送 時期 詩作을 중심으로 - 」가 있으며, 석사 논문인 「明谷 崔錫鼎의 詩文學 硏究」를 시작으로 소론계 문인들의 시문학을 연구하고 있다.

유명석 한국고전문학텍스트연구소 상임연구원. 단국대학교 국어국문학과 박사 과정

중에 있으며, 한국고전번역원 부설 고전번역교육원 연수과정을 마쳤다. 논문으로 「淸陰 金尙憲의 文學論 硏究」·「문곡 김수항 즉흥시의 양상과 그 의의」 등이 있으며, 18세기 안동 김씨 가문의 문학론 형성의 배경과 전개를 중심으로 박사학위 논문을 준비 중에 있다.

유진희 한국고전문학텍스트연구소 상임연구원. 단국대학교 대학원 국어국문학과 박사과정을 수료했으며, 한국고전번역원 부설 고전번역교육원 연수과정을 마쳤다. 논문으로 「思菴 朴淳의 卽興詩 硏究」·「服齋 奇遵의 紀行詩 硏究」 등이 있으며, 조선 초기 시풍을 중심으로 박사학위 논문을 준비 중에 있다.

윤재환 한국고전문학텍스트연구소장. 단국대학교 국어국문학과 교수로 동양학연구원 연구실장 및 번역실장을 겸하고 있다. 星湖와 順菴, 茶山 등을 중심으로 한 조선 중·후기 근기 남인들의 문학세계 연구에 주력하고 있으며, 저서로 『매산 이하진의 삶과 문학 그리고 성호학의 형성』·『조선 후기 근기 남인 시맥의 형성과 전개』·『옥동 이서의 삶과 시세계 그리고 성호학』 등과 다수의 저역서가 있다.

이승용 한국고전문학텍스트연구소 상임연구원으로 단국대학교 동양학연구원 연구교수이다. 성균관대학교에서 「조선후기 江華學派 漢詩 硏究 : 全州李氏 德泉君派 八匡을 중심으로」로 박사학위를 취득했으며, 논문으로 「〈贈參議公謫所詩歌〉를 통해 본 李匡明 漢詩의 일고찰」, 「조선후기 別業과 문학 창작의 공간에 대하여 - 北漢山 淸潭을 중심으로 -」, 「京都八景詩의 창작과 한양 도성의 형상화 - 李德壽, 吳光運, 洪世泰의 詩를 중심으로 -」 등이 있다. 저서로 『조선후기 강화학파 팔광의 삶과 시세계』가 있으며, 번역서로 『완구유집(단독)』, 『사도세자의 충신과 역신(단독)』, 『낙전당집(공역)』, 『도암집(공역)』, 『정관정요집론(공역)』 등이 있다.

이황진 한국고전문학텍스트연구소 운영위원으로 단국대학교 국어국문학과 연구교수이다. 중국 廣西師範大學에서 박사학위를 취득하였다. 논문으로 「顧雲이 최치원에게 준 송별시 〈고운편〉에 대한 진위 고증」, 「중[僧] 관련 한·중 속담 비교 연구」 등이 있으며, 저서로는 『고운 최치원의 생애와 시문학 세계』가 있다.

최수완 한국고전문학텍스트연구소 연구원. 단국대학교 국어국문학과를 졸업하고 같은 대학 석사 과정 중에 있다. 月谷 吳瑗의 散文을 중심으로 석사 논문을 준비하고 있다.

한국고전문학텍스트연구소기획연구총서 4

겸재 조태억 문학세계에 대한 접근의 일단

2022년 12월 30일 초판 1쇄 발행

기　획 : 한국고전문학텍스트연구소
지은이 : 권진옥 · 김묘정 · 김효정 · 박난아 · 유명석
유진희 · 윤재환 · 이승용 · 이황진 · 최수완
펴낸이 : 김병환
펴낸곳 : 학자원
주　소 : 서울시 강동구 천호대로 1121
전　화 : 02) 6403-1000
팩　스 : 02) 6338-1001
E-mail : hakjaone@daum.net
등　록 : 2011년 3월 24일 제2011-14호

ISBN 979-11-6247-286-6 94810
979-11-6247-165-4 (세트)

값 28,000원